日本中世の墓と葬送

勝田　至著

吉川弘文館

目次

第二部　伝統的葬墓制の形成
——中世後期の様相——

図版目次

序　中世葬墓制研究の課題

研究の蓄積　本書には中世の葬送・墓制を主として文献史学の方法によって研究した論文を収めている。

葬墓制の研究は、日本史学の一分野としては小さいが、葬送や墓制に対する一般の関心は高いといえるであろう。現在行われている葬式のやり方や墓の建て方の由来を知りたいという素朴な関心もあるし、一方では直系家族の動揺ともあいまって、伝統的な墓制の転換をめざす自然葬（散骨葬）などの動きも活発になってきている。これらの議論では直接には近代以後に普及した家族墓、つまり複数の火葬骨を一つの墓に納める制度が問い直されていることが多い。

現在の日本では火葬が九九％であるという。数十年前までの農村部では、真宗のさかんな地方を除くと土葬が普通であり、今でも行っている地域はあるが、今日の都市住民の間ではそのことも忘れられつつある。さらに時代をさかのぼれば「土葬以前」ともいうべき葬法が広く行われていた。今日の葬送や墓に関する論議では、当然ながら現在の葬式が議論の対象になるが、それを「日本の葬儀」とか「日本人の墓に対する考え」というように一括して、この国の昔からの伝統であるように扱うとすれば、問題が少なくないであろう。

もっとも、かつて行われていた土葬や伝統的な葬列など、葬儀のしかたについては多くの書物に述べられているので、それを知るために中世に遡って研究する必要はない。しかし火葬か土葬かという葬法の違いだけではなく、遺骨や遺体と霊魂とが墓の中でいつまでも結びついているのかどうかについての考え方や、またそれと関連して遺骨・遺体の埋葬地、つまり墓を石の墓標などで永く記念したり、そこに参拝したりする習慣も、歴史的に大きな変遷を経てきた。前近代の葬墓制の諸相を解明し、過去には現代とまったく異なる葬墓制があったことを示すことは、それらの議論にも参考になるかもしれない。

葬墓制についての研究史は膨大なもので、ここではその網羅的な整理はもとより、重要な論著を列挙することもできないが、民俗学では葬墓制は人生儀礼の中の一分野として以前から研究が蓄積されていた。たとえば、おもだった論文を集めた『葬送墓制研究集成』全五巻（名著出版）が刊行されたのは一九七九年のことである。私はかねてから民俗の歴史的変遷に関心があり、その事例研究の一つとして比較的文献史料の多い葬墓制をテーマとしたのがこの研究を始めた動機であった。したがって私の研究にはそのころの民俗学のパラダイムに沿ったところがある。本書に収録した論文の中でも初期に書かれた「中世民衆の葬制と死穢」「中世の屋敷墓」などは特に民俗学での研究史を前提としたものだが、前者の論文で扱った風葬の問題では、そのころまで民俗学で盛んに論じられていた両墓制の起源論を意識している。

またいうまでもなく考古学による発掘成果はおびただしく、一九八〇年代には横浜市金沢区の上行寺東やぐら群遺跡(1)や静岡県磐田市の一の谷中世墳墓群遺跡(2)をめぐって歴史学・民俗学を含む広範囲な保存運動が行われた。この二つの遺跡は残念ながら保存がかなわなかったが（上行寺東やぐら群遺跡は場所を移して、強化プラスチック製のレプリカで一部保存されている。また一の谷中世墳墓群もごく一部が隣接地に保存された）、運動を通じて歴史学研究者にも中世の葬送・墓制への関心を喚起した。これらの著名な遺跡だけではなく、多くの発掘によって、共同墓地という墓のあり方が十二世紀後半ころに開始される中世的な存在であることが明らかになったのは、大きな成果である。一般に葬送や墓は超時代的に存在すると思われがちなものであるから、それを歴史的に取り扱うこと、つまり葬墓制の時代的・階層的変遷に明確な指標を設定することが困難であったが、それが可能になる条件を作りだした一つが各地における発掘の蓄積である。(3)近年では滋賀県犬上郡多賀町敏満寺《びんまんじ》の石仏谷《いしぼとけだに》墓跡(4)が平成十七年度に国の史跡に指定されるなど、破壊された多くの遺跡の反省が生かされつつあるのは喜ばしい。

この本に収めた論文は、主として文献史学の方法を用いたものである。文献による葬墓制の研究には利点も弱点もあるが、いまこれを民俗学や考古学の方法と比較すると、次のようにまとめることができるだろう。

文献・考古・民俗　中世までの文献から詳細にわかるのは上層の葬儀に限られるが、その範囲では古記録にかなり詳細に記録されている。臨終から埋葬（火葬）に至る葬儀という複雑な儀礼のシークエンスを順を追って詳細に見ることができるので、現行民俗との比較もある程度可能である。しかし葬具など「もの」については、史料に記載される名前だけでは具体的な形をイメージできないことが多く、現行民俗の葬具などの調査報告を参考にする必要がある。出土遺物も使用法が判明し、文献と付き合わせて名称がわかる場合は理解を大きく助ける。しかし墓の遺跡から出土する遺物は死亡から葬儀へと続く一連の過程のうち、最後に墓にとどめられるものしか残されないのはやむをえない。また民俗例では豊富な事例のある木や竹の墓上施設や、墓上に置かれた葬具は『餓鬼草紙』などにもさまざまなものが見えるが、遺跡では長い年月の間に消滅していることが多い。被葬者の身分や階層については墓から情報が得られることも多いが、葬送儀礼の個々の過程に携わったのがその人物とどのような関係にある人たちだったかなどは文献によらなければわからないので、考古遺物のみで葬送儀礼の全体像を明らかにするのは困難である。

葬法については、火葬や土葬のようすは文献にも記載されているが、火葬遺構や火葬墓・土葬墓とあわせて研究することによって、より深く理解することができる。しかし中世前期まで庶民の間に広く行われていたと考えられる風葬は、一般に遺跡に残りにくい。また民俗学では過去の風葬が両墓制の埋め墓に移行したという説があるが、現在の聞き取りでさかのぼれる過去に実際に風葬があったと知られる例はほとんどない。このため中世におけるその位置づけは文献史料による研究がもっとも適当であろう。このテーマは本書の「中世民衆の葬制と死穢」や拙著『死者たちの中世』[5]で扱ったが、中世の葬法の階層的分布の全体像を明らかにするためには必ず検討しなければならない問題である。『死者たちの中世』では古記録に現れる五体不具穢の事例を死体放置の指標として用いることによって、これが普通に行われていたことをかなり説得的に示し得たのではないかと考えている。また考古学でも、近年の鎌倉市の由比ヶ浜南遺跡の調査で出土した三〇〇〇体以上におよぶ集積埋葬[6]や、広島県福山市の草戸千軒町遺跡から発見された犬の嚙み跡のある人骨[7]などによって、風葬の世界の一端が明らかになりつつある。

葬法に関連して、火葬を担当した三昧聖については身分制との関連で歴史学でも研究の蓄積があり、細川涼一編『三昧聖の研究』[8]に収録された諸論考や、中世の三昧聖に関する高田陽介氏の研究[9]、近世の三昧聖についての木下光生氏の研究[10]がある。また鎌倉後期から葬送に関与し、近畿地方の共同墓地の造成や運営にも大きな足跡を残した律宗についても関心が高いが[11]、本書ではこれら葬送の担い手の問題はほとんど扱っていない。これは筆者にその分野の研究の蓄積がないためでもあるが、あえていえば三昧聖にしても律宗にしても、葬送を行う上で不可欠な存在ではなく、はるか昔から葬送を行い墓を作ってきた人々の営みの中に、ある時期に登場してその役割を果たしたのであり、本書の関心はその背景を形作る葬墓制それ自体に向けられている。それが明らかにされることによって、葬送の担い手も歴史の中により正しく位置づけることができるようになるだろう。

中世の墓そのものについては、物質的遺物であるだけに考古学の独壇場ともいえるが、石塔については石造物の研究者・愛好者も多く、文献史学者による研究も越前一乗谷や備後国太田荘の石造物についての水藤真氏の研究[12]や、石造物を重要な資料として中世の在地霊場を復元しようとした中野豈任《やすひで》氏の研究[13]をはじめ蓄積がある。もっとも文献史料自体に記された墓ということになると、中世後期の古記録には墓参の記事が多くなるとはいえ、ただ「墓」としか書かれていないことが多く、五輪塔や宝篋印塔などの墓の種類が記されることも稀であるため、どのような墓だったのかはっきりしないことが普通である。また書き手が参った墓のことしか書かれないため、墓地が全体としてどの程度の規模であったかなどの重要な情報が記されない。ただし、そのような限界のある墓参記事でも、墓の被葬者については書かれており、一族の墓であれば、個人ごとに墓があるのは誰で、惣塔とよばれる一つの石塔にまとめられているのがどのような人たちであるか等、一般に発掘では不明確な被葬者相互の関係がわかる場合もある（『建内記』永享元年〈一四二九〉七月十三日条など）。文献によって墓のあり方と被葬者との一般的関係がわかってくれば、発掘例と結びつけることによって墓制の詳細な解明も期待できるだろう。ただし発掘される中世墓の多くは地方住民のものなので、貴族の墓が中心の京都の文献史料と結びつけるにあたっては、慎重な検討が必要である。

墓についてもそうだが、文献では京都の上層の葬儀を詳細に記録した史料は多くても、地方や一般庶民の葬儀のあり方については史料が乏しい。中世前期まで風葬を行っていた庶民でも、たとえば遺体を安置しておくときの作法や、死者を地上に置くときの作法や供物などに関しては独自の儀礼を持っていたと推定されるが、これについては文献によっても発掘によっても解明が困難である。

地方と京都とを安易に同一視できない可能性があることについては、民俗学が蓄積している近代の各地の葬送儀礼と、中世京都の貴族や武士の葬儀との関係についても同様なことがいえる。ただし、上層の葬儀が地方に影響を与えて、葬具などの共通化を促した面は大きいと考えられるから、京都の上層における各時代の葬儀を研究することは現行民俗の葬送儀礼の意味を考えるに際しても必要である。具体的には本書第二部一章「中世後期の葬送儀礼」や拙著『死者たちの中世』を参照されたい。

葬墓制研究の目標　さてこのような史料的制約がある中で、中世葬墓制の全体像を明らかにするために解明が必要と私が考えるのは、具体的には次のような問題群である。

葬法に関する問題……中世前期まで風葬が一般的だったと考えられるが、それが減少して土葬・火葬になっていくプロセスと、階層や地域による葬法の違い。またそれぞれの葬法の背景にあったと考えられる死体と霊魂との関係についての観念の変遷の解明。

葬送儀礼に関する問題……臨終から埋葬（火葬、風葬）に至る中世の葬送を構成するさまざまな儀礼要素や作業の記述と、その意味の解明。また、貴族や上層武士の葬礼が社会一般に普及していく時期はいつか、どのような儀礼がとくに普及するか、その過程で仏教はどのような役割を果たしていたか。この研究には民俗例の援用が不可欠だが、もし特定の儀礼要素が特定の時代に形成されたことが史料的に説得力のある形で跡づけられるなら、民俗学的研究にとっても役立つであろう。

葬儀と仏教の問題……死体を葬るという作業や、死者に人々が別れを告げるという社会的な死者との分離には必ずしも僧を不可欠としないが、仏教的な葬儀が日本社会において次第に普及してくることも事実である。しかし仏教が葬儀に関与するとは、具体的には一連の葬送儀礼・葬送作業のどの部分がどう変化することをいうのか。またそれらの変化に仏教各宗派はどのように関与し対応したか。

墓に関する問題……風葬が一般的だった時代にあって、墓とは何か。十二世紀後半から登場するとみられる共同墓地の意味は何か。またそれは史料上にどのように現れるか。そこへの葬送に仏教はどのように関与していたか。共同墓地と並んで庶民の古くからの墓制の一つであったと考えられる屋敷墓はどのように変遷していったか。風葬から土葬・火葬へという長期的な変化に対応して、各地域・各村落の墓制が現行民俗にみられる形態に定着してゆく過程の解明。

死穢に関する問題……貴族社会や神社で制度として守られてきた穢に含まれる死穢と、さらに広く死に対する忌避感や死体への嫌悪を含むケガレとの関係をどう理解するか。またそれらは歴史的に葬送や墓のあり方や、葬送を担当する職業の成立にどう具体的にかかわっているか。

これらの問題をすべて自分で解明できるなどと思っているわけではないが、本書に収録した論文はこれらの問題と関係しているので、初出一覧をかねて、その位置づけについて述べたい。

本書の構成　「中世民衆の葬制と死穢——特に死体遺棄について——」は、『史林』七〇巻三号（一九八七年）に掲載されたもので、処女論文ではないが、中世葬墓制を扱った自分の論文としては初めてのものである。冒頭の研究史の整理などは、当時の関心を反映して今日からみるといささか古色がある。しかし、この論文は風葬・遺棄が中世前期まで普通に行われていたことを、背景をなす社会的規範とあわせて論じたもので、中世の死体放置を本格的に扱った論文としては学界でも嚆矢をなすのではないかと思う。この論文の理論的枠組みは二〇〇三年の拙著『死者たちの中世』でも基本的に引き継がれている。事例の紹介は同書ではるかに詳細化したので、本書では個人的な愛着もあって、誤りを直したほかは大きな改訂をせずに収録した。この論文はその後、丹生谷哲一氏のご批判を受けたが[14]、少なくとも事実として死体放置が普通であったことは動かしえないものと思う。ただ、この論文では死者を家族（血縁者）以外が忌避することを「死穢」の本質と考えているが、本書収録の「中世触穢思想再考」や『死者たちの中世』では、死穢という語を制度上の触穢の一つとしての死穢という意味で用いているので、用語法には不統一が生じている。この点は本来、統一すべきところであり、読者にはおわびして注意を促しておきたい。

「中世の屋敷墓」は『史林』七一巻三号（一九八八年）に掲載されたもの。これもあまり改訂せずに収録した。平安時代から、死体放置と並行して、それとは対照的ともいえる屋敷内の土葬墓が出現する。これを現行民俗の諸例ともあわせて論じたもの。本論文の発表以後、屋敷墓の研究は考古学の橘田正徳氏[15]によって進められ、私の論文では不明確だった時代的な違いなど、興味深い事実が次々に明らかにされているが、それは橘田氏が発表されるであろう研究に譲って、本書では旧稿をほぼそのまま残すことにした。

「文献から見た中世の共同墓地」は、帝京大学山梨文化財研究所が主催して一九九二年十月二十四日・二十五日に開催された第三回「考古学と中世史研究」シンポジウム「村の墓・都市の墓」で発表したもので、それを文字に起こして『帝京大学山梨文化財研究所シンポジウム報告集　中世社会と墳墓』(名著出版、一九九三年)に収録された。本書に収録するにあたって文体を直したほか、内容を若干増補している。このシンポジウムが行われたのは一の谷中世墳墓群遺跡の保存運動が行われ、大きな関心が寄せられていた時期であるが、一の谷については同じシンポジウムで山崎克巳氏が報告されていた。また共同墓地についてはその後、惣墓(郷墓)の起源をめぐって活発に議論されているので、付記で簡単に筆者の見解をのべている。

「中世触穢思想再考」は、一九九一年度日本史研究会大会の個別報告として発表し、『日本史研究』三五六号(一九九二年)に掲載された。余談ながらこの報告は、当初予定されていた方の故障のため急遽代役を仰せつかったもので、準備にはかなり苦労した。この報告では穢を主として触穢という制度の観点から取り扱い、その他の「穢」的要素はそれと区別しながら関連づけようとしている。この関連づけの論理は十分練り込まれているとはいえず、最近片岡耕平氏は私の説を批判して、周辺から侵入する人格神的なものと制度上の穢は本来つながりのないものだとしている[16]。ただこの論文を書いたことは、自分のための問題点の整理としては役に立った。時代的には触穢制度の形成過程を論じているため、本書収録の論文のなかではもっとも古い時代を対象としている。この論文も一部訂正・増補したほかは大きく変更していないが、それは私のこの方面の研究がその後あまり進展していないことによる。

以上の第一部各章は今日とは異なる葬墓制がみられた中世前期までの状況をおもに論じているが、第二部には主として、今日につらなる葬墓制が成立してくる中世後期から近世の様相をとりあげた論文を収めている。

「中世後期の葬送儀礼」は新稿。この章は『死者たちの中世』の第三・四章で院政期を中心とした貴族の葬送儀礼を概観したのをうけて、中世後期の上層の葬送儀礼について論じている。とくに死者を仏として扱う葬送儀礼の展開に焦点をあて、また現行民俗との関連性についても注意した。

「『京師五三昧』考」は、日本史研究会が主催して一九九五年十月七日に行われた第四回平安京・京都研究集会（「平安京・京都の葬制・墓制」）での報告をもとにして『日本史研究』四〇九号（一九九六年）に掲載されたものが原点で、このシンポジウムでは山田邦和氏・高田陽介氏と私が発表した。この論文は中世から近世まで継続した京都周辺のおもな墓地と火葬場を「五三昧」というくくりで概観したものである。京都の古い墓地に関して地図つきでこのようにまとめたものがそれまでになかったためか、発表後多くの反響をいただいた。それらの指摘をできるだけとりいれるためと、自分でも少なからぬ間違いをみつけ、またその後目にふれた史料も多くあるため、全面的に改稿して分量を大きくふやした。ただ、当初の論文にあった鳥辺野の部分は、次章の「鳥辺野考」に譲ってこの章からは削った。

「鳥辺野考」は、大山喬平教授退官記念会編『日本社会の史的構造　古代・中世』（思文閣出版、一九九七年）に収録されたもの。これは「『京師五三昧』考」の鳥辺野の部分をふくらませたものである。今回、これもかなり手を入れた。「『京師五三昧』考」もそうだが、京都の古い墓地を考察するとき、近世の地誌類まで下らないと所在地などが明確にならないため、この二つの論考では近世を起点にして過去に遡行するという書き方になっているところが多い。共同墓地の形成過程については『死者たちの中世』第六章で論じている。

「さまざまな死」は『岩波講座日本通史　第8巻　中世2』（岩波書店、一九九四年）に収録されたもので、中世における異常な死に方というテーマで、いろいろな死を論じている。これは故石井進先生のお誘いで書かせていただいたもので、巻末の「特論」という短い論説の一つだった。内容的には講座のこの巻（十三〜十四世紀が中心）にしっくりはまらないばかりでなく、中世史の論文といえるかどうかも判然としないが、石井先生および担当編集者には面白がっていただいたようであった。ここに収録するにあたって事例を若干増補したほか、『中世を考える　家族と女性』（吉川弘文館、一九九二年）に収録した拙稿「中世村落の墓制と家族」の第四節「産死者の扱い」を付加して、異常死者の葬法や霊魂観を扱った論文として形が整うようにした。

葬墓制変遷の見通し　これらの論文は発表年が古いものが多いが、多少とも補訂を加えているし、また著者の最近の考えは『死者たちの中世』でも述べたので、参照いただきたい。さきに葬墓制は超歴史的なものと考えられやすいと述べたが、庶民も含めたその歴史的な変遷についての私の構想について図式的にまとめておくと、次のようになるだろう。

古代から中世前期にかけては庶民の間では風葬が卓越しており、また血縁者以外の葬送に関与することへの禁忌が強かったため、結果的に放置される死者も多かった（「中世民衆の葬制と死穢」）。村落上層は墓を造っていたとみられるが、共同墓地は平安時代末期までは存在せず、空閑地に任意に墓を設定していた（「文献から見た中世の共同墓地」）。しかし十世紀ころから、屋敷地の一角に墓を作る屋敷墓が「先祖」となる人物を対象に造られるようになった（「中世の屋敷墓」）。

十二世紀後半からおそらく宗教者の活動によって、各地に共同墓地が形成されるが、当初はそこに墓を造らなければならないという規制のゆるいもので、また墓が造られるとともに風葬地としても利用されただろう。中世前期ではまだ葬式互助が未発達だったとみられるので、共同墓地へ遺体が運ばれるにあたっては、非人集団の働きがあったかもしれない（『死者たちの中世』）。

中世後期になると、村落内部の葬式互助が発達してくると考えられる。この過程で風葬は減少し、多くの地域では土葬墓地が造られて、各村落ごとの葬墓制の特徴が形成される。中世前期の広域共同墓地は次第に村落ごとの墓地へと分解してゆく。また互助の発達に伴って、室町幕府の将軍家や上層武士が行っていた禅宗による豪華な葬儀が、近世にかけて徐々に地方住民の間にも浸透してゆく（「中世後期の葬送儀礼」）。都市部では寺院境内墓地が発達するとともに、古くからある共同墓地が次第に縮小しつつ、近世にも残存する（「『京師五三昧』考」「鳥辺野考」）。

このようにまとめた図式は本書を編集する時点のもので、初期の「中世民衆の葬制と死穢」ではまだ共同墓地の形成の位置づけがはっきりしていないなど、各論文を執筆してゆく過程で考えも明確になっていったのだが、本書に収録した論文はこの図式に具体的な肉づけを与えるための布石という感もある。

ただ、いうまでもなく図式は図式であって、それによって見えてくるものもあれば、逆にそれが目をふさいでしまうこともあるだろう。ここに収めた論文に説得力があれば幸いであり、また論証不十分な点の究明を続けていきたいが、一方で私の説を覆すような発見があることにも期待する気持ちがあり、また当然ながら他の切り口による研究も活発に行われて、この分野が盛行することを望んでいる。

最後に、本書に引用した史料は既刊の活字本によったものがほとんどだが、漢文体の史料には返り点を付し、句読点は「、」と「。」を併用する形に改めた。また現在の地名については、二〇〇五年末までの合併を反映して改訂してあることをお断りしておきたい。

注

（1）『歴史手帖』一四巻三号「特集　神奈川六浦と上行寺東遺跡」（名著出版、一九八六年）。上行寺東やぐら群遺跡発掘調査団『横浜市金沢区　上行寺東やぐら群遺跡　発掘調査報告書』（二〇〇二年）。

（2）網野善彦・石井進編『中世の都市と墳墓　一の谷遺跡をめぐって』（日本エディタースクール出版部、一九八八年）。『歴史手帖』二一巻一二号「小特集　一の谷遺跡の諸問題」（名著出版、一九九三年）。磐田市教育委員会『一の谷中世墳墓群遺跡』（一九九三年）。網野善彦・石井進・平野和男・峰岸純夫編『中世都市と一の谷中世墳墓群』（名著出版、一九九七年）。

（3）中世墳墓に関する概観としては、とりあえず『歴史手帖』一四巻一一号「シンポジウム中世墳墓を考える」（名著出版、一九八六年）、『佛教藝術』一八二号「特集　中世の墳墓」（毎日新聞社、一九八九年）、石井進・萩原三雄編『帝京大学山梨文化財研究所シンポジウム報告集　中世社会と墳墓』（名著出版、一九九三年）、『歴史手帖』二二巻一二号「小特集　中世都市と墓域」（一九九四年）など。また現在、中世墓資料集成研究会編『中世墓資料集成』が東北編・四国編・中国編（いずれも二〇〇四年）・関東編(1)(2)・中部東海編・四国編（二〇〇五年）と刊行されている。なお厳密には中世墓地ではないが、中世に形成された墓地が現在も使用されている畿内の惣墓については、本書第一部第三章「文献から見た中世の共同墓地」の付記を参照。

（4）多賀町教育委員会編『敏満寺遺跡石仏谷墓跡』（サンライズ出版、二〇〇五年）。

（5）勝田至『死者たちの中世』（吉川弘文館、二〇〇三年）。

（6）五味文彦・齋木秀雄編『中世都市鎌倉と死の世界』（高志書院、二〇〇二年）。由比ヶ浜南遺跡発掘調査団『由比ヶ浜南遺跡』（本文編・分析編1・分析編2・写真図版編、二〇〇一～二〇〇二年）。

（7）松井章「草戸千軒町遺跡第36次調査出土の動物遺存体」（広島県草戸千軒町遺跡調査研究所編『草戸千軒町遺跡発掘調査報告II』一九九四年）、同『環境考古学への招待』（岩波新書、二〇〇五年）一二〇～一二三頁。なお、西山良平『都市平安京』（京都大学学術出版会、二〇〇四年）も一七五頁で草戸千軒町の人骨を紹介しながら、摂関期平安京の死体放置について詳述する。

（8）細川涼一編『三昧聖の研究』（碩文社、二〇〇一年）。

（9）高田陽介「境内墓地の経営と触穢思想」（『日本歴史』四五六号、一九八六年）、「山門膝下における葬式寺院の登場をめぐって」（『遥かなる中世』一〇号、一九八九年）、「中世の火葬場から」（五味文彦編『中世の空間を読む』吉川弘文館、一九九五年、所収）、「戦国期京都に見る葬送墓制の変容」（『日本史研究』四〇九号、一九九六年）、「寺庵の葬送活動と大徳寺涅槃堂式目」（『東京大学日本史学研究室紀要』創刊号、一九九七年)、「三昧聖—畿内惣墓地帯の集団—」(高埜利彦編『シリーズ近世の身分的周縁1 民間に生きる宗教者』(吉川弘文館、二〇〇〇年)、「中世三昧聖をどうとらえるか」(駒沢女子大学日本文化研究所所報『日本文化研究』三号、二〇〇一年)、「葬送のにないて—中世非人の職掌との関わりから—」(東京女子大学『史論』五六号、二〇〇三年)など。

(10) 木下光生「近世大坂における墓所聖と葬送・諸死体処理」(『日本史研究』四三五号、一九九八年)、「大坂六ヶ所墓所聖の存立構造」(『ヒストリア』一六八号、二〇〇〇年)、「近世葬具業者の基礎的研究」(『大阪の歴史』五七号、二〇〇一年)、「近世日本の葬送を支えた人びと」(江川温・中村生雄編『死の文化誌—心性・習俗・社会—』昭和堂、二〇〇二年)、「近世畿内三昧聖の自己認識と葬送文化—近世畿内三昧聖研究の課題—」(『解放研究』一七号、二〇〇四年)など。

(11) 律宗に関する研究はきわめて多いが、細川涼一『中世の律宗寺院と民衆』(吉川弘文館、一九八七年)、同『中世の身分制と非人』(日本エディタースクール出版部、一九九四年)、大石雅章「顕密体制内における禅・律・念仏の位置—王家の葬祭を通じて—」(中世寺院史研究会編『中世寺院史の研究　上』法蔵館、一九八八年)、松尾剛次『勧進と破戒の中世史』(吉川弘文館、一九九五年)、同『中世の都市と非人』(法蔵館、一九九八年)、馬淵和雄『鎌倉大仏の中世史』(新人物往来社、一九九八年)、桃崎祐輔「石塔の造営と律宗・時宗」(『季刊考古学』八五号、雄山閣、二〇〇三年)をあげておく。

(12) 水藤真『中世の葬送・墓制—石塔を造立すること—』(吉川弘文館、一九九一年)、同『絵画・木札・石造物に中世を読む』(吉川弘文館、一九九四年)。

(13) 中野豈任『忘れられた霊場—中世心性史の試み—』(平凡社選書、一九八八年)。なお私はこの本の書評を書いた(『日本史研究』三三〇号、一九九〇年)。

(14) 丹生谷哲一「中世における他者認識の構造」(『歴史学研究』五九四号、一九八九年。同『日本中世の身分と社会』塙書房、一九九三年、所収)。

(15) 橘田正徳「屋敷墓試論」(『中近世土器の基礎研究Ⅶ』日本中世土器研究会、一九九一年)、「地下に眠る歴史［1］小曽根と穂積—お墓が語る中世のイエと社会—」(『文化財ニュース豊中』二九号、二〇〇一年)、「中世前期の墓制—墓地・屋敷墓からみた中世前期の家・集落・社会—」(『第五回　大谷女子大学文化財学科　公開講座　考古学の語る「中世墓地物語」』当日資料、二〇〇四年)。

(16) 片岡耕平「中世の穢観念について」(東北史学会『歴史』一〇二号、二〇〇四年)、「中世の穢観念と神社」(『日本歴史』六八八号、二〇〇五年)。

第一部　死体遺棄と触穢について

――中世前期の葬送と墓制――

第一章　中世民衆の葬制と死穢

――特に死体遺棄について――

はじめに

触穢制度と死穢　日本社会に根を張ってきた「穢《けがれ》」の観念については、近年広く学際的な注目を集めるようになっているが、古代・中世の文献において何が「穢」とされてきたかについての具体的な研究は最近まであまりなされておらず、このことが「穢」を単なる便利な操作概念として用いる傾向を存続させてきたように思われる。ようやく一九八〇年代になって、岡田重精氏の『古代の斎忌（イミ）――日本人の基層信仰――』[(1)]が著され、文献的な整理が進められたが、穢の史料上のふるまいについては、なお検討の余地が大きい。この点は山本幸司氏の「貴族社会に於ける穢と秩序」[(2)]によって初めて本格的に俎上にのせられたといっても過言ではない。山本氏は穢を社会的サンクション（拘束的な意味での規範）の一環と位置づけ、文献上の穢の諸相についても、その及ぶ範囲が囲まれた地であり、所有観念と関係があることなど注目すべき指摘を行っており、筆者も共感するところが少なくない。

しかし岡田氏・山本氏ともに穢を総合的に扱っているが、「触穢」を構成する個々の穢はそれぞれ固有の側面を持っており、それらを統合する上位概念としての「穢」はそれゆえ抽象的かつ無内容に近いものなのではないだろうか。かつて松平斉光氏は穢を「神の嫌う所を総括した」ものと定義したが[(3)]、上位概念としての穢にはそのように表現するよりないような面がある。たとえば食肉と死はともに穢とされるが、肉を食べることと人が死ぬことを共に包含しうる枠組みとしての穢の概念が極めて抽象的になるのは当然である。もとより、穢は単に個々のタブーの寄せ集めに還元されるものではないが、現在必要とされるのは、個々の穢をとりあえず別個に扱い、史料的な検討を通して過去の日本社会におけるそれぞれの穢のありようを解明することであろう。本章はこのような観点から、死穢の問題と関係が深い葬墓制、とくに死体遺棄の実態を古代から中世前期の史料に即して明らかにすることにより、死穢の観念の発現のしかたを解明することを目的とする。

中世以前の葬墓制については、歴史学的研究は立ち遅れているといえよう。平安貴族の葬制については田中久夫氏(4)によってかなり明らかになっているが、田中氏も含めて民俗学研究者が文献を扱った研究が主体で、歴史学独自のアプローチは乏しい。近年、中世史学における身分制研究の活発化に伴い、京都・奈良の非人の葬送得分権や律僧の葬送関与が大山喬平(5)、細川涼一(6)、馬田綾子(7)らの諸氏によって注目されているが、なお上層の葬礼の一部が明らかになったにとどまる。

両墓制の研究史　民俗学では、柳田国男が祖霊信仰を日本人の信仰の中核としたこともあって葬墓制は重要な研究領域の一つをなし、一九七〇年代までの研究成果は『葬送墓制研究集成』全五巻（名著出版、一九七九年）にまとめられたが、その後も活発に研究されている。民俗学では今日の葬墓制の事例調査に基づいて、その展開過程を論理的に再構成する方法をとるが、そこでキー概念として用いられているのがやはり「死穢」の観念である。そして一つの焦点である両墓制の起源論などでは、死穢の歴史的変遷の認定のしかたによって大きく説がわかれる。この問題は死体遺棄とも関係があり、また筆者は民俗学の成果と史料的検討との接合を目標とするので、やや詳しく諸説をみておきたい。

両墓制とは周知のように、死体を土葬する墓地（埋め墓）と石塔を建てる場所（詣り墓）とが分離している墓制をさす。詣り墓は石塔であるから、これを指標として定義する限り、石塔が庶民にまで普及した近世以後に成立したことは明らかである（村落構成員の一部が石塔を建てるのはそれより早い）(8)。問題はそれに先行する墓制として何を設定するかである。

埋め墓についてみると、一般に村外れの荒涼とした場所で、中には河原や海浜にあるため増水や高波によって遺骨が露出散乱するような立地条件のことも少なくない。陸地にある場合でも新しい死者の埋葬のさい掘り出された古い骨がそのまま放置され、草の中に散乱していることが珍しくない。そこで、このような埋め墓の先行形態として風葬や水葬を考える論者が多い。この説では、死穢ないしは死体への恐れから死体を遺棄し、それとは別に霊魂を祀る場所として詣り墓が設けられたとする。代表的論者は原田敏明氏(9)、田中久夫氏(10)である。

一方、埋め墓の先行形態として風葬的なものの存在は否定しないが、それは改葬を前提とした骨化のための措置であるとして、沖縄の洗骨葬のような習俗を考え、それが変化して両墓制を生じたとする説がある。これは事例の中に、埋め墓の祭祀を停止して詣り墓に祭祀を移すさい、骨の一部を詣り墓へ納める例があることを一つの根拠としている。研究史的にはこの説が古く、柳田国男が「葬制の沿革について」(11)でそれを示唆している。しかし彼の説は単純ではなく、原初的にはオキツスタへといわれるような死体遺棄を考えるが、一方で祖霊祭祀のために死体の一部を霊の依代とする観念（カバネの思想）が発生したため、死後、時をへて死穢を浄化した遺骨を移して祭祀するようになり、これが仏教化されて詣り墓を生じたとする。これに対して国分直一氏(12)は原始・古代の遺跡に改葬人骨の例があることから改葬の起源を古く考え、死体遺棄の存在を否定し、改葬→両墓制のコースを基本とみる。また最上孝敬氏(13)は原始時代の改葬は本土では歴史時代に消滅し（南島には残留）、死穢を忌む観念が強まったが、なお死体を恐れつつも遺骨に即して霊を祀るのを伝統的態度とし、集落から離れた土葬単墓制が基本だったとする。そして現行両墓制は狭い共同墓地に墓が集中したことで死穢感が増大し、それが詣り墓の分離をもたらしたとみている。

このように対立する諸説があるが、南島の洗骨葬には霊の祭祀は必ず遺骨に対してなされなければならないという霊肉一致の観念が強く現れているのに対し、両墓制は死体と霊魂を分離して扱っている。この対照を重視して、洗骨葬と両墓制の間には直接の系譜関係はないとみる研究者が現在では多い。しかし諸説の分立状況からも、民俗学的再構成には限界があると考えられる。近年は両墓制の概念自体が動揺しており[14]、一種の手づまり状態にあるようにみえる。死体遺棄を認めるとしても、それと現行両墓制の土葬との関係は明らかでなく、文献調査も不十分である。田中久夫[15]氏は平安貴族の死体遺棄の例として、道長の浄妙寺建立以前の木幡が荒涼として現行両墓制の埋め墓のような観を呈していたことや、火葬骨をそのまま鴨川へ投棄する『権記』の例をあげているが[16]、国分直一[17]氏は遺骨投棄をインドの影響による特殊例とする。一般に死体遺棄の例としては『餓鬼草紙』や『六道絵』等の絵がよく引かれるが[18]、文献的調査は万葉歌による堀一郎氏の研究[19]や、圭室諦成氏の『葬式仏教』[20]の段階からあまり進んでいないというのが実態であろう。本章ではこの欠を埋めるのを一つの目標とする。

高取正男説の波紋　また、死体遺棄―両墓制というコースで基本的につらぬかれていると一般に想定されているのは死体に対する恐怖ないし否定的態度であって、これを「死穢」という概念で表現することが多く、それはまた歴史的な文献に「触穢」の対象として規定されているものと同一視されている。しかしここで問題になるのは、死体を屋敷の一角などに埋める屋敷墓の扱いである。屋敷墓は現在でも各地にあるほか、旧家や同族団の祀る屋敷神の中に祖先の墓という伝承をもつものが多く、それが確認できるものもあることから、最上孝敬氏[21]は開発先祖の屋敷墓が子孫に継承されて屋敷神になったとしたが、段階としては死穢の忌が弱まった後世に出現した葬法とみた。直江広治氏も

『屋敷神の研究』[22]で墓の伝承をもつ屋敷神の事例をあげたが、やはり後次的なものとし、墓という伝承は事実というより後世に作られた伝承であろうとした。

これに対して高取正男氏は『神道の成立』[23]において、『日本後紀』延暦十六年（七九七）正月二十五日条の「山城国愛宕葛野郡人、毎㆑有㆓死者㆒、便葬㆓家側㆒、積習為㆑常。今接㆓近京師㆒。凶穢可㆑避」の記事や大阪府高槻市宮田遺跡の中世の屋敷墓の例をあげて屋敷墓が古くからあることを示し、「死穢をべつだんなんとも思わない」態度が古くから存在したことを意味するとした。この研究は歴史学・民俗学の葬法に波紋を投げたが、氏が問題を「死穢を気にしない」ことの強調という形で提出したことが、後続の諸説をその方向に導いたように思われる。

民俗学側では、高取説について赤田光男氏[24]は次のように論じた。死穢と死霊恐怖は別だが、両者とも古くからあった（たとえば『魏志倭人伝』や『古事記』に見えるミソギ）。しかし古くは死穢を祓う儀礼の後、家の近くに埋めることもできたという。中世以後仏教によって死穢感が強化されたが、同時に供養により死穢が消えるという思想が現れ、仏僧の管理下の死体に愛着を感じるようになって古代のとは別の系譜の屋敷墓を生じたという。

佐藤米司氏[25]は「雨だれ落ち」の内と外の差に意味を求めている。氏は雨だれの下の土をかけると死後硬直がとける（岡山県）、出棺後煎り豆三粒を雨だれにいけて死者の帰還を防ぐ（滋賀県）、雨だれは冥途につながるという（高知県）、死者は四十九日まで雨だれに迷っている（富山県）等の伝承から雨だれ落ちの境界性[26]を指摘し、その向こうに埋める場合は死穢の忌みもないのが本来だったのではないかとしている。

これらの説は死体が穢とされないことの説明に苦慮しているが、成功しているとはいえない。また屋敷墓が必要とされた積極的な理由が明らかでない。

一方、歴史学の側では、高取説は古代の民衆は死穢の観念をもたず、律令貴族がそれを広めたとする説として一般に受け取られている。[27]このような受け取り方は「死穢過敏症」などといわれる〝不健全〟な平安貴族と、本来そのような病的観念を知らない〝無垢〟の民衆を対比する点で魅力的にみえるが、ことはそう単純ではないのではないか。この点について山本幸司氏は前掲論文において、穢の観念を秩序の観念の一つの発現とみなした上で、貴族の抱く秩序観念と一般民衆のそれとは同一範囲であるとは限らないとして両者を切り離した。私としては、穢が問題になる空間的範囲が集団により一致しないという氏の理論的枠組みの可能性は認めるが、屋敷墓については単に穢の及ぶ範囲というにとどまらない質的な差があるのではないかと考えている。しかし、死体＝死穢とみる限り、屋敷墓と死体遺棄を統一的にとらえることは不可能で、ディレンマに陥ってしまうことは明らかであり、この点で山本氏の着眼は従来の諸説よりも問題を鋭くついていることはまちがいない。

私のこの問題に対する考えは後述するが、本章では死体遺棄と風葬の事例を主として中世前期の史料に基づいて検討することを通して、この課題に答えることを目的とする。第1節では事例によって遺棄の様相を概観し、第2節では遺棄する人間と死者との関係から葬送観念を分析し、それによって死穢の意味を再考してみたい。第3節では死体遺棄と風葬との関係を整理するとともに、現行両墓制への移行の見通しを立てておきたい。

1　中世前期における死体遺棄の様相

死体を「棄てる」　中世の説話集などでは、死体を「棄つ」という表現がよく出てくるが、これは正確には何を意味するのだろうか。辞書や注釈書では、この語を「葬る」と同義とみなしていることが多いが、それだと地上への放置ではないことになる。そこでまず、『今昔物語集』[28]（本朝部）を例にとり、同書が葬送を表すのに用いている語と、それらの意味を検討してみた。その結果、『今昔物語集』は次の二グループの語をおのおの区別して使っているという結論をえた。

第一群は「葬《はふぶり》スル」「葬送（スル）」。土葬のことも火葬のこともあるが、ともかく、ちゃんとした葬式である。土葬の場合、埋葬する行為は「埋《うづ》ム」を使うこともあり、「葬スル」や「葬送」はそれに先立つ儀式も含めていうようである。いくつか例をあげると、

巻十一第六話「（玄昉のバラバラ死体を）其弟子共有テ、拾ヒ集テ葬シタリケリ。（略）彼ノ玄昉ノ墓ハ于レ今奈良ニ有トナム」

巻十一第八話「（鑑真を）葬シケル時ニ、馥《かうばし》キ香、山ニ□」

右の例は火葬で、煙の香がよかったことをさしている。

巻十五第二話「律師右ノ手ニ阿弥陀ノ定印ヲ結テ有リ。葬スル時モ其印不レ乱ザリケリ」

出典の『日本往生極楽記』[29]第五話に「荼毘之間其印不レ爛」とあり、火葬。

巻二十七第三十六話「『早ク葬送也ケリ』ト見ルニ（略）死人ノ棺ヲ持来テ葬送ス。（略）其ノ後亦鋤鍬ナド持タル下衆共員《かず》不レ知ズ出来テ、墓ヲ只築《つき》ニ築テ、其ノ上ニ卒都婆ヲ持来テ起《たて》リ」

これは土葬だが、「葬送」は棺を地上に置くまでの儀式をさし、その後土饅頭を築くのはこの例では葬送に含まれないようである。

第二群は「取リ棄ツ」「棄ツ」「棄置ク」および「置ク」等で、これが死体遺棄または風葬にあたる。「葬」と対比的に用いられ（巻二十八第十七話、巻二十九第十七話）、土葬・火葬を行った形跡は全くない。

死体放置の史料　以下は第二群について、『今昔物語集』以外の例もふくめて事例を検討してゆきたい。まず、土

葬・火葬ではないという点について、死体放置のありさまを示す史料をあげる。

〔史料1〕

（放免が男にむかって）内野ニ有ケル十歳許ナル死人ヲ、「此レ、川原ニ持行テ棄ヨ」ト責ケレバ

（『今昔物語集』巻十六第二十九話）

〔史料2〕

（殺された）法師ヲバ谷ニ引棄テ、妻ヲバ搔具シテ家ニ返ヌ。

（『今昔物語集』巻二十六第二十一話）

〔史料3〕

沙門円能（略）春三月晦日、寝中忽順二六僧一、迥赴二他界一。人謂二頓死一。未レ令二殯斂一、心胸猶温、其気未レ絶。歴二二七日一、出二之野中一。鳥獣不レ毀、人以為レ怪。四月八日、遂以蘇生。

（『本朝新修往生伝』第三十九話。十二世紀中ごろ成立）

〔史料4〕

常陸国中郡《ちうぐん》ト云所ニ草堂アリ。薬師如来ヲ安置ス。其堂近キ家ニ、十二三斗リナル小童有ケリ。悪病ヲシテ息絶ヌ。サテ近キ野辺ヘ捨ツ。一両日鳥獣モ食セズ。此薬師、童子ヲ負テ家ヘオワシマスト思テ、蘇ヘリケリ。

（『沙石集』[30]巻二第二話。十三世紀末）

〔史料5〕

近来備後国住人覚円と云し僧、大般若供養の願をたてゝ当宮（石清水八幡宮）に参宿したりしが、世間の所労をして死にけり。無縁の者なりければ実《まこと》しき葬送なんどに及ばずして、さかゞ辻と云所に野すてにしてけり。（略、彼は蘇生する）耳なんどは蟻にさゝれて穴あきたりしか共、犬・鳥にはくはれずして数日を過てよみ帰と云つるも。

（『八幡愚童訓』(31)乙、下巻第四話。十四世紀初頭）

〔史料6〕

為レ納レ墓取二野棄之死人骨一之時、彼骨有二簀并筵及衣之上一者、取レ之族七ケ日甲穢之外、可レ為二卅箇日乙穢一也。

（『文保記』(32)）

〔史料7〕

横死者不レ入レ棺持棄之族、卅ケ日外無二禁忌一。（略）掃二除牛馬斃死一之人、穢限以後無二別憚一也。

（『文保記』）

〔史料8〕

一　可レ禁二制棄二病者・孤子等・死屍等於路辺一事

病者・孤子等、令レ棄二路頭一之時、随二見合一、殊可レ加二禁制一。若又偸有下令二棄置一事上者、為二保々奉行人之沙汰一、可レ令レ送二無常堂一。至二死屍并牛馬骨肉一者、可レ令レ取二棄之一。以二此等之趣一、可レ仰二保奉行人等一也。

（関東新制、弘長元年〈一二六一〉二月二十日）

〔史料9〕

近年号二速懸一、称二未死之由一、送レ野就レ之。重々無レ謂事等有レ之。導師僧者着レ笠打レ輪、役人等著二浄衣一、引レ馬秉二松明一、於レ野導師読二咒願文一、不レ替二死人之葬一。為レ遁二触穢一、結構之至也。不レ可レ説。凡速懸者、既有二死去之不審一。迄二近比一送二野面一之後、或出レ言、或動レ身。近年者、人意偽而大略死去之後送歟。

（『文保記』）

〔史料10〕

いまだむげに幼《いとけ》なく侍しほどの事にや。唐橋近《ちかき》河原に、身まかれる女を捨てたる事侍き。此女は、をのが主《しう》の夫なるものに忍びに行き逢ふとて、主の女いみじくそねみて、男の外にある間《ま》に、さま〲のはかり事を構ゑて、いひ知らず言葉も及ばぬ事どもして、忍びに引き捨てさせたるなりけり。

(『閑居友』(33) 上巻第二十一話。承久四年〈一二二二〉成立)

〔史料11〕

(叡山の僧に仕える中間僧某は)夕暮れには必ず失せて、つとめて疾《と》く出で来る事をしけり。(略)ある時、(主は)人を付けて見せければ、西坂本を下りて、蓮台野にぞ行きにける。この使、「あやしく。何わざぞ」と見ければ、あちこち分け過ぎて、いひ知らずいま〳〵しく爛《みだ》れたる死人のそばに居《ゐ》て、目を閉ぢ、目を開きして、たび〳〵かやうにしつゝ、声も惜しまずぞ泣きける。

(『閑居友』上巻第十九話)

〔史料12〕

(但馬守源国挙の子国輔が帰京して恋人を訪ねると、女は両眼がなくなっている。童女がいうには)御病ひづき給ひて(略)はかなくて息絶えにき。今はおき奉りてもかひなしとて、此の前の野におき奉りし程に、日中ばかりありてなむ、思ひの外に生きかへり給ひにし。その間に、烏などのしわざに、はやく云ひかひなきことになりて侍れば、とかく申すはかりなし。

(『発心集』(34) 巻五第一話。十三世紀初頭)

〔史料13〕

或る時は見解《けんげ》おこる様、かゝる五蘊の身の有ればこそ、若干《そこばく》の煩ひ苦しみも有れ。帰寂したらんには如かずと思ひて、何なる狗狼・野干にも食はれんと思ひ、三昧原へ行きて臥したるに、夜深けて犬共多く来りて、傍なる死人なんどを食ふ音してからめけども、我をば能々嗅ぎて見て、食ひもせずして、犬共帰りぬ。

(『梅《栂》尾明恵上人伝記』(35) 巻上。南北朝期成立)

〔史料14〕

野辺に捨られなば、一夜の中にはたかになるへき身をかさらんかために、いとまを入れ、衣を重んとはけむ、

（日蓮書状、建治四年〈一二七八〉二月十三日、松野殿宛、『鎌倉遺文』一二九八三号）

放置のありさま　事例の列挙が長くなったが、右の諸例ではいずれも埋葬などはされずに放置されていたことがわかる。史料6によれば簀（竹輿）に入れたり、莚に包んだりその上に置くこともあったが、何にも包まない場合もあったであろう。『餓鬼草紙』（疾行餓鬼の図）では、蓋のない棺に入れたものと莚の上に置いたものとが見える。なお絵巻類の放置死体は多く裸に描かれていることから、黒田日出男氏は「中世の死者は、基本的には裸で葬られた」と主張している。しかし、史料14に「一夜の中にはたかになる」とあるのは、最初は着ていた着物が乞食等に剝ぎ取られると解するべきであり、後述するが『今昔物語集』巻二十九第十八話にも盗人が「死人ノ着タル衣」を奪った話がみえる。また聖衆来迎寺蔵『六道絵』の死人の腐乱過程を描いた図（人道不浄図）でも、敷物の上に置かれた女性の死体は、一番上（まだ腐っていない）では衣を被せられており、他は全裸に近い。これもやはり当初は着衣であったものが剝ぎ取られる過程を描いたとみるべきであろう。『餓鬼草紙』等の死体はすでに放置後時間を経ているため裸に描かれたものと思われる。なお、着物を剝がれる死者のイメージは、三途の川の婆（『法華験記』第七十話に「三途河媼」と見える。日本撰述の偽経『地蔵菩薩発心因縁十王経』にも「奪衣婆」が「葬頭河」にいるという。後世なまってショウズカのババといわれる）に投影されている。

史料3・4・5は復活の説話であるから、そのまま事実とはみなしがたいが、鳥獣に食われないことが強調されているのは、通常食われていたことを示す。12・13はその場面を描いている。棄てられる場についてみると、11の蓮台野や13の「三昧原」は墓域として設定されていた区域であるが、1・10は河原、2は谷、5・8は路辺、他は「野」

とされている。5と6は「野棄て」という語を用いており、5で「辻」に棄てられたにもかかわらずこう称するのは「野辺の送り」同様の慣用表現と考えられるが、後世のように野＝墓地かどうかは疑問である。4は「近キ野辺」、12は「此の前の野」としており、これらは近くの墓地というより、単なる荒野と解する方が自然である。未開発の「野」は死体を棄てることができたものが、人口密度の増大と開発の進行に伴い、特定の葬地が設定されてゆくのかもしれない。

遺棄の場　鴨川の河原については古く『続日本後紀』承和九年（八四二）十月十四日条に「嶋田及鴨河原等」の髑髏五千五百余頭を焼くとあるのをはじめ、公認の葬地ではないが死体遺棄の例が多く、後述の史料19も一例である。史料1で放免が死体を運ばせているのは必ずしも鴨川とは断定できず、紙屋川（天神川）かもしれないが、河原は準公認の葬地だったことを示す。しかし鴨川は鳥辺野や蓮台野と違って貴顕の火葬の場になった事例は見出しがたく、専ら遺棄の場だったようである。

　史料10は女主人に虐殺された下女が唐橋（九条坊門小路）近くの鴨河原に棄てられた話であるが、これで想起されるのは刑場としての河原である。平治の乱で敗れた藤原信頼が六条河原で斬られた（『愚管抄』巻五）[38]のをはじめ例が多いが、その場合死体は埋葬されず放置された。河原ではないが、保元の乱ののち源為義は船岡山で斬られた（『兵範記』保元元年〈一一五六〉七月三十日条）。『保元物語』は為義の処刑場所を七条朱雀としており、現在も権現寺（朱雀権現堂）と為義の墓があるが、同書は為義の幼い子らが船岡山で斬られたと述べ、斬り手が子供たちに「四郎左衛門殿（頼賢）より初《はじめ》て五人は、あのみえ候草むらの高き所にて、昨日みな〳〵切《きら》れ候ぬ。又其死骸にて候やらん、鵄・烏のはためき候[39]」と言ったとする。また木津河原で斬られた平重衡について『平家物語』は北の方が「たとひ首《かうべ》をこそ刎ねらるゝとも、軀《むくろ》は、定めて捨て置いてぞあるらん。取り寄せて孝養せんとて、輿を迎へに遣されたりければ、実《げ》にも、軀は河原に捨て置きてぞありける」[40]と記す。処刑死体が放置されるのは、刑死者は葬るに値しないという観念（これは次節で述べる血縁―非血縁の問題とも関係する）を示すとともに、平常時にもこれらの地に遺棄死体が多かったことを物語るといえよう。

次に道路についてみると、史料8は鎌倉の例だが、路頭に病者・孤子・死屍を棄てるのを禁じている。病者というのは病人が家の中で死んだ場合に生じる死穢を恐れて瀕死者を往還に出すことをさし、9の「速懸」もその変種であるが、この風習については後述する。後掲の史料15でも貧しい僧は死ぬと「大路」に棄てられるとあるように死者を道路に棄てることは珍しくないが、都市管理者はこれを好まず、特定の地に片付けようとしている。京都では1の例では検非違使庁配下の放免が夫（この例では「京ニ有ケル生侍」）を徴発してやらせている。[41]7で横死者を「持棄之族」というのも、後文で「掃除牛馬斃死之人」と対比しているところから、行路死人を葬地へ運ぶことをさすと考えられる。8の鎌倉では「保々奉行人」が責任者である。[42]ただ1・7・8を通じて、死体を特定の地へ運んで「棄」てることが命じられているのみで、埋葬などは要求されていない。つまり、死体遺棄そのものが禁制なのではなく、「路辺」が場所として好ましくないとされているにすぎないと考えられる。

ただ穢が及ぶかという点、つまりある場所に死体などの「穢物」があるとき、その近くの人間が穢にふれるかどうかという場の性質についていえば、西垣晴次氏[43]や山本幸司氏[44]が明らかにしたように、道路は穢の及ばない（伝わらない）場であった。山本氏は触穢規定に基づいて、閉鎖された空間と開放空間の差に意味を求めており、それは間違いないが、本質的には特定の人間（集団）のテリトリーあるいは所有地の概念と死穢の観念が関係しているためであると考えたい。触穢規定では開放空間を「くかいの小路」（『触穢考』）、「公界ノ井」（『触穢問答』）等と表現しているものもある。いずれにしても道路は通例穢の感染源にならないのであるが、では路辺の死体を片付けるのは何を意味するのだろうか。この点は中世史料に即した解釈を持ち合わせないが、(45)触穢規定や判例で、穢にならないという判断がそのたびに下されるにもかかわらず道路の死体が繰り返しとりあげられるのは、路上の死体を目にするのを嫌う心理と、一定の基準に基づいて法的判断を下す立場とのズレを示すもので、やはり路上に死体がころがっているのは不快な状況であったに違いないためであろう。

こうして道路の死体は特定の葬地へ運ばれていくわけだが、飢饉の時ならともかく平常時に遺棄死体が多いことは、今日の眼からは異様に思われることであろう。このような状況を生じた原因を解明するためには、死体遺棄の背後の観念を分析しなければならない。

2　葬送と血縁

葬式の費用と階層　中世前期においては、死体遺棄自体は反価値とはみなされていないが、上層の人々はこの時代も立派な葬儀を営み、火葬または土葬に付されていたことは史料からも、また発掘からも明らかであり、路上に放置するというのはそれに比してランクのおちる葬法であることは間違いない。先にあげた事例から遺棄される人の身分をみると、史料2は山中で女を犯そうとして女の夫に殺された法師、4は某家に使役される小童、5は「無縁」の僧、12は半者《はしたもの》、10はやはり使用人の女と、身分の低いものが目につくのは、一つには葬送費用の問題と関係があろう。次の例はそれを示す。

〔史料15〕

（藤原道長の読経僧が平茸の毒で死に）貧カリツル僧ナレバ、何カヾスラムト押量ラセ給テ、葬《はうぶり》ノ料ニ絹、布、米ナド多ク給ヒタリケレバ、外ニ有ル弟子童子ナド多ク来リ集テ、車ニ乗セテ葬テケリ。（略、これを聞いた東大寺の僧某、平茸をたくさん食べていわく）「□ガ葬料ヲ給ハリテ、恥ヲ不二見給一ヘズ成ヌルガウラヤマシク候也。□モ死候ヒナムニ、大路ニコソハ被ㇾ棄候ハメ。（だから自分も平茸で死んで、葬料を給わりたいものだ）」

（『今昔物語集』巻二十八第十七話）

これによると貧しい僧は大路に棄てられてしまうが、それは「恥」だったこと、葬式には相当の費用が必要だったことがわかる。僧が同じ寺の僧に棄てられるのは異様にみえるが、史料3にもこれが見え、また貞永元年（一二三二）五月の大和国海龍王寺制規（『鎌倉遺文』四三二八号）に「一、当寺一結寺僧入滅時、可ㇾ修二中陰七々追善一事」として「勿ㇾ令三横死堕二在悪趣一、逮二無常院一専此意耳」と記すのはこれをいましめたもののように思われる。一般人でも後述のように肉親を家族が遺棄する例があるが（史料26・27・28等）、それらは「葬ナド否不ㇾ為《えせぬ》」貧しい人々のこととされる。

葬送互助の欠如　しかし近世〜近代の農村なら互助組織があり、遠方の親戚への通知、買物、料理から穴掘りの重労働までやってくれる。これらは近隣関係の場合と同族団の場合とがあるが、いずれにせよ家族以外の村落組織が活動し、またクヤミ、トムライなどとして香典（米等）をもちよってくれるから、貧家でもそれなりの葬式を出すことができる。[46] このような相互扶助は中世社会にあったのだろうか。

中世の説話中、当時よく知られ、同型話が多くの説話集に収録された話に次のようなものがある。ある僧が社参の途中、道端で若い女が泣いている。母が死んだが葬れないでいるというので、僧は哀れんで死体を野に棄ててやる。死穢にふれたため社参をやめようかとも思うが、それも残念なので行くと、巫女に憑いた神から、良いことをした、不浄を忌むのも善行を促す方便なのだといって賞賛されるという話であるが、次にあげる史料16〜18は各説話集における葬れない理由の部分である。

〔史料16〕

いかにしてこれ（母の死体）を引きかくすわざをせんとさまざまめくらせど、やもめなれば、申し合はすべき人もなし。我が身は女にて、力及び侍らず。隣り里の人は又、なほざりにこそ『あはれ』と訪ひ侍れ、神の事しげきわたりなれば、誠にはいかがはし侍らん。　（『発心集』巻四第十話。十三世紀初頭）

〔史料17〕

我母にてある者の今朝死たるを、此身女人也、又ひとりふど（人）なれば送るべきにあらず、少分の財宝もなければ他人にあつらへべき事なし。せんかたなさのあまりに立出たる計也。　（『八幡愚童訓』乙、下巻第三話。十四世紀初頭）

〔史料18〕

母ニテ候モノヽ、悪病ヲシテ死ニテ侍ケルガ、父ハ遠ク行テ候ハズ。人ハイブセキ事ニ思ヒテ、見訪フ者モナシ。我身ハ女子ナリ。弟ハイヒガヒナシ。只悲シサノ余ニ、泣ヨリ外ノ事侍ラズ。

（『沙石集』巻一第四話。十三世紀後半）

16は日吉社、17は石清水八幡宮、18は吉野金峰山の話であるから、三話は直接の書承関係にはなく、各社で同型話を伝えていたものであろう。16の日吉社の話は同文的同話が『私聚百因縁集』巻九第二十二話・『日吉山王利生記』巻六にある。また18は三輪の上人常観房を主人公とするが、『元亨釈書』巻十二は常観の話と、大和安倍寺の慶円が石清水八幡宮に参詣したときの類話を並べ掲げる（三輪上人の名を『真言伝』巻七や『三輪上人行状』は慶円とする）。16〜18でも、葬送できないのは家族労働力がなく、他人は穢として手伝わないからだとしているのは注目される。つまり葬送は死者の家族（血縁者）に限られていたことが推測される。この点については、なお左の例がある。

〔史料19〕
下道重武者、左京陶化坊中之疋夫也。（重態になり上人を呼ぶ）病者心無二散乱一、聴聞随喜云、宅無二資貯一、又無二親族一。死後屍骸、誰人収斂乎。八条河原有二一荒蕪一。吾行二彼所一、可レ終二此命一。不レ然者、遺留妻児旁有レ労。即脱二鮮服一授二妻子一、着二鶉衣一赴二河原一。禅僧一両、依レ諾在レ後。隣里数輩、恩レ旧相送。已到二其所一、靡レ草展レ莚、向レ西而坐、口唱二弥陀一、心無二散乱一。
（『拾遺往生伝』巻中第二十六話。十二世紀初頭）

〔史料20〕
紀吉住者、近江国野洲郡馬淵郷住人。付中之田夫、尽下之野叟也。（略）謂二婦女一曰、明日可レ死。（略）以二其明旦一、被レ扶二婦女一、行二後園樹下一、掃レ塵敷レ席、向レ西而居。婦問云、離二吾廬一而居二樹下一、是何意乎。答曰、汝是寡婦、争斂二死骸一。為レ省二其煩一、故以離レ居。早帰二吾廬一、不レ可二再来一云々。（略）向レ西而化。村里聞者、莫レ不二嗟歎一。推二其年紀一延久年中也。
（『後拾遺往生伝』巻上第十九話。十二世紀前半）

いずれも死期を悟った男が自ら死に場に赴くという同型の説話であるが、19では「宅無二資貯一、又無二親族一」、20では「汝是寡婦」というのが葬送できない理由とされ、16〜18と一致する。やはりここでも、葬送に携わるのは「親族」に限られており、隣家でもそれに関与することが禁忌（穢）になっていたことが推定される。もっとも財物があれば人を雇うことはできたようである。

一人暮らしの人が死体で発見されることは今日でもしばしばあるが、中世では右の事情のため、死んだことを近隣の人が知りながら放置されることがあった。

〔史料21〕
其女（死んだ女）父母モ無ク親《したし》キ者モ無カリケレバ、死《しに》タリケルヲ取リ隠シ棄ツル事モ無クテ、屋ノ内ニ有ケルガ、髪モ不レ落シテ本ノ如ク付タリケリ。亦其骨皆次《つづき》カヘリテ不レ離《はなれざ》リケリ。隣ノ人物ノ迫《はさま》ヨリ此ヲ臨《のぞき》テ見ケルニ、恐《おぢ》怖《おそ》ル、事無レ限リ。

（『今昔物語集』巻二十四第二十話）

〔史料22〕

（長く会えなかった妻を訪ねて一夜を過ごしたが、夜が明けると妻はひからびた死体。男が隣の小家の人に聞くと）其ノ人ハ年来ノ男ノ去《さり》テ遠国ニ下《くだり》ニシカバ、其レヲ思ヒ入テ歎キシ程ニ、病付《やみつき》テ有シヲ、繚《あつか》フ人モ無クテ、此ノ夏失《うせ》ニシヲ、取テ棄ツル人モ無ケレバ、未ダ然《さ》テ有ルヲ、恐テ寄ル人モ無クテ、家ハ徒《いたづら》ニテ侍ル也。

（『今昔物語集』巻二十七第二十五話）

この二例では話が怪談仕立てであるが、隣人も死体を片付けようとしない。そして死んだ女は成仏できず、史料21では中国でいう僵屍[47]（俗にいうゾンビ）となって夫を取り殺さんとし、22では幽霊となって夫に現れるのだが、これも死者は家族に葬ってもらうべきであるという観念を別の形で表現しているように思われる。

瀕死の使用人の遺棄　また、中世貴族の死穢過敏症を示す好例としてよくあげられるものに、使用人が死にそうになると、家の中で死なれては穢になるといって息のあるうちに放り出すというのがある。前掲史料9は使用人ではないようだがその一種とみられ、横井清氏[48]は中世後期の例を紹介している。『今昔物語集』にも巻十二第三十五話（女の病人だが棄てた人との関係不明）、巻二十六第二十話（女の童）、巻二十七第十六話（「知ル人」もない下女）、巻三十一第三十話（尾張守の縁者。「妻カ、妹カ、娘カ、不レ知ズ」とある。友人縁者をたらい回しされ、自ら鳥辺野へ行って死を待ったという）などの例がある。巻三十一第三十話で女が尾張守の縁者だったのに、守が面倒をみてやらなかったことから世人がこれを「謗リケル」とあるが、これは血縁者（具体的には引用部分にあるように家族をなすような人々であろう）であれば、積極的に穢を引き受け、死をみとるのが当然であるという社会通念を示している。山本幸司氏は穢の及ぶ場としての

「家」の所有者と縁のない使用人は「その死によって家を穢とすることの許されない人間」であるがゆえに排斥されたと説明している。[49] 制度上の穢については本書第一部第四章「中世触穢思想再考」でも説明する。いずれにしても、この行為を単に「死穢過敏症」といってしまうと、穢と社会的関係の結びつきを見失うことになろう。

また従来の議論では、この種の行為は穢を極度にきらう平安貴族が生み出したもののように説かれることが多かったが、上述のように血縁—非血縁の対照が広く見出されることからして、この議論も再検討してみる必要がある。

使用人が病気になると遺棄することが古代からあったのは左の太政官符により知られる。

〔史料23〕

応レ禁三断京畿百姓出二棄病人一事（略）今天下之人、各有二僕隷一。平生之日、既役二其身一、病患之時、即出二路辺一。無二人看養一、遂致二餓死一。此之為レ弊不レ可二勝言一。伏望、仰二告京畿一早従二停止一、庶令下路傍無二夭枉之鬼一、天下多中終命之人上者。

（弘仁四年〈八一三〉六月一日太政官符、『類聚三代格』巻十九、禁制）

これによれば、病の僕隷を路辺に遺棄することが「京畿百姓《けいきひやくせい》」の間で一般的で、国家はそれを規制している。もとより個々の貴族も同じことをしていたのだとしても、この段階ですでに「百姓」の間に広く行われていることは、民俗として古いことを推測させる。

貧人の運命　また、これと同時期（九世紀初頭）に成立した『東大寺諷誦文稿』にも、さらに具体的な記述がみえている。この史料は檀越のための諷誦《ふじゅ》用テキストという性格から、一般例として数種類の葬法をあげており、葬制研究史料として好箇のものであるが、従来これを使った研究のあることを知らない。これに左の記述がある。中田祝夫『改訂新版東大寺諷誦文稿の国語学的研究』（風間書房、一九七九年）により、はじめに原文、かっこ内に訓読文を示す。[50]

〔史料24〕

貧人ハ生時被二飢寒之恥一、命終後ニハ不レ足二一尋一葛繞レ頸。此ヤ此ノ郷穢家穢ト云テ指下有二犬烏一之藪上引棄。扣二虚《イツ》額一无二乞誓助人一。（71—72行）

（貧人は生まるる時には飢寒の恥を被《かが》ふり、命終の後には一尋にも足らはぬ葛《かづら》頸を繞《めぐ》る。此れや此の、郷の穢《けがれ》・家の穢と云て、犬烏有る之藪を指して引き棄《う》つ。虚《イツハリ》に額を扣《たた》きて乞誓《こひの》めども、助くる人无し）

ここにみえる「貧人」の解釈は問題であるが、23の「僕隷」同様、家族もなく富家に使役される存在とみたい。死に瀕すると「郷穢家穢」だとして首に葛を巻かれ、藪に棄てられて「犬烏」のえじきになるという記述は表現からみて農村の状況を示しており、この行為が平安貴族の生んだ悪習という説は再検討が必要となろう。私は「貧人」は「郷」や「家」の人とは血縁関係がないため葬送すべきでない「穢」として排斥されたとみて、上述の禁忌が古代から広範に存在したことを示す好例と考えたい。引用部分には血縁の有無は記されていないが、普通の家で子供が死ぬと、父も母も生前にはこの子に少しもつらい目をさせないように育ててきたのに、今は棺から出して火をつけ「物部ノ利《ト》キ木ヲ以てゾ、指《ツ》ク指《ツ》クゾ指キ腕《マロ》バシ焼」いたとか（259行）、母の棺を松の丘に葬り、そばに廬を作って三年間そこで暮らし、そのあと墓を造る（126—128行）[51]などの丁重な葬法の記述とはあまりにも対照的である。別の箇所には次のような記述もある。

〔史料25〕

覧二世間一、无二親ヨ族一ヤ而多レ病憂ル徒、无二妻子一而多死別之輩、誰人カ救済。家貧ク絶二ニタル後シリ前一サキ人ハ那落迦而号二叫扶レヨト我ヲ、无二可レ（相済之人モ）奉レ押印レ仏一枚之紙一。又餓鬼道而哭二吟サマヨヘトモ助レ我、无下可レ（相扶之人モ）奉二衆僧一ニ一枚銭上モ。如レ是无レ依无レ怙之徒、多亡二道路中一。東ノ国ノ人ハ道ノ辺曝《ヒム》レサラシ骸ヲハ、西ノ国ノ人ハ水中没レ魂ヲ。以二今日一渧之功徳一、救二済如レ是浮遊霊等一。速解二脱十八泥梨一、令レ招二人天之勝利一。（238—242行）

(世間を覧るに、親族《ヨ?ヤから》无くして病多く憂ふる徒《ともがら》、妻子无くして多く死に別かるる之輩は、誰れしの人カ救済せむ。家貧しく、後《シリ》・前《サキ》、絶えにたる人は、那落迦にして我を扶けよと号叫《おら》べども、相ひ済はむ之人も、仏を印に押し奉る可き一枚之紙も无し。又、餓鬼道にして我れを助けよと哭吟《なきサマヨ》へども、相ひ扶くる之人も、衆僧に奉る可き一枚の銭も无し。是の如く依无く、怙无き之徒《ともがら》は多く道路の中に亡《う》せむ。東《ヒムがし》ノ国ノ人は道の辺に骸をば曝《サラ》し、西の国の人は、水の中に魂を没《しづ》めむ。今日の一渧之功徳を以て、是の如く浮かび遊べる霊等を救済す。速やかに十八泥梨を解脱し、人天之勝利を招か令めむ)

ここで「家貧しく後前《しりさき》絶えにたる人」「依なく怙なきの徒」といわれているのが24の「貧人」に相当するものであろう。このような人々は供養してくれる人もなく、多くは道路に横死して「浮遊霊」になってしまうとされている。これで想起されるのは『日本書紀』大化二年（六四六）三月条の記事で、役民が帰郷の途中に路頭で死ぬと、その前の家の人が「死者の友伴《ともがき》」を責めて「祓除」を強制するため、兄が路頭で死んでも弟が収めない（葬らない）ことが多いという。この記事は難解であるが、兄が路頭で死ぬとそこの人が穢を嫌って埋葬せず、連れに「祓除」（祓い）をさせて死体はおそらく24のように藪などに棄ててしまうため、家にいる弟は本来すべき葬送ができないという意と考えられる。これに関連して『東大寺諷誦文稿』の326―332行にも調庸を運ぶ人が行き倒れて「東国人作ニ道路荆本之魂魄一。西国人作ニ風波之下霊・海浜之白尸一。留レテ国ニ相待親属ハ都不レ計ニカソヘ知忌日一ヲモ。留レ家相恋妻子不レ知ニ其葬ハフリノ墓一ヲモ。如レ是類国家ニ甚多」（東国の人は道路の荆《うまら》の本之魂魄と作《な》りぬ。西国の人は風波之下の霊《たま》・海浜之白き尸《しにかばね》と作《な》りぬ。国に留りて相待つ親属は、都《かつて》、忌日をも計《かぞ》へ知らず。家に留まりて相恋ふる妻子は其の葬《はぶり》の墓をも知らず。是の如き類《たぐひ》は国家に甚《はなは》だ多し）と、「親属」「妻子」と死者との関係を記したくだりがある。路傍の死体を見て、その妻子はどこにいるのだろうかなどと思いめぐらすのは、『万葉集』の行路死人を詠んだ挽歌（二二〇・四二六・一八〇〇・三三三九など）にもみられる。また『続日本紀』和銅五年（七一二）正月十六日条の詔に、道路に饉《う》え溝壑《こうがく》に転び落ちて死ぬ役民を埋葬し、その氏名を本国に通知することを国司に命じているのも、近くの人が埋葬を忌避したことを推測させる。

死葬集団の忌避　以上のように、古代から血縁者（家族）以外の死者を穢として葬送に関わらない強い禁忌が存在し、それが死体遺棄の広範な存在と表裏一体の関係にあったことがわかるが、問題はここに現れる「穢」の意識と、血縁―非血縁の関係をどのように考えるかである。従来、死穢を死体と結びつけて考えることが多く、実際に触穢規定にもその面は強く現れているが、そのような把握のしかたでは、死体は家族にとっても他人にとっても穢となるというよりほかなく、他人がなぜ特に死体を忌避するかの理解が困難となろう。

私は、血縁―非血縁の対照に基づく社会的行動規範（死者はその家族が葬るべきで、他人はかかわってはならない）が、死体とその場所という場の論理に基づく中世的な死穢の観念よりも少なくとも論理的には先行して存在し、この行動規範こそ死穢の本質ではないかと考えている。平安期以後、両者は分離し、血縁による行動規範は忌服（仮服）、場の論理の基づく観念は触穢という法制的形態をとるようになった。これは穢物が神域にもちこまれるといった、直接ある個人の死という社会的現象と結びつかない形の穢がクローズアップされてくるのと関係があるだろう。そして山本氏が指摘しているように[52]、穢になるかならないかは専ら場の論理に基づいて決定されるため、近親者でも死者から離れて暮らしている者は忌みには服するが、穢とはされないというように両者は別個の問題として扱われるようになっている。

岡田重精氏は忌服の古態について「死者をめぐる死葬集団を一般社会の側から隔離し排除したうえで、これに接触することを畏れ忌避する[53]」ものと述べているが、私も忌服と穢を統一的にみて、死葬集団（家族）のとる謹慎状態が忌服であり、触穢とは一般社会がその隔離を侵して死者および死葬集団と接触することを意味するのが本質的なあり方であったと解しておきたい。山本氏も穢を社会的関係の表現として、「遠方に居住し、日常的な関係を共にしていない人間は、その家の日常的な秩序に属するものとは見なされない」ため、忌みには服するが穢にはならないと説明しているので、これを制度としての忌服と「死葬集団」が一致しない状況をさすとみれば、私の考えと大筋で一致するといえよう。

つまり、通念的に考えられているように、

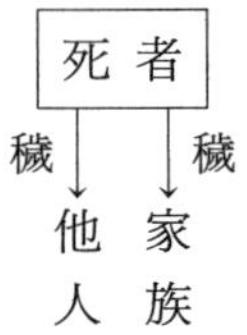

なのではなく、

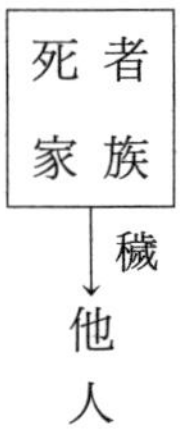

なのである。「死穢」とは、死葬集団と一般社会との相互の行動規範をイデオロギー的に裏付けたものにほかならない。

この行動規範の由来の解明は私の手に余るが、岡田氏は『魏志倭人伝』に「始死停ニ喪十余日一、当レ時不レ食レ肉、喪主哭泣、他人就歌舞飲酒、已葬、挙レ家詣ニ水中一澡浴、以如ニ練沐一」とし、また持衰《じさい》について「不レ梳レ頭、下レ去ニ蟣蝨一、衣服垢汚、不レ食レ肉、不レ近ニ婦人一、如ニ喪人一」とあることから、「喪人」の謹慎は「死者に準じた仮死的な場をつくる」[54]ものだとし、これを忌服の古態とみている。またボルネオのベラワン族では、夫が死ぬと妻は死体の隣の小屋に一一日間閉じこめられ、入浴せず、汚れ着をつけ粗末な食事をとり、足を曲げた姿勢でじっとしていなければならないが、メトカーフとハンティントン(55)はこれを「死者の状態を共にする」とした上で、それは死者の魂が死の無念さを晴らすため妻を道づれにするのを防ぐため、隠喩的に死の状態をとると解釈している。この説の当否はともかく、この種の隔離は生前の死者との関係に規定されているのであるから、少なくとも「死体の穢」といった観念とは別の起源をもつだろう。

いずれにしても、死者とその家族が一つのグループをなして社会の他の部分から隔離され、これが「死穢」とされたことは、以上の検討から間違いなくいえるであろう。触穢規定で閉鎖空間が穢の及ぶ範囲とされるのも、本来はある家に死者がでたとき、その家全体が隔離される状況を想定し、具体的にその範囲をイエ支配権の及ぶ垣根などの内側に限定したことに由来すると考えられる。

また「はじめに」でふれたように、従来の諸説が屋敷墓と死穢との関係をめぐって混乱していたことにも、これによって解明の糸口を見出すことができる。つまり死穢というのは死葬集団と他人との間に成立するものであって、死葬集団内部における死者と家族との関係を規定するものではない。家族が死体に対してとる態度（恐れて遠くへ棄てるか、屋敷に埋めるか）は「死穢」という制度の枠内の変異とみなされる。本来的には、ある人間の死と共に家族も死の状態を装い、その境界状態を、まだ死者になりきっていない死者と、死者を装う生者を外部から一括して穢とみたのであり、一定期間が経過してその状態が解消されれば、死者は死の世界へ落ちつき、家族は生者の社会に復帰するから、死体がどこに埋められていようと、それはすでに穢ではないのではないだろうか。

死穢の原初的意味をこの局面にみることによって多くの事実に筋を通すことができるが、ただ一方で「死体」を機械的に死穢の発生源とみる観念が、特に触穢の制度化にともなって発達してくることも否定できない。両者の論理的および歴史的な関係については今後なお検討を加えていかねばならない。

3　死体遺棄と風葬

遺棄される人々　以上やや死体遺棄という問題から遠ざかって、古代にさかのぼり死穢観念の発生基盤の考察を行ってきたが、今までの事例を通覧して、死体遺棄の対象となる死者は次のように分類できる。

㈠　血縁のない死者。葬送する資格（または義務）がないとされる。他人が自分の家で死んだ場合（使用人を含む）、寺院（本来的に他人同士の集団である）の僧など。ただし財物があれば葬式をしてもらうこともできた（史料15）。わざわざ「遺棄」するのは死に場所が不適当で、そこに放置できない場合で、自家で孤独に死んだり（21・22）、山野で死んだりした場合は、他人はかまわず、そのままにされる。

㈡　刑死者。死体遺棄の多い場所（河原など）で処刑し、死体は放置される。

㈢　死者の家族が弱小で葬送できないとき（史料16～20）。他人が協力しないという点で㈠と表裏の関係にある。

また、事例はあげなかったが、

㈣　幼児。圭室諦成氏の紹介した例[56]で、神祇伯白川仲資の縁者にあたる後鳥羽上皇の姫宮が死んだとき、知人から七歳までの死者は葬式も仏事もせず、死体は袋に入れて山野に棄てる先例であると聞かされている[57]（『仲資王記』建永二年〈一二〇七〉七月二十九日条）。

これらを通じて、社会の周縁的存在あるいは弱者が遺棄の対象になっていたといえよう。また㈢はやや事情が異なるが、一般に儀礼を行った形跡がなく、ことに㈠㈡は遺棄に何か積極的な意義をみるより、むしろ葬送を「しない」

という否定的な面からみる方がよい。

ただ㈢は、先には「葬送できない」ことに焦点を合わせたため、遺棄の否定的側面が強調されることになったが、葬法の一つとして家族が死者を特定の場所に埋めずに放置すること自体は、一定の社会的認知をえていたらしい。史料8の関東新制のように場所を制限することはあっても、遺棄自体を不善とする文言は中世史料にはみられない（近世では後述の史料32のように「不仁之甚」などとされる）。史料16〜20をみても、16〜18で娘を助けた僧は母の死体を棄てたのみで埋葬などはしていないが（16「夜にかくして便りよき処にうつし送りつ」、17「かきおひてすてゝけり」、18「便宜チカキ野ベエ持チテ捨ツヽ、陀羅尼ナド唱テ急《たちまち》ニ訪テ」とする）、それによって神の賞賛をうけている。19・20を含め、残された家族が力なく、他人が手伝わないため重い死体を棄てることさえできない状況を示してはいるが、野外への死体放置自体は、15で「恥」とするようにランクの低い葬法ではあっても、悪ではなかったようである。

家族による放置　次のように、死者を家族が放置するケースもある。

〔史料26〕

駅家北有二竹廬一。々前有二死人一。群狗競食。廬内有二一老媼・一童子一、相共哀哭。（略）媼曰、死人是我夫沙弥教信也。一生之間称二弥陀号一、昼夜不レ休、以為二己業一。隣里雇用之人、呼為二阿弥陀丸一。

（『日本往生極楽記』第二十二話）

〔史料27〕

今昔、近江ノ国、甲賀ノ郡ニ一人ノ下人有リケリ。家貧クシテ憑ム所無シ。其ノ妻常ニ人ニ被レ雇テ、機ヲ織ルヲ以テ業トシテ世ヲ渡ケリ。（略）夫幾ノ程ヲ不レ経ズシテ、病ヲ受テ死ヌ。然レバ、金ノ山崎ノ辺ニ棄テツ。三日ヲ経ヘテ活《よみがへり》ヌ。其ノ時ニ、伊賀ノ守□云フ人、国ニ下ルニ、此ノ活レル男ヲ見付テ、慈ビノ心ヲ発シテ、水ヲ汲テ口ニ入レテ、喉ヲ潤ヘテ過ヌ。家ノ妻此レヲ聞テ、行テ夫ヲ荷テ、家ニ返ヌ。

（『今昔物語集』巻十七第二十六話）

いずれも独自の経営を持たず雇役される階層だが、26は佐々木孝正氏[58]に従い、葬地に設けた仮屋（竹廬）つまり喪屋に妻子が籠もっていると解する。死体は「群狗競食」という状況でも家族は喪屋で忌みに服しており、葬送意識がみられるといえる。また27では妻が夫を放置しており、埋葬でないことは後文から明らかである。

やや特異な例では次のものもある。

〔史料28〕

（摂津国の盗人が京へ来て羅城門の上層に登ると、嫗が若い女の髪を抜いていた）嫗、「己ガ主ニテ御マシツル人ノ失給ヘルヲ、繚《あつか》フ人ノ無ケレバ、此《かく》テ置奉タル也。其ノ御髪ノ長ニ余テ長ケレバ、其ヲ抜取テ鬘ニセムトテ抜ク也。助ケ給ヘ」（略）其ノ上ノ層ニハ死人ノ骸骨ゾ多カリケル。死タル人ノ葬ナド否《え》不《せ》レ為《ぬ》ヲバ、此ノ門ノ上ニゾ置ケル。

（『今昔物語集』巻二十九第十八話）

芥川龍之介の小説『羅生門』によってあまりにも有名な話である。老女が主人を放置しており、家族ではないがそれに準じたものとみる。前掲史料12でも女《め》の童が主人を野に置いていた。12・28がともに「置く」の語を用いるのは主人に対する敬語であるが、身内の死者を放置する場合は一定の葬送意識をもっていたであろうことは、史料6で竹輿に入れていることからも推定される。

樹上葬と山中風葬　ただ28で死体を羅城門上に運び上げていることには、何か特別の意味があるのかもしれない。次のように、棺を木の上に置く説話もある。

〔史料29〕

有ニ優婆塞一、貴ニ聖人勤一、運レ志供養、尽レ忠奉仕。爰優婆塞煩ニ疫癘病一、既入ニ死門一。入レ棺挙ニ置樹上一。過ニ於五日一、甦従レ棺出。即到ニ本宅一。（『法華験記』上巻第三十二話）

〔史料30〕

（神功皇后は）崩御シ給シ仲哀天皇ヲ御棺ニ納テ、香椎ノ浜ナル椎ノ木ノ三俣《マタノ》枝ノ上ニ置奉リ、「異国合戦ノ在様、草ノ陰マデモ御覧ジ、遠キ守トナラセ御坐セ」ト申サセ給ヒケレバ、御棺ノ内ヨリ、「可レ奉レ守」在ニ御返事一ケルゾ不思議ナル。此御棺ノ馨《こうばし》キ事、円生樹ニ不レ異。（『八幡愚童訓』甲）

かつて中山太郎は史料30にもみえる香椎宮の縁起や現在の棺掛け松の伝説から、日本における樹上葬の存在を主張した(59)。大林太良氏(60)によると、樹上葬・台上葬の分布の中心は北アジアだが、朝鮮では伝染病の死者をこもに入れて樹に吊すと流行がやむといわれ、慶尚北道では天然痘の死者を樹の枝に約一週間掛けると蘇生するという伝承があったという。これは史料29の優婆塞が疫癘で死に、棺を木の上に置くと蘇生した話と一致する。30も香椎地方の伝承なら、朝鮮の影響の可能性がある。このような樹上葬が日本にも伝えられていたとすれば28もその一種とみることもできるが、樹上葬の例が少ないため断定できない(61)。

しかし史料28はしいて樹上葬に結びつけずとも、山中の特定の風葬地に死体を置いてくる葬法の影響とみてもよい。このような山中風葬がかつて広く存在したらしいことは、いろいろな面から推定されている。『万葉集』にも、

衾道《ふすまぢ》を引手の山に妹を置きて山道を行けば生けりともなし（巻二・二一二）

天ざかる鄙の荒野に君を置きて思ひつつあれば生けるともなし（巻二・二二七）

あしひきの荒山中に送り置きて帰らふ見れば心苦しも（巻九・一八〇六）

など、山中や野に死者を置いてくる葬法を詠んだ挽歌がある。これらが山中他界観と関係のあることは諸氏が指摘し

ている。[62]

風葬の残存　下って中世末から近世にかけても、このような葬法は残存していた。

〔史料31〕

少しの財産もなき貧窮なる者は夜暗に乗じ儀式を用ひず密に山に到りて之を葬る。

（ルイス・フロイス書簡、一五六五年二月二十日、『耶蘇会士日本通信』上）[63]

〔史料32〕

古阿弥谷《カ》　在《リ》二大徳寺西北《ノ》一。中世於《テ》二本朝《ニ》一亦有《リ》二五葬一。所謂《ル》火葬・土葬・水葬・野葬・林葬是也《ナリ》。斯《ノ》処巨松《ノ》下《ニ》有《リ》二大《ナル》岩一、其形《ノ》似《リ》二太鼓《ニ》一。依《テ》レ之謂《フ》二太鼓石《ト》一。土人林葬場《ノ》而《ニシテ》、有《時ハ》二新死之人《ノ》一則靠《ヨセカケ》二屍《ヲ》於斯《ノ》石《ニ》一、覆《テ》レ衣《ヲ》而去《ル》。入《テ》レ夜《ニ》狐狸食《フ》レ之《ヲ》。誠不仁之《ノ》甚也《ナリ》。近世無《シ》二斯儀《ノ》一。石亦《モ》今亡《シ》。其《ノ》松存《スルノミ》耳。古阿弥之《ノ》号不《ス》レ知《ラ》二其《ノ》謂《ヲ》一也。野僧古阿弥住《スル》レ之《ニ》乎。斯《ノ》地今属《ス》二大徳寺《ノ》中寸松庵《ニ》一而為《ナル》二後山《ト》一。

（『雍州府志』巻八、古蹟門上、愛宕郡）

史料31はこれだけでは風葬かどうかわからないが、32と対比してその可能性が高い。31でも貧者の葬法とされるが、その一二〇年後の貞享元年（一六八四）成立の32では、すでに行われなくなっていることがわかる。なおこの古阿弥谷の所在地については第二部第二章「『京師五三昧』考」の第4節「千本」を参照されたい。

山ではなく海辺の例であるが、十八世紀末ころの状況を菅江真澄は次のように記す。

〔史料33〕

丹後路にて、人しねば海中の嶋へ死人をば、馬のくひものなど入るやうなる木をくりたるうつわに入て、きうぞう船にのりて、この祭し、てうどをはしめ此嶋に捨おく。鮫などくらふにやあらん。しにむくろ、ひとつもなう、はた、てんがいのうつはばかり波にうちよりくなり。そこを死人嶋といふ。出雲路にもかかるにひとしき処ありと、其国の人かたらひき。いづもなどはことはりにこそ。（『かたゐ袋』[64]）

土井卓治氏は風葬の広範な存在を主張しているが、氏の調査による次の例[65]は明治初年まで風葬が行われた土地があったことを示す。

〔事例1〕

北九州市小倉南区の隠蓑と丸ヶ口の二集落から上る二一〇メートルの山（頂上近くにタケの観音という堂がある）の二か所に岩があり、両集落の風葬地だった。小倉の大隅岩雄氏が昭和八年に丸ヶ口からタケの観音に登ったとき、畳二枚敷大の平岩があり、その上に一畳ほどの岩があった。当時八十一、二歳の老人の話では、棺の蓋をとって死体を岩の上にのせ、骨化したら片付けたという。貧乏で正式な葬式のできない家がこれを行った。老人は持って上ったことがあるといい、土井氏は明治十年代と推定している。隠蓑側にも一七〇センチほどの長さの風葬岩があり、付近から一文銭が出るという。

この例で岩の上に死者をのせるのは史料32の太鼓石と似ている（史料32は土井氏も引用している）。このように山中の特定の場所を風葬地とすることは古代からかなり広く行われたと考えられる。右の諸例は比較的信頼できると考えるが、多くは死者を「棄てる」といわず「置く」といい、死体は岩にもたせかけて衣で覆ったり（史料32）、幡や天蓋で葬祭を行う（33）など、一定の葬送意識がみられるといえるだろう。

棄老伝説と風葬地　また民俗学では、山中の地名からかつての葬地を推定する試みも多く行われている。イヤ谷、地獄谷、アシ谷、ショウブ谷、シビト谷などがその指標地名とされる。イヤ谷は香川県仲多度郡と三豊市の境の弥谷山中腹の弥谷寺《いやだにじ》が有名で、地元では死者の霊魂は必ずこの弥谷へ行くといい、イヤ谷まいりの民俗がある。[66]なお『東大寺諷誦文稿』に「親ヨ族ヤ」（史料25）とある「ヨヤ」をこれに結びつけ、イヤは親族の意とする説[67]がある。

島根県を中心にこれらの地名を研究した白石昭臣氏(68)によると、これらの地名には(1)ふだん近づかない。(2)この谷から盆花をとる。(3)死体を見た、血が流れていた、合戦があった（ショウブ谷の場合）、昔老人を棄てた等の伝説をもつ、などの特徴的な伝承が共通してみられるという。これらは多く焼畑地帯であることから、白石氏は山中葬―山中他界観を焼畑農耕文化と結びつけているが、葬法については風葬ではなく簡単な土葬とみている。この点は議論の余地があるにせよ、これらの地名が古い山中の葬地だったという推定はかなりの説得力をもつと思われる。特に盆花を採ることと棄老伝説の二つは有力な材料である。棄老伝説は、昔六十歳になった老人を殿様の命で棄てていたが、外国から殿様に出された難題を老人の知恵で解決したため、この習慣をやめたというのが完全な話であるが(69)、地名伝説ではただ老人を棄てたというだけのことも多い。木の股に老人をはさんできたので六十歳を木の股年といったなどともいう。棄老説話は『雑宝蔵経《ぞうほうぞうきょう》』巻一にあるので(70)、それが仏教者によって伝えられたとも考えられ、そのまま事実とみなすわけにはいかないが、山に死体を遺棄する習慣がなくなったのちに、この伝説が付着することは十分考えられ、また逆になぜ特定の地に棄老伝説があるのかはそれ以外では説明がつけがたい。

民俗誌から二、三の例をあげておくと、

〔事例2〕

青森県五所川原市（旧北津軽郡市浦村）　ジコシダコ・ババシダコと呼ぶところがあって、爺さん婆さんを棄てたところという。しかもここからは近年、現に人骨がでてきたという(71)。

〔事例3〕

山形県最上郡最上町　本城の地獄沢《じごくざ》は、昔老人や病人を棄てた所で、時折人の泣き叫ぶ声がするが、よく聞き耳をたてていると、念仏鳥（とらつぐみ）がカンカーンと小鉦を叩き鳴らす音にかわるという。今でも山奥で念仏鳥

が鉦を叩く時には「涙の雨が近い」といって、近親者に死が訪れると信じられている。(72)

〔事例4〕

茨城県高萩市　下君田には地獄沢とよばれる谷が二つまであり、その二つとも棄老伝説が付着している。昔六十歳になるとそこへ棄てたが、ある老人の知恵で村が大事から救われたので、以後棄てるのをやめたという。(73)

後二者は「地獄沢」と呼ばれているが、これは中世の説話に、特定の山中に「地獄」があるという話があることと関係があろう。その一つは奈良の春日大社の奥山にあった。

〔史料34〕

東大寺の僧が花摘みに東の奥山に行って迷う。彼はすでに死んだ東大寺の僧たちに会い、ここは彼らが「悪霊ナドニ成テ住ム所」かと思った。やがて怪人が現れ、死んだ僧たちは機《はたもの》にされ熔銅を飲まされる。信施をうけて償わなかったためこのような罰をうけているが、ここは地獄ではないという。

（『今昔物語集』巻十九第十九話）

〔史料35〕

（春日明神の）御方便ノ忌敷《いみじ》キ事、聊モ値遇シ奉ル人ヲバ、イカナル罪ナレドモ、他方ノ地獄ヘハツカハサズシテ、春日野ノ下ニ地獄ヲ構テ取入ツ、

（『沙石集』巻一第六話）

現在も春日奥山に地獄谷があり、聖人窟という石窟や線刻仏もあって知られるが、昔この石窟付近の谷間に死体を棄てたという伝承もあるという。また宇佐八幡宮のある亀山にも同様の場所があった。

〔史料36〕

当山之中、有二幽邃之所一。号二人屋谷一。不レ随二神教一之邪見人・不レ報二神恩一之無道輩、奉二結縁一故不レ堕二地獄一已。積邪故不レ趣二善処一。仍或成二蛇身一、或成二鬼畜一、撃(ママ)二金鎖一之者、雖三多在二此谷一、終可二楽邦一。

山中の葬地に霊魂が滞留し、鬼などもいるという観念が根強くあったため、「この世の地獄」といった折中的観念が生まれたのであろう。[74]このような山中他界の仏教化は右の諸例でみる限り、中世前期に進行したものと考えられる。風葬は痕跡を残さず、また南島を除くと近代まで行われていた例がほとんどないため、民俗学的再構成は状況証拠によるしかないが、文献史料とあわせて考えれば、『万葉集』のころには一般民衆の普通の葬法の一つとして広く行われた風葬が、中世前期には貧困な階層の葬法となり（史料26〜28）、次第に衰えつつ部分的には近世にまで残り、かつ多くの地名にそのあとをとどめていると整理できるだろう。特定のフィールドに即した実証的な解明を行う材料をもたないのであるが、古代に大部分の村落構成員が風葬をしていた集落があっても、中世初期にはすでに名主など上層には仏教的儀礼を加えた土葬・火葬が普及していったであろう。しかし第2節でみた、非血縁者の葬送に協力しない禁忌が存在すれば、上層の儀礼は全成員には普及できず、階層により葬法が異なるという状況になろう。『今昔物語集』の時代にすでにそれが顕著だったのではないかと思われる。

風葬と仏教　風葬を支えた意識はどのようなものだったであろうか。土井卓治氏[75]によれば、洗骨の前段階としての風葬が行われていた沖縄久高島の古老は、土の中に埋められるよりこの方が楽だと思うと語ったという。ただ、久高島では犬を飼わないため、死体を犬に食われることはなかった。風葬を行う島で犬を飼わぬ例は多く、国分直一氏[76]によると台湾蘭嶼のヤミ族は、普通の死者は土葬、身よりのない者は風葬するといい、この区別は日本中世と共通点があり興味を引かれるが、ここでも犬は飼わない。これらは犬に死体を荒らされるのを嫌ったのであろう。日本各地の土葬墓に作る「狼ハジキ」などとよばれる竹の施設も、同様の感情を示している。[77]これに対して、チベットでは今日も鳥葬（中国語で天葬）が行われている。たとえばラサのセラ寺の裏山には「天葬台」と称する巨岩があり、太陽が昇る直前に刀で死体を解体し、ハンマーで骨を砕く。着物に火をつけるのを合図にハゲワシが群がって食いつくす。これにより、肉体も魂も鳥が天に運ぶとされる(78)。中世の日本でも犬や鳥の餌食になったことは前述の通りで、動物を遠ざける対策は史料にみえず、何かそれをよしとする観念があった可能性もある。

中世の仏僧の間には、死体を鳥獣に施すことを功徳とする考えがあった。佐々木孝正氏(79)も指摘するように、『拾遺往生伝』の蓮待（巻上第十七話）・善法（巻下第二十七話）をはじめ、親鸞（『改邪鈔』）、一遍（『一遍上人語録』）などが自らを鳥獣に施すように遺言している。『今昔物語集』巻十九第十四話の有名な讃岐の源大夫の往生説話でも、木に登って往生した源大夫を発見した僧は、ひとたびは死体を「引モヤ隠サマシ」と思ったが、こういう人は「只此クテ置テ、鳥獣ニモ被レ噉ムト思ヒケム」かと思い直して、そのままにして去ったとされている。近世にも十七世紀後半の日蓮宗の書『千代見草』巻下（日本思想大系『近世仏教の思想』所収）には次のようにみえる。

〔史料37〕

一　送葬に四の法あり。

一には水葬也。川へながし、魚・亀などのゑにかふ也。今の世には、乞食・貧人《ひにん》の死骸ならでは、水葬なし。海《かい》辺《へん》の人は海へ引《ひき》ながすと也。（二火葬・三土葬は略）

四には林葬也。野山のはやしにおくりて、鳥・獣のゑにあたふる也。四いろの送葬の中には、水葬と、林葬とは、魚・鳥・獣の飢をやしなふゆへ、くどく広大也。さりながら、父母の骸《かばね》を、孝子の心にては、なりがたき事也。出家の骸は、林葬に遺言すべき事也。いかにくどくなればとて、師匠の骸を弟子の心にては、なるまじき事也。もし遺言ならばおくるべき也。あさましや人ごとに、死骸にまで貪愛をのこし、やせ狼のうへをすくはで、あたらかばねに薪をついやし、くさき煙をはゞからで、やきたがりぬる也。水葬・林葬は、いま〳〵しく思ふ也。過去の業因つたなくて、かつへ死したる乞食を、川へながし、野山にすて、おしげもなく、うを・鳥・けだものに、活計させて、思ひのほかのくどくを得る身のはてばかりは、うらやまし。

これによれば当時、死体遺棄は乞食などに極小化されて残るにすぎないが、それを功徳だとして高く評価している。中世仏教は普通、火葬と結びついているのは事実であるから、古代・中世の風葬に仏教理念の反映を認めうるかは疑問だが、少なくとも鳥獣に死体を食われることを強く嫌忌する観念は現れていない。逆にそれを好むような観念も右の仏教理念以外に見出しがたいが、今日の民俗で、烏鳴きが悪いと死人がでるとか、(80)葬送後に墓前に備えた枕団子を鳥が早く食うと、それだけ早く死者が成仏するなどと各地でいう。鳥が死と密接に結びついているのは、やはりかつてそれが死者をついばんでいたことに由来するのであろう。団子の例などはチベットの鳥葬に類似した観念に起源を求めうるかもしれない。

風葬と遺棄　ただ右の史料37はおもに乞食など行路死人の処置について述べているが、前節までで扱ったように、血縁のない死者に対する扱いと、この節でふれた血縁者の風葬とは、同じく土葬・火葬を伴わない放置であっても区別すべきものと考えられる。霊をまつる家族の有無という差の他、場所についても、一般村落構成員が特定の風葬地(史料32の太鼓石など)を持っている場合でも、孤死した人はそのまま家に放置されたり(史料21・22)、行路死人が路傍で白骨になったり(史料25)していることからみて、そこへは持って行かれなかったであろう。京都においても、鳥辺野や蓮台野へ持って行くこと自体が葬儀の一種なので、放置する場合も莚を敷いたり(史料6)するが、非血縁者は単に路傍に放り出されたのであろう。すなわち、血縁者に対する風葬は「葬法」の一つであるが、非血縁者の遺棄は「非葬法」ともいうべきものであった。

しかしこの二つはともに、中世後期から近世にかけて衰退・消滅の道をたどったと考えられる。一般村落では上層を中心に土葬・火葬が中世前期にも広まっていたが、一般に上層の葬法が価値の高い、あるべきものとみなされるのは自然である。しかし、これが全構成員に広まるためには、他人の葬りに関与してはならないという禁忌が消滅し、現行民俗にみられるような互助組織が成立する必要があるだろう。この辺の事情を史料的に明らかにしたいところであるが、現時点ではよくわからない。中世後期に惣墓、「惣三昧」(81)など村落の共同墓地・火葬場が形成され、三昧聖(82)が火葬に携わることが多くなったことはこの過程を示すといえるが、互助組織についてては史料に乏しい。

風葬から両墓制へ　ただ説話の変化という点で興味あるのは、貧家の母の死体を棄てて神に賞賛された前記の史料16〜18の説話のうち、三輪上人を主人公とする18は永享三年(一四三一)の『三国伝記』に継承されているが、ここでは次のように設定をつくりかえていることである。

〔史料38〕

三輪ノ上人ト云テ貴キ人アリ。(略)或時吉野ノ勝手ノ大明神ヘ百日参詣シテ、後生菩提ヲ祈リ申サレケル。百日ニ満ル日、吉野川ノ耳《ハタ》ニ死人ノ侍ケルヲ、触穢ヲハヽカリ死人ニ惶レテ、道者共遠キ路ヲ廻リテ詣ルニ、上下向ノ煩ヒ有ケルヲ、此ノ上人ノ煩ヲ哀、彼ノ死骸ヲ取テ他所ニ移シ置キ給、参詣ノ人々ヲ直ニ通サレケリ。

(『三国伝記』巻八第十七話)

この話が18の変化したものであることは他の細部の一致から疑いないが、なぜこの設定が変わったのだろうか。18と38をへだてる一五〇年間の社会の変化が、最初の設定を不合理にしたためだとみれば、十五世紀の状況は、㈠一般村民が家族の死者を葬れず困ることはない。つまり近隣の協力がある。㈡行路死人を「穢」とし「惶《おそ》」れる観念は依然強く、これらの死者は葬られない、ということになろう。これは結束が固く、他者に対しては排斥的な惣村のイメージとも一致するようである。

風葬地は、中世後期から近世にかけて、村落近くの共同墓地に移行し、仏教化されて石塔を他の場所に建立する両墓制を生じたり、真宗地帯にみられるような無墓制（火葬後、骨の一部を本山へ納め、他は捨てるため墓がない）になったものもあったと思われるが、詳細は不明な点が多い。先に山中の風葬地が仏教的な「地獄」のイメージを付加されたと思われる例をあげたが、場所は変わらなくても、風葬から土葬・火葬になったり、仏教的な卒塔婆や五輪塔を建てることも、次第に普及したであろう。日蓮が佐渡に流されたさい「塚原と申て洛陽の蓮台野の様に死人を送る三昧原ののへ[83]」の草堂に仮寓したが、「塚原」の名から土葬の塚もあったとしても、先に史料11でみた京の蓮台野にたとえている如く、風葬も多かったであろう。しかし蓮如が文明六年（一四七四）正月二十日の御文[84]で、自分を拝むよりは「山野ノ墓原ヘユキテ、五輪・率都婆ヲ」拝むほうが功徳があると書いているが、この「墓原」は、すでに土葬か火葬が主体であったかもしれない。竹田聴洲氏[85]は丹波国山国荘の比賀江村（京都市右京区京北比賀江町）について、近世史料から「大野原」に両墓制の埋め墓である「惣墓」が存在したが、これは戦国期に「ハカノ谷」「卒塔婆谷」などとみえる山中の葬地が、近世に村落近くに移転したものとした。山中の風葬地に「ハカ」や「卒塔婆」が作られ、やがて平地に移ったのであろうか。また次の史料も注目される。

〔史料39〕

予所管ノ民（この筆者は寛政十一年〈一七九九〉より常陸国行方郡の奉行）葬埋ノ礼ニ薄ク、只念仏供養僧ノミヲ以テ亡者ノ追善トス。墓地甚狭小ニシテ人ノ墳ヲ発シテ葬ルモノアリ。骸骨累々トシテ一穴幾人ヲ葬ルト云ヲ知ラザルニ至ル。予甚是ヲ悲ミ数年前新ニ墓地ヲ授ケ、如レ此ノ悪俗牛馬ノ屍ヲ捨ツルニヒトシキコトアルマジキ旨ヲ教エ、近時見ルニ、予ガ巡行スルトキ路旁ニ墳墓アレバ、皆掃洒シテアリ。僻地樸俗ノ化シ易コト如レ此。

（小宮山楓軒『楓軒偶記[86]』巻四）

ここにみえる墓は土葬であるが、葬り方は乱雑で「牛馬ノ屍ヲ捨ツル」に等しいと為政者の目に映っている。このような光景は両墓制の埋め墓には近代でも往々見られた。しかしここでは石塔墓はなく、供養が僧によって行われるのみである。このような墓制の上に仏教の石塔が導入されれば、それは両墓制として今日知られるものになるであろう。事実、この地方は今日両墓制分布域であって、戦前の調査になる大間知篤三『常陸高岡村民俗誌』[87]（対象地域は県北の高萩市域）をみると、まさに右の近世の行方郡の墓地の一角に石塔を置いた形の両墓制が報告されている。つまり、史料39は両墓制成立直前の状況を示している。ただこれが風葬にさかのぼる確実な証拠もないが、事例4に示したようにこの地方に棄老伝説も分布し、またより丁寧な葬法からの「退化」とも考えがたく、やはり風葬→共同墓地への簡単な土葬→両墓制というコースを設定したい。死者の追憶・慰霊と死体とが区別されて扱われる点でこれらは一貫している。

両墓制の起源論には前述のように洗骨葬のような二次葬の変化とみる説もあるが、近年ではこれに否定的な論者が多く、私もこれを支持しない。本章で扱ってきた死体遺棄・風葬の事例には、明白に白骨化後の祭祀を示すものは存在しない。

行路死人　一般村落の風葬の推移については右のように考えるが、次に行路死人や乞食などの放置についてみよう。これは史料37にあるように近世まで続いている。いわゆる無縁仏である。史料5には「無縁の者」云々とあったが、この「無縁」はこれまでの論から、「縁」つまり血縁者のない意味であることは明らかである。

しかし中世後期には「無縁」も葬送されることが次第に多くなっていった。文安二年（一四四五）東寺が清水坂公文所に提出した地蔵堂三昧免輿等定書[88]によると、東寺の葬送互助組織の光明真言講が葬儀を行う場合、普通の死者は八〇〇文、「無縁」は四〇〇文を、清水坂が独占していた葬輿の権利料として東寺が坂へ支払うことになっている。

誰が「無縁」のために四〇〇文を出すのかは不明であるが、この史料の「無縁」は境内死人などではなく、光明真言講に加入しているが、多額の葬送費用を負担する縁者のない人、という意味かと思われるので、行路死人のような無縁仏とひとしなみに見ることはできないかもしれない。

下って天文元年（一五三二）の摂津国尼崎菩提寺の墓所掟には、最低ランクに「一莚ニ入付無縁取捨於二此分一者、拾文」とある。(89)「莚ニ入」と「無縁取捨」が区別されているが、前者は一般の死体遺棄（風葬）の残存を示し、後者は行路死人をさすと考えられる。(90)一〇文は火葬費用としては安きにすぎるが、誰が支払うのかは、ここでもわからない。フロイス『日本史』(91)には「日本には、このような貧しい兵士や見捨てられた人々が亡くなると、聖《ヒジリ》と称せられある(種の)人たちが彼らを運んで行って火葬にする習慣がある。(聖たち)は、非常に賤しい階層の者と見なされ、通常寄る辺ない人たちである」と述べ、ダリオ高山飛驒守が領内で死んだ貧民の棺を作らせ、右近とともにこれを担いで模範を示し日本人を驚かせた逸話を記す。これらの例から、「無縁」の人々は三昧聖によって葬送され、一般人はかかわりをもたないのが普通であったと推測されるが、これは史料37・38とも一致するようである。ただ民俗例では、「隠亡」などとよばれ差別された葬送担当の家のあった村落もあるが、全体的には村落が共同作業として火葬・土葬の実務を行う方が多いであろう。その場合でも、行路死人などはさすがに放置せず、村の墓地の一角に無縁墓を造って葬る。近世にこのことが一般化したのは間違いないが、その具体的な様相については今後の研究にまちたい。

おわりに

本章は死体遺棄と風葬の史料的検討を通じて、死穢の観念の発生基盤となった葬送をめぐる中世社会の禁忌を明らかにするとともに、この葬法が消滅し変化してゆく過程を、現在の民俗にみられる葬法の伝承形態とも整合的に理解しようと試みたものである。このうち、中世以前に血縁者以外の死者を葬ってはならない禁忌が存在したことについては、「血縁」や「家族」の範囲に不明確な点もあるとはいえ、ほぼ論証しえたと考えている。この点は、本章の対象からは外れるが、惣村形成以前の中世村落の社会関係を考える上でも興味あることかもしれない。一般に、私たちは近世以降の日本の村落の強い共同体規制から得た村のイメージをさかのぼらせやすいが、近隣の中国や東南アジアの村落は、あまり強い共同体規制をもたないといわれることからみても、これがある段階で歴史的に形成されたものであることは間違いないであろう。しかし、それらが形成され、葬式互助や共同墓地が成立する画期となったとみられる中世後期については、史料が十分発見できず、具体的な解明を今後に残している。また、「はじめに」でふれた屋敷墓については、本章では死穢の問題と切り離したが、この習慣の成立した事情については次章で論じる。

注

(1) 岡田重精『古代の斎忌(イミ)―日本人の基層信仰―』(国書刊行会、一九八二年)。
(2) 山本幸司「貴族社会に於ける穢と秩序」(『日本史研究』二八七号、一九八六年)。
(3) 松平斉光『祭―その本質と諸相―』(日光書院、一九四六年。朝日新聞社、一九七七年、一九頁)。
(4) 田中久夫『祖先祭祀の研究』(弘文堂、一九七八年)。
(5) 大山喬平「中世の身分制と国家」(『日本中世農村史の研究』岩波書店、一九七八年、所収)。
(6) 細川涼一「中世唐招提寺の律僧と斎戒衆」(『ヒストリア』八九号、一九八〇年)、「中世大和における律宗寺院の復興」(『日本史研究』二二九号、一九八一年)など。
(7) 馬田綾子「中世京都における寺院と民衆」(『日本史研究』二三五号、一九八二年)。
(8) 竹田聴洲「両墓制景観の変遷」(『葬送墓制研究集成』五、名著出版、一九七九年)。
(9) 原田敏明「両墓制の問題」(『社会と伝承』三―三、一九五九年)、「両墓制の問題　再論」(『社会と伝承』一〇―二、一九六七

年）。ともに『葬送墓制研究集成』四（名著出版、一九七九年）所収。ただ原田氏は埋め墓を「なげこみ」「すて墓」などと称することから死体遺棄を暗示するが、明言はしていない。

(10) 田中久夫「死体遺棄の風習」（『祖先祭祀の研究』〈前掲〉所収）。
(11) 柳田国男「葬制の沿革について」（『柳田国男全集』第二八巻、筑摩書房、二〇〇一年）。
(12) 国分直一「わが先史古代の複葬とその伝統」（『日本民俗学』五八号、一九六八年。『葬送墓制研究集成』五〈前掲〉所収）。
(13) 最上孝敬『詣り墓』（古今書院、一九五五年。増補版、名著出版、一九七八年）、「改葬を伴う両墓制」（『社会と伝承』三―四、一九五九年。『葬送墓制研究集成』一、名著出版、一九七九年、所収）。
(14) 新谷尚紀「両墓制についての基礎的考察」（『日本民俗学』一〇五号、一九七六年。『葬送墓制研究集成』四〈前掲〉所収）、「両墓制について」（日本民俗学会一九八五年度年会報告、『日本民俗学』一五七・一五八号、一九八五年）。
(15) 田中久夫「平安時代の貴族の葬制」（『祖先祭祀の研究』〈前掲〉所収）。
(16) 『権記』長保四年（一〇〇二）十月二十六日条、寛弘八年（一〇一一）七月十二日条。
(17) 国分直一「わが先史古代の複葬とその伝統」（前掲）。
(18) 黒田日出男『姿としぐさの中世史』（平凡社、一九八六年）第三部「『犬』と『鳥』と」・「地獄の風景」。
(19) 堀一郎「万葉集にあらはれた葬制と他界観、霊魂観について」（『万葉集大成』八、民俗編、一九五三年）。
(20) 圭室諦成『葬式仏教』（大法輪閣、一九六三年）。
(21) 最上孝敬『詣り墓』（前掲）。
(22) 直江広治『屋敷神の研究』（吉川弘文館、一九六六年）。
(23) 高取正男『神道の成立』（平凡社、一九七九年）。
(24) 赤田光男「葬送習俗にみえる蘇生・絶縁・成仏・追善の諸儀礼」（元興寺文化財研究所編『東アジアにおける民俗と宗教』吉川弘文館、一九八一年。同『祖霊信仰と他界観』人文書院、一九八六年、所収）。
(25) 佐藤米司「岡山市野殿の墓制―家屋敷に隣接する墓地と死穢の忌みの問題―」（『日本民俗学』一三七号、一九八一年）。
(26) 荒木博之氏も『十訓抄』巻十第七十一話にみえる「花園より詣で来る目くら法師の、極楽のあましたゞりの音とて引き侍るは」という表現に基づいて、この境界性を指摘している（「盲僧の伝承文芸」『講座日本の民俗宗教』七、弘文堂、一九七八年、所収）。

(27) 高取氏自身は、『神道の成立』第四章で死体遺棄の古くからの存在も認め、「一筋縄でとらえられない」としている。この説明として「忌み負け」の民俗を引き、死のもつ呪力を利用しうる場合もあったのが古代民衆の観念で、それを一義的に穢としたのが貴族であるという。

(28) 以下、『今昔物語集』からの引用は馬淵和夫他校注、日本古典文学全集（小学館）本により、ルビを若干省略した。

(29) 『日本往生極楽記』以下の往生伝は、井上光貞他校注、日本思想大系『往生伝　法華験記』（岩波書店）の原文による。

(30) 『沙石集』は渡辺綱也校注、日本古典文学大系（岩波書店）本による。

(31) 以下、『八幡愚童訓』の二種を日本思想大系『寺社縁起』に従い、「甲」（群書類従所収、蒙古襲来記事中心）・「乙」（続群書類従所収、霊験譚中心）と記号で表す。引用は思想大系本による。

(32) 群書類従、雑部。

(33) 『閑居友』は小島孝之校注、新日本古典文学大系『宝物集　閑居友　比良山古人霊託』（岩波書店）による。

(34) 『発心集』は三木紀人校注、新潮日本古典集成『方丈記　発心集』による。

(35) 久保田淳・山口明穂校注、岩波文庫『明恵上人集』による。

(36) 黒田日出男『姿としぐさの中世史』（前掲）一七二頁。

(37) 『平凡社ギャラリー19　地獄絵』（平凡社、一九七四年）所載の図版によった。

(38) 岡見正雄・赤松俊秀校注、日本古典文学大系『愚管抄』（岩波書店）二三六頁。

(39) 『保元物語』巻下、義朝幼少の弟悉く失はるる事。引用は金刀比羅本（日本古典文学大系『保元物語　平治物語』）による。

(40) 『平家物語』巻十二、重衡の斬られの事。引用は流布本に基づく佐藤謙三校注、角川文庫『平家物語』による。

(41) 検非違使と京の清掃については丹生谷哲一「検非違使とキヨメ」（『ヒストリア』八七号、一九八〇年。同『検非違使―中世のけがれと権力―』平凡社選書、一九八六年、所収）が多くの例をあげている。

(42) 保奉行人と検非違使との対応は中原俊章「検非違使と『河』と『路』」（『ヒストリア』一〇五号、一九八四年。同『中世王権と支配構造』吉川弘文館、二〇〇五年、所収）、この関東新制と鎌倉の葬地については石井進「都市鎌倉における『地獄』の風景」（御家人制研究会編『御家人制の研究』吉川弘文館、一九八一年）参照。

(43) 西垣晴次「民衆の宗教」（『日本民俗文化大系4　神と仏』小学館、一九八三年）、「民衆の精神生活―穢と路―」（『歴史公論』一〇一号、一九八四年）。
(44)　山本幸司「貴族社会に於ける穢と秩序」（前掲）。
(45)　山本氏は天皇の巡幸・神輿渡御などに際しそれらが穢物にふれないようにするためとしている。
(46)　葬式互助については、福田アジオ『日本村落の民俗的構造』（弘文堂、一九八二年）一四五〜一五二頁、佐藤米司「穴掘り」（『近畿民俗』五三号、一九七一年。『葬送墓制研究集成』二、名著出版、一九七九年、所収）など参照。
(47)　僵屍については、澤田瑞穂『修訂　鬼趣談義』（平河出版社、一九九〇年）参照。
(48)　横井清『中世民衆の生活文化』（東京大学出版会、一九七五年）二七一頁。
(49)　山本幸司「貴族社会に於ける穢と秩序」（前掲）。
(50)　原文には返り点・句読点を付し、訓読文は一部カタカナをひらがなに改めた。
(51)　この習俗は『高麗史』に多くみえる「廬墓三年」と同じ（赤田光男「葬送習俗にみえる蘇生・絶縁・成仏・追善の諸儀礼」〈前掲〉参照）。
(52)　山本幸司「貴族社会に於ける穢と秩序」（前掲）。
(53)　岡田重精『古代の斎忌（イミ）―日本人の基層信仰―』（前掲）三〇二頁。
(54)　同右、三〇一〜三〇二頁。
(55)　メトカーフ、ハンティントン著、池上良正・川村邦光訳『死の儀礼』（未来社、一九八五年）一一六〜一一七頁。
(56)　圭室諦成『葬式仏教』（前掲）一七七〜一七八頁。
(57)　なお『仮寧令』では、七歳までの死者は「無服之殤」で喪服をつけない。
(58)　佐々木孝正「葬制資料としての往生伝」（『近畿民俗』五〇号、一九七〇年。同『仏教民俗史の研究』名著出版、一九八七年、所収）。
(59)　大林太良『葬制の起源』（角川選書、一九七七年）一四二〜一四三頁。
(60)　同右、一四二〜一四九頁。
(61)　大林氏は山形県と石川県の一部に存在する「骨掛け」習俗を樹上葬と結びつけた。中世大和でこの習俗があったことは上別府茂「わが国の骨掛葬法について」（『岡山民俗』一〇四号、一九七三年。『葬送墓制研究集成』二〈前掲〉所収）参照。

(62) 堀一郎「万葉集にあらはれた葬制と他界観、霊魂観について」(前掲)。伊藤幹治「古代の葬制と他界観念の構造」(『国学院雑誌』六〇—七、一九五九年)他。
(63) 村上直次郎訳、『異国叢書』所収(雄松堂書店、一九二七年)。
(64) 『菅江真澄随筆集』(平凡社、東洋文庫、一九六九年)所収。
(65) 土井卓治「風葬に関する問題」(『社会と伝承』一二—三、一九七〇年。『葬送墓制研究集成』一〈前掲〉所収)。
(66) 同右。
(67) 太田栄太郎氏の説(中田祝夫『改訂新版東大寺諷誦文稿の国語学的研究』風間書房、一九七九年、三一七頁)。
(68) 白石昭臣『日本人と祖霊信仰』(雄山閣、一九七七年)、「山中他界観」(『講座日本の民俗宗教』三、弘文堂、一九七七年、所収)。
(69) 関敬吾『日本昔話大成』九巻(角川書店、一九七九年)、話型五二三A「親棄山」、五二三B「蟻通明神」、五二三C「親棄畚」、五二三D「親棄山」参照。
(70) 雑宝蔵経、巻一「棄老国縁」。この説話は提示される難題の種類も蛇の雌雄、木の根本と梢の判定など日本の昔話と共通点が多いが、仏教教理の問いもあり、単純な民間説話だったものを仏教化したようである。なお前注の「蟻通《ありとおし》明神」縁起とされる話は、『枕草子』(社は)や『神道集』巻七第三十八話(蟻通明神事)に見え、この説話が早く日本に伝えられていたことがわかる。
(71) 佐藤米司「埋め墓以前」(『葬送儀礼の民俗』岩崎美術社、一九七一年、所収)。
(72) 佐藤義則『羽前小国郷の伝承』(岩崎美術社、一九八〇年)三〇頁。
(73) 大間知篤三『常陸高岡村民俗誌』(『日本民俗誌大系』八、角川書店、一九七五年、所収)。
(74) 小野重朗氏は「柴祭と打植祭」(『農耕儀礼の研究』弘文堂、一九七〇年)において、南九州の柴祭の神の死霊的性格を指摘し、この神のもつ柴は、山中の葬地で死体に柴をかぶせたことに由来するのではないかとしている。山中他界の例は、最上孝敬「祖霊の祭地—ことに山上の祭地について—」(『日本民俗学』三—一、一九五五年)参照。
(75) 土井卓治「葬りの源流」(『日本民俗文化大系』二、小学館、一九八三年、所収)。
(76) 村山七郎・国分直一『原始日本語と民族文化』(三一書房、一九七九年)一〇五頁。
(77) 狼が死馬や人間の死体を掘り返すさまは、松山義雄『狩りの語部』(法政大学出版局、一九七七年)一七〇〜一七五頁参照。

（78）藤木高嶺『天葬の国　高原の民』（立風書房、一九八六年）五五〜五八頁。
（79）佐々木孝正「葬制資料としての往生伝」（前掲）。
（80）この俗信はキリシタン文献『コリャード懺悔録』（大塚光信校注、岩波文庫、一九八六年、四三頁）にも「烏なんどの鳴くを聞くについて、（略）定めて我がことの上に何か産難《（ママ）》・災いがあろうぞと気遣い」と見える。
（81）越前敦賀の「西福寺文書」享徳四年（一四五五）五月十日、浄鎮遺言状に「荼毘所ハ惣三昧可然存候」と見える。この惣三昧は火葬場であろう。
（82）本章の原型を『史林』（七〇巻三号、一九八七年）に発表した際、応永二十三年（一四一六）成立とされる『浄土三国仏祖伝集』に「三昧聖」「御坊聖」の語がみえるとしたが、その後、この史料は成立が戦国時代に下ることを中井真孝氏が明らかにし（『法然伝と浄土宗史の研究』思文閣出版、一九九四年、一一七頁）、また吉井敏幸氏はこの語が現れる割注を十九世紀の書写の際の追記とされた（「中世〜近世の三昧聖の組織と村落―大和国の場合―」『部落問題研究』一四五号、一九九八年）。高田陽介「中世三昧聖をどうとらえるか」（駒沢女子大学日本文化研究所所報『日本文化研究』三号、二〇〇一年）参照。応永五年（一三九八）六月八日に興福寺官符衆徒沙汰衆が発給した文書によると、興福寺の寺辺や大和国中に「廟聖」がいたことがわかる（松尾剛次『中世の都市と非人』法蔵館、一九九八年、一四八〜一五一頁。高田陽介「中世三昧聖をどうとらえるか」〈前掲〉）。十六世紀初めの和泉国日根野荘の三昧聖は、自分の仕事を「当道之職」と称し、田の一反も作らずこの仕事で渡世していると言っている（『政基公旅引付』文亀元年〈一五〇一〉閏六月二日条・七月十一日条）。近世の大坂千日前の三昧聖は、行基の死体を葬ったとする由緒を主張していた（上別府茂「摂州三昧聖の研究」『尋源』三〇、一九七八年。『葬送墓制研究集成』一〈前掲〉所収）。細川涼一氏は中世大和の斑鳩極楽寺が近郷一八か村の惣墓・刑場であり、そこの三昧聖が葬送に携わったことを指摘している（「中世の法隆寺と寺辺民衆」『部落問題研究』七六号、一九八三年）。
（83）弘安五年（一二八二）十月七日、日蓮書状（『鎌倉遺文』一四七一五号）。
（84）文明六年（一四七四）正月二十日、蓮如御文（日本思想大系『蓮如・一向一揆』所収）。
（85）竹田聴洲「両墓制景観の変遷」（前掲）。
（86）『日本随筆大成』新版、第二期第十九巻所収。
（87）前掲注（73）。

(88) 東寺百合文書ヱ函八一号。馬田綾子「中世京都における寺院と民衆」(前掲)参照。
(89) 尼崎市の大覚寺文書。日本思想大系『中世政治社会思想』下、所収。また細川涼一「中世大和における律宗寺院の復興」(前掲)参照。
(90) なお「一莚ニ入付無縁取捨」の次の行に「少愛者十文」とあるが、死んだ幼児のことか。
(91) 松田毅一・川崎桃太訳『フロイス日本史』4(五畿内編II)三二四頁。

第二章　中世の屋敷墓

はじめに

前章では、中世の死穢観念を葬墓制との関連で解明する意図から、中世前期まで広範に行われていた死体遺棄・風葬についての事例研究を行った。そこでは、通常死体遺棄と矛盾する葬法と考えられている屋敷墓については、それが必ずしも中世の死穢観念と両立しないものではないことを指摘したが、屋敷墓自体の成因や意味については扱うことができなかった。本章はこの屋敷墓を論じたものである。

死体遺棄や風葬と異なり、屋敷墓は現行民俗にも広くみられ、また屋敷墓が変化したという伝承をもつことの多い屋敷神はいっそう広範な分布をみせている。そこでまず第1節では、民俗例にみられる屋敷墓の事例を検討することによって、第2節以下での中世史料に基づく検討の準備とすることにしたい。

1　民俗における屋敷墓

屋敷墓の事例　まず現在の民俗例にみられる屋敷墓の事例をいくつかあげることにする。これらの中には必ずしも屋敷の区画内に墓がなく、屋敷の裏山やすぐ外の畑などに造られている場合も多いが、これらも（共同墓地に対し）私有地であること、屋敷に近接していることから、共通の性格をもつものと考え、「屋敷墓」の用語で表すことにしたい。

〔事例1〕

岩手県雫石地方　普通の百姓の墓はいずれも屋敷の西南隅に設けられ、土葬であった。石塔は元禄ころが古い。明治になって一定の公葬地が設けられ、また菩提寺に近い者は寺の墓地にも埋めるようになり、石塔をそこに移す者が多くなった。石塔をたてる以前は石を置くだけの墓だったという。(1)

〔事例2〕

東京都西多摩郡檜原村南檜原　両墓制の集落が多いが、埋め墓は古くはそれぞれの家の畑に造っていた。埋め墓は石をおく程度で年月がたつとわからなくなるが、大字上川苔《かみかわのり》では畑に埋めた遺骸をハタマブリといい、畑を守ってくれるものといった。詣り墓（石塔墓）も屋敷まわりや畑に造る集落が多い。石塔が遠いと墓参のとき狼が出るからという。近年共同墓地が造られ、埋め墓・詣り墓ともそこに移される傾向にある。なお修験者・長袖は死後たたることがあるという。(2)

〔事例3〕

愛知県新城市横山　どの家も代々の墓地が屋敷の傍、多くは一段高い所にあって、その傍に地の神が祀ってあった。そこには観音像や念仏碑、馬頭観音の碑などが五つ六つ建っていた。明治に共同墓地に埋める規定になったが、報告時期（大正十年〈一九二一〉）には村人に親しまれず、先祖と別れてその死者だけあんな所にやるのはかわいそうだといって、四十九日の忌明けがすむと埋めた所の土をもって代々の墓地に引っ越し、石塔を建てる。近代に両墓制を生じた例の一つ。(3)

〔事例4〕

富山県下新川郡朝日町笹川　草分け七軒の家でそれぞれ先祖の墓を地神様《ぢしん》とよんで祀る。いずれも屋敷の隅、多くは背戸の山側にあり、傍に巨木が生えている。うち一軒は百姓姿の石像を石の祠にまつるが、他は五輪様といって五輪塔または五輪を彫りつけた板を立てている。(4)

〔事例5〕

福井県小浜市太良庄《たらんしょう》　いうまでもなく東寺領若狭国太良荘の故地。太良《たら》・鳴滝《なるたき》・定国《さだくに》・日吉《ひよし》の四谷（小集落）にわかれ、両墓制で、埋め墓（サンマイ）は三か所にある。詣り墓をハカといい、寺の敷地内などにある。しかし鳴滝の高鳥甚兵衛家の墓は、一族六戸の墓が谷の奥の長英寺近くに集められており、安穏観音が祀られている。八月十日に株内が集まり安穏観音の祭を行う。(5)

〔事例6〕

福井県遠敷郡名田庄村三重　十の地ノ神を同族団（株内）で祀る。地ノ神は株の先祖を祀ったとされ、カブ講とか「ニジュウソの御講」とよび、旧十一月二十三日に祭をする。株はたいていかたまって住んでおり、本家裏山に祠があり、そばにタモ・エノキ・サカキなどの古木（オガミ木という）がある。現在は両墓制で、共同の埋め墓があるが、これは明治九年ころ造ったもので、それ以前は家ごとに屋敷の裏山に埋めたといい、宮前株のオモヤの旧屋敷地の裏山にある地ノ神の祠の地続きに古墓の跡が残っている。(6)

〔事例7〕

京都府船井郡京丹波町細谷　もと八株に分かれていた。株ごとに小祠や石碑をまつる。今西株では「今熊さん」（今熊野か）を祀っている。墓は現在は共同墓地だが、以前は本家の裏手に株の墓があった（土葬・単墓制）。今西株は本家・隠居・新宅・閑居《かんきょ》・新家《あたらしゃ》と分立順に屋号をもち、小さい谷の一番奥に本家があり、その裏に墓があって、以下分立順に下に段々に屋敷を造っている。今熊さんはもと株墓の近くにあったが、共同墓地に移った。元日に本家で講をする。(7)

〔事例8〕

京都府綾部市於与岐町大又　全戸が八株に分かれ、株ごとの山と八株共有の山を持ち、以前は八株共有の田もあった。株ごとに株荒神とソーバカ（詣り墓）をもち、株講を営む。ミバカ（埋め墓）は各家の裏手、多くは畑のふちにあって河原の丸石が置いてあり、この石に土をかけるのを忌む。ソーバカは株ごとにあり、株荒神の祠はソーバカの近くにある。安田の吉田株では三月三日と九月二十八日に「吉田家地主荒神」の軸に洗米と水を供え会食する。盆には八月十四日朝、各家それぞれミバカに参り、その後株内がそろってソーバカに参る。(8)

〔事例9〕

兵庫県篠山市桑原　奥の河内と合わせて株をもつ。株にはたいてい山の口に墓があり、埋葬地の奥に石碑、その少し奥にヂガミを祀る。谷掛株の地神は天満宮で、十二月一日に地神祭があって株の各家が集まり、小豆餅を供えるが、たてしい（荒々しい）神なので小豆のかげんに注意する。地神は死のけがれのものは参ってもかまわないが、産のけがれは常に嫌うという。(9)

〔事例10〕

兵庫県三木市吉川町楠原　株墓は本家屋敷の裏手を上った所にあり、埋め墓と詣り墓が隣接している。豊後株では屋敷裏を少し上った所に先祖の阿部豊後守を祀った地神の祠がある。そばに大きな杉の切り株があるが、この杉を伐った人の家へ神様が行って泣いたという。祭は六月と旧十一月二十三日にする。生田株では本家の裏手を少し上った所に株の墓、その上手に地神の口の宮があり、山頂の老木の下に奥の宮がある。[10]

〔事例11〕
奈良県吉野郡下北山村小井　もとは個人墓（単墓制）で、明治末に共同墓地ができた。昔は家の石垣のすぐ外、屋敷から最も近い自分の持山の山すそ、野のすそなど家のそばに埋めたので、家のすぐ近くに五、六か所も墓があった。古い墓の多くは河原からもってきた丸い平らな石（ヒラジマという）の上に、丸い細長い石（シルシの石）をさらに重ねた簡単なもの。[11]

〔事例12〕
岡山県新見市神郷釜村佐角《さずみ》　東寺領備中国新見荘の故地の一集落。山村で各家が家の裏手などに墓をもつ（土葬、単墓制）。埋めた当初は土饅頭を築き、棺が朽ちて沈んできたころ石塔をたてる。それまでは上に自然石をのせておく。各家ともここ数代の墓は石塔だが、古い墓はただ自然石をのせただけのものが多い。牛を放牧するので墓のまわりに柵を作っている。[12]

〔事例13〕
島根県隠岐郡隠岐の島町今津　二つの共同墓地をもつ（単墓制）が、一つは幕末期に作られたので古い墓は他の方にある。しかし村の古い家は地主さんという霊地を家の近くにもつ。草分けという服部家では母屋の後ろに二つの霊地があり、石を積み重ねたもので、初代服部弥兵衛盛清とその子息の墓所だといい、彼岸・盆には供養する。三代目以降の墓は共同墓地にあるという。[13]

〔事例14〕
徳島県美馬市穴吹町古宮半平　墓は各家周辺の耕地内に一人一人のものが散在し、宅地内の場合もある。土葬で昔は甕棺が多く、耕地に穴を掘って埋め、ジゴク石という石の蓋をして、その上部と周囲を方形に囲い、河原の丸石を上に撒いておくのが最も古い形だといい、石塔は昔はほとんどなかった。祖先伝来の土地にある墓は祖先の墓として盆に樒を供えるが、古い墓は誰のものかわからなくなり、土地売買などで無縁化が進む。所有地の古い墓は祖先のものでなくても、土地を守る地主サンとよぶ例もある。近年は家ごとに墓をまとめるようになっている。(14)

〔事例15〕

高知県長岡郡大豊町八川　畑山家では先祖の墓が物置の中にある。緑泥片岩を一メートルほどの高さの正方形に積み上げたもので、家に接した物置の中に三基ある。改築で屋敷地が拡大した結果というが、このような屋敷墓のある家が八川には他に三戸あり、近隣の集落にもこのような墓がある。盆・彼岸などに祀るが、ほとんどの墓の由来は明らかでない。(15)

一般に屋敷墓は東日本に卓越するとされるが、管見に入った事例が少ないので、おもに西日本の例をあげた。若狭・丹波などで同族祭祀と結びついたものの報告はここにあげたもの以外にも多いが、代表的と思われる事例をとりあげた。わずかな事例であるが、一応概観しうるものと考えられる。

右の屋敷墓のなかには、(1)村落内の各戸がそれぞれ屋敷墓をもつ（事例1・2・3・8・11・12・14）、(2)村内がいくつかの同族団（株）にわかれ、株ごとに墓を本家裏山などにつくる（事例6・7・9・10）、(3)村落構成員の大多数は共同墓地を利用し、一部の旧家またはその同族のみ屋敷墓をもつ（事例4・5・13・15）などの類型がある。

屋敷墓と屋敷神　屋敷墓は従来、屋敷神および同族祭祀とのかかわりで研究されることが多かったが、右の事例の中にも、屋敷墓の近くに「地神」「地主神」などとして屋敷神をまつるものがきわめて多い。この中には墓そのものを地神とするものもあるが（事例4・13）、多くは地神自体は小祠で、墓とは別になっており、大木を聖地とするもの（事例6・10など）もある。

直江広治氏は『屋敷神の研究』(16)において、屋敷神を一門屋敷神（同族本家の屋敷神を一族が集まって祭る）、本家屋敷神（本家のみ屋敷神をもつ）、各戸屋敷神（各戸それぞれ屋敷神をもつ）に類型化し、本家屋敷神から他の二型が派生したと推定した。墓との関係については、氏は墓という伝承をもつ屋敷神や、埋葬地近くの屋敷神の事例も多くあげているが、氏の論点は屋敷神が、稲荷や荒神といったそれ自体祖霊ではない神格に由来するのではなく、元来祖霊信仰に由来するのではないかという点にあり、起源的に埋葬地あるいは死体と結びついていたということについてはむしろ否定的である。すなわち、現行両墓制のように埋め墓（葬地）と詣り墓（祭地）とが離れており、死体はけがれたものとして遠くに葬り、祖霊のみは神として近くにまつるといった形態を典型イメージとしているようである。これによれば、屋敷神が埋葬地としての墓と隣接している事例は、屋敷神の祖霊起源を示すものとして重視されるが、しかし形態としては後次的なものであり、古い形態では祖霊の「祭地」のみが屋敷内にあったが、死穢を忌む感覚が弱まるにつれて、「葬地」つまり死体のありかも屋敷近くに引きよせられる形で両者が一体化したとみている。直江氏は事例4のように先祖の墓であると伝える屋敷神についても、それは事実ではなく後世に作られた伝承であろうと述べているが、現在の農村の家の先祖はさかのぼっても中世後期が普通であるから、氏の論によれば埋葬地が実際に屋敷に近くつくられるようになったのはそれより後のことと考えざるをえない。

しかし上記の事例をみる限りでも、屋敷神（祭地）と屋敷墓（葬地）は元来離れていたのが二次的に合わさったのではなく、屋敷墓もかなり古くからあり、屋敷神はその近くにもともと存在したと考える方が自然のように思われる。試みにこれらの事例から変遷を再構成するとすれば、まず「地神」は農耕神としての性格より、字義通り土地の神、つまりそれを祀る家の屋敷地・田畑の守護神としての性格が本来のものと考えられるが、屋敷墓の事例の中で、事例2で畑に埋められた死体をハタマブリと称し、畑を守ってくれるとしているのは、屋敷墓も同じ目的のために作られたことを示唆する。事例14で古い墓が土地を守るというのも同様だが、ここではそれを「地主サン」といっている。他の墓に近接する屋敷神は、その霊格が独立した祠になったものと考えられ、事例9で地神が死のけがれを忌まないというのは地神の死霊的性格を残すものといえる。

直江説でも、屋敷神が祖霊に由来するとするのであるから、地神が死霊的性格をもつのは当然として、氏の場合、死体そのものは（つまりそれを埋めた墓は）本来神あるいは霊力をもつ存在ではなく、また元来祭地とは離れていたとみなす。したがって、この説による限り事例2や14のように、小祠などになっていない埋葬地そのものが霊力を示すという事例を無視せざるをえないが、これらは連続的にとらえる方が自然であろう。

屋敷墓と死穢　直江説が屋敷墓を後次的なものとしたことについては、高取正男氏[17]が古代・中世の屋敷墓の史料や発掘例を示して批判したことによく知られている。これらの史料については次節で詳しくふれるとして、上記の民俗例にみえる屋敷墓の形態をみても、それが新しい習俗であることを示す徴候はないといえよう。むしろ自然石を積んだり、一つの石をのせるだけといった極めて素朴な形態が多い。事例14や15などは、土葬と火葬の違いはあるが、一九八〇年代に発掘されて各分野の研究者を瞠目させ、大規模な保存運動が起こったが破壊されてしまった中世のネクロポリス、静岡県磐田市の一の谷中世墳墓群遺跡の集石墓[18]を思わせるものがある。もし屋敷墓が後次的に、たとえば近世に出現したとすれば、墓の形態は石塔墓になっていたのではないだろうか。

屋敷墓が古い形態を残すものであることは、このことからも推測されるが、しかし高取正男氏の説の方にも、別な意味での問題がある。それは屋敷墓の存在を「死穢をべつだんなんとも思わない」態度を示すものとしたことである。

屋敷墓と死穢との関係についての私見は前章でふれたが、氏のこのような見方は「死骸愛着」と「死穢恐怖」との綱引きのイメージで葬墓制の変遷をとらえようとする見方に通じる。このような論をなす研究者が多いが、最上孝敬氏[19]の説はその典型的なもので、たとえば両墓制は、共同墓地への集中により死穢感が愛着感を上回ったため霊のみを祀る祭地が別に設けられたとし、屋敷墓については開発先祖の場合（事例4など）に限って行われたならば、忌明けの後は墓地は再利用されないため、死穢はなくなり愛着感のみが残って永く祀られるのだという。屋敷墓は忌明け後は死穢ではないという着眼は正しいと考えるが、積極的に屋敷墓を作る理由としては不十分であり、あたかも死穢が発現しにくい状況下では、自動的に愛着感がまさって死体は家の近くに引き寄せられるかのような印象を与える。これについて、遺骸愛着というのは異常心理にすぎないと小松清氏[20]が批判したのはある意味で当然であるが、屋敷墓については「愛着感」ではなく、先に推定したような自家所有地をそれによって守るという面からの説明が必要であろう。

村落の立地と屋敷墓　屋敷墓の成立条件については次節以下で文献を中心に検討するが、最後に民俗事例とのかかわりで、村落の立地条件についてふれておきたい。

近畿地方の平野部では、農家が軒を接するほど建ち並んだ集村が多いが、このような集村は中世後期に出現したもので、鎌倉期以前は畿内平野部でも屋敷地の間に耕地が存在する疎塊村であったことが明らかになっている[21]。現在のような集村では、各戸が屋敷墓を維持することは困難と考えられるが、実際にもこの地域には屋敷墓はみられないようである。前掲の事例で村落内の各戸が屋敷墓をもつものは、村落景観にふれていない報告もあるが、多くは山村で、家々が比較的離れて、自家の背後の小さな谷の水を使って田を耕す景観をもつものが多い（事例12はその典型的なもの）。近畿地方では、両墓制の影響はこのような山村にも及んでいるが、そこでは両墓制の典型から外れる変則的なあり方が目につく。事例8のように詣り墓が株ごとで、埋め墓が家の裏にあるとか、事例9・10のように株ごとの墓は一応両墓制だが、埋め墓と詣り墓が近接して、ともに株の本家の裏山にあるといったように、村外れの共同の埋め墓という典型イメージではとらえられない、屋敷墓的両墓制ともいうべきものになっている。

このような変異は、村落景観と対応していると考えられる。前掲の諸事例では近隣村落との関係が不明のものが多いが、私も参加して調査が実施された丹波国大山荘（現兵庫県篠山市）の調査[22]では、一五地区の大部分は典型的な両墓制で、村外れの山中にある埋め墓（イケバカ）と、株ごとに集落近くにもつ詣り墓（キヨバカ）とに分かれる。しかし、大字一印谷（中世の一井谷）では、埋め墓を各家の背後につくるという変則的な形態になっている。このような一印谷の墓制の特異性は、他の多くの集落が旧大坂街道に沿って街村状に人家が並んでいるのに対し、一印谷では集落が小さな谷にあり、各戸が山を背後にして一軒一軒離れて建つという村落景観の差によって生じたものと解する以外、説明がつけがたいと考えられる。

一印谷の場合、人家は谷の両側にあるが、典型的な散村ではなく、用水系統は谷の中央を流れる用水路に大きく依存している。したがって屋敷墓を谷地田型というような特定の開発形態と結びつけることができるかどうかは、現段階では留保が必要であるが、少なくとも各家が山を背にしているという景観の村では、近隣の典型両墓制の影響をうけながらも、屋敷墓的タイプを保っている場合が多いことは指摘できる。屋敷墓は「地方の山村」に残っているという把握をされることがあるが、これは地方の山村には死穢を忌む中央の感覚が伝わりにくかったという周圏論的発想で理解すべきものではなく、それぞれの村落の歴史的・地理的条件によって説明すべきことが、これによっても明らかになるといえよう。

民俗事例に基づく以上の検討結果を念頭におきつつ、次節では中世史料を用いて屋敷墓の性格をみてゆくことにしたい。

2　中世史料における屋敷墓

凶穢避くべし　文献にみえる屋敷墓的墓制としては左の史料がもっとも古く、かつよく知られている。

〔史料1〕

山城国愛宕葛野郡人、毎レ有二死者一、便葬二家側一、積習為レ常。今接二近京師一。凶穢可レ避。宜下告二国郡一厳加中禁断上。若有二犯違一、移二貫外国一。

（『日本後紀』延暦十六年〈七九七〉正月二十五日条）

この史料について高取正男氏[23]は、死穢を気にしない一般民衆と、死穢過敏症の律令貴族との鋭いコントラストを示したものとして重視した。しかし一方では同じころ、死にかかった貧人を「郷の穢、家の穢」と称して犬や烏のいる藪に棄てることが大和周辺で行われており（『東大寺諷誦文稿』）、単純に民衆レベルで死穢の観念がなかったとはいえない。これについて私は前章で、制度としての触穢になったものとはまた異なる死穢の原初的なありかたを、「死体」よりはむしろ、死者とそれを葬送する家族からなる「死葬集団」と、それ以外の「他人」との間の行動規範を示すものとして解釈しなおし、一般社会からみたとき死葬集団が一括して一定期間「穢」となるのであって、血縁者をもたない孤独な死者が葬送されないのはこの観念によること、逆に「死葬集団」内部でその死者を家のそばに葬ったとしても、それは右のように定義した「死穢」の観念とは抵触しないことをのべた。

もっとも、この解釈によって死者を家側に葬る積極的な理由が明らかになるわけでもない。史料1から平安京建設のころ、その近辺の住民の間に家側の墓が広く行われていたらしいことがわかるが、この史料からはその習俗の理由を知ることはできない。ただ、同時期に「紀伊郡深草山西面」[24]や「京下諸山」[25]に埋葬することの禁制も出されている

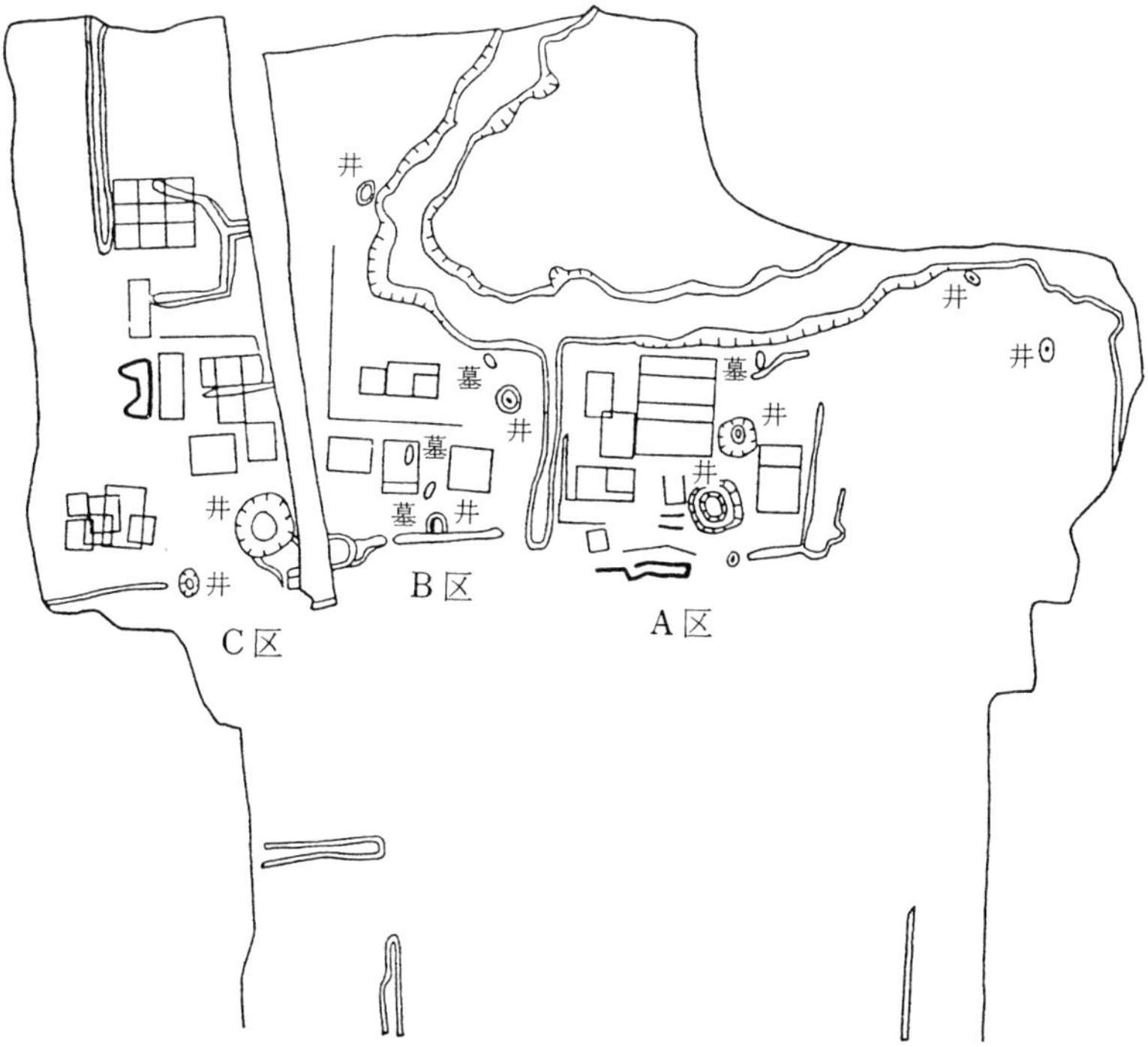

図1　宮田遺跡遺構図（『日本歴史考古学を学ぶ』上より）

が、これらは表現からみて山腹の氏族共同墓地のようであり、いくつかの墓制が並行して行われていたと推定される。いまのところ、史料1に対応する発掘例も知られていないようであり、これ以上のことは明らかでない。

発掘された屋敷墓　屋敷墓の明確な例が史料や発掘例の上で現れるのは、平安後期から鎌倉期である。まず発掘例として、著名な大阪府高槻市宮田遺跡[26]をみると、十二〜十四世紀の集落とされ、図示部分（この西側にも連続）は三区に分かれる。A区は九棟の建物跡（二期に分かれる）、二基の井戸および一基の土坑墓をもち、B区は六棟の建物（垣根によって二区に分かれる）、井戸二基、墓三基をもつ。C区は北に倉庫、南と西南に数棟の建物が切り合って存在し、墓はない。A区・B区は居住区域、C区は作業場と考えられている。遺跡はこの西に連続し、東西幅三〇〇メートルの中に一五内外の居住単位が一列に存在し、十二世紀後半の盛時には東西に住居が並んでいたと推定されている。『週刊朝日百科日本の歴史』六〇号（「家と垣根」）所載の景観復元イラストではC区の西にさらに二区が描かれ、C区に隣接する区に墓一基がある。この図の解説で原口正三氏は「屋敷の艮（東北）に墓があるのは屋敷神の前身であろう」と注目すべき解釈を行っている。宮田遺跡では居住単位ごとに一～二基の屋敷墓しかなく、集落内に共同墓地は発見されていない。屋敷墓に埋められた人以外は、他の近隣村落とともに、宮田遺跡北方約二キロの山腹に位置する同時期の大共同墓地である岡本山古墓群[27]に葬られたものと考えられている。

東大阪市西ノ辻遺跡でも十二～十四世紀の屋敷地北西部から二基の木棺墓が並んで発掘された。この遺跡は東大阪生駒電鉄（現近鉄東大阪線）の新石切駅付近にあり、同電鉄の建設に伴って発掘が行われた。一九八四年四月に発掘現場を見学したが、被葬者の遺骨はよく残っており、ともに北向きで頭部に石の枕をし、膝を曲げた状態で横たわっていた。一人は男性、一人は女性で、夫婦と推定された。男性の墓には副葬品として中国青磁の立派な鉢（龍泉窯系の劃花文碗で十三世紀ころ）が埋納されており、富裕な人物だったことをうかがわせた。この他、土器数点がそれぞれ副葬されていたが、後世の民俗に一般的な六道銭はなかった。墓の基底面は建物の立地する面と高低差が少なく、土饅頭式の墓だったと考えられる。[28]

平安京内でも、右京三条三坊から十世紀ころの木簡土坑墓一基が発掘されている。棺内には皮製の折敷の上に化粧道具とみられる漆塗りの皿・合子、毛抜き、和鏡が副葬され、被葬者は貴族と推定されている。墓は周辺になく、南東に平安前～中期の建物跡がある。[29]なおこれで思い合わされるのは『宇治拾遺物語』巻六第二話で、桃園大納言が住んでいた世尊寺邸を入手した一条摂政殿（藤原伊尹）が、屋敷の未申（西南）隅にあった塚を整地のため掘らせたところ石の唐櫃があり、中には年二十五、六の尼が唇の色も変わらず、寝入っているかのごとき様子で葬られていた。美しい衣を着、金の坏が据えてあったが、人々が驚いて見ているうち西方から一陣の風が吹くと、色とりどりの塵になって消えていき、金の坏以外は残らなかったという。ただし世尊寺の位置は京域外である。

この他、高槻市の郡家《ぐんげ》今城《いましろ》遺跡、ツゲノ遺跡、安満《あま》遺跡、上牧《かんまき》遺跡、枚方市交北城《こうほくじょう》ノ山遺跡、東大阪市水走《みずはい》遺跡などでも同様に屋敷地近くから一～数基の木棺土葬または土葬の墳墓が発見されており、時代は十世紀から十三世紀初頭にかけてのもので、十一～十二世紀に顕著であるという。(30) しかし、いずれもその家の存続期間の全死者を葬ったとしては墓の数が少なく、宮田遺跡に対する岡本山古墓群のように同時期の共同墓地と併存することから、屋敷墓の被葬者は特別な人と考えられる。これについて佐久間貴士氏(31)は、これらの墓が建物の建設初期に造られていることから、屋敷を初めて建てた先祖および家族の墓ではないかと、興味深い見解を示した。これが正しいとすれば、前節でみた先祖の墓のみを屋敷に造って祭祀する民俗例（事例4・13など）とも照応するが、なぜ先祖のみ屋敷に葬られるのであろうか。

屋敷と墓の組み合わせ　屋敷墓の意味を明らかにするためには、文献史料を検討しなければならないが、遺跡や民俗例と対応すべき中世の農民の屋敷墓についての史料は多くない。比較的史料のあるのは在地領主クラスの場合で、これについてはすでに奥田真啓氏の「武士の氏寺の研究」(32)が、氏寺の起源という面から扱っているが、それも参考にしつつ、まず屋敷と墓のセットが確認できる史料をいくつかあげてみよう。

〔史料2〕

円宗寺領越中国石黒庄弘瀬雑掌幸貞□定朝・左近将監時定・藤四郎宗定相論条々

（略）

一柿谷寺事

右、如二定朝申一者、先祖定綱建立之間、子息定澄卜二屋敷於当寺之上一、有二墓所一。預所者不レ卜二墓所一。為二代々氏寺一之間、定茂以二院主職并神田一、譲二与子息僧良清一畢。（略）

（尊経閣文庫文書、関東下知状、弘長二年〈一二六二〉三月一日、『鎌倉遺文』八七七五号）

これは氏寺内の墓所だが、位置は地頭屋敷と隣接し、先祖定綱の子定澄の墓があった。氏寺が武士の館と隣接し、そこに墓が造られるのは一般的だが、最初に屋敷墓のような形で出発し、そこに付属する「墓所堂」「墓堂」などの小堂が成長して氏寺になることも多かったようである。『真名本曾我物語』によると、殺された伊東祐通の墓は五輪塔だったが、「四十九日には一宇の御堂を立てて、助通が後生の家にぞ手向ける」(33)とある。墓堂が「後生の家」といわれているのは、死者の霊が墓（堂）にとどまるという観念を示し、屋敷墓を支える意識を考える上で重要だが、これについては次節で述べる。山城国石垣荘司頼友は、保延六年（一一四〇）に「先祖草堂」を持っていた(34)（東大寺文書、保延六年七月二十三日、山城国玉井荘司申文案、『平安遺文』二四三二号）。十三世紀後半の『念仏往生伝』第四十九話には、天性の悪人だった摂津国井戸荘の小野左衛門親光が「祖父墓所」近辺で狩猟し、堂内に逃げ込んだ鹿を仏前で射殺した話があるが、この堂には寺僧がおり、氏寺だったことがわかる。新田氏の本宗家は上野国新田荘由良郷の別所館に隣接する墓所を氏寺円福寺となしていたが(35)、支族の岩松時兼（覚智）は弘長三年（一二六三）の譲状で武蔵国万吉《まげち》郷五段を「故女房の墓所堂」に寄進した。この堂にも「住僧」がいた（正木文書、弘長三年三月二日、覚知所領譲状、『鎌倉遺文』八九三四号）。右の諸例では、墓堂と屋敷との位置関係が不明のものが多いが、次にあげる三例は屋敷近くの墓であることが明らかなものである。

〔史料3〕

下

可レ令三早知二屋敷壱所并仁王田伍段一事

海清景所

右、件屋敷者、雖レ為二元者清景屋敷一、今者依レ令レ居二住百姓一、相二分彼屋敷一、故大宮司墓所之外、墎田参杖之分際を相計、堺定畢。云二屋敷一、云二仁王田一、限二永代一、可レ令二領知一也。仍百姓等宜二承知一。不レ可二違失一。以下。

弘長三年二月　日

地頭僧印（ママ）

（日向奈古神社社司長田家文書、地頭僧某下文写、『鎌倉遺文』八九三三号）

これによると、この屋敷はもと海清景の屋敷だったが、今は百姓を住まわせているので、屋敷地内と思われる「大宮司墓所」と、その一画にあるらしい「墎田」三丈（〇・六段）を合わせて、この屋敷を分割したことがわかる。

〔史料4〕

はまこもとあり□んニ

自余略レ之、

又、かわへのやちともに三たん、をなしくとらす。こにうたうたらうたいふとの丶むそもあれハ、せつしやうすることあるへからす。

自余略レ之、

こうちやう三ねん十がつ十四日

ねき在判

（伊勢光明寺文書、禰宜某処分状案、『鎌倉遺文』八九九九号）

これは譲与の全体が明らかでないが、「やち（家地）」の中に、故入道太郎大夫の「むそ（墓所）」があったと解釈される。殺生を禁じているのは、この墓所に入道の霊がいるとみなされていたことを示している。

〔史料5〕

奉寄進

高野山大塔

一所　備後国太田荘山中郷地頭屋敷并田地陸町等事

右当郷地頭職者、曩祖康信（三善）法師法名善信、建久年中、以二鎌倉右大将家下文一、令二知行一以来、数代相伝之所職也。爰去建武元年、（略）高野山衆徒殊被レ抽二軍忠一之間、信連依二感存一、以二別儀一避二進当郷地頭職於領家当山大塔一訖。但代々墓所并敷地及田地陸町者、可レ為二地頭進止一之旨、当山雑掌又被レ出レ状者也。雖レ然為二一親出離生死、資連現世後生一、件敷地并田地陸町等、限二永代一一円重所レ奉レ寄二附于大塔一也。至二子々孫々一、更不レ可レ致二違乱一。若成レ妨於二子孫一者、為二不孝仁一、不レ可レ知二行資連跡一。（略）

（高野山文書、延元二年〈一三三七〉十二月二十四日、三善資連寄進状、『大日本史料』六編ノ四）

これによると地頭三善資連の父信連は建武元年（一三三四）に山中郷地頭職を高野山大塔に寄進したさい、地頭屋敷・代々墓所・田地六町（門田か）という最も地頭の支配権の強い「一円」の地をいったん雑掌に文書を出してもらって留保したが、資連はこの時改めて寄進している。「代々墓所」は本文中にしか語がなく、事書には「地頭屋敷并田地陸町」とされているので、この墓所も屋敷付属のものと判断される。

以上の史料2〜5は在地領主クラスの場合だが、屋敷付属の墓はかなり一般的であること、その墓は史料5のように「代々」のこともあるが、史料3・4のように特定人物の名しか記されていないこともあり、屋敷を作った先祖のみの場合があったかもしれないことなどがわかる。また史料3のように屋敷を百姓に与えても墓のところは敷地を分割したり、史料5のように郷全体の寄進のさいも墓の存在が一つの理由となってここのみ留保するなど、所有権の移

図2　信濃小田切の里の屋敷墓（『一遍上人絵伝』巻4，清浄光寺所蔵）

動に対する抵抗力が大変強いものだったと思われるが、これは墓に先祖の霊が宿る（「後生の家」）という観念と結びついており、屋敷地の墓は在地領主のイエ支配権を補強する機能を果たしていたといえる。これは第1節で民俗例から復元した屋敷墓の機能とも一致している。

武士の屋敷墓は『一遍上人絵伝』巻四にも描かれている。弘安二年（一二七九）信濃国小田切の里（現長野県佐久市）の「或武士の屋形」で一遍一行がはじめて踊り念仏を開始したときの絵で、一遍らの向こう側の屋敷の一角に塚があり、その上に木が植えられている。塚のあるところは周囲に石を積んで区画されており、この区画の隅には小祠の中に丸石が祀られているのが見える。これはまちがいなく屋敷墓であろう。木を植えるのは次にあげる太良荘の名主の屋敷墓にもみられる。元来はこの木が霊の依代なのだろうが、ここでは別途、石を祀っており、屋敷神として独立した小祠にもしているようである。

太良荘の屋敷墓　在地領主の屋敷がイエ支配権の中核となっていたことは異論のないことと思うが、発掘されている屋敷墓の多くはその下の名主百姓身分のものと考えられる。百姓のイエ支配権は中世史研究の一つの焦点になっており、領主のイエ支配権に包摂されない百姓イエ支配権の独立性を強調する大山喬平氏の見解[36]がある。十世紀末ごろ「田堵」つまり堵（垣）に囲まれた農民の家が身分表徴的意味をおびて現れるという戸田芳実氏の見解[37]は、時期的には発掘例において屋敷墓の出現する時期ともほぼ一致するが、これら百姓層の屋敷墓が在地領主のそれと同じ機能を果たしていたものなら、大山氏の説に適合することになろう。次に若狭国太良庄の名主の屋敷墓を、この地域の現行民俗例とも対比させつつやや詳しく検討してみることにする。

〔史料6〕

若狭国御家人沙弥乗蓮息女藤原氏女謹重言上

同国住人脇袋兵衛尉範継妻女廻ニ猛悪謀計一、重代相伝末武名田畠無レ故押領条、無レ謂子細事

（略）

一彼中原氏女、末武名ヲ掠給之時者、乗蓮八十七歳、恒枝保之苗ヲ太良御庄ニ蒔置畢。件五反苗ヲ無ニ左右一不レ可レ取之由令レ申処、不レ可レ有ニ其儀一、種々吐ニ悪口一、為ニ範継一被ニ打擲一畢。無ニ申計一次第也。(A)家内仁乱入天ハ散々悪行、語ニ入守護使一、作麦仁立ニ点札一畢。還乗蓮之所行之由、言上仕之条、猛悪虚言也。彼点札之状、先度注進畢。爰乗蓮死去之後、(B)重代相伝之垣中之墓所之樹木ヲ掘棄切払、散々目仁被レ合。如レ此悪行、争可レ無レ誡哉。

一(C)往古之末武名屋敷ヲ永地仁他領之者ニ沽却之条、不便事也。凡公領ヲ永地仁於ニ売買之輩一者、関東之御式目仁、殊有ニ御禁制一事也。（略）

（東寺百合文書、文永七年〈一二七〇〉七月、藤原氏女重申状案、『鎌倉遺文』一〇六四五号）

これは太良荘末武名主職をめぐる相論で、その複雑な経緯は網野善彦氏の『中世荘園の様相』[38]に詳述されており、「墓所」との関連では蔵持重裕氏[39]もとりあげている。相論の背景を網野氏によりつつ略述すると、ここで訴えている

藤原氏女の父乗蓮は、平安末期の太良保の公文かつ末武名主だった僧雲厳の晩年に仕えた百姓だったらしく、雲厳の娘と結婚したとも主張している。雲厳は晩年没落し、所職のすべてを承元二年（一二〇八）稲庭時国に譲っていたが、乗蓮は実は自分が譲りをうけたと主張して、時国没落後名を進止していた預所代官定宴と争い、正嘉二年（一二五八）六波羅の裁定で末武名主職と近隣の恒枝保（三方上中郡若狭町上野木―下野木付近）の公文職を認められた。これに対し、末武名の回復を企てる定宴は、雲厳から時国への正式な譲状をもつ時国の娘、中原氏女（瓜生荘下司脇袋範継の妻）を引き入れ、弘長二年（一二六二）東寺の行遍は末武名主職を乗蓮から奪い中原氏女に与える決定を下した。これによって中原氏女・範継らが実力行使したのが史料引用部の事件である。

　ここで問題とすべきは(A)「家内」、(B)「重代相伝之垣中之墓所」、(C)「往古之末武名屋敷」の三者の関係である。(A)について、その前の苗の記事を網野氏は「恒枝保に苗代をもっている点から、そこに本拠をおいたとみられる」とし、乗蓮は末武名に屋敷はもっているが住まなかったと解した。[40] しかし「恒枝保之苗ヲ太良御庄ニ蒔置畢」と「蒔く」の語を使っているので、ここは「恒枝保に植える苗を（育てようと）、太良荘に（籾を）蒔いた」と解するのが妥当で、ここから苗代は太良荘内の乗蓮の屋敷付近にあったと考えられ、乗蓮が打たれたり乱入されたりした「家」も同一場所をさすと思われる。

　次に、これと(B)の「墓所」との関係だが、この墓は共同墓地ではなく、乗蓮私有の「垣中」にあったことは間違いない。また、この墓は乗蓮の墓であることも、まず疑いない。この「垣中」はおそらく屋敷をさしたものと思うが、しかしそれが末武名に付属したものであれば、乗蓮は生前に名主職を奪われているので、死後その屋敷に葬られることができただろうかという疑問が生ずる。蔵持氏は、名主屋敷は名に付属し、名を売った者は屋敷も失うと論じている。確かに、地頭職の例だが、史料5では屋敷が地頭職に付属するという観念が一方に存在するため、寄進のさい屋敷・墓・田六町のみ免ずるという状をわざわざ雑掌が出していると考えられるが、しかし実際に免除が行われていることからみて、必ずしも官舎的イメージで割り切れないであろう。

あるいは(A)の家は名に付属していない私宅であったかもしれない。いずれにせよ、ここでは(1)乗蓮は太良荘内に「家」をもっていたこと、(2)おそらくその「垣中」に、死後乗蓮は葬られ、墓上に樹が植えられたこと、(3)何らかの理由で、中原氏女らがその樹を掘り捨て切り払ったこと、の三点を確認しておきたい。また(C)の「往古之末武名屋敷」については、「往古」の語からみて、長くとも八年前まで乗蓮らの住んでいた(A)の家ではなくて、文字通り昔に名屋敷だった別の屋敷をさすとみておく。なお中原氏女はこの件について、売却を否認しながらも、藤原氏女の知行地でない以上、口出しする権利はないとも言っている（文永七年八月、中原氏女陳状、『鎌倉遺文』一〇六八五号）。

ここでの問題は「墓所」の性格であるが、これが屋敷墓またはそれに類する「垣中」の墓であることから、中世前期の名主僧に屋敷墓が存在したことは史料的にも確認され、発掘成果と照応する。発掘された墓もおそらく名主クラスで、また塚の上に植樹していたことも推測されるだろう。発掘例では墓の数が少ないことから、被葬者を「先祖」とみる説を紹介したが、乗蓮の墓にも樹が植えられており、一度埋葬した地点を再利用はしないもののようであるから、歴代にわたり家族全員を葬る墓にはみえない。この史料で「重代」といっているのは、ここが乗蓮から藤原氏女に相伝されたことをさすのかもしれない。乗蓮は若いころ、先代の名主雲厳の世話をしていたが、雲厳の死後は荘内に何の田地も持たなかったらしく、越前へ嫁取りに通ったのを百姓たちは「逃亡」とみなしていた[41]。したがって、やっとのことで末武名主職や恒枝保公文職を手に入れた乗蓮は、それによって自分が家の「先祖」になるべく屋敷墓を作った可能性がある。しかし実際にはその願いは果たされず、八十七歳の老境に至って所職を奪われ、墓の樹も引き抜かれてしまった。

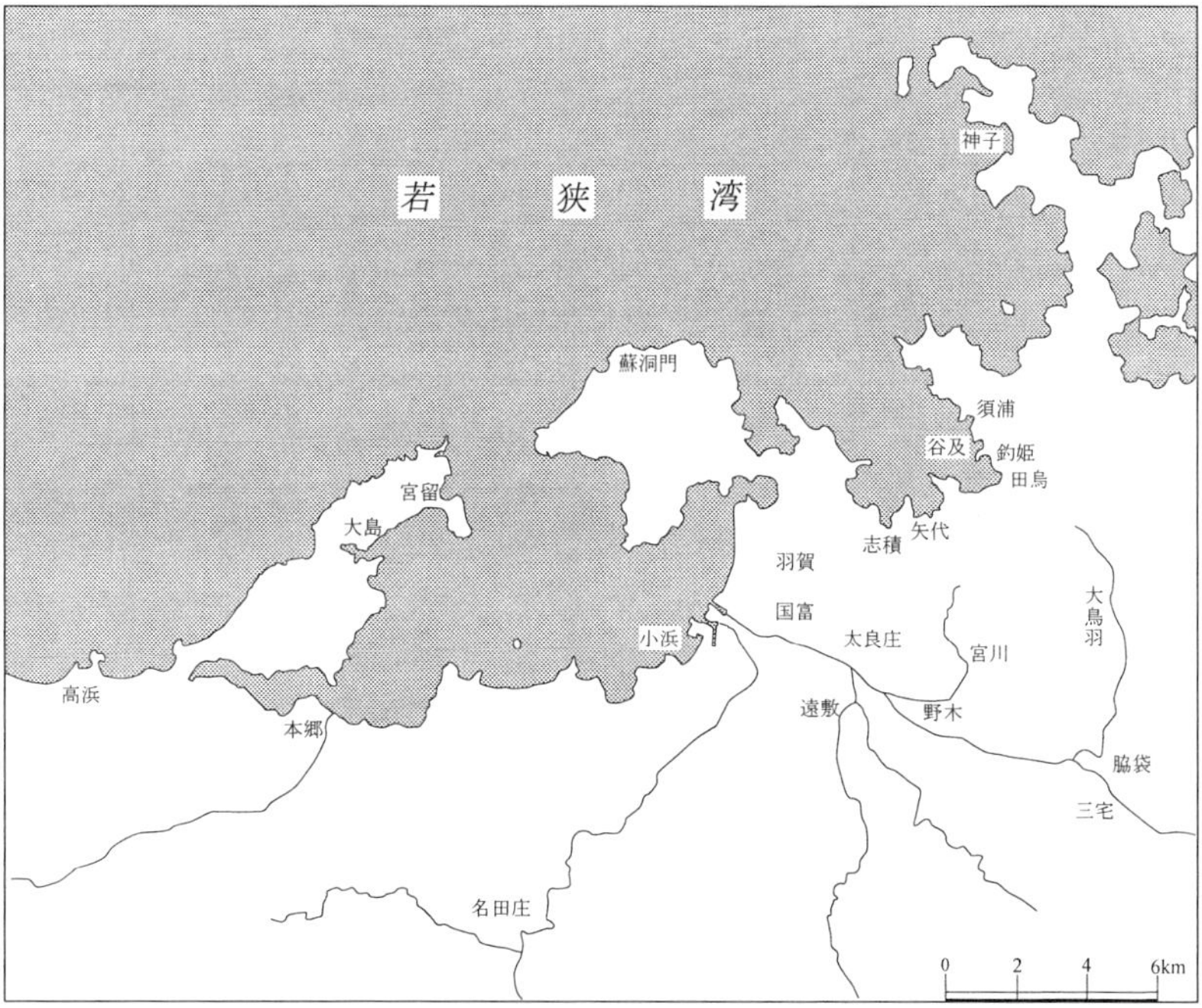

図3　若狭地方要図

この樹に魂が宿るとされていたことは「散々目仁被レ合」という表現からもうかがわれるが、中原氏女らがそれを引き抜いたのは、単に加虐的心理によるものではあるまい。屋敷墓に葬られた死者の魂は樹に宿り、その霊力が屋敷や田地を子々孫々まで守護するという観念があったために、中原氏女らは乗蓮の死後まで残存する彼の土地支配力を抹殺しようとしたのであろう。こう考えれば第1節とも整合し、屋敷墓が「地の神」になってゆく理由が理解できる。また中世で墓を破壊する他の例、たとえば、東大寺領伊賀国黒田荘の悪党観俊らが荘内の墓を掘ったという事件も、石母田正氏[42]以来悪党の「頽廃」を示すとされているが、「掘二往代之墓一陥二没祖業一」（東大寺文書、正和元年〈一三一二〉カ、東大寺衆徒等申状土代、『鎌倉遺文』二四五六〇号）という表現からみて、この方向で解しうる可能性もでてくるであろう。

ニソの杜　さて、若狭―屋敷墓―神聖な樹―地の神、といえば、民俗学的には「ニソの杜《もり》」が連想される。これは大変有名な事例であり、またこの系統の民俗との比較によって、中世太良荘の屋敷墓の意味もより明らかになってくる。

〔事例16〕

「ニソの杜」とは、福井県大飯郡大飯町大島の七集落が祀る三二か所の聖地をいう。大島半島は近世より一九五五年まで大島村をなし、近世後期以降漁業が発達したが、以前の集落は今日より山ぞいに位置したといわれ、古道や屋敷跡も残る。島の開創は官位をもつ二四戸の家だったと伝え、これを「二十四名《みよう》」と称する。この二四戸は禰宜株八戸、田楽株五戸、巫株一戸、長百姓株（十人衆ともいう）一〇戸からなっていたというが、現在では二四戸がどの家にあたるのか不明になったものが多く、現存する家格は十二氏（十人衆の訛りかという。一〇戸あったがいまは九戸）、禰宜（八戸）、田楽（四戸。うち二戸は十人衆と重複）の計一九戸で神社の祭祀を担当する。墓制は現在両墓制で、埋葬地をサンマイ、石塔墓をハカという。またアズチ山（四七八㍍）の頂上をシビトガズクといい、戦いの死者を埋めたとか、昔老人を背負っていって捨てたところと伝える。

「ニソの杜」はいずれもタモの木などの常緑樹の杜で、祠を持つものが多いが、樹自体が神聖視される。祟りやすいという。これらの杜は二十四名の先祖を祀ったといわれるが、どの杜がどの家の先祖かは不明になったものが多く、現在は近隣数戸がニソの講を作り、各々の杜の祭祀を行う。祭は旧十一月二十二・二十三日で、二十二日深夜に当番の家の者が小豆入りの握り飯と白餅を杜に供え、二十三日朝、当番の家で直会《なおらい》する。「ニソの荒れ」といい、この日は天気が悪いといわれる。「ニソ」の語は二十三日から来ているという説が有力である。

ニソの杜の起源については、昔のサンマイであるとの伝承と、その神聖さからこれを否定する伝承とがあるが、杜の多くは昔集落があった場所に分布し、ある家の先祖を祀るとされる杜が、その家の旧屋敷地の近く、多くは西北にあるという対応を示す例もあり、古墳上に祀られた杜も存在する。一九五八〜六〇年に同志社大学考古学研究会が北東海辺の浜禰《はまね》の杜を中心とする浜禰遺跡を発掘したさい、杜の南東側地下一メートルから中・近世の男性人骨二体が発見され、また古代の製塩土器多数が出土した(43)。

この「ニソの杜」は霜月に子孫を訪れる祖霊を祀る古型の行事とされて注目を集めたが、近年福田アジオ氏(44)や佐々木勝氏(45)によってこのような解釈に疑いがもたれている。福田氏は現在の祭祀形態が地縁的で同族結合も希薄なことから、二十四名の中世起源も疑問視し、佐々木氏はさらにこれらの小祠信仰はもともと地縁祭祀で、後次的に同族結合に受容されたとする説を展開した。これに対し、金田久璋氏(46)は若狭地方の類似の杜の詳細な調査をもとに、墓や先祖を祭ったとする伝承はやはり古態を残すとして反論した。佐々木氏の説は、ニソの杜は本来「地の神」であったというもので、この限りで筆者も同意できるが、氏の場合、「地の神」の中に祖先祭祀と結びつく契機を全く見ないため、金田氏の説との対立が生じているようにみえる。「地の神」が開発と結びついているなら、二つの要素は矛盾しない。三〇か所にのぼるニソの杜がすべて屋敷墓起源とはいえないにしても、一部は実際に「二十四名」をなのった中世名主の屋敷墓に由来するのではないか。旧集落址の屋敷跡に隣接し、一部の杜の近くから人骨が出たこと、また第1節の事例6としてあげた名田庄村の地の神のように、同様にタモを聖木とし、かつ屋敷跡との関連がより明確な例もあること（金田氏も大飯郡高浜町高野の七ツ森のようにサンマイにある例や、三方上中郡若狭町三宅の前田家のダイジングウのように屋敷内にあり、先祖の墓との伝承をもつなどの例を多くあげている）は、少なくとも墓との関連性を示している。

大島は中世史料が少ないが、浦底の大谷家文書に文和四年（一三五五）九月若狭国守護細川清氏の寄進状、翌月の代官御厨義幸添状(47)があり、大島八幡宮に対し、小浜湊に出入りする「入船馬足料」の中から毎年三貫文を小浜刀禰に送進させることを定めている。大島は小浜湾口を扼する位置にあり、八幡宮は明治末に島山神社に合祀されたが、それまでは宮留の集落北方の砂地に鎮座した。この場所は外界から小浜湾に入ってくる船を出迎えるような位置にあり、航海守護神として中世若狭の廻船人の崇敬を集めていたことがこの寄進状から推定される。八幡は領主との関係で勧請されたのだろうが、詳細は不明である。しかし上記「長百姓」（十人衆）の家格は八幡社の十月十日の祭礼を勤仕する家のことで、「田楽」も当社と島山神社に田楽を奉納する家である。(48) これらは中世の祭祀組織に起源をもつと考えられる。

「二十四名」自体は史料的に確認できないが、これについては小浜市田烏《たがらす》（中世の多烏浦）の例が参考になる。小半島に南から田烏（南北に分かれる）、釣姫《つるべ》、谷及《たんぎょう》、須浦《すのうら》の四集落があるが、近世には田烏南部と須浦とで「南田烏」、他の三集落で「北田烏」の二浦に区分され、これは中世の「多烏」と「汲部《つるべ》」の二浦の区分をうけついでいる。さて、近世には北田烏に二三人の「百姓衆」の家格があり、この人々で山林を共有していた。(49) 南田烏にも対応する二五人の百姓衆があった。(50) この北田烏の百姓衆は、文永九年（一二七二）の汲部浦山手塩取帳案に(51)「汲卩浦廿四名」、正応六年（一二九三）の多烏浦百姓等言上状案に(52)「汲卩浦者、御年貢塩備進百姓廿三名名別四斗宛」と見える、塩を貢進する二三〜二四名の名主の系譜をひくかもしれない。中世のこの名主たちも、製塩燃料用の山林を保有していた。もし汲部浦の中世の名編成が近世に百姓衆の家格となったと考えるなら、大島においても古代の製塩遺跡があることもあり、中世に類似の名編成が行われ、それが近世以後「二十四名」の家格として固定して残ったとみるのは、あながち無理な推論ではないだろう（構成員の変動は当然あったであろうが）。

中世名主の墓所　大島のニソの杜や周辺の類似の聖地の一部が中世の名主の屋敷墓に由来するならば、それは太良荘の乗蓮の「垣中」の墓とも呼応し、この地域の中世から現在に至る民俗の伝承と変遷を復元する定点がえられることになるだろう。乗蓮の墓所には「樹木」が植えられていたが、現在の若狭の聖地の木が圧倒的にタモ（タブノキ）

である点からみて、この木もタモであったかもしれない。その木に先祖の霊が宿るとされたために、一方では代々崇敬されてニソの杜となり、中世ではこの樹を切り払うことが死者を散々な目に遭わせることになったのである。この推定が正しいとすれば、中世の名主の屋敷墓も在地領主のそれと同様、屋敷地の所有権を補強し、イエの継続性を維持する機能を果たしていたと考えられる。また、民俗学では往々、この信仰を非常に古い原基的な祭祀形態とみていたが、現在の形態の原点は中世に求められる。[53]

なお筆者の調査によれば、現在の太良庄にも一〇か所の聖地（森）があるという。太良地区北の寺谷の奥のオーモリサン、その奥の小森、薬師堂の近くのタモの木（一本森ともいう）、鳴滝の鎮守さんの森（小祠）、長英寺の裏の御所の森（鎌倉末期の五輪塔があり、『若狭国志』によれば貴人を葬った所という）、日吉神社大鳥居手前のゴーの木さん、日吉神社の中の森などである。ゴーの木さんは私も見たが、大鳥居手前の竹やぶの入口にタモの木があり、その枝がさしかけている草地に小さな石があって、赤い地蔵さんのよだれかけをまとっている。この石がゴーの木さんの御神体で、正月の寒参りに皆でお参りするが、特定の家による祭祀はない。またオーモリサンは、四つの谷（事例5参照）のうち太良地区のみで三月九日と十二月九日に行う山の口講のとき、当番がお参りに行く寺谷の「山の口」がこのオーモリサンで、地名辞典[54]によれば六世紀ころの古墳が点在する。近世文書（『小浜市史諸家文書編四』所収）では、森を一一か所とし（高鳥茂雄文書、寛政元年〈一七八九〉太良庄村巡見案内覚）、ゴーの木は「牛王の木」とする（高鳥甚兵衛文書、元文二年〈一七三七〉太良庄村明細帳）。

これらの聖地の全部が屋敷墓に由来するとはいえないにしても、古墳をまつると思われるものも含め、そのいくつかは古い墓地の樹木の祭祀のあとをとどめているのかもしれない。

3　墓と死者

屋敷墓と風葬の並存　前節では、中世史料については明確に屋敷墓を示すもののみ扱った。これにより輪郭は明らかになったと考えるが、民俗とのつながりの上で重要な屋敷墓から地の神への移行、それと関連した樹の意味などについて、史料上の論証が不十分であることは否めない。屋敷墓の史料はいまのところ少ないので、この節では範囲を広げ、一般に墓所と死者との関係を検討することを通して、屋敷墓の位置づけを明確にしていきたい。

墓に死者の魂がいるという観念は今日でも一般的にあり、墓を造る趣旨からも当然の如くであるが、中世では一方で風葬され犬や烏の餌食になる人々があり、これも葬法の一つとして認知されていた。この場合は必ずしも霊魂を認めないのではなく、死体はその抜け殻であるという観念、または肉が失われることで魂が他界へ赴くという観念を伴った可能性があるが、中世前期では一村落の中でも、屋敷墓に葬られる人がいる一方で風葬も行われるという並存状態にあったのであろう。(55)高槻市宮田遺跡では前述のように居住区ごとに一～数基の屋敷墓があるが、同じ階層でここに葬られない人々は北方の岡本山古墓群(56)（B地区から平安末～鎌倉期の土坑墓三七九基を検出）を利用したと考えられている。中世には多くの塚が散在していただろうが、塚の間には『餓鬼草紙』に描かれているように風葬死体が横たわっていたかもしれない。文献にも、「たましひ去り、寿《いのち》尽きぬる後は、空しく塚のほとりに捨つべし」（『発心集』巻四第六話）などとあるように両者は同一の墓地に並存していた。

岡本山古墓群の土坑墓は火葬骨を埋納しており、名主層のものと推定されている。一方、この時代、風葬は貧者の葬法とされていた。当時は村落単位の葬式互助がなく、村レベルで葬式が平準化されることはなかったと考えられる。

民俗例でも、事例16のニソの杜のある若狭大島に、一方では昔老人を棄てたといった伝説をもつ山があり、現在両墓制が行われているのは、中世の風葬の存在を伝えるものであろう。

したがって中世社会には、墓に死者が安らうという観念が普遍的にあったわけではない。また、仏教の正統的教義も、この観念とは整合しない。死後、霊はしばらく中有をさまよったあと、やがて六道のいずれかに次の生をうける。五輪塔や宝篋印塔も本来は霊を得脱させるためのもので、死者のための家ではないだろう。

しかし、一方では死者が墓にとどまるという観念が古くから存在したことも確かである。もちろん、一つの社会に整合しない観念が並存していること自体は、ことに霊の行方というような領域では、別に不思議なことではない。問題は各々の観念がどのような社会的条件と結びついているかを明らかにすることである。屋敷墓が、そこに埋められた死体と霊とのつながりという観念とかかわっていることは確かなので、まず墓に霊が宿るという観念の系譜を史料的にたどってみることにしよう。

墓所の樹木　まず貴族の例であるが、山に設定された氏の墓所の木に霊が宿っているという観念が古代からあった。

〔史料7〕

菅野朝臣真道等言、己等先祖、葛井・船・津三氏墓地在二河内国丹比郡中寺以南一。名曰二寺山一。子孫相守、累世不レ侵。而今樵夫成レ市、採二伐冢樹一。先祖幽魂、永失レ所レ帰。伏請依レ旧令レ禁。許レ之。

（『日本後紀』延暦十八年〈七九九〉三月十三日条）

〔史料8〕

薩子橘元実敬白

奉レ施下入売二与平時光一玉瀧杣内除留墓所杣上事

（略）
右件杣、元是元実等先祖之墓地也。累代子孫相伝守レ領、其来尚矣。経レ年之間、樹木生繁、自為二杣山一。爰延喜御代、造二東大寺講堂一之時、被レ造二運件杣木一也。当二於爾時一、元実注二先祖墓地之由一、（愁申脱カ）公家之日、天恩早降、免除先畢。既省二庶人之競切一、全レ守二先祖之旧墳一。於レ是元実并族類等不レ久遭二於災禍一、各浮二浪他国一。定知下申二妨彼講堂料材木一之所上レ致也。適従二遠国一還向之日、尋二事案内一、東大寺・修理職・冷泉院・雲林院等料材木、各給二官符一、造二運件杣一。其官符云、件杣私人所領也。宮城修理之間、殊給二官符一令二造用一云云。無レ力二愁申一私歎之間、樹木漸切掃、墳墓作二露地一。其祟弥可レ有二元実并子孫之身一。不レ若下永奉レ施二入伽藍一、令レ得二先祖菩提之道一、兼免中元実禍殃之祟上。仍施入如レ件。（略）（東南院文書、天徳二年〈九五八〉十二月十日、橘元実施入状案、『平安遺文』二七一号）

〔史料9〕
勧学院政所下　栄山寺
（略）
一寺家四至内并郡内住人等不レ憚二制止一、或遊猟、或切二損本願墓山樹木一事
右、得二同解状一偁、件墓山者、往古賜二傜丁十二人一所レ令二守護一已。随又寺辺四至内殺生禁断官宣明鏡也。而近年郡内住人寺前流漁猟為レ宗、入二乱四至内一、切二失墳墓樹木一之旨、道理可レ然乎。（略）
（栄山寺文書、康和三年〈一一〇一〉十二月四日、勧学院政所下文写、『平安遺文』一四六八号）

いずれも貴族の墓山の木を伐ったというものだが、史料7では樵夫が「家樹」を伐ったため、霊が永く帰る所を失うとしており、樹が依代のように考えられている。史料8は事情が複雑で、橘氏の先祖の墓地の山が、伝来の間に樹木が繁って杣山となったが、この山が東大寺講堂造営用の杣に指定されたため、元実らは愁訴し、その結果墓所は守

られることになった。ところがその後元実や一族は災禍にあい、他国を浮浪するはめになったため、これは東大寺への用材提供を拒んだためとわかった。しかし彼らが帰京したころ、今度はこの山は宮城修理の杣に指定され、樹は伐られて墳墓は露地となってしまった。そこで先祖の祟りを恐れ、この山を東大寺に寄進する、というもので、これによると東大寺への結縁が最も尊く、そのために墓山の樹を提供しないと仏罰をうけるが、これに対し宮城修理のような世俗の用途のために伐られると、これも祖霊の祟りをうけるというのである。仏法のためになる場合以外、墓の樹は何としても守らねばならないらしい。伝統的観念と仏法至上理念との折衷ともいえよう。

史料9は大和国栄山寺の北にある藤原武智麻呂の墓山の樹木が、流入した住民に伐採されるのを禁じたもので、この墓山は二八〇町もあった(57)（『平安遺文』三一八号）。

墓に樹を植えることは、古く『続日本紀』慶雲三年（七〇六）三月十四日条にも、「氏々祖墓」に樹を植えて林にすることが見える。これらの例では、一方で墓山に侵入して樹木を伐る住民がいたのであるから、墓の木を聖視する観念は社会全体に共有されていなかった可能性もある。しかしまた、墓に樹を植える慣行が、ここから広まっていったことも確かだろう。

藤澤典彦氏(58)は、『葬喪記』(59)の「凡《ソ》墓者、積《ムコト》レ土《ヲ》丈余、而以ニ松《ノ》樹一植《ウ》レ之《ニ》。過《レハ》ニ一年《ヲ》一亦植《ウ》ニ一本一。過ニ三年一亦植《ウ》ニ一本一。従レ此人之気去成レ神」という記述と、『餓鬼草紙』に描かれた塚の一つの上に大中小の三本の松が生えているようすが一致することを指摘した。塚に松や柏を植えることは「古詩十九首」（文選）第十四首の「古墓犁為レ田、松柏摧為レ薪」が人口に膾炙するように古代中国でも行われたが、日本の中世史料でも「松墳」の語がしばしば見える。貞応二年（一二二三）の田中宗清願文（益田孝氏旧蔵文書、『鎌倉遺文』三一六八号）に「先師墓所ニ一堂ヲ建立すへき事／右、検校勝清・別当道清等の墓所也。三代の松墳につきて、一宇の華堂をたてむ」とあり、文永八年（一二七一）の比丘尼

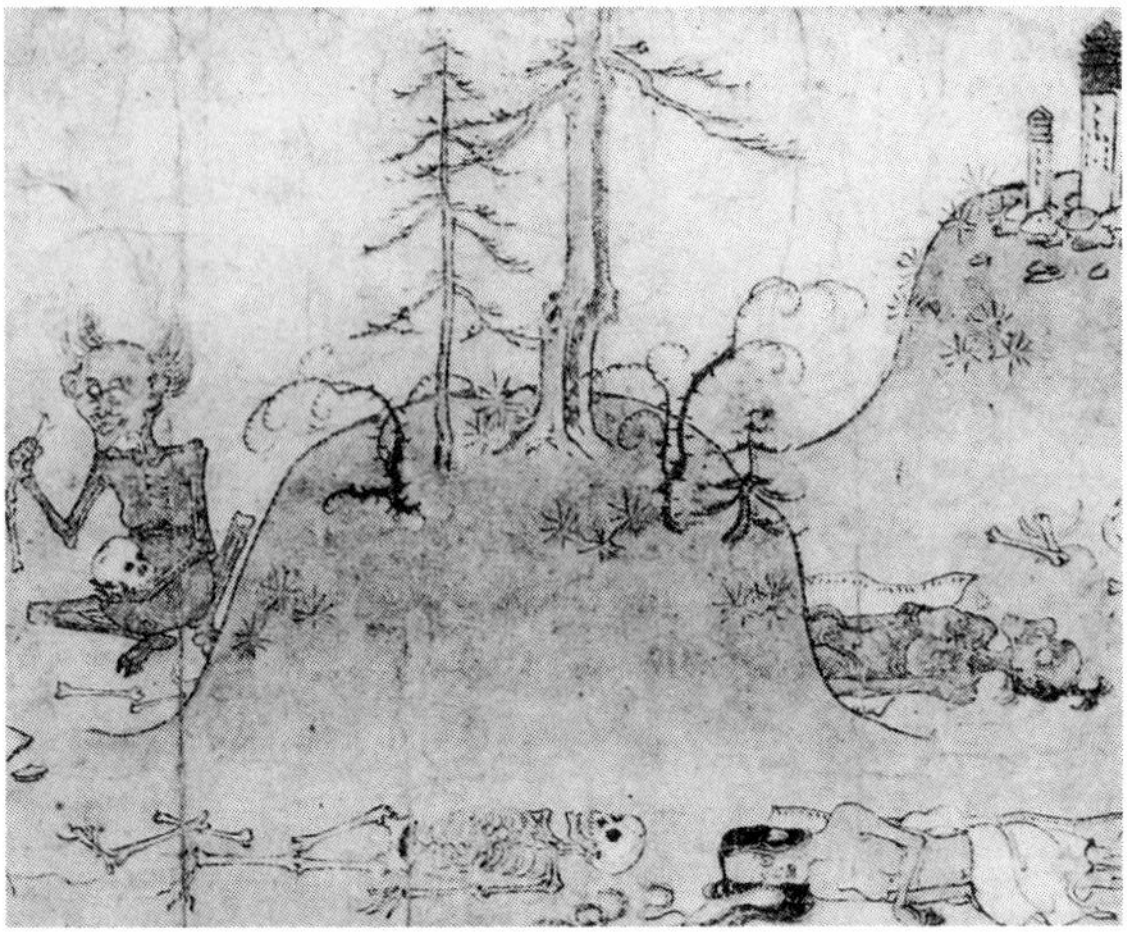

図4　塚の上の松（『餓鬼草紙』東京国立博物館所蔵）

清浄諷誦文（東大寺蔵倶舎論第二十三巻裏文書、『鎌倉遺文』一〇八五五号）に「又就二松墳一以立二率都婆一」とあるなど、塚に松を植えるのが普通だったことを示している。また横井清氏[60]によると、中世後期に貴人の産後の胞衣を山に埋めて上に松を植えたり[61]、寛正の飢饉の死者を埋めたところに植樹した例がある[62]。

これらの「松墳」は共同墓地（中世前期には「塚原」とよぶことが多い）の場合も少なくないようだが、塚原の塚に植えられた松は、やがて成長して松林になっていっただろう。松が選ばれたのは常緑樹で寿命も長く、常に霊が宿るとされたためであろうが、松に限らず、若狭などでは古くからタモもあったのではないか。ただ共同墓地の塚は次第に植樹にかわって卒塔婆や石塔を立てる方向にあったことは右の史料からも察せられるが、屋敷墓では古態が残り、それがニソの杜などへつながってゆくのであろう。現行民俗の屋敷墓が石をのせたりする素朴な形態をもつ傾向があることは第1節でもふれた。

草葉の陰　樹を塚に植えて霊の依代とする慣行は、死者が「草葉の陰」から子孫を見守っているという言いまわしと関係があるにちがいない。この表現も中世前期からある。

〔史料10〕

（丹波少将成経が帰京の途次、父の新大納言成親の配所を訪ねる）その墓を尋ねて見給へば、松の一むらある中に、かひぐ〳〵しう壇を築《つ》いたる事もなく、土の少し高き所に向ひ、少将、袖かき合せ、生きたる人に物を申すやうに、泣く〳〵かきくどいて申されけるは、（略）まことに存生の時ならば、大納言入道殿こそ、「いかに」とも宣ふべきに、生《しやう》を隔てたる習ひほど、恨めしかりける事はなし。苔の下には誰か答ふべき。たゞ嵐にさわぐ松の響きばかりなり。その夜は康頼入道と二人《ににん》、墓の廻《めぐり》を行道し、明けければ、新しう壇築《つ》き、釘貫せさせ、前に仮屋作り、七日七夜が間、念仏申し、経書いて、結願には大きなる卒都婆を立て、「過去聖霊、出離生死、証大菩提」と書いて、年号月日の下には、「孝子成経」と書かれたれば、賤山賤《しづやまがつ》の心なきも、子に過ぎたる宝なしとて、袖を濡さぬはなかりけり。（略）亡者に暇申しつゝ、泣く〳〵そこをぞ立たれける。草の陰にても、名残惜しうや思はれけん。

（『平家物語』巻三、少将都還りの事。底本は流布本〈角川文庫〉）

ここでも松と死者との結びつきがある。

〔史料11〕

ほしさき（星崎）のてらを、かさてら（笠寺）のくわんをんによせまいらする、しきちてんハくのこと

（略）

右、件田ハく、よせまいらする心さしハ、わうこのれい地、けん（験）仏にましますうゑに、こおほあき御前、こ殿、をなしききんたち（君達）のハ、御前をハしめて、たい〳〵の御ハか所なり。（略）もし又世中のふしきにて、ほしさきをゆつりえんともからの中にも、子々そん〳〵のすゑまても、このてらにいろひをもなし、わつらひを申いたさんものハ、をやのかたき、せんそのかたき、三宝の御かたきたるへけれハ、たとひゆつりをもちたりとも、ほしさきを段分もしるへからす。草のかけにても、くちをしと思へき也。（略）

（尾張笠覆寺文書、嘉禎四年〈一二三八〉六月、念阿弥陀仏寄進状、『鎌倉遺文』五二六二号）

ここでは代々の墓所笠寺への寄進を子孫が撤回するようなことがあれば、「親の敵、先祖の敵」であり「草の陰にても口惜しと思」うと言っている。ここから連想されるのは、勝俣鎮夫氏の指摘した(63)「死骸敵対」であるが、これについては後述する。

〔史料12〕

故なんてうとの（南条兵衛七郎）は（略）よわひ盛なりしに、はかなかりし事、わかれかなしかりしかは、わさとかまくらよりうちくたかり、御はかをは見候ぬ。（略）故殿は木のもと、くさむらのかけ、かよう人もなし。仏法をも聴聞せんす、いかにつれ〳〵なるらん。をもひやり候へは、なんたもとゝまらす。と（南条時光）の法華経の行者うちくして、御はかにむかわせ給には、いかにうれしかるらん〳〵。

（日蓮聖人遺文、文永十二年〈一二七五〉日蓮書状、『鎌倉遺文』一一八〇八号）

日蓮はもちろん僧だが、南条殿が墓の「木のもと、くさむらのかげ」に寂しくしていると思うと涙もとまらないなどと言っているのは、修辞ではなく本当にそう思っているかのようである。今日に比べ、中世ではこの語は現実の墓の情景と結びつき、はるかに強いイメージ喚起力を持っていた。

年末と盆の墓参　次の史料はこのような墳墓に対する子孫の義務を示して興味深い。

〔史料13〕

奉二寄進一　安養寺安居料田事

合水田百肆拾歩者、在二古江見東塩塚一、

四至　限二東紀藤三郎作一 限二西堤一　限二南御堂敷地竹原一 限二北掃部左衛門後家作一

右件水田百肆拾歩者、沙弥仏心之相伝私領地也。雖レ然、安養寺安居料田而、限二永代一奉二寄進一所レ志者、主君御聖霊并二親幽霊為二仏果得道一。兼又沙弥仏心無レ息独身之間、七月半之盂蘭（盆脱）者、可レ折レ花無二孝子一。一年満之極月者、可レ尋二古墳一無二之輩一。然間、奉レ任二後世観音一所レ志、聖霊仏心之誓幼（約カ）、何不二成就一。但有限百肆拾歩之於二公事所当一者、無二懈怠一可二備進一。以二余残一、毎年不闕可レ勤二行安居一也。仍寄進如レ右。

弘安十年丁亥四月八日　　沙弥仏心（花押）

（紀伊安養寺文書、弘安十年〈一二八七〉四月八日、沙弥仏心田地寄進状、『和歌山県史　中世史料二』）

これによれば、子は親の墓に対し、七月半ばの盂蘭盆には花を手折り、年末にも墓を訪ねるならわしだったことがわかる。特に大晦日の魂祭の記事は貴重である。古代には都でも行われており、『日本霊異記』にも巻上第十二話・巻上第三十話・巻下第二十七話に大晦日の魂祭のようすが描かれている。『枕草子』（花の木ならぬは）も、ゆずり葉について「師走のつごもりのみ時めきて、亡き人の食ひ物に敷く物にや」と、この夜亡魂が食物をもらいに子孫を訪れることを記すが、鎌倉末には『徒然草』十九段に「亡き人のくる夜とて魂まつるわざは、このごろ都にはなきを、東のかたには、なほする事にてありしこそ、あはれなりしか」とあるように都ではすたれ東国に残っていた。『吾妻鏡』建長二年（一二五〇）十二月二十九日条には「奥州（重時）・相州（時頼）令レ巡二礼右大将家（頼朝）・左（右カ）大臣家（実朝）・二位家（政子）并右京兆（義時）等御墳墓堂々一給」とあって、大晦日に北条氏が幕府創設者の墓参りをしたことが記されている。史料13からは十三世紀後半に紀伊でも行われていたことがわかる。また『枕草子』も『徒然草』も亡魂が「くる」としているのみで、墓に言及しないが、北条重時・時頼や紀伊の仏心は墓参して魂を祭っている。仏心も主君云々と記すところから武士だったらしく、この階層の墓地重視が現れているのかもしれない。

盆についても、原初的にはこのころ他界との通路が開いてこの世に現れてくる無数の亡魂や精霊（仏教で「無縁法界」「餓鬼」等とされるもの）に供物を与えて禍を避けようとする行事で、祖霊信仰は副次的に発達したと考えられている。盆に対応する中国の中元節も精霊への饗応の性格が強く、墓参などは行わない(64)（中国では冬至後百五日目、太陽暦で四月五日ころの清明節に墓参(65)）。しかし史料13は墓に花を供える行事を記し、この時期には墓地と結合した盆行事が成立していたことを示している。京都では平安時代の貴族は盆供を寺に送って先祖の供養をしてもらうのみで墓参は行っていないが、『吉続記』文永八年（一二七二）七月十五日条には墓参の記事が見え、貴族もこのころになると盂蘭盆の墓参を行うようになったらしい。時代はずっと下るが、フロイス『日本史』も、鹿児島のキリシタンの老女の話として「もう一つ私がとても悩んでいますことは、私が死ねば、身内の者は、私の（遺）体を異教徒たちが皆埋葬されるあの共同墓地に埋めたがるに違いないことです。と申しますのは、仏僧たちや他のすべての人々は、七月には死者のための供養と法要のため墓地に行って祈ったり、死者が飲むためと言って墓穴に水を注ぎ、霊魂を喜ばせるためだと花《ローザ》を供えます」と記している(66)。

以上のように、原初的には盆などの魂祭は必ずしも墓地に霊がいるという観念を必要としなかったと考えられるが、鎌倉時代には、墓の「草の陰」に死者がいるとする観念と結びついて墓参が行事化している。しかし共同墓地の場合、墓標が未発達のこととも関係し、『徒然草』三十段が「思い出でてしのぶ人あらんほどこそあらめ、そもまたほどなくうせて、聞き伝ふるばかりの末々は、あはれとやは思ふ」と詠嘆するように、家や土地の継承権以外に系譜意識のうすい日本社会では、直接死者を知っている人の生存中を過ぎると、古い塚は誰のものともわからなくなっていったであろう。

憑霊と土地所有　しかし屋敷墓は家の継承と結びついているため、供養が絶えることはない。『長楽寺永禄日記(67)』永禄八年（一五六五）七月十五日条によると、上野国世良田長楽寺の住僧義哲はこの日境へ行き「堀之内へ行、先祖ニ水施餓鬼」しているのは屋敷墓への供養かもしれない。屋敷墓を作る一つの理由は、子々孫々から供養されたいという点にもあったであろう。しかしそれは「先祖」の特権であり、彼はそうやって自己の霊力で土地を守り、自分の遺志にそむいて土地を処分する子孫に対しては祟りなどによる威嚇を加えようとすることに屋敷墓の本質的意味があったと考えられる。

きわめてまれに史料に残された例だが、中世では死者が直接、生者にのりうつるという形で、子孫の土地の処分に干渉する場合があったことが左の史料から判明する。

〔史料14〕

譲与　処分田事

合弐段百五十歩　在下友寺従二御堂一東辰巳辺上者

四至　限二東山一　限二南寺山一
　　　限二西路一　限二北山一

右件田弐段余之中於二壱段小一者、僧頼禅所二新開一也。而頼禅存生時、以二件田一処二分妻一畢。随妻又譲二与一男僧聖心一。其後聖心加二開曠野一、領掌耕作既及二数十年一、全無二他妨一。然間聖心之親弟小児、数日受レ病愁悩。其時不レ慮外、信方之妻女、自称下付二霊気一之由上、両三日間、度々走来、諂誑申云、件田依レ不レ分二与僧済仟一、故父頼禅所二付悩一也。若分与者、小児病患忽可レ令二除愈一者。是以聖心依二祖子憐愍無一レ極、雖レ不レ知二事実不一、為二小児除レ病存一レ命、随二女諂誑申状一、於二田壱段一者、以二今年七月廿六日一、譲二与済仟一。其後不二幾間一、同八月一日小児既死去畢。仍件女付二霊気一申条、相二構無実一事、謀計誑申之由顕然也。在地近辺諸人所二見聞一也者、於レ今者返二取件田一、永譲二与弟子僧叡尊一畢。敢不レ可レ有二他妨一。仍為二後代一注二子細一、所二譲与一如レ件。

承徳三年八月九日

僧聖心（略）

（東大寺文書、僧聖心田地譲状、『平安遺文』一四〇六号）

これによると、問題の田一反は僧頼禅が開発したもので、彼はそれを妻に譲り、妻は子の聖心に譲った。聖心は自分の開発分を加えて数十年間耕作してこの時に至ったが、たまたま親弟（真弟。僧の実子）の小児が病気になった。すると信方（不明）の妻が、頼禅の霊が憑いたと称して物狂いになり、たびたび走って来ては、あの田を僧済仟にゆずらなかったから子供を病気にしたのだ、譲れば治してやろうと言った。これを聞いた聖心は、昔の事情は知らなかったものの、子供のためならと、女のいう通り田を七月二十六日に済仟に与えた。ところが、子供は八月一日に死んでしまった。ここで女のいう霊気云々は虚言であることが明らかとなり、在地近辺の人々も一部始終を見聞きしたので、田をとりもどし、弟子の僧叡尊に与えた、というのである。

この事件で注意されるのは、この女に霊が憑いて田の処分を指示したのは結局虚言ということになったが、それは病気の子供が死んだためで、もしその子が治っていたとしたら、それは女の言の真実性を保証するものとされ、問題なく譲与が執行されていただろうということである。

憑霊現象の中世でのあり方をみると、当時、死者が生者にのりうつることはしばしばあったが、いずれも現世に未練をもつ死者で、往生人が往生したことを口寄せで知らせるなどということは決してない。『発心集』巻二第八話には、必ず往生すると思われた真浄房という僧が「物狂はしき様なる病ひ」をして死んだが、後に残った母にその霊が憑いて、実は往生するはずだったのだが、師の鳥羽僧正に生前、後世にも必ず従うと約束していたために、僧正によって「思はぬ道」に引っ張られてしまったと語ったという話がある。同書巻三第八話では、桂川で入水した蓮花城という聖の霊が、最後につきそった登蓮という僧に憑いた。入水のまぎわに命が惜しくなったが、群集の面前で自分から中止もできず、登蓮にとめてもらいたかったのに、登蓮がその心に気づかずせきたてて入水させたため「何の往生の事も覚えず。すずろなる（無関係な）道に入りて侍るなり」と語ったという。『沙石集』巻四第七話、巻十本第十話、

『発心集』巻八第二話も同様の往生失敗者の憑霊譚である。戦死者の例も多く、『博多日記』[68]によると、元弘三年（一三三三）三月、鎮西探題を攻めて敗死した菊池武時勢の首が懸けられたのを見に行った某家の下女に菊池入道の甥左衛門三郎の霊が憑き、僧にむかって、新婚一六日目に出陣し、死ぬまで互いの髪を首にかけていたこと、酒をのんで出陣したため水が欲しいと語り、小桶二桶の水を飲み、後世を弔ってほしいと頼んだ。家がないためこの女の体を借りているというので僧が松原に卒塔婆を立ててやると、霊は女を離れたという。これらはいずれも死後まもない霊だが、今日のように専業の口寄せ巫女にではなく、縁者や一般の女性にのりうつっているのは中世のシャマニズムのあり方を示すものとして注意される。

史料14もこのような憑霊現象の頻発を背景として理解されるが、ここでは数十年前の死者が現れている。現在の民俗でも、何かの災厄の発生→その原因としての神霊の祟りの説明→神霊への供養→災厄の鎮静化、というパターンをふくむ民俗宗教現象はきわめて多く、神霊は偶然的災厄の説明原理として機能しているが、この例も同様であり、上述の史料8も含め、そのような場合の説明としてすぐ中世人の念頭に浮かぶものの一つとして先祖の祟りがあった。その背後には、特定の状況下で先祖の意志が死後永く残って子孫を拘束するというイエ制度的観念が存在するが、この史料14から、その「状況」の一つとして土地にかかわるトラブルがあったことがわかる。ここでは、問題の田地一段は頼禅の「新開」であり、そのことが開発先祖たる彼が（僧であるにもかかわらず）死後永くその土地に執着し、希望する者への譲与を指定するという異常な現象を社会的に受容させている。これは勝俣鎮夫氏が[69]「地発《じおこし》」という語から導き出した、開発者が土地に生命を吹き込むという観念ともかかわっているだろうが、屋敷墓もまた、このような観念の複合体の一つとして発達した慣行にちがいない。

死骸敵対　頼禅が屋敷墓に葬られたかどうかはわからないが、このような現象はまた、これも勝俣氏[70]の論じた、中世の譲状にみえる「死骸敵対」という不思議なことばがさしているものの一つのあらわれと考えられる。

勝俣氏はこの語について、「父子敵対」「明王敵対」など、「〇〇敵対」とされるような行為は、法で処罰をきめる以前の、社会的通念に違反する行為という共通点があるとし、「死骸」については、単に「父子敵対」というのとは違った、死骸そのものの持つ霊力があると考えられていたこと、それが絶対的なものとして子孫に大きな影響力をもったことをのべている。

勝俣氏が「死骸」のもつ霊力という観念を多くの用例に基づいて検出したことは卓見であるが、氏が「死骸敵対」の「死骸」を、具体的には死後まもない死体のこととし、ヨーロッパの棺桶裁判等と比較しているのは、この語の用法からみて若干問題を残している。つまり、この語は譲状などで「もしこれをいほんせハ、しかいてきたいたるへし」（相良家文書、暦応二年〈一三三九〉八月五日、相良蓮道譲状、『南北朝遺文　九州編』一三七七号）などと用いられるが、このとき想定されている「違反」は、自分の死後何年、何十年とたってからのことであろう。実際に「死骸敵対罪責不㆑軽」[71]などとして訴えられたケースも、多くは数十年後の「敵対」をさしている。

おそらくこのような場面に現れる「死骸」は、死後まもないときの死骸の記憶ではなく、当該の違反行為が起こったとき、現に氏寺や屋敷墓に埋められている先祖の「死骸」であると考えられる。屋敷墓は開発地を守るために設けられたものであろうことは本章でくり返し説いてきたが、開発者はそれによって墓のある限り霊力を保持し、「草の陰」から子孫を監視し、土地を守り、ときには憑霊によって土地処分に干渉することさえあった。子孫にとっては、墓に存在する死者の意志にそむくことがすなわち「死骸敵対」であった。このように考えれば、これらの事例は整合して一つのパターンを浮かび上がらせるであろう。

つまり屋敷墓を成立させた主な要因として、①開発者の霊と土地、とくに屋敷地との結びつきという観念、②それを支えている屋敷地・土地の所有と継承というイエ制度、③墓（死体）に死者の人格が残るという観念、の三つが複合していると考えられる。③については、本節でみたように古代以来、墓上の樹に霊が宿るという観念があり、したがって霊をまつる標識は必ずしも死体そのものとは考えられていないが、しかし今日の両墓制のように、両者が全く分離しているのであれば、屋敷内に死体を埋葬する意味がないであろう。また史料からみて、開発先祖の祭祀および先祖による土地の守護という観念と、屋敷内に埋葬して墓を造るという慣行とは中世前期に密接に結びついて発現したものとみられ、第1節でふれた直江広治氏の推定のように、祖霊の「祭地」が先行して屋敷内に現れ、のちに埋葬墓が「祭地」に引き寄せられる形で屋敷内またはその近くに一体化した、というわけではないと考えるのが妥当であろう。

屋敷神に関しては、鎌倉末期の元亨四年（一三二四）に浄土真宗の存覚が著した『諸神本懐集』[72]に「ワガオヤ、オホヂ等ノ先祖オバミナカミトイハヒテ、ソノハカヲヤシロトサダムルコト、マタコレアリ。コレラノタグヒハ、ミナ実社ノ神ナリ。モトヨリマヨヒノ凡夫ナレバ、内心ニ貪欲フカキユヘニ、少分ノモノヲオモタムケネバタヽリヲナス」とあり、墓を社として父・祖父などの先祖を神にまつるのが当時一般的であったこと、それは供物を与えないと祟るとされていたことがわかるが、ここには現在の屋敷神の基本的性格が現れているといえよう。現行民俗の屋敷神の中には、これ以外のいろいろな要素、たとえば家で殺された人をまつるといった御霊信仰的要素や、死霊とは関係なく古くからあった農耕神祭祀の要素なども流れ込んでいると思われるが、基本的には屋敷墓が起点となったとみなしてよいであろう。

おわりに

本章では屋敷墓・屋敷神の成立について、それを中世のイエ制度の成立過程と関係づけて理解しようとした。民俗例にみえる屋敷神の中には、ここで整理したものでは説明できない農耕神的な要素も入っており、既成の神仏との習合関係も複雑である。また、民俗例では屋敷墓は家族の死者すべてを葬るという形態が普通であり、先祖のみを葬るという中世の発生期において中心だったと思われる形態とは隔たりがあるが、両者の変遷を中世後期から近世の史料に基づいて実証的に解明するのも今後の課題である。しかし基本的には本章にのべた筋道によって、この民俗を歴史的に位置づけることが可能になると考えている。ただ、屋敷墓の十分な理解のためには、中世における百姓身分も含めたイエ制度の成立をどのように評価するかという方向と、葬墓制のさまざまな展開の中にこれをどのように位置づけるかという方向の二つが結合されることが必要である。本章では前者の問題については、その重要性は認識しつつも、本格的なアプローチを行うことができなかったが、ここでの整理がイエ制度の研究のためにも参考になることを念願している。一般に、民俗学研究者は分野ごとに専門分化することから、葬墓制を他の村落諸関係から切り離して論ずる傾きがあり、他方、歴史研究者は時代ごとに専門分化が進んで、中世と現行民俗とのつながりを把握しがたい。私が両者の弱点を克服したと言うわけではなく、両方の研究者から弱点を指摘されるであろうと思うが、歴史的事象の中には、歴史と民俗との有機的な相互参照によってはじめて理解しうるものが少なくないであろう。

注

（1）　田中喜多美「岩手県雫石地方」（『旅と伝説』六巻七号、一九三六年）。

(2) 田中正明「東京都檜原村南檜原の両墓制」（『日本民俗学』八六号、一九七三年。『葬送墓制研究集成』四、名著出版、一九七九年、所収）。
(3) 早川孝太郎『三州横山話』（郷土研究社、一九二一年）。
(4) 最上孝敬「祖霊の祭地—ことに山上の祭地について—」（『日本民俗学』三—一、一九五五年。『葬送墓制研究集成』三、名著出版、一九七九年、所収）。
(5) 著者調査（一九八三年）、および蔵持重裕「太良荘における名主家族結合と名主職」（『歴史学研究』五〇六号、一九八二年。同『日本中世村落社会史の研究』校倉書房、一九九六年、所収）。
(6) 直江広治『屋敷神の研究』（吉川弘文館、一九六六年）四〇五〜四〇六頁。
(7) 『丹波地区民俗資料調査報告書』（京都府教育委員会、一九六五年）六一〜六二頁。
(8) 同右、三六〜四三頁。
(9) 西谷勝也「奥丹波の民俗」（『近畿民俗』一八号、一九五六年）。
(10) 直江広治『屋敷神の研究』（前掲）一八九〜一九〇頁。
(11) 中田太造「奈良県下の墓制」（『近畿民俗』四一号、一九六六年。『葬送墓制研究集成』四〈前掲〉所収）。
(12) 著者を含むグループの調査（一九八二年）。
(13) 石塚尊俊「雲伯における両墓制とそれ以前」（『日本民俗学』三—一、一九五五年。『葬送墓制研究集成』四〈前掲〉所収）。
(14) 上井久義「家と墓の一考察」（『日本宗教の歴史と民俗』隆文館、一九七六年。『葬送墓制研究集成』五、名著出版、一九七九年、所収）。
(15) 佐藤米司「岡山市野殿の墓制—家屋敷に隣接する墓地と死穢の忌みの問題—」（『日本民俗学』一三七号、一九八一年）。
(16) 前掲注(6)。
(17) 高取正男「屋敷付属の墓地—死の忌みをめぐって—」（『日本宗教の歴史と民俗』〈前掲〉。同『神道の成立』平凡社、一九七九年、所収）。
(18) 『歴史手帖』一四—一一、一九八六年（特集「シンポジウム中世墳墓を考える」）。
(19) 最上孝敬『増補　詣り墓』（名著出版、一九八〇年）、「墓の習俗について」（『葬送墓制研究集成』四〈前掲〉所収）、「祖霊の祭地―ことに山上の祭地について―」（前掲）など。
(20)　小松清「遺骸に対する心理の考察」（『日本民俗学』一五四号、一九八五年）。
(21)　金田章裕『条里と村落の歴史地理学研究』（大明堂、一九八五年）第四章「古代・中世の村落形態とその変遷」。
(22)　『丹波国大山荘現況調査報告』Ⅰ～Ⅴ（一九八五～八九年）。
(23)　高取正男「屋敷付属の墓地―死の忌みをめぐって―」（前掲）。
(24)　『類聚国史』巻七十九（政理一、禁制）。延暦十一年（七九二）八月四日。
(25)　同右。延暦十二年八月十日。
(26)　『高槻市史』六、考古編（一九七三年）、松下正司「西国の集落」（『日本歴史考古学を学ぶ』上、有斐閣、一九八三年）、森田克行「大阪府岡本山古墓群」（『歴史手帖』一四―一一、一九八六年）。
(27)　森田克行「大阪府岡本山古墓群」（前掲）。
(28)　西ノ辻遺跡の屋敷墓をもつ住居址の年代観については、本章の原型を『史林』（七一巻三号、一九八八年）に発表した際には現地での説明をもとに十三～十四世紀としていたが、橘田正徳氏の教示により訂正した。
(29)　五十川伸矢「平安京・中世京都の葬地と墓制」（『京都大学構内遺跡調査研究年報　昭和55年度』）。
(30)　木下密運「中世の墳墓」（『日本歴史考古学を学ぶ』中、有斐閣、一九八六年）。
(31)　一九八七年十月十七日、日本史研究会例会での発言。
(32)　『社会経済史学』一一―一・二、一九四一年。『葬送墓制研究集成』三（名著出版、一九七九年）所収。
(33)　引用は、青木晃・池田敬子・北川忠彦他編『真名本曾我物語1』（平凡社、東洋文庫）による。
(34)　この史料については黒田俊雄「村落共同体の中世的特質」（『日本中世封建制論』東京大学出版会、一九七四年、所収）参照。
(35)　峰岸純夫「中世社会の『家』と女性」（『講座日本歴史3　中世1』東京大学出版会、一九八四年、所収）。
(36)　大山喬平「中世社会のイエと百姓」（『日本史研究』一七六号、一九七七年。同『日本中世農村史の研究』岩波書店、一九七八年、所収）。
(37)　戸田芳実「一〇―一三世紀の農業労働と村落」（大坂歴史学会二十五周年記念『中世社会の成立と展開』吉川弘文館、一九七六年。同『初期中世社会史の研究』東京大学出版会、一九九一年、所収）。

(38) 網野善彦『中世荘園の様相』(塙書房、一九六六年)。
(39) 蔵持重裕「太良荘における名主家族結合と名主職」(前掲)。
(40) 網野善彦『中世荘園の様相』(前掲) 七〇頁。
(41) 同右。
(42) 石母田正『中世的世界の形成』(東京大学出版会、一九五七年) 二六九～二七〇頁。(岩波文庫版、三八五～三八六頁)。
(43) 以上のニソの杜の記述は、安間清『柳田国男の手紙―ニソの杜民俗誌―』(大和書房、一九八〇年)、鈴木棠三「若狭大島民俗記」(『日本民俗誌大系』十一、角川書店、一九七六年)、福田アジオ「若狭大島の家格制と親方子方関係」(『若狭の民俗』吉川弘文館、一九六六年。同『日本村落の民俗的構造』弘文堂、一九八二年、所収)、金田久璋「同族神の試論的考察」(『民俗学論叢』二号、一九八〇年)、「斎いこめられる死者」(『日本民俗学』一五四号、一九八五年) 等によった。
(44) 福田アジオ「若狭大島の家格制と親方子方関係」(前掲)。
(45) 佐々木勝「『ニソの杜』祭祀の変遷」(『日本民俗学』一二二号、一九七九年) 等。
(46) 金田久璋「同族神の試論的考察」(前掲)。
(47) 『若狭漁村史料』所収。
(48) 現在の家格については、福田アジオ「若狭大島の家格制と親方子方関係」(前掲) に詳しい。
(49) 『小浜市史』諸家文書編三、山林64 (年紀未詳、明治期の北田鳥浦百姓廿三人支配山林覚) によると共有山は七か所あり、古く刀禰三右衛門の山だったが、年貢未進のため寛永十四年に藩から処分され、山は未進分弁済の代償に百姓二三人に下げ渡されたという。この伝承を文字通りとれば中世と近世の間に、刀禰が大山林を独占した時期が介在するわけで、断絶があることになる。しかし同時に、この伝承は刀禰没落時に、すでに二三人の百姓が重立った家格として存在していたことも示している。ここには伝承の混乱あるいは合理化も考えられる。
(50) 筆者調査。なお漁業特権をもつ家は南に「八人衆」北に「十五人衆」があり、網場を「家督」と称して所有し代々継承した。これらは百姓衆と重複している。
(51) 『小浜市史』諸家文書編三、秦文書。
(52) 同右。

(53)　金田久璋「同族神の試論的考察」（前掲）。両墓制のサンマイ（埋め墓）にもタモの木が多い。
(54)　『福井県の地名』（平凡社、日本歴史地名大系18）六五二頁。
(55)　これについては「中世民衆の葬制と死穢―特に死体遺棄について―」（本書第一部第一章）参照。
(56)　岡本山古墓群についての記述は、森田克行「大阪府・岡本山古墓群」（前掲）による。
(57)　戸田芳実「山野の貴族的領有と中世初期の村落」（同『日本領主制成立史の研究』岩波書店、一九六七年、所収）参照。
(58)　藤澤典彦「墓塔・墓標」（『日本歴史考古学を学ぶ』中、有斐閣、一九八六年）。
(59)　日本教育文庫、宗教編所収。永長二年（一〇九七）の奥書をもつ。
(60)　横井清「的と胞衣」（『社会史研究』三号、一九八三年。同『的と胞衣　中世人の生と死』平凡社、一九八八年、所収）。
(61)　『蜷川親元日記』寛正六年（一四六五）八月一日条・十二月二日条。
(62)　『碧山日録』寛正二年（一四六一）二月十七日条。
(63)　勝俣鎮夫「死骸敵対」（網野善彦・石井進・笠松宏至・勝俣鎮夫『中世の罪と罰』東京大学出版会、一九八三年、所収）。
(64)　鈴木満男「盆に来る霊―台湾の中元節を手がかりとした比較民俗学的試論―」（『マレビトの構造』三一書房、一九七四年。『葬送墓制研究集成』三〈前掲〉所収）。
(65)　中村喬『中国の年中行事』（平凡社、一九八八年）七七～一二八頁。
(66)　松田毅一・川崎桃太訳『フロイス日本史』10、西九州編II、三四五～三四六頁。
(67)　『群馬県史　資料編5』所収。
(68)　岡見正雄校注『太平記㈠』（角川文庫）付載『楠木合戦注文・博多日記』による。
(69)　勝俣鎮夫「地発と徳政一揆」（同『戦国法成立史論』東京大学出版会、一九七九年、所収）。
(70)　勝俣鎮夫「死骸敵対」（前掲）。
(71)　肥前修学院文書、正平十三年（一三五八）六月日、長基重申状（『南北朝遺文　九州編』四〇五三号）。
(72)　日本思想大系『中世神道論』所収。

第三章　文献から見た中世の共同墓地

はじめに

墓地に関する文献史料は少ない。京都の鳥辺野や蓮台野については比較的史料があるとはいえ、全国を見渡そうとすると、どこか一か所の共同墓地について中世を通じて多くの史料があるというケースに恵まれないので、あちこちから拾い集めた史料を並べて概観することになろう。また史料の少なさから時代区分もかなり漠然としたもので、中世前期（主として鎌倉時代）、中世後期（室町、戦国時代）、近世という程度の区分にとどめた。

1　墓所を示す地名

塚　原　できるだけ具体的な墓地のイメージがつかめるように、とりあえず名前を手がかりとした分類として、まず「塚原」といわれる墓地を調べてみよう。

中世前期、鎌倉時代またはその少し前の墓地というとまず思い浮かぶものとして、有名な『餓鬼草紙』（東京国立博物館本）に出てくる絵がある。形の違う幾つかの塚が並んでいて、その上には松が植えてあったり、塔婆が立ててあったり、またその間には死体が放置されていたりという光景が見られる。

静岡県磐田市の一の谷中世墳墓群遺跡でも、初めに出現する墓は塚墓《つかぼ》といわれる四角い土の塚であったというが、中世前期の墓地には、確かに文献上でも「塚原」と表現されているものが多い。『餓鬼草紙』などの絵のイメージと合わせると、この絵巻に描かれたような塚が並んでいる共同墓地かと思われる。史料をちょっと見てみよう。

〔史料1〕

（文永八年〈一二七一〉）死罪を留められ、流罪に行はれ、佐渡国へ遣はさる。十月十日相模の依智を立て、同二十八日佐渡国へ著ぬ。本間六郎左衛門尉か後見の家より北に、塚原と申て洛陽の蓮台野の様に、死人を送る三昧原ののへに、かきもなき草堂に落着きぬ、夜は雪ふり風はけし、きれたる蓑を着て夜を明す。

（日蓮書状、弘安五年〈一二八二〉十月七日、『鎌倉遺文』一四七一五号）

史料1は日蓮の書状である。日蓮は佐渡に流されるが、塚原と言って京都の蓮台野のように死人を送る三昧原の野辺にある、垣根もない草堂に落ちついたとある。この「塚原」は「塚原と申て」という表現から考えて地名になっているが、そこが京都の蓮台野という有名な共同墓地のような感じの三昧原だという。「三昧」というのも墓地を示す名前だが、これについてはまた後で触れる。ここにはまた垣根もない草堂があったというが、墓地に付属する小堂であろうか。

〔史料2〕

譲渡　所領注文事

合

（略）

一ゝ（所）大塚　塚原　荒野　（尾張妙興寺文書、中嶋承念譲状案、元応二年〈一三二〇〉四月三日、『鎌倉遺文』二七四三〇号）

史料2は譲渡される田などの所在地を示す。したがってここ全体がすべて墓地とはいえないが、書き方から「大塚」と「塚原」はともに地名で、一括できる近接地であり、それが「荒野」として譲与の対象になっている。おそらく実際に「大塚」といわれる大きい塚があり、また他にも塚がいくつかあったのだろう。これは中世前期の塚原の一例だが、このような簡単な記述の場合には、その当時実際に墓地として使われていたかどうかについては問題が残る。なお類似の例としては、安芸の厳島神社の神領に「大塚村」があり、その中の名田に「一所　つかの原五反」もあった（安芸野坂文書、佐伯親重譲状、元亨四年〈一三二四〉三月八日、『鎌倉遺文』二八六九四号）。

次の史料3にも「ツカ原」という字の名が出てくる。

〔史料3〕

合一所者在紀伊国南賀郡粉河寺御領東村、字ツカ原

四至 限二東水無川一 限二南大川一
限二西カタシツカ一 限二北鬼和田ノ田ノキシ堺一

（紀伊若一王子神社文書、源時真荒野売券、乾元二年〈一三〇三〉閏四月二十五日、『鎌倉遺文』二一五一六号）

〔史料4〕

公田半卅歩内九十歩出、ツカ堂ノ北　（略）

（略）

公田一反大内　（略）　公田百歩内六十歩出、ツカハラ

（和歌山県海南市禅林寺文書、三上荘大野郷年貢帳、応永七年〈一四〇〇〉正月、『和歌山県史』中世史料2）

史料4では「ツカ堂ノ北」という記述があるが、この塚堂は日蓮が宿をとった三昧原の草堂と同様、墓地に付属して設置されている小堂であろうか。そのあとの部分には「ツカハラ」という地名も見えるが、同じ場所かと思われる。

この年貢帳には「ツカハラ」の地名が多く現れる。

〔史料5〕

薩摩国入来院清色名内南方祖父致重跡所々所領、平五郎重継仁所㆓譲与㆒悉皆也。雖㆑然、当院之惣領清色郷与令㆑申之間、南方内本村弥藤四郎入道在家於清色云也。此村為㆓惣領名字㆒間、弥藤四郎入道居住屋敷より上ノ小薗・副田渡瀬乃口道両方畠、南ハ道覚給分のくねをすくに切、河上ハ塚をつきて廟を立タル所より河へよこさまに切、河ハ上のきしのまゝ坂の上あかりを小薗へすくに切、水田ハ清色前田内屋腰山作の田壱段廿、河より東、屋腰山の古の道口上下水田壱段、まて野と云也。此外山野ハ南方也。仍重勝重代相伝之所領也。当所為㆓惣領㆒之間、南方の内をぬきて、限㆓永代㆒子息将重所㆓譲与㆒也。為㆓後証㆒譲状如㆑件。

（薩摩入来院文書、渋谷重勝譲状、文和四年〈一三五五〉四月八日、『南北朝遺文　九州編』三七八八号）

史料5は渋谷重勝が子息重継に譲った所領のうち、弥藤四郎入道の屋敷のあたりを清色《きよしき》といって惣領の名字の地になっているので、その部分は惣領の将重に譲るという内容。この土地の境に「塚をつきて廟を立タル所」が出てくる。これは塚原のように塚がたくさんあるわけではなく、単独の塚のようである。「廟」は「ツカ堂」とか「草堂」と同じような墓地に付属する堂なのか、それとも個別の墓の上に建てられた墓所堂のようなものかはわからない。そこから「河へよこさまに切」というのは境が川に直交して通っているという意味だが、この塚自体も比較的川に近接しているらしい。この点は、現在の近畿地方の両墓制の埋め墓が川沿いにある場合が多いので、注意をひかれる。

〔史料6〕

秋吉忠氏等連署四至堺定文八坂下庄内中村与井手原与萩原荒野堺之事

北ヲ限大道同　天神森与間ニ大窪ヲ限

南ハ大道、北ハ溝ヲ限、川ハ長瀬渡、上ハ長瀬ト云。下ハヤナ瀬ト云。井手原募(墓)堂ノトヲリ大道ニ土ツカアリ。

西ヲ限　萩原道仁父道安ツカナリ。其ヨリ萩原田ノ尻渡、同末守野田ヲ限。

南ヲ限　大人ノ跡ニ向テ大石アリ。田フチヲサカウ。其ヨリトヲ切石ヲ限。

東ハ大人ノ跡ヨリ北ニ向テ道トヲリ、土アナ有。狐ツカトモ云。其ヨリ山崎屋敷南ノヤ子ヲ松本田ハタニトヲル。

右、如二前々一所レ定如レ件。

年号(康永三年)右ニ同之

秋吉新兵衛尉
忠氏（花押影）

萩原右衛門入道
道仁（花押影）

薬丸美濃守
能房（花押影）

（豊後秋吉文書、秋吉忠氏等連署定文写、康永三年〈一三四四〉、『南北朝遺文　九州編』二〇三〇号）

これまでのは比較的記述が単純なものだったが、史料6は豊後国の八坂下荘の中村、井手原、萩原という三つの場所の間にある荒野の四至定文で、いろいろな塚が出てくる。なお、現在の杵築市大字中に字出原《いでわら》・萩原がある。萩原は近世の末守村のうちに位置する（『角川日本地名大辞典　大分県』）。

まず荒野の「北ヲ限大道」とあるが、その続きに字を下げて「南ハ大道、北ハ溝ヲ限」と書かれているのはよくわからない。荒野全体の境とはまた違うようである。しかしこの部分は全体として荒野の北方を描写しているのだろう。その次に「井手原募(墓)堂ノトヲリ大道ニ土ツカアリ」とある。「トヲリ」は境界が通る、またはAからBへ見通すという意味だろうが、ここでも墓地に付属すると思われる「募堂」があり、それから道に沿って「土ツカ」があった。ここで「土ツカ」とわざわざ表現しているのは、おそらく「石塚」に対する言葉かと思う。つまり周辺には土でない塚もあったために区別する必要を感じたのではないか。石塚という語は集石墓を指していると思われるが、後で触れる。

西の境にも「萩原道仁父道安ツカ」云々とある。萩原道仁はこの文書を書いた一人だが、その親の道安の塚があった。つまり文書が書かれた時代から比較的近い過去の特定の人物の墓であった。前の土塚と道安の塚はおそらくこの荒野のあちこちに作られていた塚の中でも同時代に近い墓であろう。

「南ヲ限　大人ノ跡ニ向テ大石アリ」とある「大人ノ跡」は、甲信地方などにも多い、ダイダラボッチなどという巨人が昔足跡をつけたという伝説と思われて面白い。東の境についても「東ハ大人ノ跡ヨリ北ニ向テ道トヲリ、土アナ有。狐ツカトモ云」とある。「狐ツカ」という塚が登場するが、京都にも狐塚という共同墓地があった。『宇治拾遺物語』五十三話には、もののけが自分は狐だと名乗り、「塚屋に子どもなど侍るが、物をほしがりつれば」ここに来たと語ったという話があるが、開いた塚穴などはよく狐のすみかになったのだろう。狐塚という名前の古墳も全国に多い。ここは「土アナ」とあるが、平地に垂直に掘られた穴なら「ツカ」とは言えないだろうから、古墳かどうかは別として穴のある塚であろう。この場所と離れて考えれば、古墳があるような地に中世になって共同墓地が設定されることは珍しくなかっただろう。

古墳と中世墓地　「狐塚」もそうだが、史料にただ塚とあるだけの場合に、果たして中世の人が埋められた塚と考えてよいかという問題がある。古墳のような古い時代の塚は、中世においても墓であると認識されていたようで、中世文書の四至の記載などによく「大墓」などと出てくるものには古墳が含まれているだろう。したがって「塚原」とか「何々塚」とあるだけでは、果たして中世の墓地であるかどうか判断しにくいところがある。

たとえば伊賀国黒田荘の中村に墓原があったことが、治承五年（一一八一）の清原中子田地売券（『平安遺文』三九四七号）に「在名張郡中村条字墓原北大垣内横枕」とあるなど何点かの史料に出てくる。しかし『日本歴史地名大系』（平凡社）によると、中村古墳群という古墳群があるので、この墓原は古墳群を指している可能性もある。

また、現存する古墳群で、「千塚」などという地名を持つ例も少なくない。山梨県甲府市の西の方にも「千塚《ちづか》」という町名があるが、ここには加牟那塚《かんなづか》古墳などの古墳がある。

少し話がそれるが、中世の史料でも「三塚」や「四塚」というように塚の数を書いたものがある。史料7・8に「三塚」の例を挙げておく。

〔史料7〕

譲与　豊後国都甲（国崎郡）庄地頭職并田所職田畠山野等事

在四至　東限二久乃坂一　南限二大河一
　　　　西限二原田下三塚一　北限二今狩蔵御尾一

（豊後都甲文書、大神惟家所職譲状、弘長二年〈一二六二〉四月十九日、『鎌倉遺文』八八〇二号）

〔史料8〕

壱段　奇香キシン　ミツツカ　六斗一升　折飯升

（丹波円通寺文書、円通寺段銭米納帳、永禄九年〈一五六六〉、『兵庫県史　資料編　中世三』）

京都では羅城門の近辺がのちに四塚といわれるようになって共同墓地・処刑場化するが、遠江の見付周辺を描いた近世の「見付宿絵図」には「四ッ塚」という地名があり、位置的にはこれが一の谷中世墳墓群をさす(1)。もっとも、これらはその史料の時点で三つないし四つの目立った塚があったということで、それ以上の象徴的な意味は今のところ認めがたい。面白いことに、見付宿絵図には「四ッ塚」の東側に「狐塚」という丘も描かれている。

数字＋塚の地名には古墳群を指しているものも多いだろうが、史料6の八坂下荘の「狐ツカ」が古墳だとすれば、古墳に隣接して中世墓地が形成された一例かもしれない。発掘例でもたとえば東京都大田区の光明寺遺跡では、十二世紀末から十三世紀にかけて、まず古墳上に集石墓が形成されるという[2]。また奈良県宇陀郡榛原町の大王山墓地は十三世紀から十六世紀にかけての中世墓地であるが、ここから谷をはさんだ西側の尾根に円墳と前方後円墳があり、その周溝付近には平安時代の十世紀から十二世紀にかけて、十数基の土坑墓が作られたという[3]。これらは古墳が墓であることが連続して住民に認識されており、そこが時代を隔てても墓地として選好されていることを示す。したがって、「塚原」などと記載されている史料を、古墳の可能性があるから中世の墓地ではないと二者択一的に解釈して捨ててしまう必要もなかろう。

史料2では「一ヶ(所)大塚　塚原　荒野」とあった。この「大塚」は大きい塚ということだが、これも古墳かもしれない。次の「塚原」も古墳群であるかもしれないが、中世の墓地である可能性も否定できないだろう。ただし現地は比定していない。

これらの中世史料からは、荒野などに塚が散在している塚原のイメージがある程度浮かんでくる。

石　塚　史料6には「土ツカ」とあったが、これに対比される「石塚」という表現もわずかながら見られる。これはおそらく一の谷中世墳墓群などで見られる集石墓をあらわすと思われる。史料9・10・11に「石塚」の例をあげる。

〔史料9〕

香下寺預(領カ)南方山境事

合

猿山より花折・はとか峯・成谷・石塚かきり、此分可レ有ニ別札(制カ)一者也。仍下地如(知)レ件。

（摂津香下寺文書、香下寺山牓示注文、康暦二年〈一三八〇〉九月十八日、『兵庫県史　資料編　中世一』）

〔史料10〕

さかいはら山のさいめの事

すミのをさかい

（略）

西ハうわたいら田にしきし、かすかうしたわ、いしつかミつなかれ、上ハふとを、ひわくひのおゝかきる也。北ハかつらきミねをかきる。

（紀伊葛原家文書、境原山際目定状案、応永二十年〈一四一三〉十一月十五日、『和歌山県史　中世史料1』）

史料9と10はいずれも境を示しているもので、山のあたりに一つ目立った石塚があったという状況であろう。史料10については、近世文書でも同じような村境の決め方がされていて、寛文八年（一六六八）三月の「隅田庄・相賀庄際目事」には「いしづかよりかすかうじがたわへ見通す」とあるので、石塚のところから「糟麹《かすこうじ》が峠《たわ》」という峠を見通す直線を境にするという意味らしい。(4) これらの石塚は墓ではなく、石を積んで境界標識にしたケルンのようなものかもしれない。

これと関連して、道祖神が「石塚」である場合もあった。今川了俊の『道行きぶり』には、播磨の飾磨のあたりで「川のほとり近く、石の塚一つ侍り。これは神のいます所なりけり。出雲路の社の御前に見ゆる物の型ども、一つ、二つ侍りしを」云々とみえ、京都の出雲路幸神《さいのかみ》社にそのころあったと思われる陽石がこの石塚にも置かれていた。ここを通る人はこれを手に持って塚を巡ったあと、男女交合のまねをして通ることになっていたという。この描写からこの石塚が道祖神であることは確かだが、これは墓ではない。ただ、起源的にもまったく無関係かどうかはわから

ない。(5)

〔史料11〕

猶うち過るほどに、ある木陰に石を高くつみあげて、目に立さまなる塚あり。人に尋ぬれば、梶原が墓となむこたふ。

（『東関紀行』、仁治三年〈一二四二〉、新日本古典文学大系『中世日記紀行集』）

11で『東関紀行』の作者が見たのは、正治二年（一二〇〇）に滅亡した梶原景時の墓ということになっている。景時の墓については諸説あるが、現在、静岡市清水区大内の梶原堂にある墓は宝篋印塔らしい。しかしここでは、このとき作者が梶原の墓と明記したものは集石墓であった。時代的にも集石墓が出現してくるころと重なっている。「石塚」と明記している史料は少ないが、もし一つの墓地の中の全部または大多数の墓が石塚であるなら、わざわざ「石塚」とは言わないと考えられるので、この語が使われずにただ「塚」とだけ書かれている史料でも、「石塚」つまり集石墓を指している例があることは予想できる。

個人名をつけた塚の例もいくつかある。前記の八坂下荘の道安の塚のほかにも、「北限堀柏熊沢大海庄司塚」（常陸烟田文書、烟田秀幹譲状、『鎌倉遺文』四六九三号）、「田四段右衛門塚」（田中忠三郎氏所蔵文書、盛秀田地銭貨処分状案、『鎌倉遺文』一八五三二号）などとみえる。これらはその文書が書かれた時期にまだ人々の記憶に残っていた特定の人物の塚だろうから、鎌倉時代に塚という土を盛った形態の墓地に人を葬ることが珍しくなかったことを示している。

「墓　所」　個々の墓のことを「墓所」と書いて「はかどころ」または「むそ」と呼ぶこともある。

〔史料12〕

一条大宮の屋地ハ、代〻相伝所にて候うゑ、むかしよりのはかところにて候。

（大徳寺文書、惟宗盛高譲状、正和五年〈一三一六〉八月十七日、『鎌倉遺文』二五九一八号）

これは共同墓地ではなく屋敷墓《やしきばか》で、代々相伝の家地に墓があった。

〔史料13〕

又、かわへのやちともに三たん、をなしくとらす。こにうたうたらうたいふとのゝ(故入道太郎大夫)むそ(墓所)もあれハ、せつしやうすることあるへからす。

(伊勢光明寺文書、禰宜某処分状案、弘長三年〈一二六三〉十月十四日、『鎌倉遺文』八九九九号)

これも実は屋敷墓だが、ここでは「墓所」という漢字を音読みして「むそ」と呼んでいる。ちなみに東大寺領大部荘の故地は兵庫県小野市で、私も調査に参加したが、この土地では現在、両墓制の詣り墓のことを「むしょ」と呼んでいる。

「壇」 また、塚の中には「壇」と呼ばれたものもあったのではないかと思う。次に掲げる史料14は『平家物語』で、平清盛の怒りに触れて備前庭瀬郷有木別所に流され、そこで殺された新大納言成親の息子の少将が、鬼界ヶ島からの帰りに父親の墓を訪ねる場面である。

〔史料14〕

その墓(新大納言成親の墓)を尋ねて見給へば、松の一むらある中に、かひ〴〵しう壇を築《つ》いたる事もなく、土の少し高き所に(略)。その夜は康頼入道と二人、墓の廻りを行道し、明けければ、新しう壇を築き、釘貫せさせ、前に仮屋作り、七日七夜が間、念仏申し、経書いて、結願には大きなる卒都婆を立て

(『平家物語』巻三、少将都還りの事、角川文庫)

ここでは新しく「壇」を築いて、周りに釘貫《くぎぬき》(墓の周りに造る簡単な柵)を巡らし、墓の前に仮屋を造ったという。この仮屋は「七日七夜念仏」をするための仮屋だろう。念仏の結願には大きい卒塔婆を立てたという。ここでは貴族の墓のことを「壇」という呼び方をしている。

この形ははっきりしないが、普通「壇」というと祭壇、戒壇、雛壇など四角いものを考えるので、やはり四角い形の墓のことを「壇」といっているのではないか。一の谷中世墳墓群遺跡で初期に造られた塚墓は四角い墓であるが、あるいは中世に「壇」といっていたのはこういうものだったのかもしれない。

この「壇」という言い方は現在あまり使われないが、東北地方では「壇」という言い方が残っているところがある。たとえば羽前小国郷（山形県最上郡最上町）の民俗誌『羽前小国郷の伝承』(6)には、「壇とは、墓地のことで、古人の名を付けて呼ぶ壇が多くある。昔は各家ごとに壇をもち、共同墓地になった歴史は新しい」とある。

また有名な柳田国男の『遠野物語』によれば、遠野地方の六か所に「ともにダンノハナと云ふ地名あり。その近傍に之と相対して必ず蓮台野と云ふ地あり(7)」とし、蓮台野は昔、六十歳になった老人を棄てたところだとする。蓮台野という地名も古い墓地を示すようでおもしろいが、「ダンノハナ」については、館《たて》のあった時代に囚人を斬った場所だろうとの伝えを載せるのみである。これらは現在も使われている墓地ではないようで、そのため伝承がさまざまに付着しているが、『羽前小国郷の伝承』と考え合わせてみると、壇つまり墓のある尾根の尖端という意味であろうか。

このように鎌倉時代ころには、塚原といわれるような共同墓地があり、荒野などに塚があったようだが、史料での表現を見ると、それほど塚が密集していたようには見えないものが多い。あそこに一つここに一つという感じで散在していたのではないか。

2　共同墓地の形成

墓地と風葬　ここで考えなければならないのは、中世前期にはこのような塚に葬られる人ばかりではなく、風葬、つまり土葬や火葬にしないで放置することが、貧しい階層には比較的普通に行われていたと思われることである。これは本書第一部第一章や近著(8)で指摘したので詳しくは述べないが、この場合も塚のあるような共同墓地、上層の人はそこに墓を造るような場所に、庶民は風葬することが中世には多くなったのではないかと考えている。『餓鬼草紙』の有名な絵でも塚の間に死体が放置されている。

〔史料15〕

況や、たましひ去り、寿尽《いのち》きぬる後は、空しく塚のほとりに捨つべし。身ふくれくさり乱て、つひに白きかばねとなり、真の相を知る故に、念々にこれを厭ふ。

(鴨長明『発心集』巻四の六、新潮日本古典集成)

〔史料16〕

何なる狗狼・野干にも食はれんと思ひ、三昧原へ行きて臥したるに、夜深けて、犬共多く来りて、傍なる死人なんどを食ふ音してからめけども

(『栂尾明恵上人伝記』、岩波文庫『明恵上人集』)

史料15は修辞的な部分もあるが、死んだあとは「空しく塚のほとりに捨」てられるという。16では明恵上人がこの世を厭って死のうと考え、犬や狼、狐などに食われようと思って「三昧原」へ行って横になったところ、夜更けに犬が多く来て、上人の寝ているそばの死人を食う音がしたという。ほかにも幾つか例があるが、これらの史料から見ると、ただ塚が散在しているだけではなく、同時にその塚の間には風葬死体が横たわっているという風景が浮かんでくる。

三昧　「塚原」という語は、専ら景観をあらわす名前といえるが、これに対して、実態としては「塚原」とほぼ同じものを指していると思われるが、同時代にやはり共同墓地を指す名称として用いられた「三昧《さんまい》」という言葉がある。中世後期から近世、近代に至るまで「三昧」という言葉は残り、「三昧聖」のように火葬場を意味する例が多く

なるが、中世前期から「三昧」という言葉で共同墓地を指すことがある。

もともと「三昧」という言葉自体は仏教語で、雑念を払って精神を静める修行を指す。天台宗では常坐三昧、常行三昧、半行半坐三昧（法華三昧）など四種類の三昧が行われていた。文献史料で「三昧堂」というように三昧の語が使われる場合、普通はこの意味の三昧を修するために寺に付属している建物を意味する。現在でも延暦寺では常行堂と法華堂と二つ並んでいて、その間に渡り廊下があって「にない堂」といわれている三昧堂などが著名である。「三昧僧」という語も後の世の「三昧聖」とは違い、この意味の三昧を修行する僧という意味である。しかし平安時代以後、念仏を専心に唱える念仏三昧を死者に対して回向のために行うことがあり、また横川の恵心僧都源信が結成した二十五三昧会が影響を与えて、墓地を次第に「三昧」または「五三昧」などというようになった。

〔史料17〕

浄妙寺は、東三条の大臣（藤原兼家）の、大臣になりたまひて、御慶びに木幡にまゐりたまひし御供に、入道殿（道長）具したてまつらせたまひて御覧ずるに、多くの先祖の御骨おはするに、鐘の声聞きたまはぬ、いと憂きことなり、わが身思ふさまになりたらば、三昧堂建てむと、御心のうちに思し召し企てたりける、とこそうけたまはれ。

（『大鏡』道長上、日本古典文学全集）

史料17は木幡の藤原氏一族の墓地に付属する浄妙寺の話である。藤原道長が木幡の墓地を見たところ、多くの先祖のお骨がいるのに鐘の声を聞かないのは「いと憂きこと」だと思って三昧堂を建てようと決心し、やがて覇権を握ったときに浄妙寺を建てたという。この「三昧堂」は、木幡の藤原一族の墓地に付属して、その墓地に葬られている死者のために三昧を行う（『本朝文粋』巻十三の大江匡衡の浄妙寺供養の願文によれば、法華三昧）堂である。

一方、二十五三昧というのは、比叡山の源信僧都が二五人のメンバーを募って二十五三昧会という念仏結社を結成した。これは集まって昼は法華経を読誦し、夜は念仏を唱えるのだが、それだけではなく「廿五三昧起請」という会則を定めて、メンバーが亡くなったら葬式を一緒にするということも取り決めている。

古代から中世前期にかけては、血縁のない人を葬送することは非常に強い禁忌となっていたと思われるが(9)、二十五三昧会の規定はそれを明らかに意識しており、「若有二早世之人一、須三結衆勠レ力営二葬送一事。其夕一結運レ歩、終夜念仏、瘞二置遺骨一、念仏施遶之事訖之後、相共帰去。莫下憚二世俗之諱一以違中存生之契上」として、世俗の忌みをはばかることなく協力して葬式をしなければならないと定めている（『横川首楞厳院二十五三昧起請』八カ条本）。

〔史料18〕

恵心先徳は、（略）廿五人の智徳をえらびて、廿五三昧をはじめおこなはれし次第、ひるは法花を講じ、夜は念仏を行じき。これよりかの法衆おの〳〵皆順次の往生をとげられ、えいざんのみねに紫雲常にたな引く。蓮台野の定覚上人これをうらやみて、又おこなひ侍りけるに、蓮花化生したりければ、結界して此所にて墓をしめむ人をばかならず引摂せむと発願をしたりけるより、蓮台野となづけて、一切の人の墓所となれり。

（『野守鏡』下、永仁三年〈一二九五〉成立、『群書類従』雑部）

この『野守鏡』はかなり後世の書だが、これによると二五人のメンバーは次々と往生していく。それを見た定覚上人という人がそれをうらやんで修行したところ、蓮花が生えたので、結界をして、この場所に墓を造る人は必ず引摂しようと発願した。それからここを蓮台野と名付けて、すべての人の墓所となったという。

つまり恵心僧都が行った二十五三昧会という結社が特定の墓地の結成に影響しているという伝承がある。また共同墓地が造られる際には、仏教の僧侶が主導権を握って造ることがあったと考えられていた。

ただこの話では定覚上人は源信に近い時代の人のように書かれているが、実際に蓮台野という名の墓地が文献に登場するのは十二世紀中期まで降る。[10] 後述のように平安時代までは墓は散在するのが普通だったとみられ、ある場所に墓が集結した共同墓地ができるのは十二世紀後半以後である。京都の蓮台野はその先駆的なものであろう。

さて二十五三昧が影響した「三昧」あるいは「五三昧」という名前の墓地は多いが、比較的有名なのは史料19から21に挙げた奈良の般若寺の近くの三昧あるいは五三昧である。

〔史料19〕

同廿五日、悪左府（藤原頼長）の死生の実否を実検の為に、官使一人滝口三人差つかはさる。官使は左史生中原惟則、滝口は師光・資行・能盛也。彼所は大和国添上郡河上の村般若野の五三昧也。大路より東へ入事一町余、玄円律師、実済得業が墓の猶東へ、ゆがめる松の下に新五輪有けり。是を堀穿てみければ

（『保元物語』下、左大臣殿の御死骸実検の事、日本古典文学大系）

〔史料20〕

宇治の左府は、矢に当らせ給ひて、御いのち終らせ給ひぬと聞えし。奈良の京般若寺の五三昧に土葬したてまつりけるを

（『撰集抄』巻一第七話、岩波文庫）

〔史料21〕

爰有㆓一霊場㆒、称曰㆓般若寺㆒。南有㆓死屍之墳墓㆒、為㆘救㆓亡魂㆒媒㆖。北有㆓疥癩之屋舎㆒、得㆘懺㆓宿罪㆒之便㆖。仍撰㆓此勝地㆒、所㆑奉㆓安置㆒也。

（般若寺文書、叡尊願文、文永六年〈一二六九〉三月二十五日、『鎌倉遺文』一〇四〇四号）

右の三例は同じ墓地と思われるが、これらの「五三昧」はおそらく「廿五三昧」の省略形であろう。その他の「三昧」の例としては、史料1でも佐渡の塚原を日蓮が「三昧原」であると表現していたし、史料16でも明恵が「三昧原」に行って横になったという話があるように、「三昧」という言葉で共同墓地を指すということは中世前期には普

通であることがわかる。

〔史料22〕

相模国鎌蒼（倉）郡小坪東西南北各々半分円覚寺黄梅院預（領）事

合

（略）

一、いま酒や　しちあミをハ、そうあミかかたへよする也。三位阿サリ、其外あきちあり。

一、大日堂の谷に三昧所あり。

惣都合定銭三十七貫三百六十一文也、

（黄梅院文書、相模国鎌倉郡小坪分帳注文、康安二年〈一三六二〉四月十九日、『神奈川県史　資料編3　古代・中世（3上）』四四〇〇号）

史料22は、鎌倉の東方の小坪のことだが、「大日堂の谷」がどの辺かはわからない。鎌倉なので、あるいはこの「三昧所」というのはやぐらのことかとも思うが、火葬場を指す可能性もあり、この点も今のところ不明である。

〔史料23〕

一、茶毘所ハ惣三昧可レ然存候。取骨をハ自レ兼五輪を当寺中ニ立置候間、其へ納候て給候へく候。

一、茶毘之間、一寺家其におい（臭）候ていかゝと兼も存候間、申置候也。

（越前西福寺文書、浄鎮遺言状、享徳四年〈一四五五〉五月十日）

史料23は越前国の例で、敦賀に現在でも西福寺という大きい寺があるが、そこの住職であった浄鎮という人の遺言状である。浄鎮は自分が死んだときに、火葬にする場所は「惣三昧」でやるが、拾った骨はかねてから五輪塔を西福寺の寺中に立てておいたので、それへ納めてほしいといっている。

荼毘所を惣三昧にした理由は「荼毘之間、一寺家其におい候ていかゝと兼《かねて》も存候間」とあるように、寺の境内で火葬にすると煙の臭気が不快なので、それを憚って惣三昧で荼毘に付すように遺言したのである。惣三昧の場所は正確にはわからないが、寺院の境内からは比較的離れていて、臭いの届かないようなところであろう。また「惣」という字が使ってあることから、おそらく村落のものであろう。この「惣三昧」はそこに骨を埋めるのではなく火葬だけ行う場所なので、「三昧」は火葬場という意味であろうか。もっとも若狭などで現在、両墓制の埋め墓をサンマイというので、この時代はまだ墓地と火葬場が未分化で、そういう共同墓地の一画で火葬も行ったということかもしれない。『日葡辞書』[11]には、「Sanmai. サンマイ（三昧）Facadocoro.（墓所）〔寺院内の〕墓地、または、共同墓地」とある。

この「三昧」と前記の「塚原」は、中世前期において実態つまり景観的にはほぼ同じものを指したのではないかと思う。具体的には塚が散在していたのだろう。そのことは、たとえば史料1で、日蓮が塚原という地名の共同墓地のことを三昧原といっていることからもいえるだろう。ただし、塚原のほうは塚が並んでいるという景観から名づけられた名前であるのに対して、三昧のほうは共同墓地を決定するのに僧侶が携わったという過程を示しているのではないかと思われる。そのようなケースが少し史料に出てくる。

僧侶による墓地の選定　たとえば史料18では、京都の共同墓地である蓮台野について、定覚という僧が結界して蓮台野を造ったと述べていたが、次のような史料もある。

〔史料24〕

可レ令三早禁二断池山殺生一事

右山者、為二満願寺仏前一之上、為二如法経数部奉納之地一、諸人幽霊之墓所也。然者、於二彼山一令二殺生一事、旁以有㆓其憚㆒者哉。依㆑之、於㆓自今以後㆒者、奉㆑廻㆓向阿弥陀如来㆒、永令㆑禁㆓断殺生㆒畢。

（摂津満願寺文書、摂津多田荘政所沙弥某禁制状写、文永十年〈一二七三〉閏五月二十二日、『鎌倉遺文』一一三二八号）

史料24は満願寺という摂津国の多田荘の寺（現川西市）で、興味深いのは満願寺の山が「諸人幽霊之墓所也」とあるように共同墓地であるというだけではなく、如法経を数部奉納している。つまり経塚である。経塚と墓地の関係について伊藤久嗣氏は、三重県の横尾墳墓群で墓地の起点になったのは、経塚が丘陵尾根の最も高い地点に設定されたことであろうとしている(12)。藤澤典彦氏(13)はこれを一般化し、中世の共同墓地は経塚が設定される結果、そこが墓地としていわば聖地化され、それによって、墓が集結するとしている。ここまで一般化できるかどうかはともかく、文献的にも、発掘例としても、最初に経塚があって、そこに墓地が設定される例は少なくないと思う。

〔史料25〕

右、当寺者、弥陀安置之道場、念仏勤行之霊砌也。仍近隣諸人、卜㆓寺中之勝地㆒、為㆓葬殮之墓所㆒。

（玄能鋳鐘願文、近江番場蓮華寺鐘銘、弘安七年〈一二八四〉十月十七日、『鎌倉遺文』一五三二八号(14)）

史料25には経塚の話は出てこないが、近江番場の蓮華寺で、六波羅探題の北条一族の墓があるところとしてよく知られている。ここの梵鐘の銘によれば、近隣の諸人が「寺中之勝地」を墓所にしたという。「勝地」とはおそらく結界されていて、またよくいわれるように、一の谷中世墳墓群をはじめとする中世の共同墓地はやや低い丘の斜面に設定されているものが多いが、そのような眺めの良い場所が「勝地」といわれるのであろう。千々和到氏がこの「勝地」の問題を提起している(15)。そのような「勝地」が葬斂《そうれん》の墓所になっているわけである。

ついでに「葬斂」（葬殮）という言葉は、中世では葬式をあらわす言葉としてよく使われている。現在、民俗語彙で葬式のことを「ソウレン」というところが多いのはここからきている。

僧侶による墓所の点定に関連して、史料18に蓮台野の起源の史料を出したが、地方の古い共同墓地が蓮台野と呼ばれる例がいくつかある。たとえば前述の『遠野物語』では、岩手県遠野市の何か所かに「ダンノハナ」というところがあり、その近くにそれと相対して必ず蓮台野という地があるという。この蓮台野はやはり京都の蓮台野になぞらえてつけられた名称で、共同墓地であろう。

岩手県では平泉の中尊寺の西方にも蓮台野というところがあり、一〇〇基以上の積石塚がある。地元ではウマヅカと呼び、死んだ馬を埋めたと伝えるが、それにしては塚の数が多く、かつての平泉の上層の墓の可能性が考えられている。[16]ただ前述のように京都の蓮台野がその名で呼ばれるようになったのは十二世紀中期と思われるので、もし実際に平泉繁栄時の人たちがここに葬られたとすれば、共同墓地という墓のあり方を名前ごと直輸入したことにもなろうが、この名前が奥州藤原氏の時代からあったかどうかはわからない。

中野豈任氏の著書『忘れられた霊場』[17]に述べられているが、越後の阿賀野市（旧北蒲原郡笹神村）出湯の華報寺という大きい寺の南の方に蓮台野という場所がある。ここは私も行ってみたが、現在は開発されて宿屋になっている。数十年前までは地区の火葬場があったという。戦後開墾したときに、ここから数百体の石仏が出現したが、そのときには保存の手が加えられなかったため、好事家がトラックで新潟の方に運び去ったと中野氏は述べている。この蓮台野の近くには法華山や仏山など、同様な仏教的地名で石造物のあるところもあるが、明らかに中世の墓地であったと考えられる。また、華報寺の北の方には賽の河原という場所もある。[18]

このように、蓮台野という地名が地方の中世以来と思われる共同墓地に移っている例がある。これは一つには、そこが京都の蓮台野に相当するということを説いた仏教の僧侶の活動が予想される。また日蓮も、佐渡の塚原は蓮台野のようであったと言っていた（史料1）。このことから考えると、京都のような都市における共同墓地と、地方の村落住民の墓地と思われる共同墓地とどれだけ違いがあるのかという問題も出てくるであろう。都市の墓地も地方の墓地も、少なくとも景観的にはそれほど違いはなかったのかもしれない。

共同墓地以前　以上、塚原、三昧、また僧侶が墓地を点定するということについて述べたが、これらの共同墓地の資料は今のところ遺跡も文献も、鎌倉期以後のものが多い。十二世紀後半も中世前期に含めると、中世になってからの例が多い。十二世紀から十三世紀の段階で急に共同墓地が出現したとすると、それ以前はどうしていたのかという問題がある。これについては今のところ断定はしがたいが、一つ手がかりになると思われるのは『今昔物語集』（巻二十七第三十六話）である。筋をかいつまんで言うと、旅人がある野原に宿ると、夜中に急に葬式がやってくる（中世では葬式は必ず夜行っていた）。これを旅人が不審に思って独言をいうのだが、「葬送為ル所ハ兼テヨリ皆其ノ儲シテ験《しる》キ物ヲ、此レハ昼ル然《さ》モ不見《みえ》ザリツレバ、極テ怪キ事カナ」といっている。つまり、葬る場所はかねてからその準備をしてはっきりわかるものである。なのに、これは昼間はそうは見えなかったのは怪しいことだというわけである。

この言い方から考えると、ここは前から墓地になっているところのようには見えない。つまり、はじめから塚原のようにたくさん塚がある場所であれば、こういう表現にはならないであろう。ほかに墓のない野原のようなところを、昼間「その儲けをする」、具体的にどういうことなのかよくわからないが、夜になったらそこに穴を掘って死体を埋めて塚を造るために、あらかじめその地点を点定する、つまり何か目印を設定して、夜になったら墓を造る場所であるということが世間にわかるようにするのだろう。それが普通のことだというわけである。

この当時は共同墓地への葬送規制、つまりあるところに居住する人は必ずある墓地に葬らなければならないという規制はまだなかったのではないか。所有者のいない野原あるいは山などで適当な場所があれば、そこに結界などをして、夜になったら墓を造るということも普通に行われていたように思われる。

こういう目で見ると、塚原の例として挙げた史料の中にも、塚が一個しかないと思われるものもある。たとえば、史料5の「河上ハ塚をつきて廟を立タル所より河へよこさまに切」というのも、塚がたくさんあれば境目にはならないだろうから、この周囲にはほかに塚がなく、この塚一つだけだったかもしれない。

また石塚の例として挙げた例にも「石塚かきり」などとあるものは一つであったのかもしれないが、境界を示す石塚は墓ではない可能性もある。

『今昔物語集』のこの話から考えると、中世前期に一の谷中世墳墓群遺跡に代表されるような大きな共同墓地が出現する以前は、特に墓域は定まっていない時代があったのではないかと考えられる。つまり所有者がいない土地を適当に利用して散発的に墓を造る場合があったのではないか。この場合には、一つの場所に集結している墓の数が少ない小規模な墓地になるだろう。

そういう状況だったのが、十二世紀後半～十三世紀ごろから、僧がやってきてある山に経塚を造り、ここは勝地であると言ったりすると、そこに近くの人が葬るようになって、大きな共同墓地が出現するという過程を今のところ考えている。

共同墓地の形成　この段階の共同墓地は、現在の畿内の惣墓に見られるような、周辺のいくつかの集落の入会墓地であろう。ここは吉井敏幸氏の説(19)とは反対になるが、吉井氏は初めに村落ごとの墓地があって、それが二次的に集まって惣墓になるという考えである。ただ現在の惣墓から離れて、共同墓地が現れる十二世紀後半から十三世紀に焦点をあわせれば、それより以前に村の墓があったわけではなく、最初に多集落の入会の共同墓地が出現するのではないかと見ている。ただしこの段階では近くに村があっても、その村の人は必ずその墓地に葬らなければならないというほど規制は強くなかったかもしれない。

このような丘陵上に造られる複数集落の共有の墓地が近世になると分裂し、村落ごとに自分の村の近くに共同墓地を造るようになるのであろう。

中世前期の共同墓地には土や石の塚が散在しており、墓標はまだあまり発達しておらず、木の卒塔婆程度だったのではないかと思う。また前述のように塚の間には風葬死体もあったことだろう。共同墓地の発掘例では、一の谷中世墳墓群のように多くの墓が発掘されている場合でも、その周辺にいたと推定される総人口に比べると、塚などを造ることができたのは限られた人々だったのではないかと思われる。文献では塚の間に死体を風葬することが頻繁に出てくるが、家族が墓地に持っていって塚の間に置くときには莚や畳を敷いたり、『餓鬼草紙』にあるように棺桶のような箱に入れたりすることもあったので、葬式であるという意識は伴っていたであろう。乞食などの場合はそういう意識を伴わないことも考えられるが、通常は伴っていたと思う。

共同墓地の塚の間に風葬される人々もその墓地の利用者に含めれば、発掘しても痕跡が出てこないとはいえ、実際の共同墓地の利用者はかなり広い階層にわたるのではないかと考えられる。

中世前期の墓地は、利用者の範囲はおそらくあまりはっきりしていない。つまり一つの村専用の墓地ではなかったであろう。また同じ墓地の中でも墓や葬送のやり方は多様であっただろう。つまり上層は土葬または火葬にして、塚や集石墓を造り、墓標を上に立てたりするが、同じ墓地に風葬される人々も同時にいただろうから、一つの村落の中でも階層によって葬制が異なっている状況だったと思われる。これに対して近世以後の民俗例では一般に、ある村の人はみな同じ墓地に葬ることになっている。また葬式の仕方にもそれほど階層差がなく、火葬の村ならみな火葬にする、土葬の村ならみな土葬にすると決まっていることが多い。しかしそのような規制は中世前期にはまだ存在していなかったように思われる。

それが中世後期から近世にかけてどのように変化していったか。これが実は一番知りたいところだが、まだあまりはっきりわからないところでもある。

墓　原　とりあえず墓の名前を手がかりにすると、中世後期から近世初期にかけては、共同墓地を指す言葉として「塚原」というのがすたれて「墓原《はかわら》」という言葉がそれに代わって現れてくる。その変化の理由ははっきりしないが、蓮如の書状に、

〔史料26〕

ワガマヘ、キタランズルヨリハ、山野ノ墓原ヘユキテ、五輪・率都婆ヲオガミタランズルハ、マコトニモテソノ利益モアルベシ。（蓮如書状、文明六年〈一四七四〉正月二十日）

とあるが、この「墓原」には、一石五輪塔かと思うが、五輪塔や卒塔婆があった。つまり、中世前期に比べると石塔などの墓標が発達してきていると思われる。ただし「墓原」というように、場所としては野原にあることが多かったのだろう。

〔史料27〕

一四十九日仏事今日結二願之一。己心寺籠僧等九人極楽坊御墓所ニ烈参懃行了。帰寺□在レ之云々。率都婆三十二本自二己心寺一持来、打□十三本、南方十九本、番匠自自（衍カ）□之御経数十部同、毎事無為喜入者也。夕方予参詣了、法花・随求等少々大安寺之墓原ニ送二遣之一。（『大乗院寺社雑事記』明応三年〈一四九四〉四月二十七日条）

大乗院門跡の政覚前大僧正が三月十六日に入滅、二十三日に「大安寺東松原」で火葬されているが、墓所は元興寺極楽坊に造られた。この史料の末尾に「大安寺之墓原」に法華経や随求陀羅尼を送ったとあるのは、火葬した場所のことだろう。それが墓原と呼ばれているのは、共同墓地の一角に火葬の場もあったことを示している。

〔史料28〕

昔、去者、胴骨をためさんが為に、物すごき処の墓原へ行ければ、塚の中より手を出して帯をむずと捕《とる》。此男、少も不レ驚。意趣を聞て、幽霊の本望を達せしと也。（鈴木正三『反故集』、寛文十一年〈一六七一〉初刊）(20)

史料28は近世初期の鈴木正三の『反故集』という講話集の話で、ある人が胴骨を試しに、つまり刀の切れ味を試すために人間の胴体を切ってみようとして「物すごき」雰囲気の墓原へ行ったという。わざわざ埋められている死体を掘り出して切るのではなくて、風葬あるいは遺棄死体がこの当時もまだあったのだろう。すると塚の中から手が出て帯をつかむという怪談であるが、墓原には「塚」といわれるような盛土をした墓がまだあるらしいこともわかる。

そうすると「塚原」も「墓原」もあまり変わらないのではないかとも思われるが、近世に刊行された怪談の挿絵を見ると、確かに丸い塚が描かれているが、その上に方形または蒲鉾形の石塔が立っている絵がついているのが普通で、次第に石の墓標が普及してくることがわかる。つまり墓地を表す語彙が「塚原」から「墓原」に変化する背景には墓標の普及があったことを示すように思われる。

おわりに

葬送を行う人々の組織も中世後期から近世にかけて大きな変化をとげたと考えられる。次第に葬式を手伝う互助組織が発達してきたであろう。おそらく念仏講などの形で、村落の構成員が死んだときに互いに助け合って葬式をすることが行われるようになり、それが中世から近世にかけての葬墓制の変化に非常に大きい影響を与えたであろう。まず葬式互助組織が発達してくることによって、村落内部では階層にかかわらず同じやり方で葬式をしなければならないという、葬式を平準化しようとする圧力が発生したのではないかということが考えられる。この段階で、ある村落の構成員は基本的に同じ墓地に同じような葬制で葬られることになったのではないか。

また隣り合った村落でもそれぞれ条件が違うので、村落構成員すべてに同じ葬式をさせようとすると、どのような葬式をやるかということに関して村ごとに個性が現れてくるだろう。一般に中世では火葬の墓が近世に比べて多いといわれている。近世から数十年前までの近い過去まではみなが土葬を行っていた地域でも、発掘すると火葬の中世墓が見つかる例は珍しくないようである。なぜ中世に火葬していたものが土葬になったのか。史料的に明確に言うことはできないが、前述の図式を適用すれば、中世前期には階層的にまだ葬制が分かれていて、上層は火葬、真ん中ぐらいは簡単な土坑墓のようなものに葬り、下のほうは風葬というように、村落内で葬制が分かれているような段階が想定される。

それが互助組織の発達に伴って葬式を平準化しようとするとき、どの葬制を選ぶかという問題が出てくる。理想的には上の階層が行っている葬制ほど、あるべき葬制とみなされるのが普通だろうが、火葬では燃料代が要るので、全部のメンバーに火葬をさせるのは無理であるというような事情で、近世には土葬になった村落が少なくなかったのではないかと想定している。また土佐では野中兼山が刑死者のみ火葬にして火葬嫌悪の念を起こさせたという（『先哲叢談』）ように、近世の支配層が儒教の影響で土葬を好んだということも地域によってはあったかもしれない。

中世後期から近世の段階では、墓地も村ごとの墓地に分かれていくため、各村落の墓の個性が次第に形をとってくるのであろう。

しかしここで述べたことには想像にわたる部分も少なくない。この具体的な解明は今後の課題である。

〔付記〕　本章は静岡県磐田市の一の谷中世墳墓群遺跡が注目されていた一九九二年十月二十四日・二十五日に帝京大学山梨文化財研究

所で行われたシンポジウム「村の墓・都市の墓」における口頭発表の文章化として、石井進・萩原三雄編『帝京大学山梨文化財研究所シンポジウム報告集　中世社会と墳墓』（名著出版、一九九三年）に発表したものが原型で、それを「である」調に書き換え、内容を一部補訂したものである。

本章後半部分で触れた大和などの惣墓の形成に関連しては、白石太一郎氏は十三世紀から形成される大和宇陀地方の大王山墓地などの中世墓地は在地領主一族の墓地であるとされた（注3論文）。吉井敏幸氏「中世群集墓遺跡からみた惣墓の成立」（『国立歴史民俗博物館研究報告　第四九集』一九九三年）もこれと見解を同じくし、奈良市の古市中世墓などでは最初に領主の墓地として出発した墓地の周辺に中世後期には百姓層の墓が形成され始めることから、現在に至る大和の惣墓（郷墓）は当初領主層の墓地であったものが二次的に民衆化されたものとした。これらの説によれば、十二世紀後半から各地に作られる共同墓地をただちに惣墓的な性格のものとみることはできず、むしろ当初は在地領主の一族墓地の性格が強いと考えなくてはならない。

しかし鎌倉時代の中世墓地のすべてをそのようにみなすべきかどうかについては問題があろう。たとえば近江番場の蓮華寺鐘銘（本章の史料25）では墓地を形成したのが「近隣の諸人等」とされていた。また正応五年（一二九二）八月に建立された山城木津惣墓の五輪塔には「和泉木津僧衆等廿二人同心合力、勧進五郷甲乙諸人造立之」と刻まれているが、鎌倉後期から墓地に建立される五輪塔を造営した人々の「五郷」といった地域的な広がりもこれを在地領主のみの墓とすることを躊躇させる。墓の数が少ないことは事実であるが、他の地域住民もそこを風葬地として利用するなどの形で「勝地」である共同墓地に結縁しようとしていたのではあるまいか。これは拙著『死者たちの中世』の見通しでもある。また白石氏もその後、大和盆地の郷墓（惣墓）に関しては、細川涼一氏が明らかにした律宗による墓地形成の影響が大きいとして、当初「ゆるやかな地縁を基礎にある種の宗教的紐帯で結集していた」ものが近世に再編成されたとして（「中・近世の大和における墓地景観の変遷とその意味」『国立歴史民俗博物館研究報告　第一一二集』二〇〇四年）、私の見解とも接近している。

ただ本章における私の議論は中世前期の共同墓地の残存形態が大和の惣墓であると受け取られる書き方をしており、大和の惣墓が中世末から近世にかけて再編成されて現在の景観をとるに至った可能性について閑却しているのは事実である。この点を含め、惣墓についての研究動向は坂本亮太氏「惣墓からみる中世村落―『惣』と惣墓との関連を中心に―」（『ヒストリア』一八二号、二〇〇二年）を参照されたい。この論文集に本稿を収録するにあたり、これらの議論をふまえて大きな改訂を施すべきかとも考えたが、ここではシンポジウムでの口頭発表がもとになっていることでもあり、その形をかなり残して部分的な補訂にとどめている。

注

（1）山﨑克巳「一の谷中世墳墓群遺跡とその周辺」（石井進・萩原三雄編『帝京大学山梨文化財研究所シンポジウム報告集　中世社会と墳墓』名著出版、一九九三年）。
（2）浅野晴樹「南関東の中世墓と埋葬」（浅野晴樹・齋藤慎一編『中世東国の世界2　南関東』高志書院、二〇〇四年）。
（3）白石太一郎「奈良県宇陀地方の中世墓地」（『国立歴史民俗博物館研究報告　第四九集　共同研究「葬墓制と他界観」』一九九三年）。
（4）勝田至「隅田荘中世地名考」（『国立歴史民俗博物館研究報告　第六九集　近畿地方村落の史的研究』一九九六年）。
（5）勝田至「さまざまな死」（本書第二部第四章）参照。
（6）佐藤義則編『羽前小国郷の伝承』（岩崎美術社、一九八〇年）。
（7）『柳田国男全集　第二巻』（筑摩書房、一九九七年）四八頁。
（8）勝田至『死者たちの中世』（吉川弘文館、二〇〇三年）。
（9）勝田至「中世民衆の葬制と死穢—特に死体遺棄について—」（本書第一部第一章）、および『死者たちの中世』（前掲）参照。
（10）勝田至『死者たちの中世』（前掲）第六章第三節「蓮台野の形成」。
（11）土井忠生・森田武・長南実編訳『邦訳日葡辞書』（岩波書店、一九八〇年）による。
（12）伊藤久嗣「中世墓の理解をめぐる一視点」（『中世社会と墳墓』〈前掲〉）。
（13）藤澤典彦「墓地景観の変遷とその背景—石組墓を中心として—」（『日本史研究』三三〇号、一九九〇年）。
（14）細川涼一『中世寺院の風景　中世民衆の生活と心性』（新曜社、一九九七年）三五～三七頁により一部訂正した。
（15）千々和到「板碑・石塔の建つ風景—板碑研究の課題—」（石井進編『帝京大学山梨文化財研究所シンポジウム報告集　考古学と中世史研究』名著出版、一九九一年）。
（16）八重樫忠郎「平泉の葬送」（五味文彦・齋木秀雄編『中世都市鎌倉と死の世界』高志書院、二〇〇二年）。
（17）中野豈任『忘れられた霊場—中世心性史の試み—』（平凡社選書、一九八八年）。
（18）勝田至「書評　中野豈任著『忘れられた霊場—中世心性史の試み—』」（『日本史研究』三三〇号、一九九〇年）に、筆者が華報寺周辺を訪れて中野氏の記述を確認したときのレポートを載せている。
(19) 吉井敏幸「大和地方における惣墓の実態と変遷」(『中世社会と墳墓』〈前掲〉)。
(20) 日本古典文学大系『仮名法語集』所収。

第四章　中世触穢思想再考

はじめに

穢の分類と研究史　穢（ケガレ）に関する中世史の研究は、現在主に以下の三つ（または四つ）の対象に収斂しているといえよう。

① 『延喜式』などの触穢規定に現れる穢
② 最も清浄な京都（内裏）を中心とし、穢が周辺から侵入するという同心円構造
③ らい者・非人の穢

この三つが中世史研究での主要な視点であるが、このほか、

④ 共同体のとるエネルギーの状態の一つとする考え（民俗学の三極循環論）

がある。これはハレ・ケ・ケガレの三つの状態があり、エネルギー（これをケ＝気とする）が涸渇した状態がケガレ（気枯れ）であるという桜井徳太郎氏の論[1]などが代表的で、中世史学にも影響を与えているが、史料的な実証は困難なため、本章ではとりあげない。

中世史学においては、穢は主に身分制との関係で注目されてきた。この点からきわめて簡単に研究史をふりかえってみると、横井清『中世民衆の生活文化』[2]がはじめて穢を身分制との関係で本格的にとりあげたといえる。横井氏の

論は主として中世後期の史料に基づいており、またその穢の扱い方は中世人のもつ穢に対する嫌悪という側面が強調され、それと身分的差別とが直接結び付けられていた。この点は後の研究で批判されるが、氏の著書が身分制研究および穢の研究に与えた影響は大きい。

大山喬平氏の「中世の身分制と国家」[3]は、平安京における「キヨメ」という職能集団として非人をとりあげ、それが清掃する対象としての穢（触穢規定での穢）をはじめて俎上にのせた研究である。氏は触穢規定における穢の甲乙丙の展転に注目して、国家が管理するようになってケガレは複雑怪奇な様相を呈し、判断のしようのないものに転化したと位置づけた。この研究は制度約な穢をキヨメを媒介にして身分制と結び付けたことが注目され、以後身分制と触穢制度の研究が並行して深められる。

触穢制度の研究の代表的なものとして、山本幸司氏の「貴族社会に於ける穢と秩序」[4]がある。氏は触穢規定に現れる穢の様相をはじめて本格的に分析し、閉鎖空間でのみ穢が問題になることを明らかにした。制度上の穢の研究には最近も三橋正氏の「『延喜式』穢規定と穢意識」[5]などがあり、山本氏が古代から中世前期までを一括してその内部の諸段階をあまり区別しなかったのに対し、より歴史的な変化を重視する方向にある。

身分制の研究は枚挙に暇がないといってもよいほどだが、主なものは後論でふれる。しかし一般的にいって、「穢」についての個別研究は近年著しく進展したが、論の多くは、上記①〜③のいずれかのみ取り上げており、相互の関連が明らかでない。現在の研究段階をふまえて、そろそろ①〜③の共通点と相違点について整理する必要があるというのが本章の意図するところである。

制度上の穢と身分　①〜③は従来、漠然と同類の観念として把握されることがあるが、たとえばらい者は中世史料に「穢」として現れるにもかかわらず、触穢規定での穢とはならない。丹生谷哲一氏[6]が明らかにしたように、中世の神社の大床の下にいた宮籠と呼ばれる従属民の中には「イフセクアサマシケナルカタワ人」（『文禄本平家物語』第二）、「八王子の下殿に宮籠などいふあやしの乞食非人」（『日吉山王利生記』）がいた。これは建物の中ではなく床下であるが、一般に中世で触穢の人（①の制度上の穢に触れた人）が神社に入ってはならないというときは、境内への侵入が問題になっているので、もし乞食非人が触穢人と同じ扱いをうけるのであれば、床下にも入れなかったであろう。(7) また横井氏が紹介している有名な例で、(8) 延徳二年（一四九〇）に北野社に代々出入りしていた河原者「千本赤」たちは役目がら肉食を慎んでいたが（『北野社家日記』延徳二年四月十三日条）、これも触穢規定にある肉食という穢を除けば、河原者自身の存在は神社が忌避する意味での穢ではなかったことを示すものといえる。一般に中世では、らい者なども含めて特定の被差別身分が神社境内に入ってはならないとする規定はない。上述の大山氏の研究は、このことを認めた上で、被差別民が担当するキヨメという職能を媒介として、①の制度上の穢と、③の被差別身分の穢とを結びつけようとしたものといえる。

身分制研究では、非人身分をみる視座として、キヨメという職能を担当する身分とする大山説と、らいなどの病になって通常の社会から脱落した「身分外身分」とする黒田俊雄氏の説が二つの主要な学説であるが、(9) ①〜③との関係からいえば、①の制度上の穢を中心としてみた場合は、非人は直接その意味での穢ではないので、キヨメという職能によって穢と結び付くというとらえ方となり、一方、③のらい者・非人の穢（触穢規定とは別だが、これ自体史料的に多くの例がある）をそれ自体としてみた場合には、穢によって一般社会から排除されるという身分外身分というとらえ方が現れると考える。

穢観念の「肥大化」　また、特に①の触穢規定に関する従来の研究では、なぜ穢になるといけないか、すなわち触穢規定はどんな理由で制定されたのかについての認識が不十分で、穢自体が恐怖の対象であったとされることが多い。

これと関連して、平安貴族が穢を忌避する状況を示す史料、たとえば『今昔物語集』巻三十一第二十九話の急死した蔵人貞高の話や、同じく巻二十六第二十話・巻三十一第三十話にみえる、病になった使用人や縁者を死ぬ前に遺棄する例などを念頭において、平安期に触穢観念（穢に対する恐怖）が「肥大」するというのが通説となっている。早く高取正男氏は、[10]屋敷墓が古代から見られるなど、古代の民衆の死穢観念は一筋縄では論じられないとし（これは中世史研究者には、古代には死穢観念がないとする説として受容された）、大山喬平氏も、[11]喪葬令で道路側近への埋葬を禁止するなど死穢の観念は古代からあったが、それは貴族層のみで、次第に一般社会に広まったとした。また非人の穢についても、丹生谷哲一氏は、[12]律令制下ではらい者に対する差別はなく、中世に法華経などの影響で穢とするようになると論じている。

この点については、山本幸司氏[13]は六国史しか史料のない古代と、記録や説話の多い中世とは単に史料の残り方によってみかけ上の差が生じているにすぎないとして批判したが、黒田日出男氏[14]は、六国史の中でも後の時代ほど穢の記事が増加することをもって、やはり触穢観念の肥大化は事実とみている。ここでは、以下の第1節〜第3節で①〜③をそれぞれとりあげ、これらが平安期ないし中世になって新しく出現したものかどうか検討する。「おわりに」では、中世におけるそれぞれの関係について簡単な展望を行うことにしたい。

1　触穢規定の論理

『延喜式』の触穢　規定上の触穢というのは、主に『延喜式』巻三（神祇三、臨時祭）に記されているものをさす。具体的には「凡そ穢悪に触るる事の応に忌むべきは」として、人死（三十日）、（人の）産（七日）、六畜死（五日）、六畜産（鶏を除く。三日）、喫宍（三日）等をあげている。これらは神祇令の「凡そ散斎の内には、諸司の事理めむこと旧の如く。喪を弔ひ、病を問ひ、完（宍）食むこと得じ。亦刑殺判《ことわ》らず、罪人を決罰せず、音楽作さず、穢悪の事に預らず。致斎には、唯し祀の事の為に行ふこと得む。自余は悉くに断《や》めよ」とあるのによっている。朝廷の祭祀期間には散斎（あらいみ）と致斎（まいみ）があり、致斎は祭の中心期間として最も強い謹慎状態となるが、散斎はその前後の期間で、日数は祭の重要度に応じて差がある。散斎の期間中は右記のいくつかのタブーを守らなければならないが、ここで「穢悪の事」とあるのを具体的に規定したのが『延喜式』等の条文である。『延喜式』ではこれに続けて、弔喪・問病・至山作所・法事等の葬送関与について、身は穢にならないが当日参内できないこと、改葬（三十日の禁忌）、傷胎（四か月以上三十日、三か月以下七日）、祈年祭・賀茂祭・月次祭・神嘗祭・新嘗祭などの前後の散斎日には僧尼および重服・軽服の人は参内できないこと、懐妊（官女は散斎日前に退出）、月事（官女は祭日前に宿廬に退下）、失火（神事にあたる時は七日の禁忌）などを定め、また甲乙丙の穢の展転をも規定している。『延喜式』に先立つ『弘仁式』・『貞観式』にも同様の条文があったと推定されるが、『西宮記』に「弘仁式云」として「触穢忌事応レ忌者、人死限二卅日一。産七日。六畜死五日。産三日。其喫完（宍）、及弔レ喪、問レ疾三日」とある他はよくわからない。

中世でもこの式の文は触穢の根本規定として重視され、明法家はこれを個々の具体的状況に適用して、煩瑣な判例を積み重ねていった。個々の神社ではこれと異なる触穢の規定をもつこともあるが、鎌倉末期の伊勢神宮の触穢規定を詳述した『文保記』でも、まず令文と式文をあげ、主として平安末期以後の明法家の勘答を多数引用しており、「神宮の法」が異なる場合は特に注記して、これら（具体的には、産婦は百日参宮できないこと、鹿を食ったら百日間同火を禁ずるなど）は「法意の沙汰」ではなく、神宮において昔から忌んできたものであること、このような場合は法家の勘答に拠ることができないので、「神宮の古例」を守るべきであるとするなど、諸社でもまず準拠すべきものとして重んじられている。

このような触穢規定の性格から明らかだが、穢とは神事に際して障害となるものを列挙したものである。換言すれば、制度上の穢はそれ自体として忌避すべきものではなく、神事に関係する場合にのみ問題となる。これは当然のようであるが、従来の研究では、穢となる行為（死穢や産穢）がそれ自体として恐怖の対象となると考えることが多かったのでここで確認しておきたい。[15]

古代の触穢の具体例として、六国史に現れる諸例を抽出してみると、『三代実録』に飛び抜けて多い。個々の事例を詳しくみる余裕がないが、これは『三代実録』のみ、賀茂祭・祈年祭・園韓神祭などの祭の実行を記載する原則をたてていることによる。穢の記事は、ほとんど祭の中止の原因としてのみ現れるのである。一方、『三代実録』以前の各国史はこの原則を立てないので、祭が中止になった場合を記すことも稀で、このことが穢の記事を少なくする原因になっている。つまり、六国史の中で後になるほど穢の記事が増えるという前述の黒田日出男氏の説[16]は、主として『三代実録』における増加を根拠としていると考えられるが、記載原則の差による触穢記事の現れ方の差を取り除いてみると、穢の記事が少ないことが穢観念の未発達を示すとは必ずしもいえない。ただ、もちろん記事がないが実は穢観念があったともいえないので、具体的な検討が必要である。

山陵の祟り　穢が問題になる局面の一つとして、山陵の祟りをとりあげてみよう。山陵は典型的な神社ではないが、穢が問題とされる状況をよく示す。古く『続日本紀』宝亀九年（七七八）三月二十三日条では、皇太子（桓武）の病により、淡路親王（淳仁）の墓を山陵と称し、その母の墓を御墓と称したという。皇太子の病が淳仁の霊の祟りによるとされたのだろうが、墓を山陵に昇格するのは霊を慰撫するためだとしても、それ以前の墓そのものが祟っていたかどうかは不明瞭なところがある。ついで『日本紀略』延暦十一年（七九二）六月十七日条では、皇太子（平城）が病になったので、淡路国にある崇道天皇（早良親王）の陵に遣使して霊にわびたが、去る延暦九年に守家を置いて近くの郡司に管理させていたものの警備が不十分だったので、塚のまわりに堀を作って「濫穢」を防いだという。(17)

早良親王は延暦十九年（八〇〇）に崇道天皇の号を追贈され、墓が山陵と称されているので、このときはまだ山陵ではないが、墓への「濫穢」によって祟りが生じるとされている点はのちの諸例と同様であり、墓を原因とする祟りという回路がはじめて現れている。『日本紀略』大同四年（八〇九）七月三日条では、井上内親王の吉野山陵を掃除し、読経させたが、旱が続いたのがこの山陵の祟りだからだという。ついで『続日本後紀』承和五年（八三八）七月十一日条では、物怪があったというので桓武陵で僧と沙弥各七人に読経させている。同じく承和六年四月二十五日条では、このところの旱災の原因は神功皇后陵の木が伐られたためだとして遣使が行われ、承和七年六月五日条では内裏に物怪が現れたのが桓武陵の祟りだとされて祈禱を行った。

これらの例では、早良親王の墓の例を除くとまだ穢という文字が見えていないが、承和八年（八四一）十月二十九日条では、桓武陵の木が伐られたことが「犯穢」と表現され、これが仁明天皇の病気の原因とされている。承和十年（八四三）三月十八日には楯列山陵で怪異があり、四月二十一日によく調べてみると、並んでいる神功皇后陵と成務天皇陵を今まで取り違えていたことが判明した。これまで神功皇后陵の「祟」があるたびに、空しく成務天皇陵に謝罪していたという。承和十一年（八四四）八月五日条では、先帝（嵯峨）の遺詔では霊の祟りなどないとされているのに、物怪のさいに占ってみると先帝の祟りだと出るのはなぜかという議論があり、文章博士春澄善縄・大内記菅原是善らは、死後の境遇は生前の予想とは違うのかもしれないとか、死の直前の遺言は心神が乱れているから従うべきでないことがあるなどと故事を引いて答申している。嘉祥三年（八五〇）三月十四日条でも桓武陵での伐木が「犯穢」とされ、やはり仁明天皇の病の原因となった。『文徳実録』天安二年（八五八）三月十二日条では仁明天皇陵近くの「汚穢事」を停止しており、『三代実録』貞観八年（八六六）八月十八日条では、応天門の火災の原因を卜したところ、御陵の「犯穢」（これも伐木をさす）のせいだと判明したので、諸山陵に遣使して謝罪している。もっとも、あとで伴善男の犯行ということになったのは周知の通り。

災厄の説明原理としての穢　特に最後の例は、山陵の祟りという現象が発現する状況をよく示している。つまり、観念上の因果関係は、山陵の木を伐るなどの「犯穢」が起こる→山陵の祟り→旱、物怪、天皇の病などの災厄の発生、ということになっているが、実際の因果関係はこれと反対で、まず何かの災厄がある→原因を探すため神祇官および陰陽寮による卜定が行われる→山陵などの祟りと判明→祟りの原因は穢によるとされる、という過程である。つまり、山陵の祟りを引き起こした最初の原因としての「犯穢」は、災厄に対する説明原理の一つとして機能していた。

このような説明原理には時代によって差がある。『続日本紀』には、災害が起こった場合、天皇が自らの不徳を反省して大赦などの「徳政」を行う宣命が多く載せられている。これは災害は失政に対して下された天の譴責であるという災異思想[18]に基づくものだが、次第に政治責任を回避して、災害を穢などの外部の原因に帰するようになっていく。なぜ九世紀半ばの段階でそれが特に山陵の祟りという形で現れるのかは不明だが、一つの契機は、承和七年（八四〇）五月八日に没した淳和上皇が遺詔で山陵を作らず散骨することを命じ、そのように実行されたこと（『続日本後紀』承和七年五月六日・十三日条）であったかもしれない。以前にも山陵の祟りは現れているが、これ以後増加する傾向が見られる。つまり、淳和上皇の遺詔がその後の先例になるようなことを避けようとする陵墓重視の感覚が、災害が他の山陵の祟りであるという説明を受け入れやすくしたのかもしれない。

山陵は神社とは異なる性格もあり、その嫌う「犯穢」は多くは伐木であるが、他の神社でも穢の内容は異なるものの、山陵の場合と同様、それによって神が怒って祟りをなすことが穢を避けなければならない理由であった。『日本後紀』によると、延暦二十三年（八〇四）二月五日に大和石上神宮の神宝の兵杖を運び出して山城に移していたが、この年の暮から桓武天皇が病になり、七大寺で誦経したり恩赦を行ったりした。翌二十四年正月十四日条ではこれは早良親王（崇道天皇）の祟りと考えられたらしく、淡路に寺を建立したが、二月十日条になると、奈良の巫女に石上神宮の神が託宣して、天皇の病の原因はわが庭を「賤」が「穢」した（兵器を運び出したことをさす）ためだと言ったという。これは後世いうところの穢とは内容的に異なるが、山陵の祟りと同様、まず天皇の病などの災厄があり、その原因をいろいろ探していって、最後に穢にたどりついている。『続日本後紀』承和十一年（八四四）十一月四日条では、北山で鹿や猪を獲って川で洗うと、その「汚穢」が賀茂社を汚染するのが禁制されており、ここでは『延喜式』などと同様の穢が現れている。このように神社に対して何か「穢」とされることを行うことの禁は古くからあったもののようで、「濫穢」「荒穢」などの字句はしばしば『続日本紀』にもみえるが、宝亀四年（七七三）九月二十日条で、丹波国天田郡の奄我社で盗人が供物を食い境内で急死したため神社を建て替えたとか、『日本後紀』大同三年（八〇八）十一月四日条で、大嘗祭期間中のため内蔵寮に入った盗人の自殺を恐れ、説得して退去させたなどの例は、「穢」という文字は見えないものの、後世の死穢による触穢の状況と一致する。『三代実録』貞観十三年（八七一）五月十六日条には、出羽国の鳥海山が「冢墓骸骨」に山水を汚されたため、神が怒って山を焼いた（噴火した）記事もみえるが、災害の原因が穢に求められるにつれ、神域が穢にふれないための各種の規定が整備されていくことになる。穢の日限などは『弘仁式』以後の制定かもしれないが、式で穢とされることの多くは、類似のものが奈良朝にさかのぼりうるといえる。しかし、古くは平安期の規定で穢とされること以外のいろいろな神域侵犯が「穢」とされていたものであろう。

穢を忌む理由　これら史料に現れる穢は、それが直接に天皇を病にする等の災害をもたらすのではない。従来、穢を避けなければならないのは「天皇と神」とされることが多いが、天皇は穢によって直接害をこうむるのではなく、神域が穢にふれ、怒った神が天皇を病にさせたりするという回路があるのみである。内裏の穢も『三代実録』には特に例が多いが、これも神事を妨げるのが問題になっているのにすぎない。換言すれば、神と関係ない局面では、制度上の穢というものは存在しない。(19)

『今昔物語集』巻二十六第十九話では、旅人がある家に宿ったところ、その家の娘がお産しそうになったので、旅人に「何《いか》ガシ給ハンズル」(穢にふれるかもしれないがどうか)と訊ねているが、旅人は「其レハ何カ苦ク侍ラン。己ハ更ニ然様ノ事不忌侍マジ」と答えている。巻二十七第十五話でも、臨月になって北山科の山荘にたどりついた女に対して、山荘に住む老婆は「己ハ年老テ此ル片田舎ニ侍ル身ナレバ、物忌モシ不侍ズ。七日許ハ此テ御シテ返り給ヘ」と答えた。ここで七日というのは産穢の期間をさすが、老婆は一人暮らしなので、産穢は問題にしないといっている。つまり、この二例の旅人や老婆は産穢の期間中に神事に関与することがないと考えられるが、産はそれ自体忌避すべきことではないため、神事に関係ない場合には穢も問題にならないといえる。この点は、破ると当人に害がある陰陽道系の物忌みと異なる。一方、死穢では、同じく『今昔物語集』巻二十第四十四話(下毛野敦行従我門出死人語)で、隣家の棺を自家との境の垣を破って入れさせようとした敦行が「穀ヲ断チ世ヲ棄タル聖人也ト云フトモ、此ル事云フ人ヤ有ル」と家人の反対を受けているのは、単に彼が官人であったから(出仕の妨げになる)ではなく、死自体への忌避意識によると考えられる。つまり、制度に規定されている穢を避けようとする態度と、神域を汚染するということと離れてその穢がもっている固有の側面とを識別することが必要である。

制度的には、『延喜式』等にあるように、穢にふれた人は参内できない。これは上述のように、内裏が汚染された場合、その穢が展転して神に及ぶことが問題にされていると考えられるが、従来はこれを、天皇が特に清浄でなければならないことの現れとみなすことが多い[20]。この考えは次節で扱う疫病神などを祓う儀礼と制度上の穢を結び付ける議論につながっていく。しかし、一般に中世では、上位者の家を下位の者（その家に出入りする使用人など）が穢すことは許されなかった。これは瀕死の使用人を死ぬ前に放り出す風習[21]（早く『類聚三代格』巻十九、禁制の弘仁四年〈八一三〉六月一日官符や『続日本後紀』承和二年〈八三五〉十二月三日条等にみえる）に最もよく現れている。また時代は下るが、フロイス『日本史』西九州編Ⅰ、第一三章には「貴人とか、屋形《ヤカタ》の政庁にいる人々は、妻、息子、娘の死後三、四十日間は殿の邸《パツ》に入ることが許されない。それは彼らが死に関して縁起を信じているからである。そして彼らが（三、四十日を経て）出かけて行く時には、まず身体を洗い浄め、衣服を着替えねばならない」という記述がある。穢は展転するので、最後に神域に及ぶかどうかが問題になるわけだが、少なくとも下位の者にとっては、自分の責任で生じた穢を上位の者の家に及ぼしてはならないという義務が一般的にあったと考えられる。内裏が清浄に保たれなければならないのもこの一種とみることができる。すなわち、内裏あるいは天皇の清浄性を、他の家ないし人間のそれと論理的に区別して考える必要があるかは疑問である。

制度上の穢をこのように神域に対する汚染・侵犯に限定してとらえるなら、触穢規定の整備は、九世紀に頻発した災害防止のため、神域が穢に触れるのを防ごうとする意図によるものと結論づけることができる。このような成立事情に由来して、触穢規定に現れる穢はそれ自体が物質のように考えられるようになっている（閉鎖空間が穢れるという点や、甲乙丙の展転など）。

道路と穢　しかし、古くは穢は平安期の触穢規定と異なったふるまいをしていたかもしれない。中世では道路は穢を伝播しないとされる。仁平三年（一一五三）、宇治左府頼長の娘が死に、遺体は車に乗せられ宇治橋を通って帰京したが、その後この橋を離宮祭の神輿が通れるかどうか問題になったとき、宇治の古老は大路に準ずるによって禁忌はないと言っている[22]（『兵範記』仁平三年四月二十八日条）。『文保記』にも、橋に穢物がある場合、その橋を渡ったら穢になるかどうかという同様の議論があり、明法博士中原の保安四年（一一二三）七月十五日の勘答を引いて、やはり橋は大路に準ずるので穢にはならないと結論づけ、さらに寿永年間の判答では、橋に着座しても路次に準ずるため穢にならないとされたと付言している。これらから少なくとも院政期以後は、道路や橋は穢を伝播しないとされていたことが明らかである。ただし、通行の際に足や車輪が直接穢物に接触した場合は、穢が及ぶものとされた[23]。

しかし古代では喪葬令で道路のそばに埋葬するのを禁じている（「凡皇都及道路側近。並不㆑得㆓葬埋㆒」）。この条文は唐令に対応する文のない日本独自のもののようであるが、これについて、道路側近と道路を別とみて処理するのは無理があろう。ただ、ここでは道を伝わるのが「穢」とされているわけではない。神話で黄泉国のイザナミの死体に付着していてイザナギを追った雷神や、『令集解』喪葬令の古記に見える「凶癘魂」（これは死者の霊魂をさすが、文字からして悪霊的性格をおびたものとみられる）のように、死と関係があり、しかも道などを往来することのある悪霊を避けようとしたとみるべきであろうか。このように考えれば、それは疫病神とも接近してくる。そこで次には、外から入ってくる疫病などの災厄と、それを祓う儀礼についてみることにしたい。

2　浄穢の同心円構造をめぐって

大祓　古代の攘災儀礼には大祓、大儺、疫神祭など『延喜式』に規定されているものでもさまざまなものがあり、災害に際してはこれに加えて大般若経転読などの仏教儀礼も多く行われた。ここでは疫病などの災害と穢の場合の両方で行われている大祓[24]を中心に考察したい。

大祓には内裏で行われるものと諸国大祓があり、前者は六月と十二月の晦日に行われる恒例のものと、それ以外の臨時のものに大別される。臨時の大祓はまたその行われる事情によっていくつかに分類できる。儀式の次第がある程度わかるのは内裏の恒例の大祓のみであるが、神祇令によると、中臣が祓麻を、東西文部が祓刀を天皇に奉り、東西文部は漢文の祓詞を読む。これは皇天上帝をはじめとする中国の諸神に、禍災を除き帝祥を延ぶることを請うものである。ついで百官男女が祓所（朱雀門）に集まり、中臣が祓詞（大祓祝詞）を読み、卜部が解除（祓）を行うという。『儀式』『延喜式』では、中臣と東西文部が麻・横刀を奉るのは「御贖儀」として分離しており、このとき麻や衣服に天皇の穢を移して人形とともに川に流す。大祓はそのあと百官が朱雀門に集まって行う部分のみをさし、ここで読み上げられる中臣の祝詞では、周知のように天津罪・国津罪を祓い清めるとされている。

また、十二月の晦日には、大祓の終わった後で、類似の攘災儀礼である追儺（大儺）が行われた[25]。まず陰陽師が宮城の庭で祭文を読む「儺祭」があるが、この祭文では「穢久悪伎疫鬼」（『儀式』）に食物を与えて、千里の外、四方の堺（東方は陸奥、西方は遠値嘉、南方は土佐、北方は佐渡）に追却するという。それから大舎人長が扮した方相氏が追声を発し、ついで群臣が桃の弓、葦の矢、桃の杖を持って鬼を追う儀礼を行った。大晦日の大祓と大儺は、前者が神祇官、後者が陰陽寮の担当する儀礼であり、また祭文で祓われる対象も前者は罪、後者は疫鬼という差があるが、儀礼全体の意味からみれば同様のものと考えることができるだろう。というのは、臨時の大祓は疫病の時や穢の発生後に行うなど、他の攘災儀礼と同様の局面で実施されているからである。

疫病と攘災儀礼　ここで、多くの攘災儀礼が行われる疫病の場合を例にとって、各種儀礼の対応をみよう。以下の数字は、①神祇への奉幣・加階など神社関係、②大祓、③大般若経転読や修法など仏教儀礼、④疫神祭・道饗祭などの四種に大別し、同日条で同じ疫病に対して異種の儀礼が行われた場合は別々に数えたが、同日条の同種のもの（大般若経転読と薬師悔過など、同じく仏教儀礼だがいろいろなものが同時に実施された場合）は一括した。また実際に疫病が起こった場合と、疫病が流行するであろうという占いがあったので予防のため行った儀礼をともに含み、特定の国のみで行われたものも含んでいる。数字は該当記事に対象の災害の記載がなくとも前後関係から含めた場合があるので、数え方により若干の出入りがある。まず『続日本紀』では、①神社への奉幣など五、②大祓（諸国大祓）一、③仏教儀礼一〇、④疫神祭など七である。このほか、慶雲三年（七〇六）是年条に、天下諸国疾疫により、はじめて土牛大儺を作るという記事がみえる。次に『日本後紀』は欠落が多いが、現存部分では①二、②〇、③一、④〇。『続日本後紀』では①七、②〇、③一三、④六。『日本文徳天皇実録』では①二、②〇、③五、④〇。『日本三代実録』では①一〇、②三、③一六、④三となっている。

疫病は疫神が侵入することによるという観念が一般で、『続日本紀』段階では対応も疫神祭が比較的多い。しかし読経などの仏教儀礼も多く、この比重は後になるほど高くなる。仏教儀礼と神社への奉幣は、疫病に限らず、一般に災害のさいに行われるが、疫神祭は当然ながら疫病の場合のみ行われる。また、大祓も疫病以外の災害の記事はあまり見られない（祈雨と関係があるかもしれないものが『三代実録』に二例ある）。疫病のさいの大祓は『続日本紀』に一例みられ、『三代実録』に再び現れている。大祓は祝詞の文などからは特に疫病との関係はうかがわれないが、上述のように大晦日の大祓に続いて行われる追儺は疫鬼を追うものであり、これとの類似性によるのであろうか。なお大祓の祝詞には罪を「千座置座《ちくらおきくら》」にのせて祓い棄てるとするが、中世後期では日本の境界として「唐と日本の潮境、ちくらが沖」（幸若『百合若大臣』）というのが現れており、[26] これが大祓の祝詞に由来するとすれば、大祓で祓われる対象が日本の境まで追われるという、大儺の祭文と共通の観念が次第に現れてきたことを示すかもしれない。

また疫病ではないが、『三代実録』には、触穢のさいの大祓の記事が非常に多い。三橋正氏[27]はこのような大祓を

「由の大祓」と名付け、穢で祭が中止された場合、本来祭が行われるはずの日に大祓をして、神の祟りを祓うものとしている。また、穢物が除去された後、それ以上穢の発生源がないことを確認する意味もあっただろう。

穢と人格神　大祓ではこのように穢と疫病の両者がともに祓われているが、儀礼の詳細や、祓われる対象をどのように観念していたかは古代の史料では必ずしも明らかではない。しかし『今昔物語集』巻二十四第十五話には、陰陽師賀茂忠行がある人の依頼で祓をするために子の保憲を連れて祓所に行ったところ、保憲は恐ろしげな者どもが二、三十人ほど現れて供物を食い、模造の船、車、馬などに乗って帰るのを見た話がある。これは大祓ではないが、平安後期には祓はこのようなイメージでとらえられていた。つまり、大祓の祝詞では、追儺や疫神祭と違って祓われる対象は人格神的なものとして表現されてはいないにもかかわらず、儀礼のさいのイメージではそれが人格神的な表象を与えられており、鬼に供物を与えて去ってもらうという他の攘災儀礼と接近した意味になっていたといえる。ただこの『今昔』の説話は陰陽師の話であるから、祓が後次的に追儺等の陰陽寮主催の儀礼と混淆した形態を示すものとも考えられる。しかし平城宮壬生門前の濠から発掘された人形二〇七点、鳥形二点、舟形一点は金子裕之氏(28)によって七四〇年代の大祓に流したものと推定されている。『延喜式』では大祓の必要物の中に人形はあるが、『今昔』に出てくる舟や車などは見えない。しかし米、酒、稲、鰒、堅魚、干肉、海藻、塩など供物は供えることになっており、これは祓われる対象が古代から人格神化されていたことを示すかもしれない。このことは疫病のさいに大祓を行うことを容易にしたと思われる。また、このように大祓で人格神的な悪鬼などを追放するという観念が普通であったとすれば、大祓を穢のさいに行うことも、前節で述べたように死穢が古くは死をもたらす悪霊という形で忌避されていたことと整合する。すなわち、原初的には触穢規定での穢の一部は、疫神などと共通した側面を持っていたと推定することができるだろう。

3　らい者不浄観の形成

片岡山の飢人　次に、中世で穢とされたらい者に対する観念は古代ではどうであったかを検討したい。律令では、戸令で「悪疾」とされ（『令義解』は「悪疾」を「白癩」のことだとする）、『令集解』では傍の人を「注染」することを理由に床を同じくすることを禁止している。また『令集解』所引の古記では、看護はもし同親者がいれば同親者をあて、なければ看護はつけないとし、これは「人の近づくを欲せざる」からであるという。これによれば、古代かららい者を忌避することがあったと思われるが、丹生谷哲一氏(29)はこれは差別ではないとし、律令では悪疾に看護者の規定があり、篤疾者の戸主の例があることからしても、中世のようにらい者が家から追われて乞食となることはなかったと結論している。中世史研究ではこの見方が有力であるが、はたして古代と中世では存在形態に大きな差があったのだろうか。いくつかの史料をもとに検討してみたい。

〔史料1〕

片岡の村の路の側に毛有る乞匃《カタキ》の人の、病を得て臥せり。太子見《みそなは》して、轝《ミコシ》より下りたまひて、倶に語りて問訊《と》ひ、著たる衣を脱ぎたまひ、病人に覆ひて幸行《いでま》しき。遊観既に訖りて、轝を返して幸行すに、脱ぎ覆ひし衣、木の枝に挂《かか》りて彼の乞匃は无し。太子、衣を取りて著たまふ。有る臣の白して曰さく、「賤しき人に触れて穢れたる衣、何の乏しびにか更に著たまふ」とまうす。（略）凡夫の肉眼には賤しき人と見え、聖人の通眼には隠身と見ゆと。

（『日本霊異記』上巻第四話、聖徳皇太子示異表縁。中田祝夫校注、日本古典文学全集）

便宜上、注釈書の儀み下し文を引用したが、「穢」の訓は三巻本『色葉字類抄』の「穢ケカス　ケカル」、観智院本

『類聚名義抄』の「穢《ケガル　ケガラハシ　ケキタナシ》」による（同書頭注）。乞匃「カタヰ」と訓むのは原本の訓注である。この説話は聖徳太子と片岡山の飢人の話で、『日本書紀』推古二十年十二月朔日条、『万葉集』巻三の四一五、『日本往生極楽記』など諸書にみえるが、それらはいずれも「しなてる片岡山に飯に飢て臥せる　その旅人あはれ」の歌を伴うので、必然的に飢人は旅人とされる（『万葉集』は「竜田山の死人」とする）。しかし『霊異記』のみ、この歌を欠き、それと関連して相手を「乞匃」に変えるが、それは「穢」であった。

〔史料２〕

道《ミチノヘニ》伏二《リ》乞匃一《カタヰ》。疥《ハタケ》掻《カキテ》无《ク》二目所一《モ》腫合《テ》、大小便利坐所《ヰトコロニシテ》臭穢。往還人《ハ》掩《フタキ》二面一《ヲ》奄《オホヒテ》二鼻一逃。仏至二彼所一、自《オホミテツカラ》洗《アラヒ》着給《タリ》。如レ是慈悲深《大坐》。貧賤人《ヲハ》、除二《テ》父母一《ヲ》余人《ハ》見二如犬鳥一。仏《ハ》不二大坐然一。見二《テハ》貧一《ヲ》宣二《テ》我子一救済《給フ》。見二《テハ》賤一《ヲ》宣二《テ》我《ソ》父一《ト》哀愍云。

（『東大寺諷誦文稿』一六九～一七二行。中田祝夫『東大寺諷誦文稿の国語学的研究』[30]）

これは『霊異記』と同時代（九世紀初頭）のもので、乞匃の病と穢が強調され、「父母」を除く人々はこれを「犬鳥」のように見るが、仏だけは乞食（の衣？）を洗って着せてやるという。犬・鳥は中世では穢れた動物とされるが、これと類比されていることも穢とされていたことを示すとみてよい。余人はこの病者を穢とみるが、父母は例外であるというのは、『令集解』が悪疾の看護を同親者に限るとするのと対応している。また、乞匃を「カタヰ」とよむのは、元来は「片居」の意で歩行不自由な乞食をさすが[31]、中世ではらい者を意味するようになる。この史料では「疥ハタケ」とするが、十巻本『和名抄』[32]巻二に「疥癩　内典云、疥癩、介頼二音、波太介」、観智院本『類聚名義抄』[33]に「疥癩　戒頼二音ハタケ」とあるように、ハタケは広義のらいに含まれると考えられる。

また、ここでは仏が乞匃の世話をするという、中世の光明皇后伝説[34]と類似したモチーフが現れている点でも注目される。光明皇后伝説と異なるのは、⑴乞食が仏であるのではなく、仏が乞食を洗うとする点（しかし、史料1では乞匃も「隠身」の存在だったとする点で接近する）、⑵湯施行のモチーフがない点（しかし、史料2の「自オホミテツカラ洗アラヒ着給タリ」の部分はこれに近い）である。このようなモチーフは漢訳仏典にもあり、『今昔物語集』巻二第三話（仏報病比丘恩給語）では、祇園精舎にいた比丘が重病で「悪瘡膿血流レテ、大小便利ノ潤ヒ、臭ク穢タリ」という状態のため人々は近付かなかったが、仏がこの比丘の体を洗い、左手で身の瘡を撫でると治癒したという話がある（出典は『法苑珠林』巻九十五、病苦篇、瞻病部。原拠は法句譬喩経）。また同書巻六第六話には玄奘三蔵が観音の化身の病者の膿を吸う話もある。しかし史料2がこれらの縮約に過ぎず、当時の日本の乞食の実態とは無関係だったというわけではないだろう。

病者の不吉視

〔史料3〕

即ち曙立王・菟上王の二王を、其の御子に副へて遣しし時、那良戸自りは跛・盲遇はむ。大坂戸自り亦跛・盲遇はむ。唯木戸是掖月之吉き戸とト へ而、出で行かす時、到り坐す地毎に、品遅部を定めたまひき。

（『古事記』垂仁記、日本思想大系）

垂仁天皇の皇子本牟智和気は口がきけなかったが、出雲の神の宮を皇居のように修造すればよいという夢告があり、皇子が出雲の神を拝みに出発する場面であるが、『古事記』の原資料成立期の状況が反映されている可能性があるとみる。ここでは「跛・盲」に会うとどうなのか不明確だが、これらに会わない方角が「吉」であるというのだから、会うことが不吉とされていたと考えざるをえない。しかし、中世の奈良坂や清水坂のように非人が集住していたのであれば、会うかどうか占うまでもないから、時により「跛・盲」がいることがあった程度で、集住はなされていないというのが、この説話の情景を現実のものと解釈した場合の跛・盲の存在形態ということになろう。この跛・盲は境界を守護するマジカルな力をもった存在とみる説[35]もあるが、病者などの両義性は上記の史料1にもみられるように古代からあったとしても、この説話ではそれが不吉という現れ方をしており、その理由を神社参拝の支障と考えれば[36]、ここでの跛・盲はむしろ後世の触穢規定と同様の穢とされているように思われる。

〔史料4〕

是歳、自二百済国一有二化来者一。其面身皆斑白。若有二白癩一者乎。悪三其異二於人一、欲レ棄二海中嶋一。然其人曰、若悪二臣之斑皮一者、白斑牛馬、不レ可レ畜二於国中一。　（『日本書紀』推古紀、二十年是歳条。日本古典文学大系）

これも推古朝のこととできるか不明だが、「白癩」かと思って「海中嶋」に棄てようとしたのは、らい者を穢とする見方が日本書紀編集時にはすでに存在していたことを示すといえる[37]。

これらの史料から、古代にも、らいなどの病者が乞食になることがあり、またそれは触穢規定での穢と同一かどうかは別として、何らかの意味で穢とされたことは事実であろう。『令集解』でも「悪疾」の場合は看護は同親者のみをあてるとしているから、この規定が遵守されていたとしても、同親者のいない場合は乞食をするよりなかったと考えられる。ちなみに古代中国でも、『史記』刺客列伝に、晋の趙襄子を暗殺しようとした予譲が「又漆レ身為レ厲（＝癩）、呑レ炭為レ唖、便形状不レ可レ知。行二乞於市一」と見え、らい者は市で乞食することが多かったらしい。

また、中世ではらい者は必ず放逐されていたわけでもない。有名な建治元年（一二七五）八月十三日の非人長吏連署起請文（金剛仏子叡尊感身学正記）には「受二癩病一之者在レ之由、承及之時者、以二隠便使者一、申二触子細一之時、自身并親族等、令二相計一、重病之上者、在家之居住、始終依レ不レ可二相計一、罷出者、不レ可レ有二子細一、不レ然者、為二長吏一致二涯分志一者、向後可レ止二其煩一」とあり、長吏に志を出せば、家にいることもできた（その条件がどれだけ備わっていたかは別として）。なお説経『しんとく丸』には「長者の身にて、あれほどの病者が、五人十人あればとて、育みかねべきか。一つ内にいやならば、別に屋形を建てさせ、育み申さう、しんとくを」ともある[38]。従来、古代では律令の条文によってらい者の放逐を否定し、中世では逆に家に居住を続ける場合を過小に考えたため、古代と中世のコントラストが大きくなったのではないだろうか。古代と中世のらい者の違いは、主として集団化の有無と仏教的「業罰」観の有無と思われるが（『霊異記』には現報としてらいになるという説話はない[39]）、これについては「おわりに」で簡単にふれる。

おわりに——古代から中世へ——

穢の分化　いままで、①触穢規定、②浄穢の同心円構造、③らい者・非人の穢について、古代にさかのぼって検討してきたが、①〜③のいずれも、その忌避自体は古代からみられる。しかし、古代では①〜③に共通点が多く、未分化だったものが、平安期以後分化してくるとみられる。

①の触穢規定の穢と②の周縁から侵入する災厄は、第2節の最後でふれたように古くは死穢が死霊のイメージでとらえられていたとすれば、原初的には一体であったかもしれない。それが、平安期の触穢規定の整備とともに、その一部が規定上の「穢」として分離していった。規定の性質上、これは捕捉しやすい即物的性格を持った穢と考えられるようになり、当初あったとみられる人格神的側面は消滅した。このため、攘災儀礼に現れる疫神などとは異なった性格をもつようになる。

③のらい者不浄視も、大祓の祝詞には国津罪の中に「白人・胡久美」などの病が見え（白人は推古紀〈史料4〉にみえる「白癩」と関係あるか。また十巻本『和名抄』巻二の「瘜肉《そくにく》」の項に「阿末之々、又古久美」とあり、瘤や疣をさした。ただし中世では『中臣祓訓解』が一説に「黒癩」の意とするようにらいと結び付ける観念が現れてきた）、当初は①・②と全く異質なものでは

なかったかもしれない。史料4の推古紀で「白癩」の人を海中の島に流そうとしているのは、追儺の祭文に見える疫鬼の扱いを思わせる。黒田日出男氏の指摘によれば[40]、『医心方』等では、「癩」は毛穴から侵入する病である「風病」の一種とされており、外部に原因があるという意味で疫病と類似しているが、中世の説話などには疫病神がらいをもたらすというものは見当たらない。しかし、史料3・4からは、このような病者自身が、穢を持ったものとして疫病神にも似た扱いを受けていたようにみえる。説話以外でも『日本後紀』弘仁六年（八一五）三月二日条に、外国の使節が来る客館（鴻臚館）に、ふだんは「疾病の民」が宿ったり、「喪に遭へる人」の隠れ場所となったりしているため、建物や垣が破壊されたり、庭路が「汚穢」されることが問題になっている。ここに出てくる「疾病之民」というのはらい者のような存在とみるか、疫病にかかって主家から追われた僕隷などとみるかは問題だが、病者と死穢にふれた人が同種の存在として扱われている。おそらく、これらの人々は穢として排斥されたため、無人の公的施設を利用することになったと思われ、後世触穢規定に定められたような穢と病者との古代における共通性を示すものと考えたい。

しかし触穢規定が整備されたのちは、「はじめに」で述べたように、規定上の穢とらい者の穢は別個の存在となる。したがって中世の非人身分の成立を考える上では、触穢規定は、寺社内のキヨメという面でのみ関係をもつ。中世史研究では穢は主に非人身分の従事したキヨメという職能との関係で関心がもたれているので、以下この面での古代と中世との関係について考察したい。

古代の清掃者　九世紀後半の説話集『日本感霊録』[41]には、元興寺の浄人（寺に仕える俗人）だった見出満が堂童子に指されてから、油を盗んだ罰で失明し、「厠及び寺内の不浄物」を除去する仕事をさせられた話（第八縁）、大和国宇陀郡の「貧人」が承和六年（八三九）元興寺に雇われ、旧衣を与えられて裸体を隠し、「庭を掃き、壇を浄むる」仕事に携わる傍ら（副業として？）「死喪之所」で役使されたが、「不浄身」で四天王の灯油を盗んで急死した話（第十二縁）

がある。これらは集団化していないが、寺社境内の不浄清掃者の存在や、それが葬送に携わることが古くからあったことを示している。『小右記』長元四年（一〇三一）九月二十六日条の「祇園四至葬送法師」もこの系列と思われる。同時期に「清水坂下之者」も初めて出現するが（『小右記』長元四年三月十八日条）、「葬送法師」のほうは『日本感霊録』に出てくるような単独で雇われた人ともみられるので(42)、この段階では「坂下之者」とは別の存在であろう。

九世紀の『東大寺諷誦文稿』には、「貧人」は生きている時は飢寒の恥をこうむり、命終の後は一尋に足らぬ葛を頸に巻かれて「郷穢家穢」だとして犬や鳥のいる藪に棄てられるという話がある（七一〜七二行）。この貴人は乞食のような存在である。『東大寺諷誦文稿』では他にも乞匃のことを「貧賤人」と言い替えたり（史料2）、「家貧ク絶二タル後シリ前一サキ人」「无レ依无レ怙之徒」が道路で死んで、東国の人は道の辺に骸をさらし、西国の人は水中に魂を没するという描写がある（二三八〜二四二行）。『日本感霊録』でも上記のように大和国宇陀郡の「貧人」が元興寺で清掃や葬送に携わっており、また摂津国豊島郡の「貧人」蘇祢豊満が承和十三年（八四六）の疫病で失明し、「展転乞匃」しながら元興寺の四天王の所に行って昼夜「南無日精□（欠字）」と唱えて開眼した話（第十四縁）がある。このように、九世紀には乞食の意味で「貧人」という語が現れているが、これを「ひんにん」と訓んだとすれば、あるいはこの語形が変化して、中世の「非人」につながっていくのではないだろうか。少なくとも実態の上で連続性があることは、たとえば長久年間（一〇四〇〜一〇四四）成立の『法華験記』中巻六十六話の睿実（叡実）阿闍梨の説話で「路頭に病める人あり。屎尿塗り漫《けが》して、臭く穢《けがらは》しく不浄なり。見る人鼻を塞ぎ目を閉ぢて走り過ぐ」という、『東大寺諷誦文稿』の「乞匃」と酷似した描写が見られるが、この病者が十三世紀の『発心集』巻四の四話では「かかる非人とても又おろかならず」として「非人」と呼ばれていることからも推定できる。

非人集団の形成　十二世紀には「清水坂非人」の呼称が現れ（『山槐記』保元三年〈一一五八〉九月七日条）、施行の対象とされる。またこのころ説話の病者が「非人」と表現されるようになる。[43]十二世紀が非人の集団化という面で画期といえるが、それは不浄観等の観念レベルを先行させて説明すべきものではないだろう。古代に「貧人」とされた人々の集団化に伴い、仏教の影響で「非人」の呼称が当てられたものと考えられる。

中世の非人の居住地が洛外だったことを、第2節で扱った同心円構造によって説明する説があるが、垂仁記や推古紀にそのようなイメージが現れるとはいえ、中世になってはじめて出現する要素（非人の集住）を説明するには問題がある。伊藤喜良氏[44]は十世紀ころ、それまで清浄だった鴨川が、墓地の設定や祓い物を捨てるなどによって次第に穢れた川となったとし、これを『延喜式』にみえる賀茂社近くの屠者居住規制と結び付けるが、古代に鴨川が清浄だったというのは根拠がない。外から侵入する疫病などを祓うこと自体は特に中世的とはいえない。また非人はキヨメという職能や門前での乞食によって古代から寺院と結び付いているが、もともと平安京内に寺院はない。一方『日本感霊録』は平安遷都以後の成立であるが、そこには上記のように平城京内の元興寺に使役され、葬送にも従事する清掃者の姿が見られる。したがって平安京における非人の集住地が洛外であったのはそれを組織した清水寺や祇園感神院の所在地によるとみることもできる。[45]また平安期以後は触穢規定の穢と非人の穢が分離してくると考えられるが、この説はこの点が十分認識されていないように思われる。

ただ、触穢規定の穢と非人の穢を峻別することは、実際に前述のように触穢規定には特定の被差別身分の穢というものは現れていないとはいえ、問題があるかもしれない。『古今著聞集』術道篇二九八には宇佐大宮司某が「癩病」になった疑いで一門から改補を要求された話があり、寛正七年（一四六六）には「黒癩」になった但馬房という僧が祇園の神供を献ずるのが「言語道断曲事」とされている。[46]これらによれば、中世ではらい者が直接神事に携わることは忌避されていたようで、触穢規定には現れない神とらい者との対立関係は中世にもあったかもしれない。このような現象の位置づけは今後の課題としなければならない。

注

(1) 桜井徳太郎『結衆の原点』(弘文堂、一九八五年)。この系列の議論には他に波平恵美子『ケガレの構造』(青土社、一九八四年)、『ケガレ』(東京堂出版、一九八五年)、谷川健一・桜井徳太郎・坪井洋文・宮田登・波平恵美子「徹底討議　ハレ・ケ・ケガレ」(『現代思想』一一—一〇、一九八三年)などがある。このうち波平氏の説はケガレを史料や民俗語彙に見える穢とは区別された分析枠として使っており、他の諸氏の説にもその面がある。

(2) 横井清『中世民衆の生活文化』(東京大学出版会、一九七五年)。

(3) 大山喬平「中世の身分制と国家」(『日本中世農村史の研究』岩波書店、一九七八年)。

(4) 山本幸司「貴族社会に於ける穢と秩序」(『日本史研究』二八七号、一九八六年)。

(5) 三橋正「『延喜式』穢規定と穢意識」(『延喜式研究』二、一九八九年)。

(6) 丹生谷哲一「散所非人の存在形態」(『検非違使　中世のけがれと権力』平凡社、一九八六年、所収)。

(7) たとえば承久の乱の時、避難民が熱田神宮の神籬の中に集まったが、中に死穢や産穢の者がいたのに、明神が託宣して場合により穢を忌まないと言ったという『沙石集』巻一第四話など。

(8) 横井清「河原者又四郎と赤—民衆史の中の賤民—」(『中世民衆の生活文化』〈前掲〉三五六〜三六〇頁)。

(9) 黒田俊雄「中世の身分制と卑賤観念」(『日本中世の国家と宗教』岩波書店、一九七五年、所収)。

(10) 高取正男・橋本峰雄『宗教以前』(NHKブックス、一九六八年)。高取正男『神道の成立』(平凡社、一九七九年)。

(11) 大山喬平「中世の身分制と国家」(前掲)。

(12) 丹生谷哲一「非人身分の形成過程と社会的位置」(『検非違使　中世のけがれと権力』〈前掲〉所収)。

(13) 山本幸司「貴族社会に於ける穢と秩序」(前掲)。

(14) 黒田日出男「こもる・つつむ・かくす—中世の身体感覚と秩序—」(『日本の社会史8　生活感覚と社会』岩波書店、一九八七年、所収)。

(15) なお死穢を扱った筆者の旧稿(本書第一部第一章「中世民衆の葬制と死穢—特に死体遺棄について—」)でもこれが十分識別さ

れていたとはいえないが、旧稿でいう「死穢」は制度上のそれとは区別された死自体に対する観念の問題である。
(16)　黒田日出男「こもる・つつむ・かくす―中世の身体感覚と秩序―」(前掲)。
(17)　佐藤弘夫『アマテラスの変貌　中世神仏交渉史の視座』(法蔵館、二〇〇〇年)三三〜三四頁。
(18)　松本卓哉「律令国家における災異思想―その政治批判の要素の分析―」(黛弘道編『古代王権と祭儀』吉川弘文館、一九九〇年、所収)。
(19)　三橋正「『延喜式』穢規定と穢意識」(前掲)も穢を避ける理由について同様の解釈をとっている。
(20)　大山喬平「中世の身分制と国家」(前掲)など。
(21)　この習俗については、横井清「中世の触穢思想」(『中世民衆の生活文化』〈前掲〉所収)、勝田至「中世民衆の葬制と死穢」(本書第一部第一章)など。
(22)　西垣晴次「民衆の宗教」(『日本民俗文化大系4　神と仏』小学館、一九八三年)。
(23)　山本幸司「貴族社会に於ける穢と秩序」(前掲)。
(24)　大祓に関する近年の研究として、山本幸司「『罪』と大祓」(大系『日本歴史と芸能』一二、一九九〇年)、三橋正「大祓の成立と展開」(『神道古典研究』会報一二、一九九〇年)、三宅和朗「古代大祓の基礎的考察」(『史学』五九―一、一九九〇年)、同「諸国大祓考」(黛弘道編『古代王権と祭儀』〈前掲〉所収)などがある。
(25)　三宅和朗「日本古代の大儺儀の成立」(『日本歴史』五二二号、一九九一年)。
(26)　「ちくらが沖」については村井章介「中世日本列島の地域空間と国家」(『思想』七三二、一九八五年。同『アジアのなかの中世日本』校倉書房、一九八八年、所収)がとりあげているが、氏はこれを巨済島に比定している。しかし私は「ちくらおきくら」が実際の島の形に投影されたものと考える。
(27)　三橋正「大祓の成立と展開」(前掲)。
(28)　金子裕之「平城京と祭場」(『国立歴史民俗博物館研究報告』第七集、一九八五年)、「都城と祭祀」(小田富士雄編『古代を考える　沖ノ島と古代祭祀』吉川弘文館、一九八八年、所収)、「律令期祭祀遺物集成」(菊池康明編『律令制祭祀論考』塙書房、一九九一年、所収)。
(29)　丹生谷哲一「非人身分の形成過程と社会的位置」(前掲)。

(30) 風間書房、一九七九年。
(31) 千本英史「『かたゐ』考—説話における癩者の問題—」(『大阪教育大学紀要』第1部門三六の一、一九八七年)。
(32) 狩谷棭斎『箋注倭名類聚抄』(縮刷版、朝陽会、一九二一年)による。
(33) 『天理大学善本叢書　類聚名義抄観智院本法』(天理大学出版部、一九七六年)による。
(34) 光明皇后伝説については、黒田日出男「中世民衆の皮膚感覚と恐怖」(『境界の中世　象徴の中世』東京大学出版会、一九八六年、所収)が施浴との関係で扱っている。また阿部泰郎『湯屋の皇后　中世の性と聖なるもの』(名古屋大学出版会、一九九八年)参照。
(35) 小林茂文「古代の都城における境界—境界儀礼と都市の風景—」(赤坂憲雄編『方法としての境界』新曜社、一九九一年、所収)。
(36) ただ、この説話では皇子に口がきけないという障害があり、これが跛・盲という障害者を忌む理由であったとも考えられる。
(37) 桜井好朗「芸能史への視座」(『芸能史研究』九一、一九八五年)。
(38) 引用は室木弥太郎校注、『新潮日本古典集成　説経集』による。
(39) ただし、『日本霊異記』上巻第十九話は「若有軽咲之者、当世世牙歯疎欠、醜唇平鼻、手脚繚戻、眼目角睞」という『法華経』巻八、普賢勧発品の句を引用している(引用文の表記は岩波文庫『法華経』による)。
(40) 黒田日出男「中世民衆の皮膚感覚と恐怖」(前掲)。
(41) 『続群書類従』二十五輯下。この史料については西山良平氏のご教示を得た。
(42) 本章の原形を『日本史研究』三五六号に発表した後、高田陽介氏は『左経記』長元四年九月十七日条でこの法師が「祇薗僧」と呼ばれていることから、これは葬送をなりわいとする身分の低い僧ではなく、このとき死者の遺族に頼まれた祇園の僧が死体を野に置いたものだとした(高田陽介「葬送のにないて」鎌倉遺跡調査会・帝京大学山梨文化財研究所『シンポジウム「都市民—その死のあつかい」—鎌倉・由比ヶ浜南遺跡の調査成果を中心に—　資料集』二〇〇二年、所収。東京女子大学『史論』五六号、二〇〇三年に再録)。私も『死者たちの中世』(吉川弘文館、二〇〇三年)二〇八〜二〇九頁ではこの説に従った。
(43) 藤原良章「中世前期の病者と救済」(『列島の文化史』三、一九八六年)。
(44) 伊藤喜良「中世における天皇の呪術的権威とは何か」(『歴史評論』四三七号、一九八六年)。

(45) 中世では非人の集住地は洛外であったが、建治元年の非人長吏連者起請文に「重病非人等、京都之習、依レ無二他方便一、於二上下町中一、致二乞食一之時」とあるように、らい者が京都の町に入ること自体は普通にみられた。

(46) 横井清「中世民衆史における『癩者』と『不具』の問題」(『中世民衆の生活文化』〈前掲〉所収)。なお十二世紀前半の『後拾遺往生伝』下巻第四話には、叡山の維乗房という僧が「悪疾」になり、山門を隠居し、親族に離れて、人に会わず六年間法華経を誦して往生した話があり、同時代の『三外往生記』第三十三話にも、叡山宝幢院の住僧が「不交病」になって清水寺の坂本に移ったが、その後自然に平癒したものの本山には帰らず往生した話がみえる。この二例では特に神事との関係はないが、寺僧がらいになって寺から出ること自体は触穢規定というより、古代からの忌避意識によるのであろう。

第二部　伝統的葬墓制の形成

――中世後期の様相――

第一章　中世後期の葬送儀礼

はじめに

この章は、拙著『死者たちの中世[1]』第三・四章で中世前期の葬送儀礼を叙述したあとをうけて、中世後期の葬送儀礼を論じる。中世後期には葬具が発達し、それは近年まで日本各地で行われた伝統的な葬列にも多くが受けつがれているため、この時代の葬儀を概観することは民俗的葬儀の起点を知る上でも重要である。葬儀全体を細部まで叙述すると長大な紙幅を必要とするので、ここでは中世後期の変化の中でも重要だと考えられる「死者を仏として葬る」という葬儀観に伴って出現したいくつかの要素を中心に、現行民俗との関係についても意を用いながらみてゆくことにしたい。史料の豊富な臨済宗による足利将軍家の葬儀をおもな素材とするが、これは禅宗の葬儀が現行民俗の葬列などに大きな影響を与えているとみられることにもよる。なお『死者たちの中世』とは重複をさけているので、前代の葬儀についてはこの拙著をあわせ参照願えれば幸いである。

1　龕

龕葬の伝来　前著で述べたように、中世前期では貴族の葬送のとき、寝棺に入れて葬っていた。[2] 死ぬときには端坐合掌して念仏して終わる人も多かったが、死後は寝かせて安置し、その状態で棺に入れていた。しかし中世後期には死者を坐らせて竪棺《たてかん》または桶に入れ、それを龕《がん》と呼ばれる屋根のついた輿の一種に納めるようになった。龕はもともと仏像を入れる厨子をさす語だったから、この変化は死者を仏として扱うことと対応していると考えられる。現行民俗の伝統的葬送儀礼にみられたように、龕の上に天蓋や幡など仏像の荘厳具をかざすのも、これと対応した変化であろう。

　龕が葬儀に用いられるようになったのは中国禅宗の影響であろう。北宋の崇寧二年（一一〇三）の序をもつ禅僧の生活規範『禅苑清規《ぜんねんしんぎ》』(3)は栄西、道元、円爾（聖一）らの指導的禅僧が将来し、日本にも大きな影響を与えた。現在日本に伝わるのは南宋の嘉泰二年（一二〇二）の再刻本であるが、その第七巻「亡僧」の項には「亡僧初化、即澡浴剃レ頭、披二掛子一、坐二桶内一、以レ龕貯レ之。置二延寿堂前一、設二香花一供養、并剪三造白幡一書二無常偈一、及置二仏喪花於龕上一、題云二歿故某人上座之霊一、集レ衆念誦。是夜、法事誦戒廻向。来日早晨、或斎後津送」と見える。すなわち僧が死ぬと、まず沐浴させて頭を剃り、掛子（未詳、衣類か）を羽織らせて桶の中に座らせ、これを龕に納めて延寿堂の前に置き、香花を供えて供養する。また白幡を作って無常の偈を書き、これと仏喪花（日本の四花に相当するものか。後述）を龕の上に置く。故人の名を龕に書いて、僧衆を集めて念誦する。この夜は法事をして戒を誦して廻向し、翌朝または斎の後に津送《しんそう》（葬儀）を行うという。なお龕が置かれる延寿堂は死期の迫った僧を収容して死を迎えさせる施設で、宋の道誠撰『釈氏要覧』(4)巻下の「無常院」の項には、祇桓（祇洹《ぎおん》。天竺の祇園精舎のこと）の西北角、日光の没するところに無常院があり、病者をそこに収容して坊舎や衣鉢に恋着しないようにするという、源信の『往生要集』中巻の臨終行儀に引かれたものに近い文(5)を引用して説明したのち、いま無常院を延寿堂・涅槃堂というのは後人が情愛の念から名づけたものだと補足している。日本の中世後期には、禅宗寺院に付属する火葬場のことを延寿堂とか涅槃堂といったが(6)、ここは本義である。延寿堂で僧が死ぬので、その前に龕を置くのであろう。

この『禅苑清規』を日本に将来した一人である聖一国師（円爾弁円）が弘安三年（一二八〇）に入滅したとき、龕に入れて葬られたことが『沙石集』巻十末(7)にみえる。「東福寺ノ長老、聖一和尚ハ、弘安三年十月十七日入滅。（略）倚子ニ坐シテ、辞世ノ頌書畢テ入滅。京中ノ道俗貴賤、市ヲナシテ拝スル事三日、其後坐シナガラ龕ニ納メ畢ヌ」とあり、龕に入れて葬った早い例であるが、鎌倉時代の禅僧の間ではこれより前から行われていただろうし、禅宗に帰依した北条氏など鎌倉幕府要人の間でも採用されていたと考えられる。鎌倉時代の俗人が龕に入れて葬られた史料は管見に入っていないが、足利将軍家は初代の尊氏から臨済宗の葬儀を行った。延文三年（一三五八）五月三日に行われた尊氏の葬儀は「一向禅宗之沙汰」だった（『愚管記』延文三年五月三日条）。『太平記』（巻三十三、将軍御逝去事）は尊氏の葬儀について、鎖龕《そがん》・起龕・奠茶《てんちゃ》・奠湯《てんとう》・下火《あこ》の仏事を記している。また曹洞宗では、能登永光寺開山で曹洞宗の教線を拡大した瑩山紹瑾《けいざんじょうきん》が元亨四年（一三二四）に制定したとされる『瑩山和尚清規』(8)に、入龕・移龕・鎖龕・起龕などの仏事がみえている。この時代の清規にはまだ俗人の没後作僧の法式は見えないが、臨終前に受戒した俗人に対しては亡僧作法を適用したと考えられる。

南朝に虜囚の身となり、その期間に出家した北朝の光厳院は、帰還後は禅僧として暮らし、丹波山国の常照寺で貞治三年（一三六四）に死んだ。その葬儀についての伝聞を中原師守は「八日太上法皇御葬云々。唐様以レ龕葬申云々。猶可二尋記一」と日記に書いている（『師守記』貞治三年七月十日条）。龕で葬るのは「唐様」で、当時は珍しかったのだろうが、天皇としては異例だという感覚もあったかもしれない。光厳院は都で死んだなら法皇としての伝統的葬儀が行われたのであろうが、『迎陽記』貞治三年七月八日条（『大日本史料』第六編ノ二十五）によれば、院が師事した天龍寺の春屋妙葩《しゅんおくみょうは》の手で葬儀が済まされていた。この後、天皇も座らせて葬るようになる。

遺体を座らせる　『禅苑清規』では桶に入れてからそれを龕に納めるとされているが、応安七年（一三七四）二月二日に泉涌寺で行われた後光厳法皇の葬儀では「玉ノ御輿ヲスヱ、四方ニ錦ノ旗ヲ立。御車ニ安楽光院僧二人参セラル。サルホトニ御車ヨリ錦ニテツヽミタル御桶ヲオロシタテマツリテ、彼御輿ニ入タテマツル」とあって、遺体を納めた桶を輿に入れている（『凶事部類』続群書類従、雑部）。桶は丸いものだから寝かせたとは考えにくく、座らせて入れて、龕のような輿に入れたのだろう。後光厳院は正月二十九日に死に、その日に泉涌寺の竹岩和尚を戒師として光融という法名がつけられ、三十日に入棺したという（『洞院公定日記』応安七年正月二十九日・三十日条）。

棺桶に座らせて入れるのは、死後硬直が起こってからでは困難なことがある。近年まで竪棺が使われていた多くの地域でも行われたが、死ぬとすぐに死者を座らせて、縄などで縛っておくことがあった。これを詳しく書いているのは、丹波国多紀郡（兵庫県篠山市奥畑）の曹洞宗太寧寺の開山惟中守勤が文安四年（一四四七）に残した遺言である（守勤末期儀式定書、丹波多紀郡太寧寺文書、『兵庫県史　史料編　中世三』）。自分が死んだらまず頭を洗って髪を剃り、ついで衣を脱がせて手足から陰部に至るまで湯で丁寧に洗い、白い褌をはかせる。それから結跏趺坐させて、麻縄で両足を縛って腰に結ぶ。その後平生のように帷子と襪《したうず》を着せ、袈裟を掛ける。左手には数珠を掛け、右手の掌を上に向けて左の掌をその上に重ね、麻縄で手首を結わえる。それから莚の上に座具を敷いてその上に安座させ、四人がかりで莚ごと持って龕の中に入れる。そして両肩の上には木を渡して、前後左右に体が揺れないようにする。龕の中には古草鞋と小香合を入れてから、龕蓋を覆う。これを弟子が分担して担って葬所に埋めるが、ここまでは人に知らせないようにしろと言っているので、この姿勢は人に見せるためのものではない。また長享三年（一四八九）三月二十六日に近江鈎《まがり》の陣で死んだ将軍足利義熙（義尚）の葬儀について蔭凉軒の亀泉集証は、これから暖かくなるので、遺体には白帷を着せ、水銀を口、目、鼻に入れたらよい。また縛って桶に入れたらいいと提案した（『蔭凉軒日録』長享三年三月二十七日条）。

民俗例では、新潟県では体が硬直しないうちに膝を曲げて坐棺に入れやすく作り、手を膝の上で組ませることを「ホトケをよせる」（県内各地）、「ホトケ様つくり」（東蒲原郡阿賀町鹿瀬）といった。十日町市松之山天水越では藁をつないだもので両膝を縛った。頸から吊って形を作ることも各地で行われたという(9)。岩船郡山北町山熊田では以前、人が死ぬと北枕にして枕飯・枕団子を供え、布団の上に菅莚をかぶせるが、このときは「病人」とよぶ。しばらくすると菅莚の上に死者を起こして、両手を前に組み合わせ、手首と足首、太ももを荒縄で縛った。そのまわりをもう一枚の菅莚で円錐形に囲い、これを「仏にする」と言った。こうすると棺に入れやすくなる。この状態で通夜をし、葬式の準備をした(10)。

また石川県鹿島郡では入棺のとき「三尺木綿を膝から首へかけ棺へ入れてぐつと締附ける、時に頸骨が無気味な音を立てゝ砕けることがある、この三尺の木綿を極楽縄といひ、もとは藁縄であつた」という報告があり(11)、民俗学では死霊を圧伏するため、または死体に取り付く魔物が活動しないように縛り付けたとする説があった。しかし中世前期では上層は寝棺であったし、庶民は風葬が多かった。風葬では縛ることは考えられないし、死霊が死体の中にあると考えてそれを恐れる心意もこの葬り方では強く発現していないといえるだろう。鎌倉時代の土葬墓では側臥屈葬や仰臥屈葬が珍しくないとはいえ、縛ることが古くから行われていたとは考えにくい。中世後期に座らせて葬ることが普及した段階で、遺体の姿勢を整えるために行われはじめたことであろう。右の山北町山熊田の例で「仏にする」というのは、その姿勢が仏像にならったものであることを示している。

葬列で運ばれる龕は、天文五年（一五三六）制作の『日蓮聖人註画讃』(12)に描かれたものは周囲にも屋根にも錦が張られており、長享二年（一四八八）五月三日に行われた嘉楽門院の葬儀でも「奉レ昇二出宝龕一、以レ錦張レ之」とある（『実隆公記』長享二年五月三日条）。明応九年（一五〇〇）十一月十一日の後土御門天皇の葬儀でも「宝輿八角之龕也。柱黒塗。棟宝形。以レ金彩レ玉。八方以二唐錦一張レ之。四方有二鳥居一。面方有二金鑰一鎖レ之。轅白木也。以二生絹一縫二裹之一。」と詳細に説明されている（『明応凶事記』明応九年十一月八日条、続群書類従、雑部）。しかし葬儀によっては、龕の扉を開けるか、龕が柱だけで前面や側面から遺体が見えるようになっているものもあったらしい。後述する「一向上人臨終絵」では、一向俊聖の遺体は輿に乗せられているが、輿には龕はなく、遺体が外から見える。宣教師フロイスが日本の葬儀のようすを報告した一五六五年二月二十日の書翰(13)では「次に甚だ美麗なる輿を担ひたる者四人行進す。輿の中には死者頭を膝に載せ、祈禱を為す者の如く合掌し、頭は地に傾け不幸なる魂の葬らるゝ所を眺め、純潔の標として白服を着け此服の上に紙衣を着す。偶像が書き残したる書物を認めたるものにして、其功徳に依り救を受くべしと信ぜり」とあるが、龕の中の遺体が見えなければ書けない描写である。もっとも、天皇は一般に死亡から葬儀まで長い時日をおくので、とてもこのようなわけにはいかないであろう。

龕と火葬　現行民俗では数十年前まで多くの地域で竪棺に入れて土葬していたが、土葬には竪棺の方がスペースの節約になる。棺をガンと呼ぶ地方が多いのは龕であろうから、葬列に使う他の葬具ともあわせて、中世後期以後の地元有力者の葬儀のやり方を模倣したものと思われる。しかし中世の有力者は火葬を行うことが多かったが、竪棺は火葬にはあまり適していないだろう。腹部は内臓があって、焼けるのに時間がかかるが、座っていると脚部があるため腹に火が当たりにくい。須藤功氏によると(14)、伝統的に火葬が行われていた新潟県長岡市（旧古志郡山古志村）では、膝を折って抱え込む姿勢は腹部に太ももを抱えて二重になるため、腹部がなかなか焼けない。いつまでも燃え残っていると、昔は竈から出して雑木林に捨てた。狸などが食うので長く残ることはなかったという。中世史料では火葬作業でのなまなましい様子はほとんど記録されていないが、高田陽介氏(15)が指摘した『蔗軒日録』文明十六年（一四八四）

九月六日条には、堺の泉屋という者の老父の火葬で「三昧聖致（マヽ）、不レ可レ忍之事也」とされている。三昧聖が何をしたのかはっきりしないが、焼きやすいように死体を棺から出して俯せにしたり、棒で動かしたりしたのかもしれない。ただこれを記しているのは僧で、遺族が見ていたかどうかはわからない。野本賢二氏[16]によると、鎌倉で発掘された茶毘址で土坑を掘っているものは、その大きさが九〇～一三〇センチの間で、寝棺とは考えにくいという。永福寺跡の茶毘址の一つには火葬骨が拾われずに残存しており、側臥屈葬（東向き）で火葬にされたことが判明したという。竪棺や龕を横にして火葬したことがあったかもしれない。いずれにしても、このような作業上の不利にもかかわらず座らせて龕に入れるのが中世後期に普及したのは、葬列で死者を仏として扱うことの好ましさが火葬での不利をしのぐと思われたからであろう。

2　幡・天蓋・四花

幡　葬式に用いる幡は、永禄九年（一五六六）に成立した日本の臨済宗の『諸回向清規式』[17]に「赤地金襴、以二黒紙一裁剪、為二諸行無常字一貼レ之、幡頭有二仏法僧宝字一、毎レ幡一字、幡竿青葉竹為レ之也」とあるが、仏具の幡の形に紙を切って四つ作り、それぞれ上に「仏」「法」「僧」「宝」と書き、その下に「諸行無常」「是生滅法」「生滅滅已」「寂滅為楽」の四句の偈を書いたもので、近年まで各地の葬列でも用いられていた。天蓋は竜頭《たつがしら》の口に釣り紐を結んで吊しているようすが『平家納経』法師品に描かれているが、これは葬具ではなく仏像の荘厳具で、それが後世、葬式において龕を荘厳するために用いられるようになった。民俗例では天蓋を竜頭の口に吊す地方と、竹竿などに吊して、竜頭は別に持って歩くところとがあった。『諸回向清規式』によると、天蓋には逆卍と「迷故三界城　悟故十方

空　本来無東西　何処有南北」の句（四国遍路の笠に書いてあることで知られる）を書くという。この句は天蓋の四隅につけられた小幡に書かれるのであろう。真言宗の例だが、永享七年（一四三五）六月十四日の三宝院満済の葬儀では「天蓋四方ノ幡ハ錦也」とされている（『醍醐寺新要録』巻十三、菩提寺篇、法身院准后御終焉事）。また天文五年（一五三六）制作の『日蓮聖人註画讃』でも日蓮の遺体が納められた龕の屋根の四隅と、龕の上にさしかけられた天蓋の四隅のいずれにも小幡がとりつけられているさまが描かれている。

天蓋や幡は中世後期には各宗派で用いられていたが、中世前期には普及していなかったようである。仏教的な幡やそれ以外の形式の葬送の旗については、古く『常陸国風土記』の逸文に、陸奥の蝦夷を討った黒坂命が凱旋して、多《た》歌《か》郡の角枯《つのかれ》之山で病になって死んだとして、「黒坂の命の輸轜車《きくるま》、黒前《くろさきの》之山《やま》ゆ発《た》ちて日高《ひだかみ》の国に到《いた》るに、葬《みはふり》の具儀《よそほひ》、赤旗《あかはた》青幡《あをはた》、交雑《まじ》り飄颻《ひるがへ》りけり。雲飛び虹張り、野を瑩《かかや》かし路《みち》を耀《てら》しけり。時の人謂《なづ》けて赤幡垂《あかはたしだり》の国といふ(18)」とあり、律令の「喪葬令」では親王一品の葬儀で「幡四百竿」とあるなど非常に多くの幡の使用が規定されている。しかし実際にこのような多くの幡が使われたかどうかは明らかではない。天平勝宝八年（七五六）五月十九日に行われた聖武太上天皇の葬送では、「御葬《みはぶり》の儀、仏に奉《たてまつ》るが如し。供具《くぐ》に、師子座《ししのざ》の香、天子座《てんしざ》の金輪幢《こむりんどう》、大小の宝幢《ほうどう》、香幢《かうどう》、花《くゑ》縵《まん》、蓋繖《きぬがさ》の類有り(19)」とあって、幢があわせて四本用いられたという。仏に対しては古くから用いられており、天平神護二年（七六六）に隅寺の毘沙門像から出現した舎利が法華寺に請来されたときは「五位已上廿三人、六位已下一百七十七人、種々《くさぐさ》の幡《はたほこ》・蓋《きぬがさ》を捧げ持ちて、前後に行列(20)」した。

平安時代では天皇の葬儀などで黄幡が用いられたが、これは一本で、絹の幡に真言が書いてあり、白木の竿につけたというから（『類従雑例』長元九年〈一〇三六〉五月十九日条）、これ以前の幡とも後世の幡とも数は違う。『西宮記』（臨時八、天皇崩事）によると、黄幡は葬列のときは棺の小屋形の中に安置しておくという。この書では土葬を想定しているが、埋葬前にまずこの幡を立てる。このとき幡の竿は孝子が持つ。ついで墓穴に御物を納め、それから棺を入れるという。寛弘八年（一〇一一）の一条上皇の例ではこれがまた変わっており、黄幡は葬列のとき主典代内蔵属宗岳時重が持って歩いた（『権記』寛弘八年七月八日条）。その後の平安時代の天皇・上皇の葬儀でもこれが踏襲されるが、後一条天皇のときの幡の位置は葬列の先頭で、松明よりも前だった（『類従雑例』）。中世の葬列でも幡は先頭に近いので、その意味では平安時代の天皇の葬儀の幡との継続性も考えられるが、天蓋については平安時代の天皇の葬儀では用いられていなかったようで、記載がない。

一般の人々の葬列では、僧がつきそって磬子《けいす》（鉢鉦）を打つことは平安〜鎌倉初期でも富裕な層では行われており、『今昔物語集』巻二十七第三十六話では、播磨の印南野で「多《おほく》ノ人、多ノ火共ヲ燃《とも》シ烈《つらなり》テ、僧共ナド数金《あまたかね》ヲ打チ、念仏ヲ唱へ、只ノ人共モ多クシテ来ル也ケリ」とあるが、幡や天蓋などの荘厳具は記されていない。承久元年（一二一九）ころの写しとされる『北野天神縁起』巻八に描かれた葬列では、朸でかついで運ばれる棺のまわりには磬子を打つ僧や長刀を持つ武士が付き添っているので、比較的上層と思われる。この絵では棺の前をかつぐ人の顔の後ろに、やや斜め上方に棒がつき出している。この棒の上端部は鈎状に曲がっているが、幡などはついていない。また後方の法師姿の人物も棒を右肩にかけて持っており、これは複製では上端部が切れているものがあるが、模写を見ると棒で、幡などではない。これらの棒の用途は不明だが、火葬のさい燃料や遺体を動かすのに使うものかと思う。天蓋はない。なお後述するが、この絵では棺の後端に御幣が立てられている。

幡と天蓋の起源　拙著『死者たちの中世』では四本幡や天蓋を、龕とともに禅宗が葬式に導入したものと考えたが、(21)この点についてはその後考え直している。幡については前に引いた中国宋代の『禅苑清規』にも、無常の偈を書いた幡を作ることが見えるが、天蓋については記述がない。一方、弘安五年（一二八二）十月十三日に死んだ日蓮の葬列を記した「日蓮遷化記」(『鎌倉遺文』一四七二二号)には、葬列に幡と天蓋が見えている。幡は葬列の先頭近く、前火と大宝華(蓮華の作り物)に続く三番目に位置し、天蓋は後方、輿に載せた棺の後ろについている。幡は持ち手が「左四条左衛門尉　右衛門太夫」と二人しか見えないので、四句の偈の幡ではないかもしれない。もし幡と天蓋が禅宗によって導入されたものなら、この当時はまだその系譜関係が意識されていただろうから、日蓮の弟子たちが禅宗の葬儀を模倣するとは考えにくい。

滋賀県大津市の聖衆来迎寺(天台宗)が所蔵する国宝『六道絵』のうち「人道生老病死四苦相」の図には、白木の棺を朸で担って山道を登る葬列が描かれているが、先頭は松明、その次は棒につけられた幡一本、三番目に天蓋が進んでいる。棺は寝棺のように見えるので、龕が用いられていない葬列でも、それとは独立して幡や天蓋が添えられたことを示している。またこの『六道絵』の「餓鬼道飢渇苦」の図では岩陰で火葬が行われているさまが描かれ、火の横の地面には天蓋がそれを吊した棒を地面に突きさして立てられ、そのまわりに四本の幡が立っている。中野玄三『六道絵の研究』[22]によると、聖衆来迎寺の『六道絵』は十三世紀後半、それも末に近い時期の成立とされるから、日蓮の葬儀と同時期か、それより少し降るかと思われるが、これも宗派的にも絵としても禅宗の葬儀ではない。

この絵に描かれた葬式は、棺や参列者からみて十三世紀前半の『北野天神縁起』と同程度の階層で、当時としては上層と思われるが、『北野天神縁起』では描かれていなかった幡と天蓋が出現しているのは興味深い。幡や天蓋は禅宗とは独立して、日本において仏像の荘厳具から葬具への転用が行われ、十三世紀後半ころから用いられるようになったものと思われる。当初はまだ幡の本数は固定していなかったらしい。ただ、正安元年(一二九九)成立の『一遍聖絵』巻九に見える如一上人葬送の絵では、輿を二人の人物が運んでおり、磬を打つ僧や長刀、弓を持つ武士が付き添うが、幡や天蓋は見えない。十四世紀初頭の『法然上人絵伝』巻十三にある、もと興福寺の古童子だった僧の葬送

図５　葬列（『六道絵』人生生老病死四苦相之図，模本，聖衆来迎寺所蔵）

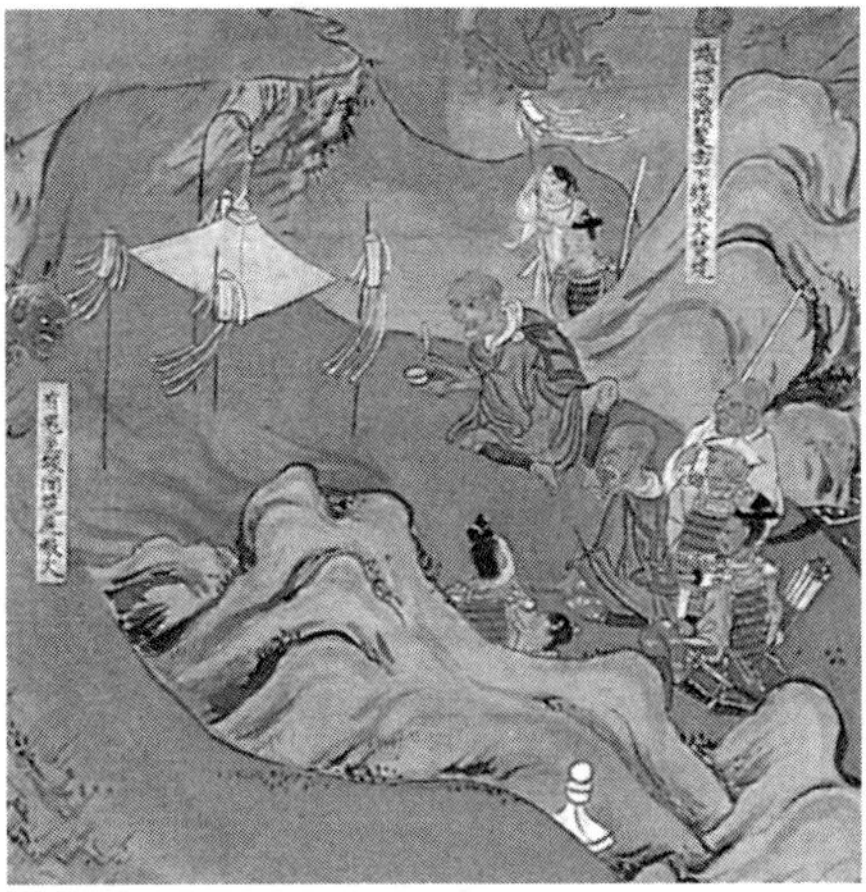
図６　幡と天蓋（『六道絵』餓鬼道飢渇苦之図，模本，聖衆来迎寺所蔵）

場面でも幡や天蓋はない。鎌倉時代までは比較的上層でも幡や天蓋は使われないことも多かったらしい。

中世後期の幡や天蓋の例を若干あげておくと、応永五年（一三九八）七月二日に行われた東寺観智院賢宝の葬儀では、律宗の亭子院の僧が葬送のしつらえを行ったが、亭子院が提出した見積もりになかった「棺ノ覆、天蓋、幡」を東寺側で加えたという（『観智院法印御房中陰記』、『大日本史料』七編ノ三）。応永十五年（一四〇八）五月十日に臨済宗の等持院で行われた足利義満の葬儀について記した『慈照院殿諒闇総簿』[23]には天蓋と四本の幡がみえる。「仏字」「法字」「僧字」「宝字」とあるので、四句の偈を一本ずつに書いたものと考えられる。

古く院政期の往生伝にも、往生人が幡や天蓋で飾られて極楽へ向かうイメージがみられた。『後拾遺往生伝』下巻第七話によると、文章博士藤原行盛は長承三年（一一三四）十一月に死んだが、その後子息の夢に、二人の童子が「幡蓋」を捧げて行盛を迎え、西方に去ると見えたという。往生人が仏の世界の一員になり、幡や天蓋に荘厳されて極楽に向かうという発想から、それが葬儀において棺を荘厳するのに使われるようになるのは自然な推移である。死体を龕に入れることも、幡や天蓋で飾ることも、ともに死者を「仏」として扱う点で共通点があるが、前者は禅宗が、後者はおそらく天台浄土教が発達させたもので、中世後期にそれが（浄土真宗を除き）広く葬具として用いられるようになったのではないかと思われる。なお、中世末から近世初期の人々の間で幡や天蓋が重視されていたことについては『死者たちの中世』で多少ふれた[24]。

四　花　次に、現在でも祭壇に供えられる四花《しか》（紙花・死花）について触れる。四花は紙の左右に細かい切れ込みを入れ、それを竹の棒に巻きつけたものを四本作るのが普通だが、地方によって差異がある。

日本の中世史料では「雪柳」というものが見える。初見は応永十五年（一四〇八）の足利義満の葬儀を記した『慈照院殿諒闇総簿』と思われるが、これには雪柳を持つ人を「沙弥八員、自二相国寺一」としており、このときは持つ人が八人いた。その後、寛正四年（一四六三）の足利義政生母日野重子の葬送では「寿能侍者・妙運侍者・等深侍者・等昇侍者賦二雪柳一」と、雪柳を賦す（散花のように撒いたらしい。後述）人が四人書かれている（『蔭凉軒日録』寛正四年八月十一日条）。これ以後の将軍家の葬儀記録でも同様である。

中国では前に引いた『禅苑清規』で仏喪花を龕の上に置くと見えているが、釈迦の入滅を記した『大般涅槃経後分[25]』巻上では、入滅のとき娑羅樹（沙羅双樹）が白く変じたとされる。仏喪花の名はこれに見立てて作ったものであることを思わせるが、宋の『釈氏要覧』巻下では「安龕柩」の項に、龕を安置する場所に縄床を置いて、そこに真影を掛けて香華を供えるとともに「用㆓白紙㆒作㆓娑羅華㆒。八樹以簇㆓縄床㆒」とあって、白紙で娑羅樹の花を八本作って縄床に飾るとされている。『大般涅槃経後分』には「娑羅樹林四双八隻。西方一双在㆓如来前㆒。東方一双在㆓如来後㆒。北方一双在㆓仏之首㆒。南方一双在㆓仏之足㆒。爾時世尊。娑羅林下寝㆓臥宝床㆒」と記され、釈迦の伏したベッドの東西南北に二本ずつあったという。宋代ではこれに従って八本作ったらしいから、義満の葬儀で雪柳を持つ人が八人いたのはその影響であろうか。また当時は元の至元二年（一三三六）序、至正三年（一三四三）刊の『勅修百丈清規』(26)が日本にも将来され、文和五年（一三五六）には五山版が刊行されているが(27)、これに「雪柳」の名が使われている。巻六「亡僧」には「両両次第合掌而出。各執㆓雪柳㆒。行者排㆓立門外㆒。低頭合掌」とあり、また巻三「遷化」には「両両分出。左右俵㆓散雪柳㆒。斉歩並行」とある。俵も散も「散らす、撒く」の意味であるから、当時の雪柳は散花のように散らすものだったらしい。寛正三年（一四六二）成立の日本の抄物『百丈清規抄』(28)には雪柳を娑羅樹だとはせず、「雪柳ハ、送行ハ折柳ノ心ソ。白紙テスルホトニ雪柳ト云ソ」と説明しているが、室町時代の雪柳も白紙で作られていたことがわかる。なお折柳《せつりゅう》は漢代に、長安の都を旅立つ人を見送るのに覇橋まで行き、柳の枝を折って餞にした故事による語という。

　室町時代の雪柳が散らされるものだったとしても、八や四の数は娑羅樹からきているのであろう。『大般涅槃経疏』巻一(29)には「娑羅双樹者、此翻堅固。一方二株、四方八株。悉高五丈。四枯四栄。下根相連、上枝相合、相合似㆓連理㆒」とあって、釈尊入滅のとき娑羅樹八本のうち四本は枯れ、四本は花開いたという四枯四栄の説がみえるので、それによって四本にしたのかもしれない。その花が枯れたことを示すために、樹に見立てた棒に白い紙の花を多くつけ、それを撒いたものかと思われる。天文十九年（一五五〇）の足利義晴の葬儀では「雪柳四本を花瓶に立て右に置る」（『万松院殿穴太記』群書類従、雑部）と見え、雪柳が「四本」と数えられているので、持つ人が四人いるというだけではなく、木を四本作ったことがわかる。

シカ（四花）の語はもともと「紙花」で、今日の四花が多くは四本なのは、シが四と解釈されたためにそうなったということも考えられるが、四花といわず雪柳といっていた中世の禅宗の葬儀でも、十五世紀後半以後は四本になっている。

民俗例では今でも八本供えるところがあり、たとえば神奈川県津久井郡相模湖町の戦前の鈴木重光氏の報告[30]では「棺前に供へる造花は、六七寸の竹串へ、幅三寸位の紙を二つ折りにし、その折目の方を二分位残して細く切つたものを巻きつけて四本宛二個の台へ立てる。今は種々の色紙を使ふが、是も本来は紅白二色の四本宛で、是は釈尊入滅の時娑羅双樹の四つの枝は枯れ四つの枝は花が咲いた。即ち四枯四栄を現したのだといふ。屍（シカバネ）の語源は、この故事の四花（シカバナ訛ってシカバネ）から出たのであるといふ事である。一説にこれは白紙ばかりで作るもので、これを『雪柳《セツリウ》』といひ、柳に白雪の積つたものであるといふ」とあって、計八本だった。ここの寺院は臨済宗建長寺末の正覚寺（相模湖町若柳）なので、この記述は僧の教示に基づく部分があろう。また高知県長岡郡[31]では「紙花は三四寸角の板に六七本の竹串を立て、之に紅白紙を花の如く着けたるものなり」とあって六、七本とされているが、報告者が厳密に数えていないとも考えられ、相模湖町のように紅白四本ずつ八本だったのかもしれない。広島県安芸高田市吉田町[32]ではシカを「八本つくり、葬儀の際四本、灰葬の際に四本使用する」という。四花は浄土真宗でも用いられる。

四花と地取り　五来重氏[33]は民俗の四花はもともと禅宗の雪柳に由来するのではなく、元来は御幣で、埋葬する場所の地取りをするための結界として用いたと考えている。岐阜県揖斐郡揖斐川町（旧徳山村）や八丈島では四花は（古く御幣に用いられた）白木の削りかけであることや、三重県熊野市で小さな御幣形の四花を墓地の四隅に立てたり、備中の成羽地方でシカバナを地取りということが根拠とされるが、民俗例では墓地の四方に串などをさして地取りと呼ぶことはあっても、実際に四花がその役をする例はこれ以外にあげられていない。『広島県史　民俗編』[34]には「シカはもとは白木の削りかけから変化したもののようで、地取りともいい、埋葬地の四方にたてる意味とか、もと葬地をト定するためのものともいわれている」[35]という記述があるが、これは県内の伝承なのか、民俗学の説を書いたものか不明である。ただ戦前の磯貝勇氏の報告では、広島市付近で「墓は四十九日まで、ホトケイシを横に寝かして、障子張りの屋根をしつらへて、四つ角にシカバナ（白紙で作った御幣に似たもの）をたてゝおく」とあるので、墓の四隅に四花を立てたことは事実であろう。

　平安末期までは墓が密集した墓地をなさず、空閑地を適当に点定して墓を作っていたことは『死者たちの中世』でも述べたが、[36]『今昔物語集』巻二十七第三十六話では、播磨の印南野で田の番をする小屋に宿った旅人は、夜中に葬列がやってくるのを見て「葬送為《す》ル所ハ兼テヨリ皆其ノ儲《まうけ》シテ験《しる》キ物ヲ、此レハ昼ル然《さ》モ不見《みえ》ザリツレバ、極テ怪キ事カナ」といっている。つまり空き地に墓を作る場合には、前もってそれがわかるようにしておくのが普通だから、それを見ていたらそんな場所に宿らなかったのだが、そうは見えなかったというのである。ここでいう「儲」（設け）とはどんな形状のものかはわからないが、現在の地鎮祭のように四方に棒を立てて結界をした可能性はある。また元久元年（一二〇四）に死んだ藤原俊成の葬儀は土葬だったが、穴を掘る予定地に石を丸く並べて目印にしていた。[37]これらは地取りといってよいものであろう。

　しかし四花が地取りのためのものであれば、これらのように前もって埋葬の場所に立てておいて然るべきであるが、そういう例は知られていない。民俗では四花は出棺前は棺の近くに飾られ、葬列ではそれを持って歩く。その後に四花を墓の四隅に立てるとか、四花を地取りと呼ぶのは、釈迦の入滅時に寝床の四方に娑羅樹があった故事から墓の四

図7　棺に立てられた御幣（『法然上人絵伝』巻13，知恩院所蔵）

方に立てることがあって、それが四隅に移行して、地取り用の結界と考えられるに至ったものかもしれない。

棺に立つ御幣　現状では四花は娑羅樹をかたどったもので、中国禅宗由来の葬具であるという伝統的な解釈を採用しておきたいが、五来氏が四花はもと御幣だったと考えたことは生かせるかもしれない。というのは、鎌倉時代の葬列では実際に棺に御幣を立てていたからである。十三世紀前半の『北野天神縁起』巻八の葬送場面では、棺の後端に串が立てられ、それに白紙を長方形に折った御幣がはさまれている。十三世紀後半の聖衆来迎寺蔵『六道絵』の人道生老病死四苦相の図（一七四頁）では、棺の後端に御幣または旗と思われるものが立てられている。さらに十四世紀初頭の『法然上人絵伝』巻十三の葬送場面では棺の前端に御幣が立っている。このように鎌倉時代の絵にみえる葬送で棺に御幣がついているのが管見に入っただけでも三点あり、当時はかなり一般的に行われていたようである。三例のうち二例で棺の後端に立てられているが、中世前期に貴族が寝棺で葬送する場合、死者の頭部が後方になるように車に棺を載せるとされているので（『吉事次第』）、御幣は死者の頭部に近い位置に立てられたものと思う。『法然上人絵伝』で棺の前端なのは、頭を前方に向けて出棺することもあり、それを描いたからであろう。御幣ではなく旗であるが、藤原俊成の遺体を棺に入れたあと、枕の方に「小旗」を立てたとあるのは（『明月記』元久元年〈一二〇四〉十二月一日条）この一例であろう。(38)しかしその意味は定家も「不レ知二何事一」と書いていた。入棺をしたのは僧たちであるが、小旗は彼らのはからいで、定家はそのいわれを聞かなかったらしい。

御幣の役割であるが、神社の神は死穢を嫌うから、この御幣は一般的な神への供物や依代ではないだろう。霊が浮遊しないようにするための依代だったのかもしれないが、そうだとすると、その役割は後世では野位牌に移行し、形態は四花に継承されていったことは考えられる。岩田重則氏(39)が民俗例から推定しているように、死霊を圧伏するために別の神を呼び寄せていることも考えられる。

3　善の綱と位牌

善の綱の起源　善の綱とは棺（龕）に結びつけてその前方または後方に伸ばし、人がそれにつかまって引く布の綱をいう。現行民俗でも広く見られたが、東日本では縁の綱、西日本では善の綱とよぶことが多かった。

起源的には仏像にこの綱をつけて、結縁のために人々がそれを手に取ったもので、戦国時代にも行われていた。永正十五年（一五一八）四月に比叡山の根本中堂の供養が行われたときは、山上から坂本まで「善之綱」を伸ばし、女人禁制のため山上まで登れない多くの女人がこれにつかまって結縁したという（『二水記』永正十五年四月三日条）。

善の綱を葬送に用いることは中世前期にはまだみられなかったようである。早い例としては『真名本　曽我物語』

巻第九で、仇討ちの遂行後に捕らえられた曾我五郎時致に縄をつけて頼朝の御前に引き出したとき、縄を解いてやりたいと言う者もあったが、五郎は「この縄をば善の縄《つな》とは思ひ給はぬか」と反問して、七歳のときから狙っていた仇を討って付けられた縄であれば全く恥とは思わないと言い、また工藤祐経の遺児犬房丸に引き渡されたときも、「時宗(致)が身に付くところの縄は善の縄なるべし。仍て各々、善の縄に手を懸けよや」と言い放った。五郎はまもなく処刑されるので、後世に棺につけた綱との連続性も考えられるが、しかしこの時点ではまだ五郎は生きているのであるから、ここは仏像に繋いで人々に結縁させた本来の意味での善の綱を念頭に置いているのかもしれない。いずれにしても、棺につける善の綱はもともと仏像に結んだ綱が葬儀にも用いられたのであろうから、竪棺を「龕」に納めたり、その上に天蓋をさしかけたり、幡で先導したりするのと同様に、死者を「仏」に見立て、葬列を仏像の行進のように荘厳するという中世後期に発達する儀礼の一環として理解することができるだろう。(40)

葬列で龕や輿に善の綱を結びつけている史料としては、南北朝期の「一向上人臨終絵」という絵が古い。時宗と共通点の多い念仏活動を行った一向俊聖は近江国の番場蓮華寺で弘安十年（一二八七）十一月十八日に入滅した。この絵は一向の入滅・葬列・火葬を下から順に三段に描いているが、最下段には右膝を立てて合掌した状態の遺体を人々が拝んでいるようす、中段には端坐合掌した遺体が輿に乗せられ、僧たちが担いでいくさまが描かれる。前述のように輿の上の遺体は外から見える状態だが、輿の後端部には白い布の綱がとりつけられ、それを輿に近い方から女性一人、男性三人のいずれも俗人が引いている。葬列で善の綱が結びつけられるのは、実際には仏像ではなく死者であるが、一向俊聖は絵にも蓮弁が降るさまが描かれており、往生人として僧俗の渇仰の対象となった。善の綱で結縁する習慣は当初、このような往生人に対して行われ始め、次第に一般の死者に広まっていくことを、この絵は示しているのかもしれない。(41)

善の綱と後継者　足利将軍家の禅宗の葬儀でも善の綱が用いられた。起龕仏事のあと龕は力者に舁かれて等持院の仏殿から火屋まで行列する。このとき龕の前方に伸ばした善の綱を肩に懸けるのだが、そうやってこの綱に「結縁」するのはどのような人々であろうか。後世の民俗では、善の綱につかまるのは孫または婦人であることが多かったが、十五世紀の将軍家の葬儀では後継者がこれを引くのが普通である。応永十五年（一四〇八）五月十日に行われた足利義満の葬儀では「担縄人々次第、源朝臣《（足利義持）》征夷大将軍、同御弟《（義嗣）》、管領《（斯波義教）》、裏松殿《（日野重光）》、児二人」とある（『慈照院殿諒闇総簿』）。応永三十二年（一四二五）の足利義量の葬儀では子がなかったためか、管領の畠山満家が引いたという（『蔭凉軒日録』長享三年〈一四八九〉三月三十日条）。その三年後の足利義持の葬儀では、くじで選ばれた後継者の青蓮院義円（義教）が「御縄」を引いた。『満済准后日記』応永三十五年（一四二八）正月二十三日条によると、管領の畠山満家が満済のところに来て、義円が縄（綱）を引くべきかどうか相談したが、山名時熙以下は「為㆓御冥加㆒尤可㆑然」と述べたという。縄を引くことで神仏の冥加があるとされていたなら、元来は仏像につけた善の綱の意味が残っていたとも考えられる。『建内記』応永三十五年正月二十三日条によると、義持の葬儀で縄を引いたのは義円一人だった。くじで外れた将軍候補の一人、義持の弟の梶井門跡義承にも引いてもらったらどうかという意見があったが、満済が斥けたと万里小路時房は書いている。満済自身はそのようなことは日記に書いてないが、こういう風聞があったとすれば、縄は身内が引くものだという考えと、後継者が引くべきものとする考えがともにあったものか。

このときは等持院の仏殿から火葬場まで距離があるため、満済はその道程の両端だけ縄を肩にかけたらどうかと提案したが、結局通して引くことになった。また綱を左右どちらの肩にかけるべきかも議論され、満済はたぶん左だろうとしているが、他の記録によると死者が男性の場合は左肩、女性のときは右肩にかけ、また綱の元の方（龕に近い方）を上官、先の方を下臈が持つという故実があった（『山科家礼記』文明九年〈一四七七〉二月十六日条）。寛正四年（一四六三）に行われた足利義政の生母日野重子の葬儀では、義政が「紼《ふつ》」（善の綱）を「右肩」に懸け、蔭凉軒の季瓊真蘂が義政の前で綱を引いた（『蔭凉軒日録』寛正四年八月十一日条）。女性の死者なら右肩に懸けるのは実際に行われたことらしい。その意味は不明であるが、左が上位ということかもしれない。なお重子の葬儀について『新撰長禄寛正記』（群書類従、合戦部）は「将軍家モゼンノツナヲ御肩ニ置セ玉」と書いているが、葬式に使われるこの綱を「善の綱」と称した早い例であろう。

綱の名称について、『建内記』も義教が善の綱を肩に懸けたことを「新武家執ㇾ紼歩二行龕前一給」と表現しており、この綱は紼とも呼ばれていた。古記録ではこの字で善の綱を表すことがしばしばあるが、訓読があったかどうかはわからない。紼は古代中国で棺につけた綱をいい、これを持って棺を墓穴に下ろす。また棺をのせた柩車にも綱をつけて人が引くことがあったが、この綱を引《いん》と称した(42)。『礼記』檀弓下に「弔二於葬一者、必執ㇾ引。若従ㇾ柩及ㇾ壙、皆執ㇾ紼」とある。日本では実用的な意味はないが、棺の前方に伸ばし、中世では後継者が引くとされていたので、紼の字を用いる点から考えれば、子がみずから綱を牽いて親を葬送するという象徴的な意味が入っていたかもしれない。なお後世の民俗では善の綱は棺の前方に伸ばす場合と後方に引く場合があり、二本つける地域もあるが、義持の葬儀では一本を前方に伸ばした。

長享三年（一四八九）四月九日の足利義煕（義尚）の葬儀では、義煕に子がなかったので、管領の細川政元と、母方の一族日野政資の二人が綱を引いた。この縄について『蔭凉軒日録』同年四月九日条は「全首座執ㇾ紼置二政元公左肩一。次日野右大弁宰相両人挽拂（紼カ）」、『北野社家日記』四月十八日条は「将軍代者細河右京大夫殿也。差縄ヲ被ㇾ執。其次日野殿云」、『山科家礼記』四月九日条は「ツナ、引縄ハかん（龕）のしやう（錠カ）に一すちつき候也。すへの縄を日野殿御ひき、くせ事のよし候也」、『将軍義尚公薨逝記』（群書類従、雑部）は「日野左（右）大弁参議政資。細川右京兆政元。御くはん（棺）の繕の綱かたにかけ奉り。火屋の中に入給ふ」と表現しており、「紼」「差縄」「綱」「引縄」「繕の綱」などいろいろな表記が行われていたことがわかる。『山科家礼記』が縄は龕の「しやう」につけるとするのは、龕の扉の「錠」に綱を結んだものだろうか。後土御門天皇の葬儀では八方龕の前面に「金鑰」があった（『明応凶事記』明応九年〈一五〇〇〉十一月八日条）。もっとも天文五年（一五三六）制作の『日蓮聖人註画讃』では、龕の上部の宝珠に綱が結びつけられている。なお『山科家礼記』が引用部分の後半で「くせ事」というのは、前述のように縄の元の方が上官、先の方が下臈という決まりがあったので、公卿の日野政資が末を持ったのはおかしいというのであろう。

女性と子供　この綱を引くのはもっとも死者に近い人の役目とされていたようである。ただ現行民俗では孫など子供が引くことがあるが、義満の葬儀で、義持や義嗣とならんで「児二人」が引いたとされるのは、早い段階でそのような感覚があったことを示すものかもしれない。『日蓮聖人註画讃』でも子供たちが龕の前方に伸ばした善の綱を引いている。後継者や重臣が引くことと、子供が参加することとの意味の違いは今のところわからない。葬列に元服前の子供が参加することは、この時代には特に禁忌としないことがあり、『康富記』文安六年（一四四九）五月十二日条では、貴族の大炊御門信宗の妻が重体になったので、もし死んだ場合、葬式に元服前の養子信氏が供をしてもよいかと万里小路時房に問い合わせがあり、時房は手紙で「御元服なくとも、童体にて葬礼御供あるべき条不レ苦候」と答えている。信氏（のち信量）は当時八歳であった。もっとも、若い者は葬式の供をすべきでないという感覚もあったらしいことは後述する。善の綱については、それを引く「児」と死者との関係は上記の二例では不明である。特に近い人というわけではなく、善の綱が装飾品のように考えられて、子供に引かせるようになったのかもしれない。なお民俗では女性が引く地域も多いが、女性の参加は中世史料では「一向上人臨終絵」以外は管見に入っていない。

この善の綱は武士の葬儀ではかなり広く行われており、史料が多く残されているが、天皇の葬儀ではこれを記した史料が少ない。天皇の葬儀には後継天皇は立ち会わないので、善の綱は後継者が引くものであれば、綱を持つにふさわしい人がいないということかもしれないが、貴族や僧侶の葬儀でも善の綱を棺につけることが中世後期にはあり、そのときは後継者以外が引くこともあった。応永二十三年（一四一六）の伏見宮栄仁親王（『看聞日記』の記主貞成の父）の葬儀では「次龕奉レ舁。御綱椎野・周乾蔵主・経良卿（田向）・重有朝臣（庭田）・隆富（四条）・行蔵庵寿蔵主等引レ之」（『看聞日記』応永二十三年十一月二十四日条）とあり、栄仁の子で貞成の異母弟だった伏見の椎野寺の寺主、同じく栄仁の子の僧周乾らが引いた。栄仁の長子で伏見宮家を継ぐ治仁や弟の貞成は葬儀には出ているが、綱は引いていない。

文明十三年（一四八一）の前関白一条兼良の葬儀では「勧修寺兵衛佐顕基前綱引レ之」（『大乗院寺社雑事記』文明十三年四月十一日条）とあるが、「前綱」は「ぜんのつな」であろう。一条兼良の嫡子教房は応仁の乱後、土佐の幡多荘に下向し、この前年に没していた。教房の子政房はすでに文明元年（一四六九）十一月、兵庫の福厳寺で合戦に巻き込まれて死んでいたため、兼良の第二十三子である冬良が一条家を継いでいた。冬良を生んだ兼良の側室は勧修寺家の分かれである町家の町顕郷の女で、綱を引いた顕基も顕郷の子である。冬良は当時、権大納言・左近衛大将だったが、まだ十八歳で若いため、やはり兼良の子で当時十七歳だった僧の政尊ともども、この葬儀には参列しなかったという。(43)

明応五年（一四九六）の勧修寺教秀の葬儀では「子息中納言（政顕）、僮僕凶服侍三人、一人持二太刀一云々、雑色両人云々、新中納言（経郷）、経郷舎弟、賢房等各取綱龕也」（『実隆公記』明応五年七月十七日条）とあるが、この例では教秀の嫡子政顕や教秀の弟経郷、政顕の弟賢房ら家族が引いている。ただこのときも、孫の尚顕（文明十年〈一四七八〉生まれで当時十九歳）は参加してよいかという問い合わせに、三条西実隆は「然るべからず」と答えている。後継者でも十代の者は葬式に出るべきでないという感覚があったのかもしれない。

位牌を持つ人　ところで現行民俗の葬列では、位牌を喪主（相続人）が持つのが一般的である。位牌は文献的には足利尊氏のものが初出で（『園太暦』延文三年〈一三五八〉六月四日〜六日条）、中世後期には広く使われているが、十五世紀の葬列で位牌を持つのは死者の一族の僧であることが多い。前述の伏見宮栄仁の葬儀では、子息（貞成異母弟）の洪蔭蔵主が持った。足利義持のときは、義持の弟の隆蔵主が持った（『建内記』応永三十五年〈一四二八〉正月二十三日条）。延徳二年（一四九〇）の足利義政の葬儀では、十一歳になる養子の香厳院の喝食清晃が位牌を持った（『蔭凉軒日録』延徳二年正月二十三日条）。三年後、清晃は細川政元に擁せられて将軍義高（義澄）となる人物だが、このとき善の綱（紼）を引いたのは義政の弟の義視と、その子で次の将軍となる義材（義稙）であった。貴族の正親町三条公治の葬儀では、葬儀直前に浄金剛院の喝食となった八歳になる子息が位牌を持ったという（『実隆公記』明応四年〈一四九五〉三月十六日条）。このように位牌を持つ人は死者と近い僧や喝食であることが多く、重視はされているが、跡継ぎの役ではない。また死者の子などではない場合もあり、一条兼良の葬儀では家司の松殿忠顕が位牌を持った。勧修寺教秀の葬儀のアドバイスをした三条西実隆は、位牌は葬儀を行う浄蓮華院の僧が持つのがよいが、いま痢病で散々のていたらくのようだから、他人でもよいと書いている。

しかし天文十九年（一五五〇）の足利義晴の葬儀では「御位牌は御家督の為ㇾ持給ひ諸大名供奉すべかりけるに。乱国のうちなれば。御猶子慈照寺の院主瑞耀尊丈ぞ為ㇾ持給ひける。ぜむ《（善）》の綱には諸候《（侯カ）》の衆とりつき侍り。御龕は力者四人舁ㇾ之」（『万松院殿穴太記』）と見え、十六世紀中期には家督の持つべきものと考えられるようになったらしい。善の綱と位牌の位置が入れ替わったわけである。この原因は史料的には明証がないが、葬列のさいに死者の人格（霊）が龕の中の死体ではなく、位牌に宿ると考えられるようになったことによる変化とも考えられる。

なお善の綱がない場合、輿の前は誰、あとは誰と特記されることがあり、たとえば天正十年（一五八二）十月十五日に行われた織田信長の葬儀では「八方こし《（輿）》にちん《（沈）》にて木さうつくり入候由候。こしさきハいけた《（池田輝政）》子、これハ信長めのと也。あとハをつき（羽柴於次丸）、信長子也。羽柴ちくせん（筑前守秀吉）太刀也」（『晴豊記』天正十年十月十五日条）などとあるのは、輿に近い位置の重要さを示している。

4　三　匝

敬礼法　龕は荒垣に入って、火屋のまわりを三回まわる。これは古記録では三匝《さんそう》と記されていることが多い。三匝は仏教語で、中村元『広説仏教語大辞典』の「右遶《うにょう》」の項によると「古代インドでは貴人に尊敬の意を表すとき、右脇を貴人に向けてその周囲を三度回った。また軍隊が凱旋して帰って来たときには、城壁のまわりを三度右回りして城の中に入っていった。ヴェーダ学生は聖火を右回りする。ジャイナ教でも行った。（略）このような習俗が仏教にとりいれられたのである。インドでは仏に対して修行僧が右遶三匝《うにょうさんぞう》するのが礼法である」とする。経典ではたとえば『金光明最勝王経』序品に、釈迦の弟子たちが「往詣二仏所一、頂二礼仏足一。右遶三匝」と見え、日本の仏事でも僧が行道するときには右遶三匝が行われた。

この右繞三匝とは異なるが、『大般涅槃経後分』下巻では、釈迦が入滅したのち、拘尸《くし》城（クシナガラ）の人々が棺を城内に運ぼうとしたがどうしても持ち上がらなかった。すると棺はみずから空中に上がり、拘尸城の西門から入って東門から出、右繞して南門から入って北門から出、左繞して西門から入った。これを三回くりかえし、さらに四匝して計七回りしたという[44]。この記述も仏教的葬儀にあたって参照されたであろう。

棺の三匝　日本の「三匝」の実例を見ると、葬儀で三匝するのは中世前期の史料にはみえないが、元亨四年（一三二四）成立とされる曹洞宗の『瑩山和尚清規《けいざんおしょうしんぎ》』によると、壇上念誦で「霊龕遍遶二於椙樹一。定光忽和二於性火一」と唱えるとし、これは瑩山紹瑾の師徹通義介（一二一九—一三〇九）が遷化のさい作ったもので、徹通の住した加賀の大乗寺に椙樹林の号があり、開山塔に定光院の号があると注している。しかしこの後に「勅修清規、涅槃台念誦云」として『勅修百丈清規』巻三、亡僧の「霊龕遍遶二於拘尸一。性火自焚二於此日一」[45]という念誦を出典として引くのは時代が合わない。また実際に徹通の龕を寺の回りを回したのかどうか不明である。室町時代には三匝が明確に現れる。足利義持の葬儀（『建内記』応永三十五年〈一四二八〉正月二十三日条）を例に取ると、火屋の周囲に檜垣があって、垣の外側には白い生絹を引きめぐらしていた。そこを「御龕三匝」と書かれているが、檜垣の中はかなり広くてその中央に炉があり、葬列は門から檜垣の中に入って、炉のまわりを三遍まわったと考えられる。龕の前方につけた綱は前述のように後継者の義教が引いていた。龕につづいて「兆宅役人」（兆は墓所の意で、葬具を持つ僧か）や引き馬、日野有光・烏丸豊光・裏松義資らの貴族、それに将軍の近習たちも「相二副御龕辺一同廻レ之三匝了」という。人々が回り終えると義教は檜垣を出たとあるので、三匝は檜垣の中で行われたことが知られる。このあと龕の前には義持の肖像画が掛けられ、龕前で仏事が行われた。足利義政の生母日野重子の葬送では、「霊龕繞二窆所一三匝而安レ之」とみえる（『蔭涼軒日録』寛正四年〈一四六三〉八月十一日条）。窆《へん》は葬る意で、窆所は火屋をさす。足利義煕（義尚）の葬儀でも「幡以下役者。龕匝二窆所一三度」とあり、それにつづいて細川政国、大館尚氏、山名政豊以下の僧俗も三匝した（『蔭涼軒日録』長享三年〈一四八九〉四月九日条）。このほかにも『蔭涼軒日録』には三匝の例がいくつかあるが、回る向きについては記載がない。天文十九年（一五五〇）の足利義晴の葬儀では、葬列の人々が「何も火屋の内を三返廻りて、内にて大悲咒を読て、外にては楞厳咒を読る」とあり（『万松院殿穴太記』）、火屋の内側（垣の中）をめぐることがわかる。

　例は少ないが、葬儀前に龕が安置されているまわりを会葬者が三匝することもあった。嘉慶二年（一三八八）に行われた南禅寺の義堂周信の葬儀では、龕が客堂に安置され、義堂が死の直前に口授していた銘が龕の陰に貼られたが、入明僧の椿庭海寿が焼香して自ら楞厳咒をあげ、「繞レ龕三匝、大展三拝。亦自回向。就二龕陰一而読レ銘。右繞立二龕前一、高声慟哭三次」して堂を出た。この所作は「唐様」だとされている（『空華日用工夫略集』嘉慶二年四月四日条）(46)。この例では明確に龕のまわりを三遍回っている。龕陰銘を読んだあとでは「右繞」とされているものの、はじめの三匝が同様に右遶だったかどうかはわからないが、これは仏教の敬礼法を用いて、龕に収められた遺体に敬意を払ったものであろう。しかし史料に見える「三匝」のほとんどは、右にのべたように龕が炉のまわりを回ることをいう。これは釈迦の棺が拘尸城をまわったとする経典の記述にならったのであろう。

民俗例では、棺が左回りに三回まわるのはかなり一般的である。回る場所についてはいろいろで、出棺のとき棺を庭におろして、そこで回る土地、寺の境内で回る土地もあるが、引導するための棺置き台を三回まわってから棺を安置し、そこで引導を受ける土地が多いようである。新潟県など古くから火葬をしていた地域では、焼き場やヤマ（燃料を積んだもの）のめぐりを回ることもあった。回る向きは記載のある場合はほとんど左回りである。右遶三匝とは逆であるが、葬送であるから仏像に対するのと逆にしているのかどうかは明らかではない。また中世の古記録には回る向きが書かれていない。なお民俗例でも七回まわるところがあり、新潟県柏崎市笠島や十日町市倉俣ではトリオキ台（トリオキは葬儀のことで、棺を置く台をさす）のまわりを七回まわった(47)。また群馬県邑楽郡千代田町や太田市（旧新田郡藪塚本町）でも本来は七回り半するものだといっているという(48)。これらは経典に準拠しようという意識を示している。

三匝と絶縁儀礼　棺を回すのは死者が戻ってこないようにするためと伝えている土地もある。たとえば鹿児島県徳之島では、墓の入口近くで棺を左に三遍回してから墓域に入る。これをシマブシ見シリといい、遺体にシマ（集落）を見せる最後の機会である。徳和瀬ではこうする理由を、霊に帰り道を解らないようにするためと説明しているという(49)。

葬式のときではないが、奄美大島では墓を指でさしてはならず、指さしたときは指をくわえて片足飛びで三回まわる。大島郡大和村では墓をさしたら指先を口にくわえて三度左まわりする。瀬戸内町でも墓をさすと指が腐るといい、指を嚙んで片足で回るという(50)。この呪法は、墓地の方角をさしてしまった指をくわえて回ることで、指さした方角を無効にしようとするものであろう。葬式では死者との絶縁儀礼も多いので、棺をまわすのもこれと類似の呪術とみれば、まわすことによって死者の方向感覚を失わせるためであることは考えられる。この考えに従えば、龕の三匝がもし単一の起源であれば、それは仏教の敬礼法や経典の釈尊の棺の話からきたのではなく、古い葬送の民俗がもとで、それが仏教の敬礼法の装いを取って足利将軍の葬送でも用いられたことになる。

しかし中世史料にみえる三匝を、指をくわえて片足飛びで回るような呪法と同一視できるだろうか。葬儀の三匝は、将軍家なら後継者の新将軍や幕府の重臣や貴族がつきそって行う厳かな儀式である。彼らが火屋のまわりを回りながら、これは死者に方向感覚を失わせるためにするのだと思っていたとは考えにくい。もっと古くから民間に行われていた儀礼がこの時期になって「昇華」されて上層の葬礼に取り入れられたという系譜関係は論理的には考えられるが、今のところ、これは仏や尊者のまわりを回る敬礼法の三匝と、釈迦の棺の七匝が葬送儀礼にとりいれられたものとみたい。中世後期に律宗の泉涌寺で行われた天皇家の葬儀では、火屋には四門が設けられ、死者はそれをくぐって成仏するとされた。臨済宗の等持院で挙行された将軍家の葬儀では四門はないことも多く、足利義政の葬儀では「葬場四壁、東方一門有レ之。南北西三門無レ之」（『蔭凉軒日録』延徳二年〈一四九〇〉正月二十三日条）と記されているが、たとえ四門が揃っていなくとも、拘尸城を釈迦の棺がまわった説話に依拠して三匝を行ったのであろう。

民俗例で棺を回すことについては、別の解釈もある。鳥越皓之氏(51)は沖永良部島で新造の丸木舟に盛装した七歳か五歳の女の子を乗せ、島の宗社の地主神社の沖合でゆっくりと左に三遍回るのを観察した。氏は墓地で棺を左に三度回すのは死者の目をまわすためだという各地の話者の説明については、目をまわすためなら左とか三回という特定は不要だし、会葬者全員の目の前でする必要もないとして否定する。そして大阪の農村部では育てた牛を市で売るときに、神社に連れて行って本殿の前を左に三遍回らせる習俗があることから、地主神社の沖で回る丸木舟は神に挨拶しているのだと解釈した。葬式で三回まわる棺も会葬者に別れの挨拶をしているのであり、「ものいえぬ者たちが挨拶する方法が、左に三回という方法なのだ」という。この説によれば、一般的な物体の挨拶の仕方として左に三回という方式が現れ、それが丸木舟や牛や棺に適用されたことになる。

この説は魅力的だが、なぜその挨拶が左に三回まわるという仕方なのかは明らかでない。ただ沖永良部島の丸木舟は、その木が伐られて船に造られるまで育ってきた島の神に対して、別れの挨拶をしているとも解釈できる。また牛を市で売るときに牛がそのまわりを回る神社の本殿も、それまで牛が飼われていた村の神社であろう。つまりこれらはいずれも、この時点でそれまで世話してくれた神や人間たちと別れる。そう考えるとこれらについても、葬送儀礼に引き付けて解釈することができるかもしれない。棺を回すのはもともと仏典に典拠があったが、それを死者が戻ってこないための儀礼だとする民俗的解釈が受容された段階で、これを船や牛にも適用したのではないか。死者と同様に、進水式で海に乗り出した船や、市で売る牛ももう戻ってこない。彼らをそれまでとは別の新たな生涯に歩み出させるために、ここで擬死の儀礼を行うと考えるのである。

船下ろしについては桜田勝徳の『漁村民俗誌』(52)が西日本各地の事例を挙げている。

筑前蘆屋町の柏原では新船を海に浮べると、左廻しに三度船をまわして、それから互に押し合いへし合い乗船者の一人を海に投げこむ。此新船にのり込むのは親しい知己らである。此際晴着をきた船頭を海中に投げ込めば、殊に縁起がよいという。筑前大島でも夷様の前まで船をのり出すと、左まわりに三回船をまわすが此地方《じかた》がやる如く人を海には落さぬ由である。筑前野北でも同様の事を行ない此処では船を覆してしまったらしい。船を覆す風も広く平島や北松浦郡青島で行なわれている。此青島では人を海に突きおとしてから、船を左まいに三遍まわし、覆してしまう。

このように、和船時代の進水式では船を三回まわすだけではなく、乗船者を海に投げこんだり、船を一度覆すことが珍しくなかったようだが、これは単純な別れの挨拶ではないように思える。ここでいったん船が「死ぬ」ことを表現した儀礼であったとみれば、葬式において三度棺を回すことが起源で、それが船や牛に適用されたという可能性も、ありえないことではないだろう。

5　拾骨

拾骨のしかた　火葬の場合は骨を拾う。これは現行民俗との違いが比較的少なく、また中世後期になって生じた儀礼でもないが、『死者たちの中世』で拾骨儀礼には詳しくふれなかったこともあり、中世前期を含めてその作法を概観したい。

中世以前の火葬は夜に行い、また長時間かかったので、拾骨は翌朝になる。大治四年（一一二九）の白河法皇の拾骨を主として『長秋記』の同年七月十六日条によってみると、七月十五日に葬儀があり、十六日の朝、まだ残っていた火を水と酒を注いで消した。この間に北面の武士が鋤で炉を撤去し、炉の東西に紫縁の畳を敷いた。骨を拾う人たちは六人で、東西の畳に三人ずつ座った。東座は北から仁和寺門跡の覚法法親王（白河法皇皇子）、法性寺座主の最雲法親王（堀河天皇皇子、白河法皇の孫）、参議の藤原長実（院近臣）が座り、西座は北から仁和寺の聖恵法親王（白河法皇皇子）、三井寺の行慶法眼（白河法皇皇子）、内大臣源有仁（後三条天皇皇子輔仁親王の子、白河法皇の甥）という面々で、法皇の身内が中心である。

近臣は藤原長実だけが参加しているが、当初の予定では治部卿の源能俊や院近臣の非参議藤原経忠も参加することになっていた（『中右記』七月十五日条）。長実は白河法皇の葬儀では藤原宗忠や源能俊とともに葬儀の準備にあたったが、自ら遺体の沐浴（樒の枝で顔に水をふりかけるだけであるが）を行い（『長秋記』七月八日条、『永昌記』同日条）、また経忠とともに入棺役人の八人の中にも入っている（『長秋記』七月八日条）。そして拾骨のあと、骨壺を首にかけて香隆寺に納める役も勤めており（『長秋記』七月十六日条）、この葬儀では現行民俗で近い身内が行うことをすべてやった感がある。拾骨のあとで長実が源師時に語ったところでは、法皇は過去、長実に自分の葬儀は鳥羽離宮の塔の石の間に葬る方法にしてほしいと言っていたが、死の直前に考えを変えて火葬に決めた。燃料など葬儀の雑具は用意してあるが、布二〇〇反が足りないので準備してくれと言われて、長実は奔走して覚猷法印に預けたという。それから二十日もたないうちに法皇は没したので、死期を悟っていたのではないかと長実は述懐した（『長秋記』七月十六日条）。法皇は葬儀に関しては前々から長実に何くれとなく相談していたようである。

拾骨に話を戻すと、この六人の座の前にはそれぞれ折敷に紙が敷いて置かれており、箸が添えられていた。まず覚法が一本の骨をはさんで向かい側にいる弟の聖恵に渡し、聖恵はこれをはさみ取って折敷に置いた。後はそれぞれで拾った。集まった骨は、長実が金銅の壺に「選入了」とあるので、骨全部を入れたわけではないらしい。覚猷法印が加持土砂を壺に入れ、検非違使の季則が堅く口を封じた。封じるのに使う針金や釘などは前から用意されていた。この壺も法皇が存生のとき準備しておいたもので、金銅の蓋があり、厨子の戸のように結ぶようになっていたという。終わって壺は白い絹で包み、長実が首に懸けて歩いた（『長秋記』七月十六日条）。

骨拾いのとき箸から箸に渡すことがこの時代から行われていたことがわかるのは興味深い。現行民俗でもこれは一般的で、このためふだん食べ物を箸から箸へ渡すことは忌まれている。箸の材質については中世前期では明記された史料を見ない。

白河法皇の骨を拾ったのは前記のように主として息子などの近親であったが、その前の堀河天皇の葬儀では、嘉承二年（一一〇七）七月二十四日夜に葬送があり、翌二十五日の辰刻に酒で火を消し、拾骨した。参加者は「内大臣以下、故六条右府子孫公卿・殿上人、是依レ為二外戚一也。御乳母子等相加」とされている（『中右記』嘉承二年七月二十五日条）。内大臣は久我源氏の源雅実で、その父の六条右府源顕房の娘の賢子が藤原師実の養女となったあと白河天皇の皇后になり、のちの堀河天皇を生んだ。この場合堀河は若くして死んだので拾骨できる子はいないが、その弟や白河の弟でなく、堀河の母方の一族が拾骨したのは、賢子が白河に寵愛されていたことによるのかもしれない[54]。いずれにしても院政期には天皇の場合でも身内が拾骨するのが普通だったようである。

竹の箸　中世後期の貴族や上級武士の葬儀では、沐浴・入棺・骨拾いなど、現行民俗や古い時代に身内が行っていた葬儀上の重要な作業が禅宗や律宗の僧に任されることが多い。このため貴族の葬儀ではこれらの作業は日記に記されない。しかし足利将軍家では、その葬儀を担当した相国寺僧の日記『蔭凉軒日録』が詳細に記録している。延徳二年（一四九〇）正月に死んだ前将軍足利義政の葬儀のときは、義政の子の義熙（義尚）が先立って死んでいたため将軍は空位で、義政の弟の義視と、義視の子で後継将軍となる義材（当時二十五歳）が拾骨した。火屋では盆の上に打敷を敷き、その上に紙にのせた竹の箸が置かれていた。蔭凉軒の亀泉集証が紙と箸を義視に渡し、義視は一つの骨を取って紙の上にのせた。次に別の箸が義材に渡され、義材は同様に骨一本を紙に置いた。これらの骨は行者に渡された。そのあとは起骨仏事があった（『蔭凉軒日録』延徳二年正月二十三日条）。残りの骨は僧が拾ったのだろう。翌年には義視

図８　日蓮の拾骨（『日蓮聖人註画讃』本圀寺所蔵）

が死ぬが、この葬儀では義材が同じように骨一本を拾った。このときは火屋に箸三組があり、まん中の箸を義材が用いたという（『蔭涼軒日録』延徳三年正月二十五日条）。ほかの箸は僧が拾骨に用いたものと思われる。形式的に最初に骨一本を拾うだけだが、それは身内がすべきこととされていたようである。

将軍家の葬儀では竹の箸が使われているが、現行民俗でも竹の箸を使うところと、木と竹を一本ずつ組み合わせた箸を使うところがある。木と竹の組み合わせも史料に見える。近世初期の御伽草子『三人法師』[55]は舞台を南北朝時代に取っているが、河内国の篠崎六郎左衛門は楠木正儀が足利氏に帰順したことに怒り、妻子を捨てて出家する。修行の後に故郷に足が向いたが、妻は彼が訪れる三日前に死に、子供たちが骨上げをしているところだった。「玉の手箱の蓋をば姉が持ち、懸子をば弟が持ちて、誰が教へけん、竹と木との箸を持ちて骨を拾ひけるが」とある。また天文五年（一五三六）制作の『日蓮聖人註画讃』に描かれている日蓮の遺骨の拾骨場面でも、骨を拾っている弟子二人が持つ箸は、一本が緑、一本が黒く描かれているので、青竹と木を組み合わせた箸を持っているさまを描いたもののようである。またこの絵では炉の灰骨に樒の葉を散らしている。樒は毒性があり、その香りは臭い消しにも用いられる。今日でも関西では葬式に樒が並ぶが、中世前期では沐浴の儀礼で樒の葉で水をふりかけていた。箸の材質を普通のものと変えたり、箸渡しをするなども含めて、遺骨のもつ死の力を伝わりにくくするための呪法だろうが、木と竹の組み合わせのもつ意味ははっきりしない。また竹だけの箸と、木と竹の箸はどちらが古いかも決めがたい。史料的には今のところ竹の箸が数十年古いが、中世前期では貴族が自身で拾骨したにもかかわらず、箸渡しは書いているが材質について記録していないのは、その頃には特に決められていなかったのだろう。その後に民間に火葬が普及してくる過程で民俗として竹の箸や木と竹の箸が使われるようになり、それが十五世紀末から十六世紀には上層の葬儀にも導入されて記録に表れるようになったのかもしれない。そうであれば、どちらが先に発生したかは容易に決められない。

三日目の拾骨　ところで拾骨は中世前期では火葬の翌朝に行われているが、中世後期では一日おいて、葬送から三日目の朝に行われることがしばしばある。高田陽介氏が紹介した大覚寺の聖無動院道我の葬送記録[56]では、康永二年（一三四三）十月二十日に柞谷で火葬になり、二十二日申時に弟子たちが骨を拾った。同じく大覚寺の宝護院頼我の葬儀[57]では、永和五年（一三七九）正月二十二日夜にやはり柞谷で火葬されて、翌二十三日申刻に拾骨しているが、これについて「常儀雖レ可レ為二明日一、廿四日為二悪日一之上、近比之儀翌日常事歟。仍今日有二其沙汰一」と書かれている。つまり「常の儀」では一日おいた二十四日なのだが、日が悪い上に、近ごろは火葬の翌日が普通になっているようだから、今日沙汰したというのである。これによれば当時は火葬の二日後に拾骨するのが一般的だと考えられていたらしい。観智院賢宝の葬儀（『観智院法印御房中陰記』『大日本史料』七編ノ三、三三四頁）でも、応永五年（一三九八）七月二日卯刻に荼毘があり、拾骨は三日の夕に行われたが、これにも「本儀第三日」との注があって、三日目が本則だとされていた。もっとも院政〜鎌倉時代では、調べた限りみな火葬の翌朝に拾骨しており、南北朝期でも後光厳院（『凶事部類』続群書類従、雑部）や上杉能憲（『空華日用工夫略集』永和四年〈一三七八〉四月十八日・十九日条）は翌朝である。

十五世紀では、伏見宮栄仁親王（貞成の父）は応永二十三年（一四一六）十一月二十四日に火葬、二十六日夕に拾骨した（『看聞日記』応永二十三年十一月二十四日・二十六日条）。治仁王（貞成の兄）は応永二十四年二月十五日戌時に葬送、十七日に拾骨があった（同、応永二十四年二月十五日・十七日条）。後小松天皇皇子の小川宮は応永三十二年（一四二五）二月十九日に荼毘に付され、二十一日に「御執骨」された（『薩戒記』応永三十二年二月十九日・二十一日条）。正長元年（一四二八）七月二十九日に泉涌寺で行われた称光天皇の葬儀では、「抑今日《拾仙骨事》御拾骨也。甚延引何事哉。先規必即時有レ之。近日人々不レ知二案内一歟。是又僧中一向奉仕云々」とされている（『称光天皇御葬礼記』）[58]。拾骨の日付が不明なのだが、先規では「即時」つまり焼き上がったらすぐ拾ったのに、それが延引したというのだから、二、三日おいて拾ったものと思われる。拾骨を遅くする慣習がこのごろある一方、それを「案内を知らない」と非難する声もあった。後小松法皇は永享五年（一四三三）十月二十七日に火葬されたが、これは三日後の三十日に拾骨があった（『師郷記』永享五年十月二十七日・三十日条）。将軍家でも足利義持は応永三十五年（一四二八）正月二十三日未刻に等持院で荼毘があり、二十五日午刻に拾骨されている（『建内記』応永三十五年正月二十三日・二十五日条、『満済准后日記』同日条）。この時期をすぎると再び翌日、昼間の火葬の場合は当日が普通になるが、十四世紀から十五世紀にかけて長時間骨上げをしないことが多かった理由はわからない。足利将軍家でもこの時期より後は、午前中に葬儀が始まり、その日のうちに拾骨まですませることが多くなる。もっとも、江戸時代になっても「三日ノ灰ヨセ」という語があるので[59]、葬式から数えて三日目に拾骨することがあったらしい。

灰寄せとハイソウ　戦国時代には拾骨は「灰寄せ」とも呼ばれるようになった。この語は今日でも使われている。たとえば戦前の長崎県島原地方[60]では、葬式の翌日「灰寄せ参り」と称して、近い人々だけが火葬場に行って、骨を竹と木の箸で拾い、甕に入れて墓に埋めた。また新潟県上越市上下浜[61]では、骨拾いから帰ると塩を振りかけて身を清め、骨箱を壇に飾って朝飯を食べたが、これをハイソウのトキ（斎）といい、そのあと僧に経をあげてもらうのをハイヨセの経といったという。ハイソウとハイヨセの語がともに使われているが、ハイソウは灰葬であろうか。

興味深いのは、戦国期に土葬のときも埋葬後に墓参して、それを灰寄せと称することがあった。永禄七年（一五六四）の三宝院門跡義堯の葬儀では、醍醐寺の僧が葬られる菩提寺（律宗）の墓地に二月二十三日に土葬されたが、二十五日には「同廿五日御廟所へ各御参、御中陰ニ籠居之人数ハカリ也。依レ為二土葬一、灰寄無レ之。准二其儀一、如レ此也。菩提寺衆僧同」とある（『醍醐寺新要録』巻十三、菩提寺篇、先師御終焉事）。土葬だから灰寄せはないが、その儀に準じてそうするのだという。

民俗では、現在のように火葬が普及する以前は土葬の地域が多かったが、埋葬の翌日に墓参して、これを「ハイソウ」「ハイソウマイリ」などと称していた。ハイは灰であろうが、伝承的にさかのぼれる限りでも土葬だった地域で「灰」の語が用いられるのは不思議でもある。しかし近世以後にすべて土葬だった土地でも、火葬の中世墓地が発掘されることは稀ではない。中世には地域にも武士がいたから、村落上層は火葬を行っていたであろう。このとき葬儀の翌日に拾骨をしてそれを灰寄せ・灰葬と称していたのが、葬法が土葬に統一されてからも翌日の墓参として残存したのだろう。三宝院義堯が土葬にもかかわらず灰寄せに準じて墓参を行ったとする史料は、その変化が各地で起こったことを示唆するものといえるだろう。

6　葬送互助の成立

葬儀見物　中世後期に龕や幡・天蓋などの葬具が発達するのは、死者を仏とみなす考えに伴って生じた現象だが、これと同時に、中世前期まで夜に行われた葬儀が、とくに上級武士の葬儀で昼に行われるようになった。中世前期の葬列にも、社会的地位を誇示するために見物人を集める要素があったことは前嶋敏氏が指摘しているが[62]、中世後期には昼の葬列、葬具の発達など「見せる葬式」の性格が顕著になる。室町・戦国期の将軍や守護、町の富豪などの葬儀には大勢の見物人がつめかけた。長享二年（一四八八）に蔭凉軒の亀泉集証が千本釈迦堂に参詣しようとしたら、桜井という人物の葬儀が千本で行われるとあって、葬列が三町もの間大道をふさいだため、釈迦堂に入れなかった（『蔭凉軒日録』長享二年四月六日条）。長享三年（一四八九）三月三十日、近江で死んだ将軍足利義煕（義尚）が輿に乗って無言の帰京をした際には、「見物雑人如㆓稲麻竹葦㆒」だった（『宣胤卿記』長享三年三月三十日条）。義煕の葬儀は四月九日に等持院で行われたが、このときも「見物衆貴賤上下老少男女。坐立無㆓寸土㆒」という状態だった（『蔭凉軒日録』長享三年四月九日条）。延徳二年（一四九〇）正月二十三日にやはり等持院で行われた足利義政の葬儀を、北野天満宮の社僧は衣笠山に登って見物した。はっきり見えなかったという（『北野社家日記』延徳二年正月二十三日条）。

地方でも、天文五年（一五三六）六月十二日に現在の野洲市で行われた六角氏の家臣永原氏の葬儀では「貴賤男女見物数万矣」だったという（『鹿苑日録』天文五年六月十二日条）。桃山時代にはさらに見物人が増し、天正十九年（一五九一）正月二十九日に大和の郡山であった豊臣秀長の葬儀には「京衆・高野衆・当国諸寺・甲乙人見物衆、以上人数廿万人モ可㆑在㆑之。野モ山も人クツレ也」（『多聞院日記』天正十九年正月二十九日条）と、二〇万人という驚くべき人数が記録されているが、誰が数えたのだろうか。

　全国各地で、それぞれの地元の領主の葬儀を多くの一般住民が見物したことだろう。近年まで各地で行われていた伝統的な葬列の行粧は、もちろん近世以後に導入された要素もあるだろうが、淵源としては中世後期の在地領主の葬儀が村人のあこがれだった時代の影響が大きいのではなかろうか。

　しかし村人がたとえ手作りの葬具であっても、そうした葬列を実現するためには、村落内の葬送互助の成立が不可欠である。この点は「中世民衆の葬制と死穢」（本書第一部第一章）で論じたが、具体的な論証は現在にいたるもなしえていない。わずかに見出した史料を紹介してこの章の結びとしたい。

無常講　本願寺三世の覚如が仏光寺派を論破する意図で建武四年（一三三七）に著した『改邪鈔《がいじゃしょう》』は、親鸞が自分の没後は鴨川にいれて魚に与えよと遺言したと記しているので知られるが、その前後の文章では没後の葬礼互助がこの当時すでに「無常講」という名で行われていたことを述べている。

　一当流《ヒトツタウリウ》ノ門人《モンニン》ト号《カウ》スルトモカラ、祖師《ソシ》先徳報恩謝徳《セントクホウヲンシヤトク》ノ集会《シフエ》ノミキリニアリテ、往生浄土《ワウシヤウシヤウト》ノ信心《シンシム》ニヲイテハ、ソノ沙汰《サタ》ニヲヨハス、没後《モチコ》葬礼《サウレイ》ヲモテ本《ホン》トスヘキヤウニ衆議評定《シユキヒヤウチヤウ》スル、イハレナキ事

右聖道門《ミキシヤウタモン》ニツイテ密教所談《ミチケウシヨダン》ノ父《フ》母所生身速証大覚位《モシヨシヤウシンソクシヤウタイカクヰ》トテイヘルホカニ、浄刹《シヤウセチ》ニ往詣《ワウゲイ》スルモ、苦域《クヰキ》ニ堕在《タサイ》スルモ、心《シム》ノ一法《ヰチホフ》ナリ。マタク五蘊所成《コウンシヨシヤウ》ノ肉身《ニクシン》ヲモテ、凡夫《ホムフ》速疾《ソクシチ》ニ浄刹《シヤウセチ》ノウテナニノホルトハ談《タン》セス。他宗《タシユ》ノ性相《シヤウサウ》ニ異《イ》スル自宗《シシユ》ノ廃立《ハイリウ》、コレヲモテ規《キ》トス。シカルニ往生《ワウシヤウ》ノ信心《シンシム》ノ沙汰《サタ》ヲハ手《テ》カケモセスシテ、没後《モチコ》喪礼《サウレイ》ノ助成扶持《シヨシヤウフチ》ノ一《ヰチ》段《タン》ヲ当流《タウリウ》ノ肝要《カンエウ》トスルヤウニ談合《タンカウ》スルニヨリテ、祖師《ソシ》ノ御《コ》己証《コシヨウ》モアラハレス、道俗男女《タウソクナムニヨ》、往生浄土《ワウシヤウシヤウト》ノミチモシラス、タヽ世《せ》間浅近《ケンセンコン》ノ无常講《ムシヤウカウ》トカヤノヤウニ諸人《シヨニン》オモヒナスコト、コヽロウキコトナリ。カツハ本師聖人《ホンシシヤウニン》ノオホセニイハク、某《ソレカシ》親｜閉眼《ヘイカン》セハ、賀茂河《カモカハ》ニイレテ魚《ウホ》ニアタフヘシト云《ウン》々。コレスナハチ、コノ肉身《ニクシン》ヲカロンジテ、仏《フチ》

法《ホフ》ノ信心《シンシム》ヲ本《ホン》トスヘキヨシヲアラハシマシマスユヘナリ。コレヲモテオモフニ、イヨ〱喪葬《サウサウ》ヲ一大事《ヰチタイシ》トスヘキニアラス。モトモ停止《チヤウシ》スヘシ。(63)

仏光寺派などの異流が往生の信心を閑却して「没後喪礼の助成扶持」を肝要とするような話ばかりしているために、諸人が真宗を「世間浅近の無常講とかや」のように思うのは心憂きことであるといい、真宗では葬儀を重視すべきでないと主張する意味で親鸞の遺言を紹介しているわけだが、これによれば真宗門徒の中に葬送互助を重視する人たちがあり、またこの当時に無常講という互助組織があったことがわかる。

平安時代に源信僧都たちが作った念仏団体である二十五三昧会が葬送の互助を始めて、それが鎌倉時代以降に民間にも普及して葬送互助が広まっていったことは本書第一部第三章「文献から見た中世の共同墓地」や旧著『死者たちの中世』第六章などで指摘した。鎌倉時代後期から金石文にも「念仏講衆」や「結衆」などの語が現れる。墓地にある石塔に刻まれた講衆や結衆の語は葬送互助を推測させるものだが、十四世紀には無常講という名の互助組織が成立していたのである。この名の由来は、隠岐に流された後鳥羽院が死の直前の暦仁二年(一二三九)正月九日に著した『無常講式』(64)にあるのかもしれない。この講式は「無二次第一 無二法則一 只《タヽ》念《シ》二無常《ヲ》一 唱《ヨ》二彌陀名《ミナヲ》一」とあって、世の無常をさまざまに述べている。特に葬送作法にふれているわけではないが、「実《まこと》に我《われ》(や)は前《さき》、人《ひと》や前《さき》、今日《けう》とも知らず、明日《あす》とも知らず、後《をく》れ先《さき》だつ人、本《もと》の滴《しづく》、末《すへ》の露《つゆ》よりも繁《しげ》し」という文がある。浄土真宗の覚如の子存覚は『存覚法語』で「後鳥羽禅定上皇《ゴトハぜンチヤウシヤウクワウ》ノ遠嶋《エントウ》ノ行宮《カウキウ》ニシテ宸襟《シンキン》ヲイタマシメ、浮生《フシヤウ》ヲ観《クワン》シマシ〱ケル御《オン》クチスサミニツクラセタマヒケル无常講《ムシヤウカウ》ノ式《シキ》コソ、サシアタリタルコトハリ耳《ミヽ》チカニテ、ヨニアハレニキコエ侍《ハンヘル》メレ」(65)と無常講式を紹介し、つづいて「ワレヤサキ、ヒトヤサキ、ケフトモシラス、アストモシラス、ヲクレサキタツヒト、モトノシツク、スヱノツユヨリモシケシトイヘリ」と引用した。現存する写本では「我は先」とあるが、語調から考えても原文は「我や先」だったのだろう。この文は『存覚法語』を介して蓮如の「白骨の御文章」にも引かれ、今に人口に膾炙する。後鳥羽院の無常講式が世に知られていれば、地域の葬送互助団体の無常講で読まれていたことは考えられる。無常講式の伝本は一つしか知られていないが、その奥書には「建長元年七月十三日於二雲林院一書写了」とあり、当時二十五三昧会が盛んだった雲林院で写されていた。(66) 無常講は二十五三昧会系の念仏講とも無関係なものではなかったかもしれない。もっとも、この覚如の記述以外では、南北朝期という早い時期の葬送互助については具体的な史料を見出すことができない。しかし『死者たちの中世』でも触れたように、鎌倉後期以降の五輪塔や板碑の刻文に「六道講衆」「念仏衆」などの団体名が見えるので、この時代には各地に葬送互助組織が形成されつつあったものとみられる。もっとも当初は有力者の集まりで、村落下層は加入できなかった可能性もあろう。

京都では十五世紀の一四二〇年代から五〇年代にかけて、それまで減っていた五体不具穢が再び増加する現象がみられたことは前著で指摘した。(67) この原因を確実に突き止めるのは困難だが、小島道裕氏は十五世紀初頭から六〇年代ころまでの時期、京都では米価が高騰し、発掘で出土する擂鉢や陶磁器が減少するなど、大不況が起きていたことを指摘している。(68) 同時期の地方では米価は安定しているので、荘園制の解体によって京都に入る年貢米が減少したのが京都での米価高騰の原因だろうが、これに伴って貴族が家政を大幅に縮小し、それまで抱えられていた使用人の大規模な解雇が行われたのかもしれない。京都に身寄りが少なく生活に困った彼らが死ぬと、その葬送を行う互助組織がまだこの層にまで普及していなかったために五体不具穢が増えたというのが、いささか図式的ではあるが一つの説明となろうか。この大不況期と応仁・文明の乱を乗り越えると、京都は商工業都市として再生してくる。

応仁・文明の乱後の十五世紀後半には京都でも無常講が活動していた。『政所賦銘引付』によれば文明十三年（一四八一）八月十一日に、「無常講衆」が買得した鹿谷《ししがたに》の所々の地を真如堂に売寄進したので、奉書を出してほしいと真如堂雑掌が申請している。この講衆はどのような人々が組織していたのかは不明だが、土地を買っていることから有力な人も入っていたのかもしれない。

念仏講のひろがり　無常講と同様に葬式互助を行っていたと考えられる念仏講の活動も戦国期には顕著になる。大永三年（一五二三）二月十五日には、三条西実隆の家に所領の美豆牧から二日前に上京したばかりの人夫が暇を乞うた。引き留めたが、念仏講があるからというので、浄土信仰に熱心な実隆はこれを許した（『実隆公記』大永三年二月十五日条）。美豆牧は現在の京都市伏見区淀美豆町付近で、近いので一日だけの休みも取れるだろうが、この時代には庶民も念仏講に参加していたことが知られる。十五日は阿弥陀如来の縁日で、源信らが結成した二十五三昧会も毎月十五日に集まっていた。毎月十五日に念仏を唱えるかたわら、講員の葬送のさいにも活躍していたものと推定される。

また紫野の大徳寺では天文八年（一五三九）十二月二十三日に門前制法を定めたが(69)、その中に「称㆓念仏講㆒集㆓他所之家㆒事、雖㆑為㆓一人㆒、堅可㆑停㆓止之㆒。若於㆓違背之輩㆒者、可㆑追㆓出門前㆒也」という一項があった。これは念仏講自体よりも、門前住人が他所の集会に参加することを禁ずるのに主眼があったかと思われるが、臨済宗の大徳寺の門前の人たちは公然と念仏講を結びにくいので、他所の念仏講に参加していたのかもしれない。

念仏講による葬式互助をはっきり記した史料は近世に降るが、『月堂見聞集』(70)によると享保七年（一七二二）九月中旬に、四条油小路辺に住む夫婦の妻が死んだ。「尤貧家たれば葬送の営の為迚、兼て念仏講を結びければ、其の連衆来て葬具を調ふ中に、旦那寺の僧も来て髪を剃れり」とあって、念仏講は葬送互助のための組織として貧しい階層にも活用されていた。三条西家に参上した美豆牧の夫の例から考えると、十六世紀の京都周辺ではそれがかなり広まっていたようである。

念仏講だけが葬式互助の形態というわけではなかっただろう。たとえば京都の町衆の間で普及する日蓮宗も独自の互助組織を発達させたかもしれないが、これについてはまったくわからない。地方では曹洞宗も地域の武士や上層農民の間に教線を伸ばしていった。広瀬良弘氏[71]は十五世紀後半の遠江で布教した曹洞宗の松堂高盛の語録のほとんどが葬祭関係であること、禅門・禅尼の戒名をもつ人々の中には「農夫五十六年夢」とか「五十二年村裏人」「農務業之」などと農民であることが明示されているものがあり、上層農民の間にも禅宗による葬祭が浸透しつつあったことを示した。また千々和到氏[72]は関東の板碑について、一四〇〇年ころを境として、板碑に刻まれた法号が阿号から禅門・禅尼へと変化してゆくことを指摘し、浄土教が葬送儀礼の中心の位置を禅宗に譲ったことのあらわれと解釈している。禅宗が広まった地域で村落側がそれを受け止める互助組織をどのように発達させたのかも今後の課題であるが、武士が行っているような禅宗の葬送儀礼が村落に浸透してゆくのは、十五世紀にはすでに始まっていたようである。

おわりに

戦国期に葬送互助組織が日本のすみずみにまで普及していたかどうかはわからない。またもし村に互助組織があれば、上層のような幡や天蓋を紙や木で自作し、形だけでも真似た葬列をすることはできるだろう。しかしこれらの葬具は単なる飾りではなく、仏教の儀礼を葬送に取り入れたものであり、その意図は死者がすでに「仏」になったことを形に示すものである。したがって、そのためには僧を呼んで死者を成仏させてもらわなければならない。近世のように寺檀関係が義務化されていない時代、地方では近くに僧のいない地域もあったであろう。竹田聴洲氏は各地の寺院の開創年代が天正〜寛永期、つまり十六世紀後半から十七世紀前半の約七〇年間に集中することを明らかにし[73]、その時代に各地で寺院への宗教的需要が高まったと結論づけている。寺院の簇生する時代より前には、各地に寺庵はあっても無住であることも多く、葬式において僧の引導を期待できない地域も少なくなかったと思われる。

中世の京都周辺でもすべての人が葬送協力を得ることができたかどうかは疑問である。戦国時代の宣教師フロイスは「(死後)第七日第七月第七年及び毎十五日に家に於て必ず勤行をなし、坊主は其家にて食事を饗せられ又報酬を受く。此等の勤行には多額の金銭を消費し、武士にして富裕なる者は少くとも二、三千クルサド之に用ひ、貧窮なる者は二百を費す。少しの財産もなき貧窮なる者は夜暗に乗じ儀式を用ひず密に山に到りて之を葬る。当国民は甚だ大業なれば大多数は右述べたるが如き葬式を行ふ」と述べ、仏教的な儀式なくひそかに山に葬られる人もいたことを指摘していた[74]。しかし中世後期は、上層の葬送儀礼が仏教的要素の濃い形態に転換するとともに、それが民衆の間にも普及してゆく大きな流れが始まった時代であったことは間違いないであろう。

注

(1) 勝田至『死者たちの中世』(吉川弘文館、二〇〇三年)。

(2) 勝田、前掲書、七九～八四頁。

(3) 以下『禅苑清規』の引用は、鏡島元隆・佐藤達玄・小坂機融『訳註　禅苑清規』(曹洞宗宗務庁、一九七二年)による。返り点は勝田が付したものである。

(4) 『大正新脩大蔵経』第五十四冊、二一二七号。

(5) 『釈氏要覧』は「西域伝云。祇桓西北角日光没処、為二無常院一。若有二病者一、当レ安二其中一。意為凡人内心貪二著房舎衣鉢道具一。生二恋著心一無二厭背一故、制二此堂一、令四聞名見題悟三一切法無二彼常一故今為延寿堂涅槃堂者皆後人随情愛名之也」とする。割注は道誠が付したもの。『往生要集』は「四分律抄瞻病送終篇引中国本伝云。祇園西北角、日光没処為二無常院一。若有二病者一、安二置在中一。以凡生貪染、見二本房内衣鉢衆具一、多生二恋著一無二心厭背一故、制令レ至二別処一。堂号二無常一。来者極多、還反一二」とする。

(6) 伊藤克己「大徳寺涅槃堂―大徳寺の歴史的性格へのアプローチ―」(駒沢大学曹洞宗宗学研究所『宗学研究』三〇号、一九八八年)。なお「『京師五三昧』考」(本書第二部第二章)参照。

（7）『沙石集』（市立米沢図書館蔵本）巻十末（三）、建仁寺ノ門徒ノ中ニ臨終目出事（日本古典文学大系所収）。
（8）『大正新脩大蔵経』第八十二冊、二五八九号。
（9）『新潟県史　資料編22　民俗編Ⅰ』（新潟県、一九八二年）一九五～一九六頁。
（10）高岡功「〝病人〟をムシロで囲い〝仏〟にする話―新潟県岩船郡山北町山熊田―」（『高志路』二二八号、一九七三年。『葬送墓制研究集成』一、名著出版、一九七九年、所収）。
（11）諏訪藤馬「石川県鹿島郡地方」（『旅と伝説』六巻七号、一九三三年）。なお極楽縄の語は青森県上北郡野辺地町（中市謙三「野辺地地方」『旅と伝説』六巻七号）や三重県志摩市阿児町安乗（佐藤米司「志摩の葬送・墓制」『葬送儀礼の民俗』岩崎美術社、一九七一年）でも使われていた。また富山県では浄土縄（『富山県史　民俗編』富山県、一九七三年、一〇八一頁）、三重県志摩市磯部町恵利原では往生縄（『葬送儀礼の民俗』〈前掲〉）といった。これらは入棺の時になってかけられることが多い。
（12）『日蓮聖人註画讃』（続々日本絵巻大成　伝記・縁起篇2、中央公論社、一九九三年）。
（13）一五六五年二月二十日付ルイス・フロイス書簡（『耶蘇会士日本通信　上』一七号、異国叢書、雄松堂書店、一九二七年）。
（14）須藤功『葬式―あの世への民俗―』（青弓社、一九九六年）三三～三五頁。
（15）高田陽介「中世三昧聖をどうとらえるか」（駒沢女子大学日本文化研究所所報『日本文化研究』三号、二〇〇一年）。
（16）野本賢二「中世都市鎌倉の『茶毘址』」（五味文彦・馬淵和雄編『中世都市鎌倉の実像と境界』高志書院、二〇〇四年）。
（17）『大正新脩大蔵経』第八十一冊、二五二八号。
（18）読み下し文の引用は、植垣節也校注・訳『風土記』（新編日本古典文学全集8、小学館、一九九七年）による。
（19）『続日本紀』天平勝宝八年（七五六）五月十九日条。青木和夫他校注『続日本紀　三』（新日本古典文学大系14、岩波書店、一九九二年）による。
（20）『続日本紀』天平神護二年（七六六）十月二十日条。青木和夫他校注『続日本紀　四』（新日本古典文学大系15、岩波書店、一九九五年）による。
（21）勝田至『死者たちの中世』（前掲）二三七頁。
（22）中野玄三『六道絵の研究』（淡交社、一九八九年）二九六～三〇〇頁。
（23）『大日本史料』七編ノ十、八～一二頁。慈照院殿は足利義政であるが、この書は義政の葬儀に際して、先例となる義満の葬儀を調べ「鹿苑相公維圏図并記、不レ知二何人所一レ記。文意幾有二難レ見者一、不レ易二一字一伝二写之一」と注記して引用したもの。

(24) 勝田至『死者たちの中世』（前掲）二三七〜二四一頁。

(25)『大正新脩大蔵経』第十二冊、三七七号。

(26)『大正新脩大蔵経』第四十八冊、二〇二五号。

(27) 古松崇志「附属図書館谷村文庫蔵『勅修百丈清規』元刊本・五山版—元代江南禅宗と日元文化交流の歴史を解明する重要資料—」（『静脩』四〇巻三号、二〇〇四年）。

(28) 大塚光信編『続抄物資料集成　第八巻　百丈清規抄』（清文堂出版、一九七九年）に影印収録。

(29)『大正新脩大蔵経』第三十八冊、一七六七号。

(30) 鈴木重光「神奈川県津久井郡地方」（『旅と伝説』六巻七号、一九三三年）。

(31) 高山日羊「高知県長岡郡地方」（『旅と伝説』六巻七号、一九三三年）。

(32)『広島県史　民俗編』（広島県、一九七八年）一〇六八頁。

(33) 五来重『葬と供養』（東方出版、一九九二年）二四八〜二六九頁。

(34) 注(32)に同じ。

(35) 磯貝勇「広島市及其附近」（『旅と伝説』六巻七号、一九三三年）。

(36) 勝田至『死者たちの中世』（前掲）一三九〜一四〇頁。

(37)『明月記』元久元年（一二〇四）十二月一日条に「天明共入二山中一見二彼墓所一。故御前御墓辛方也。石ヲ丸ニ令レ置給。近習物等此所由申レ之。成実朝臣来見、即以二彼従者等一為二行事一、可レ掘レ穴由下知了」とある（国書刊行会本は「石を丸ニ合置給」とするが、冷泉家時雨亭叢書第五六巻『明月記　一』〈朝日新聞社、一九九三年〉の定家自筆本によって改めた）。穴を掘る前に、その場所に石を置いていたことがわかる。なお「置かしめ給ふ」と敬語が使われているが、俊成が生前に指示していたか、または兄の成家が置かせたものであろう。

(38)「小旗」は国書刊行会本は「小襖」とするが、これも定家自筆本で改めた。水藤真『中世の葬送・墓制—石塔を造立すること—』（吉川弘文館、一九九一年）七・二六頁参照。

(39) 岩田重則『墓の民俗学』（吉川弘文館、二〇〇三年）第二章。

(40) 引用は、笹川祥生・信太周・高橋喜一編『真名本　曾我物語2』(平凡社、東洋文庫、一九八八年)による。

(41)『時衆の美術と文芸―遊行聖の世界―』(東京美術、一九九五年)および佐野美術館『一遍―神と仏との出会い―』(一九九二年)に写真掲載。個人蔵。なおこの絵に善の綱が描かれていることは、蒲池勢至「真宗の葬送儀礼」(『講座　蓮如』三巻、平凡社、一九九七年)が指摘している。

(42) 池田末利訳註『儀礼　Ⅳ』(東海大学古典叢書、一九七六年)二八〇～二八一頁。

(43)『大乗院寺社雑事記』の記主尋尊も一条兼良の子だが、葬儀には出ていない。尋尊は冬良について「大将《(冬良)》殿・花頭《(頂)》未先途之間不参」と書いている。冬良は当時権大納言・左大将で十八歳。その次の「花頭」は兼良の子で冬良の弟の政尊という僧。『大乗院寺社雑事記』文明十三年六月十六日条に「花頭新門主政尊去十三日夕方円寂。十七歳也。」と見え、このとき十七歳だった。兼良の子については永島福太郎『一条兼良』(吉川弘文館、人物叢書、一九五九年)参照。

(44)『大般涅槃経後分』下巻には「爾時如来七宝金棺。徐徐乗レ空従二拘尸城東門一而出。乗レ空右繞入二城南門一。漸漸空行従二北門一出。乗レ空左繞還従二拘尸西門一而入。如レ是展転遶三匝已。乗レ空徐徐還入二西門一。乗レ空而行従二東門一出。空行左遶入二城北門一。漸漸空行従二南門一出。乗レ空右遶還入二西門一。如レ是展転遶経二四匝一。如レ是左右遶二拘尸城一経二于七匝一」とあって、複雑な回り方をしている。

(45) 引用は『瑩山和尚清規』による。『勅修百丈清規』では「霊龕」を「霊棺」に作る。

(46) 義堂周信の日記だが、彼の葬送記事は弟子の加筆である。

(47)『新潟県史　資料編22　民俗編Ⅰ』(新潟県、一九八二年)二三〇頁。

(48)『群馬県史　資料編26　民俗2』(群馬県、一九八二年)一二七一頁。

(49) 松山光秀「徳之島の葬制」(『葬送墓制研究集成』第一巻、名著出版、一九七九年)。

(50) 酒井卯作『琉球列島における死霊祭祀の構造』(第一書房、一九八七年)三三三頁。

(51) 鳥越皓之「舟の民俗・舟造り」(『歴史公論』一〇二号、一九八四年)。

(52) 桜田勝徳『漁村民俗誌』(『桜田勝徳著作集』第一巻、名著出版、一九八〇年)一六六～一六七頁。

(53) なお『中右記』七月十五日条が載せる定文には入棺役人に経忠と長実は入っておらず、みずから望んで加わったようである。『長秋記』は七月八日条で、定文には三位以上の人は載せないが、「雖レ不レ入二定文一、近習公卿相二加雑役一、是常事也」と書いている。

(54)『古事談』巻二第五十三話には、賢子が重態になったときも白河は禁裏からの退出を許さず、賢子は禁裏で死んだ。天皇は死体を抱いて離れず、源俊明が帝王が葬に立ち会う例はないと諫めると、例はここから始まるのだと言ったという話がみえる。

(55) 市古貞次校注『御伽草子』（日本古典文学大系）所収。

(56) 東京大学史料編纂所影写本『東寺文書』観智院四の「聖無動院道我仏事記」。高田陽介「中世の火葬場から」（五味文彦編『中世の空間を読む』吉川弘文館、一九九五年）の注に翻刻掲載。

(57) 東京大学史料編纂所影写本『東寺文書』観智院四の「宝護院頼我没後記」。高田陽介「中世の火葬場から」（前掲）の注に翻刻掲載。

(58) 泉涌寺文書、『泉涌寺史　資料編』二九号。この文書は貴族の日記からの抄写と思われ、日付を欠く。末尾に異筆で「正長元戊申七月廿日　称光崩御秀長誌之」とあるが、日記『迎陽記』の東坊城秀長は応永十八年（一四一一）に没している。後人が記主を推定して秀長と書いたものかもしれない。

(59) 寛文元年（一六六一）刊行の『片仮名本因果物語』（古典文庫一八五、一九六二年）下巻第二話に「東三河ギヤウメイト云村ノ旦那死ケルヲ、吊《トムラ》ヒ火葬スルニ頭《カシラ》余所《ヨソ》ヱ飛テ、同躰《（胴）》斗焼タリ。三日ノ灰ヨセニ見出シ、亦焼也」とある。

(60) 榊木敏「長崎県島原地方」『旅と伝説』六巻七号、一九三三年。

(61) 『新潟県史　資料編22　民俗編Ⅰ』（新潟県、一九八二年）二三七〜二三八頁。

(62) 前嶋敏「中世前期の葬列における順路と見物」（『中央大学・大学院研究年報（文学研究科篇）』二八号、一九九九年）。

(63) 『改邪鈔』の引用はインターネットで公開されている龍谷大学学術情報センター所蔵室町後期写本による。http://opac.lib.ryukoku.ac.jp/kicho/exhibi/html/v-menu/0004.html

(64) 花野憲道・小林芳規「仁和寺蔵後鳥羽天皇御作無常講式影印・翻刻並びに解説」（『鎌倉時代語研究』第十一輯、武蔵野書院、一九八八年）。読み下し文は勝田。

(65) 『存覚法語』の引用はインターネットで公開されている龍谷大学学術情報センター所蔵室町時代写本（顕恵所持本）による。http://opac.lib.ryukoku.ac.jp/kicho/exhibi/html/v-menu/0003.html

(66) 雲林院と二十五三昧会については、勝田至『死者たちの中世』（前掲）一九一〜一九五頁参照。

(67) 勝田至『死者たちの中世』（前掲）二三四〜二三五頁。

(68) 小島道裕「京都から江戸へ」（千田嘉博・小島道裕編『天下統一と城―歴博フォーラム―』塙書房、二〇〇二年）一三一〜一三九頁。
(69)　天文八年（一五三九）十二月二十三日、大徳寺役者塔主等連署規式（大日本古文書『大徳寺文書之七』二四七六号）。
(70)　本島知辰『月堂見聞集』（『史料京都見聞記』四、臨川書店、一九九二年、所収）。
(71)　広瀬良弘『禅宗地方展開史の研究』（吉川弘文館、一九八八年）第二章第八節「曹洞禅僧の地方活動」。
(72)　千々和到『板碑とその時代　てぢかな文化財・みぢかな中世』（平凡社選書、一九八八年）一〇九頁。
(73)　竹田聴洲『民俗仏教と祖先信仰』第一部（『竹田聴洲著作集』第一巻、国書刊行会、一九九三年）。
(74)　注(13)に同じ。

第二章 「京師五三昧」考

はじめに

五三昧の諸説 京都の墓地としては、平安時代から鳥辺野や蓮台野などの共同墓地が知られているが、これらは土葬・火葬のみならず風葬・死体遺棄の場としても使われていた。一方、鴨川の河原などは上層の墓地としては使われない遺棄の場であった。中世から近世にかけて、これらの墓地が葬法および階層の点でどのように変遷していったかを追跡することは、平安京研究のみならず葬墓制研究の上でも重要である。

近世初期には「五三昧」と称し、京都に五つの古くからの火葬場があるという説が地誌などに現れている。火葬場は墓地とは一応別だが、古来の墓地に併設されていることが多く、また近世には一般庶民に使われていたので、これを手がかりに近世初期京都の共同墓地の概略をつかむことができる。筆者はもともと主として文献にもとづいて中世葬墓制の研究を行ってきたが、ここではまず近世初期京都の墓地の実態を復元し、それから中世に遡行するという方法をとった。近世まで下らないと、墓地や火葬場の場所さえはっきりしないことが少なくないのである。

次にあげる説話は近世初期に成立した説話集『奇異雑談集《きいぞうたんしゅう》』（貞享四年〈一六八七〉刊行）の一つである。(1)

〔史料1〕

四条の坊門烏丸に西阿弥陀仏といふ時宗一人あり。居所をば西光庵と号す。若年より、心ざし深き念仏の行人なり。

応仁の乱中に、人多く死するゆゑに、無縁の聖霊を弔はんために、夜な夜な五三昧をめぐり、念仏を思ひ立つ。初夜時より、頸に鉦鼓をかけ、身に破衣をきて、先づ東寺四塚に行きて、罷物処《はふっしょ》において、念仏一、二百ぺん高声に唱ふ。天性音声よき人なり。次に三条河原に行きても、また一、二百ぺん唱へ、また千本にゆきて、罷物処に於て一、二百ぺんとなふ。東にゆき河をわたり、中山の罷物処に行きて、また一、二百ぺん唱へ、また、延年寺に行きても一、二百ぺん唱へ、回向してあかつき京に帰る。毎夜かくの如く、やうやく三年に到る。

（『奇異雑談集』巻四の六、四条の西光庵、五三昧を廻りし事）

ここに「五三昧」と称して、五つの「罷物処」が登場する。「罷物処」は他の文献を勘案すると、墓地ではなくそれに併設された火葬場と思われる。東寺四塚《よつづか》は羅城門跡付近、三条河原は鴨川ではなく西三条、千本《せんぼん》は船岡山の西の蓮台野、中山は左京区の真如堂付近、延年寺は鳥辺野にそれぞれ所在した。これらは以下で個別にとりあげるが、その前に他の五三昧の諸説をもう少し見てみよう。近世京都研究の鼻祖ともいうべき黒川道祐（?～一六九一）の著作をみると、

〔史料2〕

中山　在《リ》下吉田《ト》与二黒谷《トノ》一之中間《ニ》上。斯《ノ》所《ニ》有《リ》下行基《ノ》所二定《メ》置《ク》一之葬場上也。凡《ソ》京師五三昧場《ノハ》、所謂《ル》千本・最勝河原・中山・鳥部野《ノ》・延命寺是《レ》也《ナリ》。中山則《チ》此《ノ》所也《ナリ》。最勝河原案《スルニ》誤《ル》二三条河原《ヲ》一者乎《カ》。延命寺《ハ》在《リ》二鳥部山《ノ》辺《ニ》一。今《ハ》絶《ユ》。

（『雍州府志』一、山川門、愛宕郡。貞享元年〈一六八四〉成立）

〔史料3〕

狐塚　在《リ》二東寺西《ノ》野《ノニ》一。凡《ソ》鳥戸野・中山・最勝河原・鶴《ノ》林・狐塚、是《ヲ》謂《フ》二京師五墓所《ト》一也。倭俗葬《ル》レ人《ヲ》場《ヲ》謂《フ》二三昧《ト》一。或《ハ》

謂《フ》二墓所《ムト》一。三昧《ハ》梵語也。此《ニハ》云《フ》二正受《ト》一。又云《フ》二正定《ト》一。思《ニ》人死《シテ》帰《スルノ》レ一《ニ》之義乎《カ》。一説《ニ》五墓所《ハ》東寺四塚・三条河原・千本・中山・延年寺是也《ナリ》。案《ルニ》、今《ノ》所謂《ル》最勝河原《ハ》誤《ル》二三条河原《ヲ》一者乎《カ》。

（『雍州府志』十、陵墓門、紀伊郡）

〔史料4〕

五三昧と云は、化野《アダシノ》　鳥部野　華頂山　狐塚　西院《サイ》也。

（『遠碧軒記』上之一）(2)

〔史料5〕

紫雲山極楽院空也上人光勝忌　五条(市屋)一夜道場并《ニ》七条金光寺等《ニモ》亦修《ス》レ之《ヲ》。（略）斯《ノ》院中《ニ》有《リ》二十八家一。其《ノ》中年老《ノ》者《ノ》剃《リ》レ髪《ヲ》箸《テ》レ衣《ヲ》為《ル》レ僧《ト》。代々以《テ》二空《ノ》字《ヲ》一加《フ》二諱《ノ》字《ニ》一。其《ノ》余《ハ》不《ス》レ剃レ髪《ヲ》、帯《フ》二妻子《ヲ》一。常製《ニシテ》二茶筅《ヲ》一而売《ル》二市中《ニ》一。空也上人暫寓《クス》二北山貴布禰壇《ノ》上《ノ》之庵《ニ》一。于《ニ》レ時野鹿献《ス》レ菓《ヲ》。夜間又来《リ》鳴《テ》慰《ス》レ寂《ヲ》。一夜不《ス》レ来《ラ》。上人心《ニ》怪《ム》レ之《ヲ》。夜明後《テ》、近隣有《リ》二平定盛《ト云》者《ノ》一、来談《シテ》曰《ク》、前夜遊猟《ノ》之次《テ》、殺《ス》二鹿一頭《ヲ》一。上人大《ニ》驚《テ》以為《ク》、所《ノ》レ殺《ス》者《ハ》吾《カ》所《ノ》レ愛《スル》之鹿也《ナリト》。不レ堪二悲歎《ニ》一、遂《ニ》請《コフテ》二其《ノ》鹿《ヲ》一、剥《テ》二其《ノ》皮《ヲ》一為《シ》レ裘《ト》、挿《ミ》二其《ノ》角《ヲ》於柱杖頭《ニ》一、常《ニ》携《ヘ》、行《ノ》為《ス》二遺愛《ト》一也。定盛愧《チ》レ之《ヲ》悔《ヒ》レ之《ヲ》、自《リ》レ茲発《シ》二菩提心《ヲ》一、則解《テ》二其《ノ》所《ノ》レ著《スル》之狩衣袍《ヲ》一為《シ》レ衣《ト》、随《テ》二上人《ニ》一唱《フ》二念仏《ノ》号《ヲ》一。今極楽院《ノ》十八家則《ハ》其《ノ》裔《ニシテ》而、所《ノ》レ著《スル》衣《ハ》則定盛著《スルノ》二狩衣《ノ》袍《ヲ》一遺風《ニシテ》而、其《ノ》紋《ハ》家々《ノ》徴《シ》也《ナリ》。凡《ソ》斯《ノ》徒謂《フ》二鉢敲《タヽキト》一言《心ハ》、斯《ノ》徒至《時ハ》レ冬《ニ》則夜々巡二市中《ヲ》一、又到二洛外五三昧場《ニ》一。国俗火葬《ノ》場《ヲ》称《ス》二三昧《ト》一。南京五箇所《ハ》、行基菩薩之《ノ》所《ナリ》レ定《ムル》也。北京五箇所者《ハ》、弘法大師所レ被二定置一。所謂《ル》船岡山・中山・鳥辺山・最勝河原・珍皇寺是也《ナリ》、各《く》鳴《シ》レ鉦《ヲ》、誦《シ》二念仏《ノ》之号《ヲ》一、或《ハ》以《テ》二竹杖《ヲ》一鳴二所《ノ》レ携《ル》之康瓠《ヲ》一、口《ニ》唱《フ》二無常《ノ》之詞《ヲ》一。若《シ》有《時ハ》二信施《ノ》之来銭一、則以《テ》レ瓢《ヲ》受レ之《ヲ》。是《ヲ》以《テ》レ瓢《ヲ》代《フ》二鉄鉢《ニ》一。故《ニ》称《ス》二鉢敲《ト》一。

（『日次紀事』十一月十三日。延宝四年〈一六七六〉成立）

道祐は五三昧を書くたびに違うことを言っており、ことに2と3は同一書物の中で区々の説を述べているのはいささか驚かされる。(3)　2の千本は5の船岡山と同じ、最勝河原は3の西院と同じ、延命寺はおそらく延年寺の誤記で、諸書には延年寺と記される、鳥辺山に所在した火葬場をさしたのであろう。2の「鳥部野」はこれとは別の火葬場（近世に南無地蔵といわれた場所にあった）をいったものか。3の鶴林と同じであろう。4の華頂山（花頂山）は現在の東山区粟田口華頂町、都ホテルの背後付近にあった火葬場である。もともと阿弥陀峰にあったのが豊国廟建設のため移転したという伝承をもち、移転後も阿弥陀峰と称した。本来は阿弥陀峰のことを鳥辺山と言ったともいわれるので、移転前の旧所在地は広義の鳥辺野に属する。5の珍皇寺は何を根拠にしているのか明らかではないが、いずれにせよこれも鳥辺野である。また3と4に狐塚があり、道祐は狐塚を四塚の一つと書いたこともある（後掲史料13）が、3では狐塚と四塚は別のような書きぶりである。

なお3では五三昧ではなく五墓所になっているが、「鳥辺野考」（本書第二部第三章）で論ずるように火葬場であることが間違いのない鶴林や延年寺が含まれているので、実態としてはこれも火葬場をさしているようである。墓所は「むしょ」と読んだようで、「此南にむしよありしが今は三条の西のさいゐんのむしよの北にならひあり」（『京雀跡追』人部）とか「京《きやう》七条《じやう》がはらの墓所《むしよ》にばけ物あるといひつたへければ」（『諸国百物語』巻三第六話）などの用例があるが、これらも火葬場をさしている。ただし、墓地という意味で「墓所」の語が使われている史料も多いので注意を要する。

五三昧は各書を総合すれば、鳥辺野・千本・最勝河原・四塚・中山の五地域ということになるだろう（4にのみ嵯峨の化野が加わっているが）。どの火葬場を挙げるかについての食い違いは、それぞれの執筆時に別のソースによったことによるのであろうか。また起源説話は、2では行基が定め、5では弘法大師が定めたとして一致しないが、2で行基というのは中山の火葬場だけを指すのかもしれない（第3節参照）。

五三昧とは本来は「廿五三昧」の略で、もともとは恵心僧都（源信）のはじめた二十五三昧会という念仏結社からきている。二十五三昧は二十五有を破する三昧であると『大般涅槃経』第十四は説き、二十五の一々を説明する（『望月仏教大辞典』）。源信の二十五三昧はそのような細分化された三昧を行うものではなく、毎月十五日に念仏三昧を行ったが（『二十五三昧式』・『横川首楞厳院二十五三昧起請』）、結社メンバーの数は二五人であった。「五三昧」は二十五三昧の省略形と考えられるから元来五か所という意味はないが、近世初期京都の史料では五か所という意味をもたせて使われている。これらは地誌類では火葬場をさしているが、墓地も近隣にあることが多い（『奇異雑談集』の「罷物処」は、はふり棄てる処の意）。なお現行民俗では、若狭などで両墓制の埋め墓をサンマイというので、必ずしも火葬墓地に限られる語ではない。

七　墓

「七墓」とか「七所の墓所」として、数を七つにする説もあった。七墓というと大坂のが有名だが、京都でも七としている書物もある。

〔史料6〕

洛東泉涌寺の片山陰に、不断念仏のとんせい人有、（略）法名祐慶といふ、初七年禁足の行を修し功なりて後、夜毎洛外七所の墓所詣をはじむ、所謂鳥部野、阿弥陀峰、新黒谷、舟岡、西院、狐塚、金光寺なり、短夜には日の内より出、秋より春の半までは日くれて出て、いつも廻向を晨朝にとこゝろざす、或年の秋九月五日、例のごとく鳥部山の麓の煙たち出て、あみだがみねに鐘打ならし、烏羽玉の黒谷山は月なくて、後の夜のくらきみちの、おそろしくおもひ出らるゝより、願は弘誓の舟岡に乗じて、九品の蓮台寺にこそとたどりつく、北風やゝ寒くみんなみにはこび、西院に念仏し、狐塚にともしけつ青き火かりの、なき人のなごりにあらそふも、心ありがほなる、念仏打申て立かへらんとするに、跡よりけうとくよびかへす人あり、

（『諸国心中女』巻三。貞享三年〈一六八六〉刊、『徳川文芸類聚』一）

これによると七所の墓所とは鳥部野・阿弥陀峰・新黒谷・船岡・西院・狐塚・金光寺であるというのだが、この中には前記の五三昧の諸説には見えないものもある。このうち新黒谷（金戒光明寺）は真如堂の南で、「中山」の項で後

述するようにこの一角に中山の火葬場があったので、中山の異名といえる。最後の金光寺は七条河原口にあった時宗の七条道場金光寺が経営していた火葬場で、これのみは五三昧のどの説にも見えていない。この火葬場も昔は鳥辺山の北にあったのを慶長年間ころ七条に移転したのだが（後述）、近世には京都でも最大級の火葬場として有名である。これが五三昧に入っていないのは、この地での営業開始が近世に入ってからであることが明らかなので、制定が弘法大師などに仮託されている五三昧の中には加えにくかったからかもしれない。また史料1の『奇異雑談集』は応仁の乱中に舞台を取っているから、ここに七条の火葬場が出てきてはおかしいことになる。

なお後述のように小説『西院河原口号伝』でも「七墓」として「狐塚《キツネヅカ》阿弥陀ガ峯西所塚《サイシュヅカ》等ナリ」と書いているが、これについては「最勝河原」の節でふれる。

土居浩氏(4)が紹介した五条坂の浄土宗安祥院所蔵「木食養阿上人絵伝」(5)では、養阿が享保二年（一七一七）まで三年の間、寒行として「六墓五三昧」を巡ったとされる。六墓と五三昧は別で、大願成就したので「六墓南無地蔵、大谷、西乃土手、あはた口、西しやう河原、元三昧五三昧狐つか、阿弥陀かみね、中山、千本、金光寺を残らす、所々に六字の石塔を建立し」たという。これを見ると六墓は無縁墓地または刑場、五三昧は火葬場のようである。六墓のうち南無地蔵はこのころは火葬場が移転しているので、公儀指定の無縁墓地の一つだった。大谷はおそらく西大谷背後の鳥辺山であろう。西の土手は「最勝河原」の項でふれるが近世京都の二つの刑場の一、粟田口はもう一つの刑場である。「西しやう河原」は最勝河原（三条河原）であるが、このころはすでに火葬場としては使われなくなっていたらしい。「元三昧」は不明である。「五三昧」の五か所は、金光寺が入っていることを除くとこれまでの諸説と大きな差はない。

五三昧を鳥辺野・千本・最勝河原・四塚・中山の五か所に整理すると、このうち鳥辺野・蓮台野・中山は中世にさかのぼる共同墓地で、陵墓など貴族上層の墓地も多い。最勝河原（西院）と四塚は比較的新しい模様で、特に西院は平安京内になる。また両者は刑場に近いことも特色であるが、詳しくは後述する。またこれらは、行基なり弘法大師なり古代の高僧が開いたという伝承を伴っている。もちろん、行基が開創したと伝える墓地は畿内に多いが、今日の研究段階ではそれらは実際に行基の時代にさかのぼるものではなく、平安末期から鎌倉時代にかけて成立したものであることが明らかになっている[6]。しかし、少なくとも近世前期の地誌類でそのような伝承があるものは、成立が人々の記憶に残るほど新しい時代にできたわけではなく、中世にさかのぼる可能性が高いと考えることはできるだろう。

本章ではこれら五三昧を巡回しながらその変遷をたどってみることにしたいが、鳥辺野にはふれるべきことが多いので、次章「鳥辺野考」で扱うこととし、本章では他の四地域をとりあげる。

1　最勝河原（三条河原）

西三条と西院　『奇異雑談集』の三条河原は、実は西三条であることは、その巡回ルートから『山州名跡志』が指摘している。

〔史料7〕

佐井三味《ノ》　在《リ》二三条朱雀《ノ》西《ニ》一　此所雖《ドモ》二洛外《ト》一以《テ》二其《ノ》近《キヲ》一載《ス》レ此《コヽニ》、有《ガ》云《ク》、西院《サイ》ト書スト。然レトモ西院ハ此ヨリ西南ノ村《ノ》名《ナ》也。此《ノ》地火葬場《クハサウバ》トナスコト時代不レ詳。古《ヘ》ヨリ称《ス》二三条川原《ト》一。古ヘ河原ナルニヤ。河ハ則《チ》彼所ノ西四町許ヲ流ル。一説ニ三条川原ハ三条ノ鴨川原也ト。此《ノ》説難《シ》レ信《シ》。奇異《キイ》雑談集ニ五三昧ヲ巡《メグ》ルニ、初《メ》東寺ノ四塚《ヨツツカ》ヨリ、次ニ三条川原ニ至ルト云云。其次《ノツギ》千本ニ至リ、然シテ川ヲ渡ツテ中山ニ至ルト云云。案スルニ三条鴨川原ナランニハ、東寺ノ次《キ》ニ可《キ》レ巡《ル》義ナシ。若爾《モシ》ラバ其《レ》ヨリ中山ニ可《キ》レ到《ル》ヲ千本ニ至ルトイフ。爾ラバイマ此所ト見ユル歟。

（『山州名跡志』巻之十七。元禄十五年〈一七〇二〉序）

図9に示した位置は地誌類の記述や明治二十五年（一八九二）発行の仮製二万分一地形図「京都」から推定した。正徳二年（一七一二）成立の寺島良安『和漢三才図会』巻七十二本に掲載する京都の絵図は簡単なものだが、三条の西端部の南に「西浄河原墓所」を描いており、三条より南にあったことがわかる。(7)また「元禄十四年実測大絵図」(8)には、付図に示した位置に白壁の建物二軒を南北に並べて描いている。名称は記されていないが、阿弥陀峰火葬場など他の火葬場の描き方と類似しており、この建物は火葬場の可能性がある。あとで詳しく述べるように、当時ここには二つの火葬場が隣接して営業していた。

仮製二万分一には御土居のすぐ西に沿う道が描かれている（現在の西大路通より一つ東の道か）。付図の飯山は『山州名跡志』巻之十八に出てくるが、『平安京提要』右京四条二坊の項によれば大正七年頃まで残っていた丘で、淳和院築山跡という伝承があった。『山州名跡志』は飯山を源高明邸だった西宮《にしのみや》に比定し、「此《ノ》所今云フ佐井《サイ》ノ南ニ当ル歟。今火葬場《クハサウバ》ノ南ニ東西ニ径《コミチ》アリ。其《ノ》南ニ東西十間余、高《サ》三間許《リ》ノ山ノ形《カタチ》アツテ小竹ヲ生ズ。土人是ヲ飯山《イヒヤマ》ト号ス」と記すので、飯山の北に火葬場があったことがわかる。図9の飯山は仮製二万に描かれた竹林の位置である。(9)図に示した最勝河原の南の鶴林も火葬場で、「鳥辺野考」（本書第二部第三章）で論ずるように鳥辺野の南無地蔵にあった火葬場が建仁寺門前に移り、さらにここに移動したものである。またその北に無縁墓地を示しているが、これは元禄十二年（一六九九）の『京都御役所向大概覚書』巻二の六十四「洛外五ヶ所無縁墓地之事」に「一、西之藪土居外三条ヲ上ル所山之内村・西院村、両村之無縁墓地壱ヶ所」とあるもので、三条通の北に所在した。右の名跡志の記述は火葬場の南に東西の小径があるとしているが、三条通には触れていないので、最勝河原などの火葬場は三条通の南にあるらしい。そこで地図では無縁墓地は最勝河原とは別と判断して三条通の北に記した。最勝河原や鶴林はそれ自体としては火葬

図9　最勝河原（三条河原）・西土手付近図

場で、墓地はその周辺にあったと思われるが、この無縁墓地以外はよくわからない。

なお旧稿（付記）では最勝河原を北、鶴林を南に示していたが、これは後掲の史料11で黒川道祐は「此ノ（最勝河原の）南ニ鶴ノ林アリ」とし、また史料10で道祐が北から歩いたとき、最勝河原、鶴林の順に記していることによったものだった。しかし延宝六年（一六七八）刊の『京雀跡追』人部が建仁寺町の火葬場（鶴林）の移転を記して「此南（恵比須神社の南）にむしよありしが、今は三条の西のさいゐんのむしよの北にならひあり」としており、また貞享元年（一六八四）成立の北村季吟『菟芸泥赴《つぎねふ》』巻三も宝福寺の項で鶴林について「豊国の神廟出来て後、火葬の臭気の到るを忌て、葬所を建仁寺の門前にうつさる。今又三条西の土手、最勝河原の北にうつせり」と述べている。記述の数からいえば二対二の同点だが、史料10と11は同人の著書なので、道祐の間違いかもしれないと考え、鶴林を北、最勝河原を南に改めた。

〔史料8〕

最勝河原　在《リ》㆓三条《ノ》西封疆《ノ》之外㆒、良賤火葬《ノ》之場也。相伝《フ》、古《ヘ》最勝寺在《リト》㆓斯《ノ》処《ニ》㆒。今按《スルニ》誤《ル》㆓三条河原《ヲ》㆒者《カ》乎。倭俗葬場《ヲ》謂《フ》㆓三昧《ト》㆒。自《リ》㆑古《ヘ》有《リ》㆓綸旨及御教書下知状㆒、職事勤《ム》㆑之《ヲ》。

鶴林　在《リ》㆓同処《ニ》㆒。始《メ》在《リ》㆓鳥戸野《ノニ》㆒、豊国《ノ》社造営《ノ》時、忌《ム》㆔臭気《ノ》之通《スル》㆓社頭《ニ》㆒故《ニ》移《ス》㆓建仁寺《ノ》門前《ニ》㆒。近世又移《ル》㆓斯《ノ》地《ニ》㆒。

（黒川道祐『雍州府志』巻八、古蹟門上、愛宕郡）

最勝河原は三条の西、近世に洛中と洛外の境とされた御土居の外にあり、昔は最勝寺という寺がここにあったと伝えるという。最勝寺という寺はこれ以外に管見に入った史料がなく、最勝河原の起源は明らかでない。この名はいわゆる「賽の河原」を思わせる。古く貞観十三年（八七一）閏八月二十八日に葬送放牧地として「紀伊郡一処在㆓十条下石原西外里十一条下佐比里十二条上佐比里㆒」（『類聚三代格』巻十六）が定められた。ここは「佐比《さい》」の音が共通するが、後世の最勝河原とはかなり離れ、右京を南北に通る佐比大路の南端をさらに南に行ったところである（この位置は第2節の図10に示してある）。しかし「賽の河原」の起源が「西院《さい》の河原」にあるという説が近世にはあり、『西院河原口号伝』という小説が作られた(10)。西院は淳和院の別名であるが、現在も阪急電鉄京都線の西院《さいいん》駅、京福電鉄嵐山線の西院《さい》駅がある。また西大路四条の交差点の北東にある高山寺は「西院《さい》の地蔵」として知られる。しかし五三昧の最勝河原は諸書一致して三条の西と記している。

西院の地蔵　西院の地蔵は室町期の貴族の日記に参詣対象として見えるが、『長興宿禰記』文明十二年（一四八〇）七月二十九日条には「抑西院地蔵、慈覚大師御作也。近日当国久世住人、蒙二夢想告一、希異利生等在レ之。依レ是諸人致二信心一群参」とあり、『山科家礼記』同年八月十日条にも「西院地蔵人色々病直りきとく候間、予今日参詣候也。人々籠もの多在レ之。茶屋十・二十間計候」とあって、この年に信仰が流行した。その後は『宣胤卿記』文明十三年（一四八一）正月二十四日条に「西川前相公来、同道参二詣六ヶ所地蔵一。（佐比、壬生、八田、星光寺、清和院、蔵珠院、）」とあるなど、この時代の六地蔵巡りの一つになって定着したようである(11)。西院の地蔵の中世における正確な位置は日記類からは不明であるが、冒頭に引用した『奇異雑談集』では、引用部分につづけて「ある夜、西院の地蔵堂の北堤より、上へ二、三町ゆけば、松茂りて深夜の闇に」女の声がしたと記している。これは四塚から最勝河原へゆく途中と解釈できるので、この説話での位置関係は、現在の高山寺と、最勝河原の推定位置に適合する。また西院の地蔵堂は最勝河原そのものではなかったこともここから読みとれる。西院の地蔵は高山寺をさし、中世から現在の位置にあったとみてよいだろう。

西院の地蔵が流行神化する以前に関する史料は乏しいが、『続史愚抄』永享元年（一四二九）七月十六日条には「奉レ為二先帝一公卿殿上人等向二西院辺一書二一石一字法華経一云。（○薩戒記）」という記述がある。『薩戒記』のこの条はまだ活字になっていないところで、筆者が見ることができた京都府立総合資料館所蔵本はこの条を欠いているので、いまは

『続史愚抄』によらざるをえないが、前年の七月二十日に死んだ称光天皇の一周忌を前にして、公卿・殿上人が西院辺で一石一字の法華経を書いたというのは、後世の西院の地蔵が「賽の河原」の起こりといわれるようになることと一脈のつながりがあるようで興味深い。

中世史料に明確に現れるのは西院の地蔵堂くらいであるが、最勝河原の火葬場も京師五三昧の一つとされているところからみて、中世にさかのぼるものであろう。図9からは、これらの葬場は御土居の外に並んでおり、いかにも近世に再配置されたようにみえる。確かに鶴林は移転させられたものだが、最勝河原は移転伝承を持たず、弘法大師など古代に仮託された開創伝承をもつ。御土居建設後の開創なら、一〇〇年にも満たない比較的近い過去に成立した葬場が十七世紀段階の地誌でそのように書かれる可能性は小さいから、少なくとも最勝河原はかなり古くさかのぼると思われる。

最勝河原の退転　この二か所の火屋は、二つとも享保四年（一七一九）十月に退転した。

〔史料9〕

（享保四年十月条）西院村の火屋二ヶ所ともに断絶す。火屋の臭気、雨天には西屋敷へ参候故に、替地可ㇾ被ㇾ下間、他所へ移り候様に被㆓仰付㆒候。一は此の処さへ辺土にて迷惑仕候に、遠方へ参候ては弥気毒に奉ㇾ存由申上候に、依ㇾ之火屋断絶す。焚坊ともは他所之火屋へ被ㇾ附候。

（本島知辰『月堂見聞集』巻之十一）(12)

これによると、西三条にあった二か所の火葬場はこのときまでは操業していたが、雨天にはその火葬の臭気が西屋敷（西町奉行所）にまで漂うことが問題になり、替地をやるから移転するよう命じられた。これに対して火葬場側は（「一は」とあるのは、うち一か所はという意味かもしれない）現在の場所さえ辺地で営業に差し支えるのに、さらに市街地から離れた場所へは行けないと言ったため火屋は廃絶となり、隠坊たちは他所の火屋へ配置転換になったという。

また右にも紹介した小説『西院河原口号伝』は宝暦十一年（一七六一）に刊行されたものだが、これには「延喜帝ノ御宇六十代醍醐帝京ニ七墓トイフコトヲ立ラレタリ。狐塚《キツネヅカ》阿弥陀ガ峯西所塚《サイシュヅカ》等ナリ。今ノ七条ノ葬所ハコノ西《サイ》院所塚ヲ移転セルナリ。西所塚ハ今ノ西院村ニアリケリ西院ノ御所ノ塚ナレバ西院所塚ト云カ。然ルニ禁裏へ葬ノ香臭《ニホヒ》ノ触レケレバ七条ヱ引レケルナリ」という記述がある。ここでは「西院所塚」の火葬場が、煙の臭いが禁裏にかかるため移転して「七条ノ葬所」になったという。史料8の西町奉行所が伝承の間に禁裏に変わったものと思われるが、注意をひかれるのは七条との関係である。七条の葬所とは時宗の七条道場金光寺が運営していた近世京都を代表する火葬場をさすが、ここが西院から移ったという史料は他に目にしていない。

　七条道場金光寺は明治四十年（一九〇七）に長楽寺に合併され、長楽寺が旧七条道場文書を所蔵しているが、元和七年（一六二一）五月一日の七条道場金光寺置文[13]には、これまで「東山赤辻」にあった墓所を「住持代」の時に、すなわちこの文書が書かれた元和七年の金光寺住持、二十代法爾が住持代であった慶長十八年（一六一三）以前に、金光寺のある七条河原口へ移転したことが述べられている。赤辻は赤築地ともよばれ、現在の五条坂の南、清水新道の北あたりをさしたので、七条道場の火葬場はもともと鳥辺山の北にあり、そこから七条河原に移転したことが知られる。また承応二年（一六五三）刊行の『新改洛陽並洛外之図』には七条道場に隣接した火屋が描かれており[14]、史料6『諸国心中女』も七つの墓所の中に金光寺を含めていた。一方、これまで見てきたように十七世紀後半の地誌類には最勝河原の火葬場が書かれているから、少なくともそのころには最勝河原と七条河原口の火葬場は並存していたわけで、最勝河原が移転して七条の火葬場になったのではない。享保四年に二つの火葬場が移転を命じられたさい、一つが七条の火葬場と合併されたことは考えられるが、この問題については今後の検討課題としたい。なお、「はじめに」で引いた『木食養阿上人絵伝』は「六墓」の中に「西しやう河原」を含めていたが、この六墓は無縁墓地や刑場をさしたと思われるので、これは最勝河原の北にあった無縁墓地であろう。この絵伝が製作された当時はすでに最勝河原の火葬場は存在していなかったと思われる。

この無縁墓地は近世にどの程度使用されたのか筆者の調べは進んでいないが、幕末の雑色小島氏留書(15)の嘉永元年（一八四八）九月二十七日条によると、二条城の堀にはまって死んだ者の死骸は「三条辺御土居外」にさらして親類知人が現れるのを待つというのは、この無縁墓地であろう。なおそのほかの行き倒れ人の死骸は、丸太町河原か二条河原にさらしたという。

宿　紙　近世にはこれらの火葬場や無縁墓地の北に西土手刑場があった。現在の西大路太子道付近である。また、御土居の内側、下立売通の紙屋川（天神川）端に「宿紙」という地名があった。『京都御役所向大概覚書』巻二には無縁墓地として定めた場所の一つとして「一、同西之京領下立売通紙屋川之側壱ヶ所、字宿字」と見えるが、黒川道祐によれば宿紙を漉いたところで、十七世紀後半当時には隠坊の住所となり、また死体の捨て場だったという。

〔史料10〕

天和元年辛酉十月二十二日、（略）烏丸ヲ正親町ニ出テ、伴ナヒ行シ人ヲ誘ヒ、西ノ方千本通ヲ南へ、西ノ京ノ辺ニ行ク。是ヨリ宿紙ヲ過ス。是紙屋川ノ末ニテ、古此処ニテ宿紙ヲスキケルトナン。今ハ葬レ人御坊ノ住所トナリ、土民ノ墳墓多シ。古今ノ変遷堪二嘆息一。最勝川原、鶴林二所ノ葬場ノ東ヲ歴《フ》。于レ時鶴林ノ葬所ハ、今朝火葬アリトミエテ、余烟散乱シ、臭気難レ忍。予無常迅速不レ俟レ時ヲ思フニ、我亦難レ期二明日一、誠ニ浅猿シク覚ユ。

（黒川道祐『近畿歴覧記』大原野一覧。天和元年〈一六八一〉十月）

〔史料11〕

延宝九年酉四月七日、勘解由小路ヨリ二条ノ御城ノ西二条通ヲ西へ行ク西北ノ隅、総土手ノ内ニ、宿紙《シュクジ》ト云ヘル所アリ。紙屋《カミヤ》川ノ末ニテ宿紙ヲスケル所也。今ハ御《オン》坊住所トナリ最勝川原ノ葬場ヲ主ル。此ノ南ニ鶴林《ノ》アリ。両所ノ御坊出合、ソノ料ヲ配分ストナリ。

（黒川道祐『近畿歴覧記』太秦村行記。延宝九年〈一六八一〉四月）

〔史料12〕

西土手《ドテ》の刑罰場の辺に、宿紙と云田地の字あり、紙屋川の下なり、此処を宿紙をすきたる所と見ゆ、今は死せる乞人をすて処なり。可レ歎哉。

（黒川道祐『遠碧軒記』上之二）

史料10でも隠坊の住所とされるが、史料11によればこの隠坊は最勝河原の火葬場を司っており、隣接する鶴林火葬場との間で火葬料を配分していたという。隣接する両火葬場は経営体は異なるようだが、両立できるように協力関係を結んでいたものらしい。鶴林の隠坊は宿紙とは別のところに住んでいたようである。史料10によれば宿紙には「土民の墳墓」があり、また12では死んだ乞食を捨てる場所だったという。これが『京都御役所向大概覚書』の無縁墓地につながっていくのだろうが、ここに住む隠坊は無縁墓地の管理もしていたのかもしれない。なお『京都御役所向大概覚書』は「宿字」と書いているが、道祐も史料11では「シュクジ」と仮名をふっているので、よみは「シュクジ」だったらしい。そうすると、語源が宿紙だというのも疑わしいが、今のところ断案はない(16)。この地は現在の上京区堀川町にあたり、宝暦十二年（一七六二）刊の『京町鑑』（横町、下立売通）には「堀川町　此町の西は紙屋川《かいがは》の流、橋有、往古《わうご》此川筋にて宿紙《すくし》今俗にいふ御りんし紙也を漉《すき》たり、故にかく云、是によつて此辺を宿紙村ともいへり」とある。

なお平安京ではこの宿紙の西側、右京一条二坊十二町に右獄舎があった（地図参照）ので、この墓地と獄舎との関係も考えられる。右獄がいつ衰亡したかについて、上杉和彦氏(17)は『門葉記』宝治二年（一二四八）十月二十三日条に右獄囚人がみえ、一方、『伏見上皇御中陰記』文保元年（一三一七）十月七日条では温室施行のなされた五か所の中に左獄があって右獄が見えないこと、嘉元二年（一三〇四）の後深草院死去のさいの非人施行・温室料下行の対象に

「獄舎」とだけあって一か所だけになっていたらしいことから、十三世紀後半を右獄の消滅期としている。右獄の存在時に、獄死者を近くに遺棄していたとすれば、その場所が公葬地のようにみなされ、獄舎消滅後も民間に引き継がれていくことは、ありえないことではないだろう。

朱雀大路と境界　また、単に右獄あるいは右京一般の衰亡というプロセスだけではなく、「京」の境界が変動していったことも考えなければならない。丹生谷哲一氏は、(18)十二世紀成立の『清獬眼抄』(群書類従、公事部)に、罪人配流にあたって、東国・北陸への流人は「粟田口之辺」、西国への流人は「七条朱雀之辺」から「京外」へ追い出すのが故実であったとあることを紹介している。また延慶本『平家物語』巻一末、成親卿流罪事によると、嘉応元年(一一六九)藤原成親が尾張国を知行していた時、山門の強訴で成親は備中に流罪と決まったが、「西ノ朱雀」まで出されたあと召し返されたという。「西七条ニ五ヶ日コソ有シカ」ともあり、これらによれば平安末期には七条朱雀が「京外」との境界だとされていた。七条朱雀には朱雀権現堂があったが(現在の権現寺)、のちの説経『さんせう太夫』で重要な役割を果たすことはよく知られている。丹後国分寺の聖は、つし王を入れた皮籠を背負い、「都の西に聞こえたる、西の七条朱雀権現堂にもお着きある」。ところが、皮籠のふたをあけるとつし王は足が立たなくなっていたので、聖はつし王を見捨てて丹後に戻ってしまう。つし王は土車に乗せられ、童に引かれて都で数日養われるが、その後四天王寺に引かれていき、石の鳥居に取り付くと足が立つ。ここでは、あたかも朱雀権現堂が聖を阻む象徴的障壁であるような印象を与えるが、七条朱雀から東が「都」であるという観念はいっそうはっきりしている。

七条朱雀は山陰道が都から出るところなので、史料的に多く現れるが、これを含めて中世から朱雀大路が京の西の境界と考えられていたとすれば、最勝河原や宿紙のあたりも京外の葬地として、比較的早い段階でいわば公認されていたことも考えられるだろう。

2　四　塚

処刑の地　羅城門付近の地名で、古くは『梁塵秘抄』四三九に「いざれ独楽《こまつぶり》、鳥羽の城南寺の祭見に、我はまからじ怖しや、懲り果てぬ、作り道や四塚に、あせる上馬《あがりむま》の多かるに」と歌われた。鳥羽へ通ずる造道の基点でもある。この歌では特に墓地のようには見えない。旧稿発表後、竹居明男氏が四塚に関する史料を網羅的に収集しているが、(19)初出とみられるのは『台記』康治二年（一一四三）三月十六日条で、鳥羽の成菩提院に向かった藤原頼長は「四陵辺」で摂政藤原忠通と合流したという。『山槐記』治承四年（一一八〇）三月十八日条および『玉葉』同年三月十九日条には、園城寺・延暦寺・南都の衆徒が後白河法皇を拉致するとの風聞があったため、警備上の理由で法皇は鳥羽から京へ入ろうとしたが「四墓」辺で引き返したという記事があり、『明月記』建仁三年（一二〇三）三月十日条では、後鳥羽院の熊野詣を騎馬で見送った藤原定家が「四墓辺」で車に乗って冷泉の自邸に帰ったと書いている。「四墓」はヨツヅカと読んだのだろうが、そのころには京の南端のこの地に、昔の墓と考えられる塚が四つほどあったのかもしれない。『台記』の記す「四陵」のよみは明らかでないが、この書き方から考えると当時は天皇の墓と思われているものがあったのであろうか。古墳がそのあたりに残っていたのかもしれない。

保元の乱で敗北した源為義が斬られたのは、後述するが同時代の『兵範記』によれば船岡辺であった。しかし『保元物語』（下巻、為義最後ノ事）は「七条朱雀」としているほか、『愚管抄』巻四は「義トモヤガテ（為義を）コシ車ニノセテヨツヾカ（四塚）ヘヤリテ、ヤガテクビキリテケレバ、『義トモハヲヤノクビ切ツ』ト世ニハ又ノ、シリケリ」と書いており、四塚で斬られたという説も早くからあったようである。処刑の場としての四塚は、竹居氏が指摘した『師守

図10　四塚付近図

記』康永三年（一三四四）四月四日条で敵首を「東寺四塚」に懸けたとあるのをはじめ、生嶋輝美氏によれば中世後期にはしばしば梟首の場として現れる。[20] 一、二の例をあげれば『看聞日記』永享元年（一四二九）九月二十四日条には楠木光正の首を「四塚ニ被レ懸云々」と見え、また同じ日記の永享六年（一四三四）六月十七日条には、貴族の裏松義資が夜討ちに遭ったのを将軍義教の指図だと言った高倉永藤に激怒した義教が「赤松大河内ニ被レ仰、於ニ四塚ニ可レ処ニ死刑ニ之由被ニ仰付ニ」という事態になったが、遠流に宥められたという。『愚管抄』の為義四塚処刑説から考えると、四塚での処刑も中世初期にさかのぼる可能性がある。

近世初期の状況は黒川道祐が書いている。

〔史料13〕

是（吉祥院天満宮の東）ヨリ四塚ミユ。狐塚、光明塚、経塚等是也。今一箇所不レ知二其所《ヲ》一。狐塚ハ昔日罪アル人ヲ刑戮ノ地ナリ。今ハ東寺ノ僧徒遷化ノ時葬場トナレリ。鳥羽大路ニ出テ山崎道トノ堺ニ、矢負ノ地蔵堂アリ。矢負ノ事、相伝ハ守敏常ニ弘法ヲソネミ、或夜入堂ノ刻、窃ニ窺《ヒ》レ之以《テ》レ矢《ヲ》射レ之《ヲ》。于レ時其《ノ》矢不レ中二弘法一、此ノ地蔵中間ニ立チ隔テ玉ヒ、此ノ矢ヲ負シト也。然レトモ俗伝不レ足レ信事也、凡ソ守敏ノ事元亨釈書ニ伝ナシ。其ノ外ノ書モ不レ載レ之。太平記ニ少シク載《ス》二其《ノ》事跡《ヲ》一。是レ誠ニ不審《イブカシ》キ事也。此ノ北ニ古ノ羅生門ノ礎残レリ。所々歴覧シ、既ニシテ東寺南門ヨリ入ル。

（黒川道祐『近畿歴覧記』東寺往還。延宝九年〈一六八一〉三月）

これによれば四塚は狐塚、光明塚、経塚などで、狐塚は昔の刑場、今は東寺の寺僧の葬場だという。四塚の位置は四塚町の所在地などから、羅城門跡付近と考えられるが（地図では現在、羅城門跡とされている地と四塚を重ねた）、狐塚はこれとは離れており、道祐は「東寺ノ西、狐塚ノ南、千本通ノ東ニ、羅城門ノ跡アリ」（『近畿歴覧記』神泉苑略記）とも記している。

狐塚と光明塚　狐塚は現在の南区唐橋井園町の新幹線高架のそばに共同墓地として残っており、周囲よりやや小高くなっている。狐塚という名の古墳は全国に多いが、これも平安京建設以前の古墳が残存していたのを、中世に共同墓地として再利用したものかもしれない。ここには東寺寺僧と思われる卵塔も少数あるが、真宗門徒の法名を彫った墓標などもみられ、近世には各宗派の共同墓地だったらしい。ここには古い石塔は多くない。しかしこの墓地の南西一〇〇メートルたらずのところにもフェンスで囲まれた小高い墓地があり、門は閉ざされているが一石五輪塔など古い石塔が多くあるのが見える。近くの人の話では東寺が管理している。二〇〇四年の八月十六日に掃除中の墓地に短時間入らせていただき、近世の東寺寺僧の石塔多数を確認した。また墓地入口近くには戦後に建てられた光明法界塔があるが、由来を刻んだ碑によると、戦時中に京都師団から東寺食堂に預けられた戦没者の遺骨を葬ったところだという。掃除に来た方に墓地の名称を尋ねると「狐塚」との答だった。梅谷繁樹氏が「狐塚は現今も唐橋の共同墓地として存在し、とくにその一角が歴代東寺在住僧の墓地となって存続している」(21)とする「その一角」がこの南西の墓地にあたるものと思う。

東寺では嘉慶元年（一三八七）ころから葬送互助組織である光明真言講を発足させ、寺僧の紹介があれば寺外の人も加入できた(22)。文安二年（一四四五）には光明真言講は「地蔵堂三昧」を発足させ、清水坂から輿の権利を買って自前の葬輿を用意した。高田陽介氏によれば(23)、光明真言講はそのメンバー用の墓地として「光明真言塚」を持っていた。これは狐塚の近くにあったことが文書からも推定されている。東寺百合文書のレ函とへ（ひらがな）函には光明講の年貢米算用状が長禄元年（一四五七）分から享禄四年（一五三一）分までかなり残っていて、七月のお盆のための墓地掃除料として一〇〇文を払ったと記されている。長禄元年以前も光明講全体の収支報告書（算用状）の形で残存するが、記載形式が少し異なる。墓地の名前は文明四年（一四七二）分までは「光明真言塚掃除料」、延徳三年（一四九一）分まではただ「堺（塚）掃除料」と書かれ、その後は「狐塚掃除料」が多いが、明応八年（一四九九）分から永正四年（一五〇七）分までの間は「西（ノ）塚掃除料」となっている。いずれも同じ墓地をさすとみられるが、はじめは狐塚と区別して「光明真言塚」と呼ばれ、やがて大墓地狐塚が南西の墓地を含めた総称となったのかもしれない。狐塚と区別する必要がある場合には「西の塚」とも呼ばれたものであろう。西は東寺の西という意味ではなく、並んでいるマウンドのうち西にある方という意味かと思う。

この墓地については長禄二年（一四五八）十一月二十一日の光明真言塚差図（東寺百合文書ヱ函一八七号）（図11）が残さ

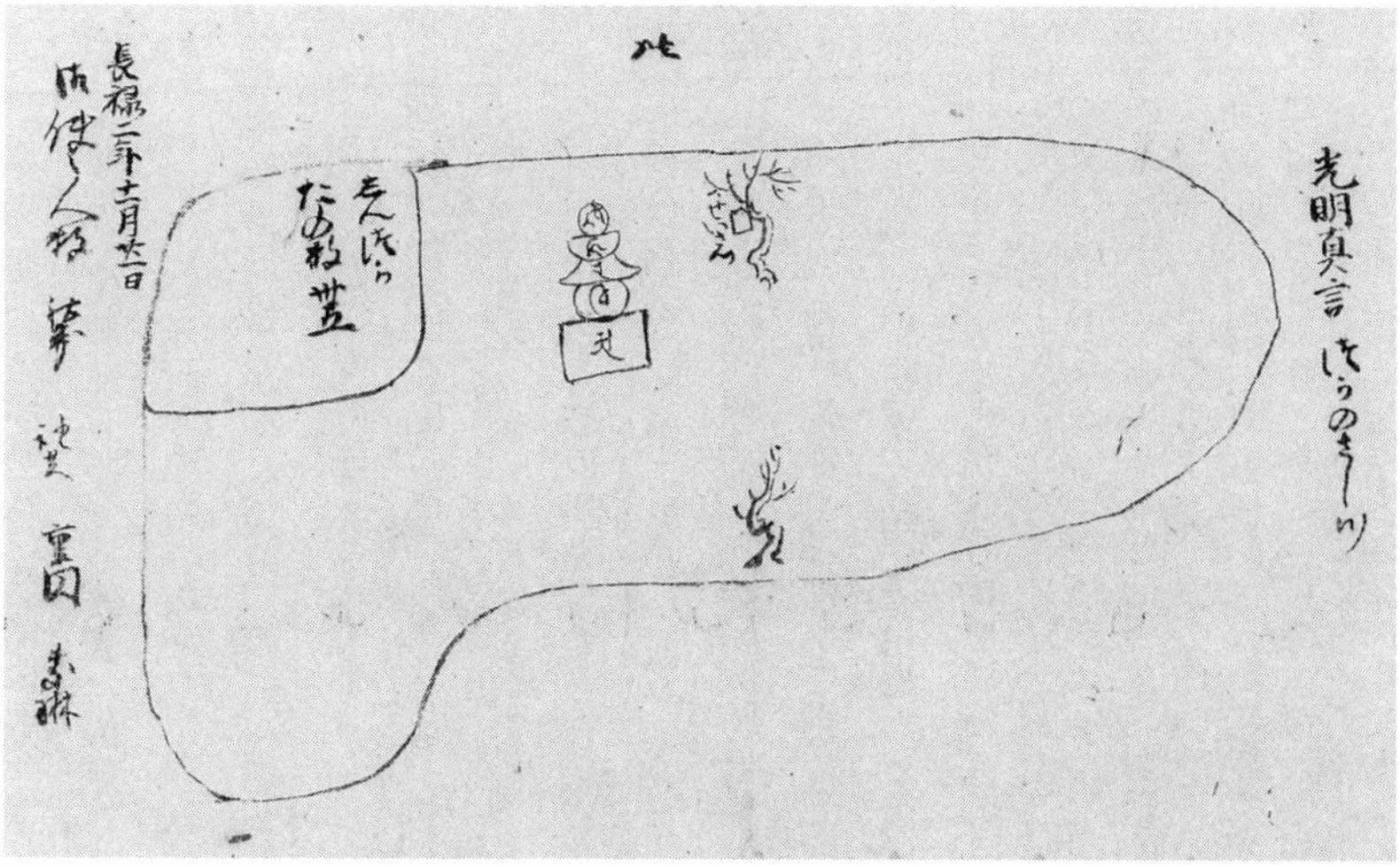

図 11　光明真言塚差図（東寺百合文書ヱ函 187 号，京都府立総合資料館所蔵）

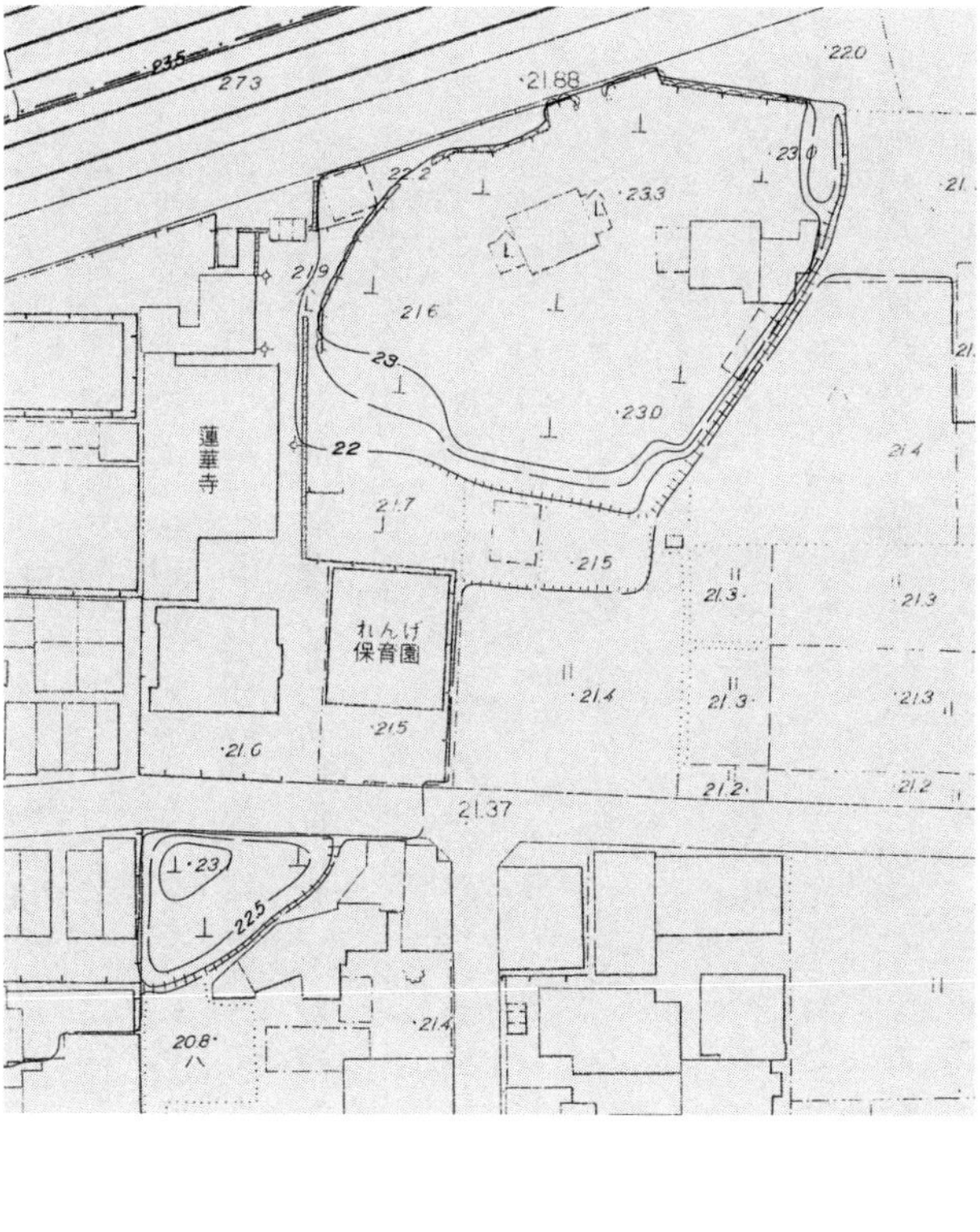

図 12　狐塚付近
(1/1000×0. 7)

れているが、それに描かれた墓地は現在の東寺管理の墓地とみても矛盾はないようである。この二つの墓地は明治二十五年発行の仮製二万分一地形図「伏見」にも描かれているが、京都国立博物館が昭和五十三年（一九七八）に作成した一〇〇〇分の一の地図「西寺」（平安京K—9）（図12）では南西の墓地は右下が斜辺の三角形をしている。現状では北辺（東西の辺）が約二三メートル、西辺（南北の辺）が約一八メートルであるが、差図と比較すると現在の墓地は東の部分が中世より少し削られているのかもしれない。しかし現在の南西の墓地が中世の光明真言塚である可能性は高い。なお近世後期以後の東寺の高位の僧（東寺長者、観智院主など）の墓は東寺北西の念仏寺（西山浄土宗）にある。

光明真言塚差図が描かれたのは長禄二年（一四五八）であるが、ここに光明講の墓地が設定されたのがいつかはわからない。光明講方算用状を見ると、永享八年（一四三六）にも「百文　七月墓掃除空性方下行」とあり（レ函一一九号）、空性は墓守だったことがレ函一六八号に「百文　空性墓守」とあることなどによって知られるが、そのころから同じ墓地を使い続けていたかどうかは墓地の名前が記されていないため不明である。

ところでこの東寺管理の墓地が中世に光明真言塚の築かれた墓地だとすると、史料13で黒川道祐が四塚が「ミユ」として「狐塚、光明塚、経塚等是也」と書いていた「光明塚」がこれにあたるのかもしれない。「光明塚」の名が東寺百合文書に見える光明真言塚を思わせることはすでに竹居明男氏が前掲論文で指摘しているが、この墓地がそれだとすれば、吉祥院天満宮の東からは並んで見えたであろう。道祐のこの記述に俄然信憑性が出てくる。しかしそうだとすると経塚は不明であるとはいえ、四塚のうち二つまでが羅城門とはかなり離れた場所にあったことになるが、これが地元で言われていたことなのか道祐の独自の解釈なのかは問題である。狐塚や光明塚と羅城門跡との直線距離は五〇〇メートルほどもあり、また「東寺往還」以外には四塚に狐塚が含まれると記す史料が管見に入らないので、はたして道祐の言のようにもともと四塚の中に含まれていたかどうかはわからないとするのが無難だろう。道祐自身、史料3

では狐塚と四塚は別のような書き方もしていた。竹居氏は「すでに所伝を失っていた『四塚』について、道祐自らがその時点でそれらしい近辺の塚を数え上げようとした結果かも知れないのである」としている。ただ道祐が狐塚を「刑戮ノ地」だというのは、さらし首の伝承などを聞いたのかもしれない。すると狐塚が中世に処刑の行われた四塚と関連している可能性もあながち否定できないが、東寺百合文書の狐塚関係の史料では処刑との関連性はうかがえないようである。

なお『遠碧軒記』上之一は「狐が岡は東寺の西に有、此処と西院とが焼料心やすきにより、下京醒井通辺の者のさびものは、みなこれへ行と也」としており、狐塚と西院（最勝河原）が近世京都では火葬料金が安かったことが知られるが、これは両者の火葬場・墓地としての性格と関係するだろう。

狐塚と市屋金光寺　狐塚は東寺の寺僧の葬場だと道祐は記すが、早く応永五年（一三九八）観智院賢宝が死んだ時の火葬場について「観智院法印御房中陰記」（賢宝中陰記）は「至其所、《狐塚》（西八条之在所狭少之間、以㆓一阿道場荼毘所㆒為㆑其所）」と記している。[24] 当初は西八条の遍照心院を考えたのだが、差し支えがあったため、賢宝の弟子が長老をしている律宗寺院の亭子院に頼み、火葬場も狐塚になった。この一阿道場は市屋道場金光寺のことである。[25] これは臨時のことでもあり、狐塚南西の墓地はまだできていなかったと思われるが、寺僧の火葬場としての狐塚は室町前期にさかのぼることになる。最近、原宏一氏は次の史料を紹介し、狐塚と市屋道場の関係を論じた。[26]

〔史料14〕

狐塚事

三月廿六日引付云、北小路猪熊道場（号㆓一阿道場㆒）所望女御田塚事、号㆓狐塚㆒者、女御田之内也、而為㆓荼毘所㆒申請、於㆓一所㆒可㆑認之由懇望旨、中綱慶音法橋執申間、不㆑可㆑有㆓子細㆒之由、免許了、

（東寺造営方法式条々引付、東寺百合文書け函七号）

原氏はこの記述から、これ以前は狐塚は一阿道場（市屋道場）のものではなく、「観智院法印御房中陰記」の「狐塚」という傍書は後世の書き入れと考えている。原氏は一阿道場が望んでいる地を「女御田事」と翻字しているが、写真を見ると「女御田塚事」とある。東西九条女御田は東寺領荘園で、その土地は平安京南郊に広く散在していた。この「女御田塚」は狐塚をさすようにも見えるが、後文も含めて判断すると「狐塚というところは女御田の中にあるが、この狐塚は（一阿道場が）荼毘所として（前から）申し請けている。そこで同じ場所にある女御田の塚も管理させてほしいと言ってきた」という意味であろう。ここでいう「女御田塚」は狐塚の近くにあった別の墓地をさすのではないか。

東西九条女御田は応永三年（一三九六）から嘉吉元年（一四四一）までの間は青蓮院領になって東寺の手を離れていたので、[27]女御田の火葬場に関して東寺が領主として行動できるのは嘉吉元年以後であろう。この史料はそれ以後のものであろうか。ただし応永五年に東寺が狐塚の火葬場を利用するのは問題がなかったと見る。

史料14は年未詳なので、ここに現れる「狐塚」と「女御田塚」を現在の狐塚とその南西の「光明塚」にあてはめてよいかどうかはわからないが、狐塚の周辺に他にも存在した墓地を市屋道場が狐塚とあわせて管理したということであろう。また「観智院法印御房中陰記」は東京大学史料編纂所の影写本「東寺文書　観智院」にあるが、『東寺観智院金剛蔵聖教目録』に見出すことができず、京都府立総合資料館が所蔵する東寺文書（観智院）にもない。観智院の所蔵史料でまだ撮影されていないものと思われるが、高田陽介氏も原氏も影写本と『大日本史料』によっている。したがって「狐塚」が後筆かどうかは軽々に判断できないだろう。

中世後期の狐塚は市屋金光寺の管理下にあったが、文明十八年（一四八六）十月には「七条大宮木下」の三昧聖三人が連署して、「市屋金光寺蓮台荼毘料足」を三〇〇文に定める請文を金光寺に提出している。[28] また寛保三年（一七四三）の唐橋村明細帳[29]には、「大葬場狐塚」に所属する煙亡（隠坊）三人がこの村にいるが、三人は七条通大宮西入ル町の煙亡町に昔から住居があり、ここから狐塚に月番で勤務していると記されている。両者とも住所は金光寺故地の西側であることから、高田陽介氏は狐塚の三昧聖が金光寺膝下に住みながら狐塚に通勤していたことを明らかにしている。[30] 狐塚の南西の東寺管理の光明真言塚は小さな墓地なので、中世からここでは火葬はせず狐塚で行っていたものと思われる。

図13　矢取地蔵堂

矢負地蔵堂　文安二年（一四四五）に光明真言講が「地蔵堂三昧」を発足させたことは前述したが、このとき葬輿の保管場所になった「地蔵堂」について旧稿では史料13の「矢負ノ地蔵堂」かもしれないと考えた。しかしその後、原宏一氏の研究により、この地蔵堂は東寺の北の款冬町《やまぶきちょう》にあったことが明らかになった。[31]

もっとも矢負地蔵堂はこの節で扱う四塚の場所にあるので、少しふれておこう。羅城門跡のすぐ南、九条通に面して矢取地蔵堂が現存する。近世の伝説では、東寺の空海と西寺の守敏が法力で戦ったさい、守敏の放った矢に地蔵が身代わりとなって当たったといい、近世では浄土宗の僧が守っていた（『雍州府志』寺院門下、紀伊郡）。この伝説は近世にはかなりポピュラーで、多くの地誌が記載している。四塚に中世から堂があったことは、永享十二年（一四四〇）十一月三日の道金田地譲状（東寺百合文書リ函一四六号）に四至を「四つかのたうのまへ、しゆしやかのはたひんかしのつら也」と記し、文明十九年（一四八七）三月六日の二郎左衛門田地作職売券（東寺百合文書シ函六七号）に所在地を「四塚之堂前限二東朱雀河一、南限二縄手一、限二西作道一、北限二橋爪一」「四塚之堂後限二東上丸井手一、南限二井手一、限二西西寺殿下地一、北限二菴（巷カ）所一也。」と記すことなどによって知られるが、(32) おそらく矢取地蔵堂であろう。正式には東寺の塔頭で地蔵寺と号したが、明治十二年にいったん廃寺とされ、十八年に地元の住民が発起して復旧願いを京都府知事に提出している。(33) 堂の後ろ（北側）はいま小さな公園になっていて、羅城門跡という碑がある。ただし平安時代の羅城門の跡は現在の九条通のまん中あたりではないかとされている（『平安京提要』など）。

　現在の堂の横には一石五輪塔が集められているが、もともと近くにあったものだとすれば、この付近も古来の墓地だったのかもしれない。いまある一石五輪塔は笠の反り方からみて中世のものであろう。近世の四塚に「塚」があったかどうかは不明確だが、延宝七年（一六七九）成立の『京師巡覧集』巻九は「四塚トイヘド塚ハサダカニ見ヘズ、東寺ノ入口ヲ人皆称シ侍ル」として「問《フ》レ塚《ヲ》東寺《ノ》外。土人猶《ヲ》不レ解。別《ル、》時四鳥《ノ》心。悟《リ》了《オハテ》一処会」という自作の漢詩を記す。これによれば塚らしいものはなく、地元の人に尋ねてもわからなかった模様である。一方、貝原益軒の『京城勝覧』（宝永三年〈一七〇六〉成立）には「四ツ塚　東寺より西にゆけば小橋あり、その辺にある塚なり、つか四ツあるにはあらず」という。この橋は四塚橋であろう。(34) そのあたりに塚はあるが、四つではないらしい。さらに津村淙庵『思出草』（『史料京都見聞記』二）の寛政五年（一七九三）四月八日条には「よつ塚にいたる。墓のやうなる石よつたてり」とあるが、他にみえない描写である。羅城門の礎石もこのころにはなかっただろうが、礎石があったとしてもそれは「立てり」という感じには見えないだろう。近世に四塚という名に基づいて「墓のやうなる石」が建てられたこともあったのだろうか。

　竹居明男氏は、中世・近世の史料では（羅城門と離れた狐塚は本来の四塚に入らないものとして）、四塚の葬地・墓地としての利用の確例はないと指摘している。処刑の記事は多いが、これは境界だったためで、墓地であったからではないという。確かに四塚が本当に墓であったことの証明は難しいが、史料1の『奇異雑談集』は五つの罷物処《はふっしょ》の冒頭に「東寺四塚」をあげており、史料3の『雍州府志』も一説として、狐塚とは区別して「東寺四塚」を五墓所に含めていた。中世に梟首された首はやがてその近くに棄てられたと考えられるので、処刑の場として慣例的に使われた場所の付近が近隣住民にも使用されて葬地化してゆくことはありうることだろうと思う。

ただし『奇異雑談集』の西阿弥がめぐった他の四つ（三条河原・千本・中山・延年寺）のうち、少なくとも千本と延年寺は火葬場の固有名と考えられ、また同書は五つを総称して「五三昧」とも呼んでいるが、四塚で火葬を行ったという史料は他にない。同書が四塚の中に狐塚を含めるという黒川道祐的な考え方をしていたとすれば、ここは狐塚を指しているとも思われるが、そう推定すべき根拠は特にない。「罷物処」に火葬場だけでなく無縁墓地も含まれるなら、羅城門付近の四塚が中世に無縁墓地化していたことは考えられるが、なお後考を期したい。

羅城門付近の四塚が少なくともその名がつけられた当時には墓所だったとしても、それがどのくらいさかのぼるかはよくわからない。『今昔物語集』巻二十九第十八話では、盗人が羅城門上層によじ登ると、老婆が女の死体の髪を抜いていた著名な話があるが、深沢徹氏[35]は羅城門には上層に登る梯子はなかったとしている。そうだとすると、この老女は自分が仕える女主人が死んだのでここに「置いた」と言っているが、老女の身でどうやったのか、少し現実味が乏しいとも思える。この話の末尾には「然テ其ノ上ノ層ニハ死人ノ骸骨ゾ多カリケル。死タル人ノ葬ナド否不為《えせぬ》ヲバ、此ノ門ノ上ニゾ置ケル」とあり、葬りができない（貧しい）人々がそうしたとされている。

中世にはまれに樹上葬も行われることがあったようで、『十訓抄』巻十には、南都の舞の師大神晴遠が死に、土用だったので棺を「はゝその森の木のうへに」置いたという話がある。これは土用には地を掘ることが禁忌とされていたからだが、羅城門上層に死体を置いた説話は実際に高い場所に死体を置くことがあったことを示すのかもしれない。

羅城門は弘仁七年（八一六）に大風で倒壊し（『日本紀略』弘仁七年八月十六日条）、再建されたがまた天元三年（九八〇）に暴風雨で倒れた（同、天元三年七月九日条）。その後、治安三年（一〇二三）には藤原道長が法成寺を建設するために羅城門を含む各所の礎石を運ばせている（『小右記』治安三年六月十一日条）から、『今昔物語集』が成立したころには跡形もなかったであろう。話の設定としては天元三年に倒壊する前の門のようすと考えられるが、門への死体放置が平安時代にさかのぼるなら、それが墓所四塚につながることも考えられる。この付近はもとより平安京のもっとも重要な境界の一つであり、また羅城門には鬼伝説も多いが、鬼と死者との関係も考慮すると、羅城門上層への死体の放置が鬼伝説を生んだのかもしれない。また四塚という地名は近くに塚がいくつかあったことを意味するが、『台記』や『梁塵秘抄』のころにすでにあった塚が平安期の墳墓であるとすれば、羅城門付近の墓地化はかなり早く始まっていた可能性がある。もっともこれは平安京建設以前の古墳だったとも考えられる。

丹生谷哲一氏[36]は、著名な静岡県磐田市見付の一の谷中世墳墓群について、近世の見付の絵図にこれが「四ツ塚」と記されていることを京都の四塚と比較して、四塚は中世都市における境界的な場・刑場・墓地を意味するのではないかと考えている。確かに、京都の四塚はそのような位置にあったわけだが、しかしこの名自体は、それが指示する四つの目立った塚があったからと考えるのが素直であろう。黒川道祐も、四塚に関する独自の解釈のようであり、また四つのうち一つは不明ではあるものの、他の三つが「ミユ」と記していた。他の墓地でも、三塚とか千塚（これは古墳群をさすことが多い）とか数字＋塚地名が多いが、中世に一般的だった塚墓が集結した場所をそのように呼んだもので、特に「四塚」が都市と結びつくとは、少なくとも名前からはいえないだろう。しかし、あとでふれる蓮台野は、村落部の共同墓地にもその名が移っていることがあるが、これは蓮台野が仏教的意味を持ち、墓地にふさわしい名称だったからであろう。

3　中　山

神楽岡と吉田寺　左京区の神楽岡（吉田山）と黒谷（金戒光明寺）の間の丘陵を中山と呼んだ。現在の真如堂一帯である。一説に真如堂山と黒谷山の総称ともいう（後掲史料18）。

神楽岡周辺が天皇や貴族の火葬の場として使われることは古く、『貞信公記』延長三年（九二五）六月二十二日条に皇太子の慶頼王を「神楽岡西野」に葬ったとあるのをはじめ、長元九年（一〇三六）の後一条天皇の火葬の地も「神楽岡東辺」と決まった（『類従雑例』長元九年五月十三日条）。このときは神楽岡の中を通ると吉田社があるので、岡の南辺に道を作ったという。後一条天皇は火葬後にいったん浄土寺（現在の銀閣寺の地にあった寺院）に遺骨が安置されたが、その後葬所に造られた菩提樹院に葬られた。現在、神楽岡の南東に後一条天皇菩提樹院陵があるが、これは幕末に治定されたものである。ただ、あとでふれる『薩戒記』の記事から、現在の陵の位置近くに葬所が営まれた可能性は高い。

鎌倉時代では後深草院二条の父、久我雅忠も文永九年（一二七二）八月四日に「神楽岡といふ山」で火葬されている（『とはずがたり』巻一）。この場所に墓も造られており、二条は父の三十三回忌に「石の卒塔婆」に参っている（巻五）。吉田社の境内は死穢を憚っていたはずだが、神楽岡全体が境内というわけではなかったようである。

「中山」については、十二世紀のはじめに禅林寺の永観が「中山吉田寺」で迎講を行ったと『拾遺往生伝』巻下第二十六話にあるが、この吉田寺については、貞元二年（九七七）四月二十一日条に天台座主良源が「神楽岡吉田寺」で舎利会を行ったという記事（『日本紀略』）の寺と同じものとすれば、中山は神楽岡も含んでいたのかもしれない。た

図14　中山付近図

図中の吉田神葬墓地と神楽岡墓地は現在のもの．また中山堂は，中山忠親の建立したものの推定地．

だこの良源の舎利会については、『天台座主記』（続群書類従、補任部）には「神楽岳西、吉田社北」に堂宇を建てたとある。しかしあとでふれる中山の観音堂は吉田寺の別名を持っていたが、これとは位置が違うようである。十世紀の「吉田寺」が十二世紀の「中山吉田寺」と同じかどうかは不明である。

葬地として「中山」という地名が出る史料としては『玉葉』承安三年（一一七三）八月十六日条に二条天皇の皇后藤原育子の遺体を葬送前に「中山故法印之墓所堂」に送ったとあり、治承三年（一一七九）には平清盛の娘で藤原基実室となった平盛子を「中山堂」に送って葬送している（『山槐記』治承三年六月十九日条）。中山忠親も「中山堂」を建てており、この堂は後白河院と建春門院にも見せたことがあった（『山槐記』安元元年〈一一七五〉八月十二日条）。平盛子が葬送された中山堂は、忠親の堂の西にあり、法性寺殿（藤原忠通）の子の道円法印の墓堂として建てられたという（治承三年六月十九日条）。また源頼政も中山に堂を建てたが、これは「菩提樹院南辺」にあったという（同、治承三年正月二十九日条）。この堂は治承二年（一一七八）十月七日条に建立されたもので（『百練抄』）、頼政が挙兵したときみずから火を放ち、焼亡した（『山槐記』治承四年〈一一八〇〉五月二十四日条・『吾妻鏡』同日条）。

中山家の墓地　菩提樹院は鎌倉時代までは存続したようで、『兼好法師集』には「菩提樹院のふぢみ（藤見）にまかりて」という詞書の歌（二〇二）がある。中山忠親や源頼政が中山に堂を建てたのも、平盛子の遺体が運ばれた中山堂と同様に死んだらここに葬られ、追善を営んでもらうつもりだったのだろう。頼政の望みは叶えられなかったが、建久六年（一一九五）に没した忠親は自分の建てた中山堂に葬られたらしい。中山の地は家名の由来ともなった。一二三〇年ののち、子孫の中山定親は盆に中山の墓に参ったことを次のように書いている。(37)

〔史料15〕

十四日丙午、天晴、巳終尅詣二中山御墓所一。哀傷今更也。抑此地者在二真如堂西一、去二観音堂艮一二町余歟。是中山内（忠親）大臣殿御旧跡也。御屋敷分至二于今一所領也。至二故大納言殿御暮（墓）石塔有一七基一。八代之内何御墓粉（紛）失哉。不レ知二其由一。可レ悲々々。中比以二件地一被レ押二領他人一事有レ之云々。如レ然之時及二違乱一歟。宝篋印塔者祖父大納言（親雅）殿御墓也。其南先考（満親）御墓也。同西方石塔有二五基一、是不レ知二其人一。楽天詩浮レ心。然而已在二此一所一、定一門之輩上、仍供二灯明等一了。

（『薩戒記』応永三十三年〈一四二六〉七月十四日条）

この「中山御墓」は中山内大臣つまり忠親の旧跡であるというのだから、おそらく忠親の中山堂の跡なのだろう。

そこにこの時には七基の石塔があった。しかし父の満親と祖父の親雅の墓のほかは、どれが誰の墓かすでに不明であり、また忠親から満親に至る中山家八代のうち一人の墓はなくなっていた。定親が思い浮かべた白居易の詩は「古墓何世人　不レ知二姓与名一　化為二路傍土一　年々春草生」であろう。(38) なお中山家の墓はその後、廬山寺に移されている。

この墓地は真如堂の西で、観音堂から東北に二町離れているという。この付近でただ「観音堂」と書く堂は中山観音堂であろう。吉備真備の建立と伝え、『吉記』養和元年（一一八一）九月二十二日条には「次参二中山観音堂一、号二吉田寺一、々僧云、吉備大臣建立、」とあり、吉田寺とも呼ばれていた。室町・戦国時代には七観音の一つにあげられている（『経覚私要鈔』長禄四年〈一四六〇〉十月四日条、『二水記』永正十七年〈一五二〇〉閏六月十七日条など）。吉田の神龍院の梵舜は寛永七年（一六三〇）に「中山寺観音堂子日念仏」に行ったと記しているように（『舜旧記』寛永七年二月二十六日条）近世初期まではあったが、その後金戒光明寺の境内に移され、現在も吉備観音堂がある。この観音像は重要文化財に指定されている。

もとの所在地について『山州名跡志』巻四は金戒光明寺の項で観音堂について「願主吉備《キビ》大臣、当寺始《メ》吉田善正寺ノ傍ニアリ。彼ノ所近年有《テ》レ故《ヘ》滅《メツ》シ、堂ヲ此ノ寺（金戒光明寺）ニ移セリ」とし、『山城名勝志』巻十三は「○中山堂拾芥抄云、中山千手吉備大臣○号二吉田寺一、元在二近衛坂南善正寺西一。寺破壊、遷二黒谷一」と記すように、善正寺の西側にあったらしい。平安末期から近世初めまで動かなかったとすると、『薩戒記』がここから二町ほど東北が中山家の墓地（忠親の中山堂旧跡）であるとする位置は、宗忠神社の南側付近になる。この西には平盛子が葬られた中山堂があり、また東北（菩提樹院の南）には頼政の中山堂があったのだろう。杉山信三氏の指摘のように、(39) これらの位置関係は整合しているといえる。

なお旧稿ではこの中山観音堂と新長谷寺を混同していたが誤りで、訂正する。新長谷寺は近世末まで吉田神社の南参道北側にあった寺で（『花洛名勝図会』巻二）、現在は真如堂境内に移されている。『宣胤卿記』文亀元年（一五〇一）十月十八日条に「中山今長谷寺」に参詣したと見えるほか、『舜旧記』には観音の縁日である十八日の前日の十七日に新長谷寺に灯明を献じた記事が多い。

中山には宝幢寺という寺もあり、応永二十三年（一四一六）七月二十三日には「宝幢寺《東山》」で今出川公行の母の葬儀が行われた（『看聞日記』）。この寺は文殊で有名だったが応仁の乱で荒廃し、その文殊は金戒光明寺の文殊塔の本尊となった。(40) 宝幢寺の旧地ははっきりしないが、『雍州府志』（巻四、寺院門上、愛宕郡）は中山とし、『山州名跡志』巻四は文殊塔の本尊について「初岡崎《メヲカサキ》村宝幢《ホウドウ》寺ノ本尊ナリ。旧地当寺《ノ》（金戒光明寺）西、惣《ソウ》門ノ外《ソトノ》北《ノ》方二町ノ所是《レ》也ト云フ」としている。この記述によれば善正寺の東南あたりにあったのだろう。なお善正寺は豊臣秀吉の姉瑞龍院日秀が子の秀次の冥福を祈って建てた寺で、もと嵯峨の亀山にあったが、慶長五年（一六〇〇）現在地に移った。境内に秀次と日秀の墓がある。

中山の火葬場と真如堂　現在、善正寺と近衛坂をはさんで北に吉田神葬墓地があるが、『京都坊目誌』（上京第廿七学区〈吉田町〉の部）はこの墓地を神楽岡墓地とし、「中古石造三重の塔婆あり。諸人の遺骨を埋葬する所也。始め吉田と黒谷との間に火葬場あり。中山の火屋と云ふ寛文年中一旦火葬を禁し、火屋は其後黒谷の東南麓に移せしも中山の旧名を唱ふ新に此地に墓地を開くに至れり」と述べている。この石造三重塔の記述は何を根拠にしているのか明らかでないが、中世に墓所の惣供養塔として建てられた塔がここにもあったのかもしれない。現在の墓地は寛文年中（一六六一〜七三）に土葬墓地として開かれたとしているが、それ以前から石造層塔があって火葬墓地として使われていたとすれば、中世にはこのあたりまで中山の墓域が広がっていたらしい。

善正寺の北の道は現在は神楽坂通というが、古くは近衛坂といった。後掲の史料20によると、このあたりに近世には中山の火葬場に勤める隠坊が住んでいたという。近衛坂は中世には「無常坂」とも呼ばれたらしい。『鈴鹿家記』（改定史籍集覧二十四）の明徳二年（一三九一）十一月二十六日条によると、白川村・浄土寺村勢が神楽岡東の大塔（『京都坊目誌』によれば、現在の神楽岡墓地から北にかけてのあたり）を切りとろうと襲撃してきたので、吉田側の大角山城守が弓一五挺を率いて「無常坂」を守り、鈴鹿能登守は北の浄土寺道へ出、御本所（吉田家）は神楽岡にあったかと思われる「山神」の北から東へ下りて迎え撃ったという。また応仁元年（一四六七）十二月五日条では、白川村・浄土寺村・岡崎村の三村が共同して聖護院・吉田村を奪おうとしたので、やはり大角時忠ら三人が「無常坂」を守ったとある。これらの「無常坂」は近衛坂をさすのではないかと思う。近衛坂に隠坊がいつごろから住んでいたかは不明だが、ここは古くから墓地が多く集まっていた中山を通る坂なので無常坂と呼ばれたとも考えられる。

真如堂は十世紀に開創したが、はじめの寺地は現在真如堂山の東麓にある尼寺、元真如堂（換骨堂）の付近だったという。中山定親は史料15に続く記事で、墓参のあと真如堂に参詣したことを記し、かつて祖父の親雅に仕えていた八十歳余の老尼から、真如堂の本尊は罪のある者には見えないことがあるという霊験譚を聞いたと書いている。真如堂の寺地の変遷は複雑なので、中山との関連を中心に整理しておくと、応仁の乱で全焼し、上京に移転していたが、文明十六年（一四八四）足利義政の命で旧地に再興されることになり、明応二年（一四九三）八月十五日には新造の本堂に本尊が遷座した（『親長卿記』）。しかし上京移転中も中山の地は真如堂の寺地で、『宣胤卿記』文明十三年（一四八一）七月二十九日条によると、宣胤の伯母長誉尼が死んだので、「東山之真如堂」に送り、その後上京の誓願寺と真如堂に参詣したという。高田陽介氏の指摘(41)のように、本寺はこの時期上京だが、中山にも同寺の葬送担当の出張所があったらしい。

貞享四年（一六八七）刊行の『奇異雑談集』（『仮名草子集成』二十一巻）には、明応七年（一四九八）に鹿ヶ谷村の者が鬼子を産んだため、打ち殺して「西の大路《おほち》、真如堂《しんによどう》のみなミ。山ぎはの、きしの下に」埋めたという話がある。鹿ヶ谷村より西の道というのはどこかはっきりしないが、埋めたのは真如堂山の南側の崖下だった。この鬼子は翌日、まだ生きているのが発見されて再び殺され、京内を引きずられたというが、『実隆公記』明応七年六月四日条には「今夕鬼子渡㆓大路㆒、諸人成㆑群、以外事也」とあるので、この話は根拠のあることだったらしい。

十六世紀のはじめには中御門宣胤が「河東墳墓」への墓参りのついでに真如堂に参詣しており（『宣胤卿記』永正元年〈一五〇四〉七月十一日条・永正三年〈一五〇六〉七月十二日条・永正十四年〈一五一七〉二月六日条など）、三条西実隆も永正五年〈一五〇八〉二月二十八日に知人が慈照寺（銀閣寺）と真如堂にあわせて参詣したと聞いているので（『実隆公記』）、このころの真如堂は中山にあったことがわかる。宣胤は永正元年七月十一日に先祖の墓参りのついでに真如堂に詣で、「真如堂上山」の伯母と乳母の墓にも参ったと記しているが、この真如堂が明応二年に復興したもので、元真如堂の地にあったとすると、「上山」は今の真如堂のあるところと思われる。

大永元年（一五二一）八月二十九日にも真如堂の堂供養が行われたが（『実隆公記』『二水記』）、享禄五年（一五三二）七月十六日には鷲尾隆康らが真如堂に参詣し、新黒谷（金戒光明寺）で一盞したとあり（『二水記』）、この時代も中山にあった。しかし『言継卿記』永禄元年（一五五八）六月五日条には、この日「真如堂・吉田・岡崎等」が野伏によって放火されたとあり、以後は京内に移転したようである。永禄十年（一五六七）には「武家之御旧跡」すなわち殺された足利義輝の御所があった勘解由小路室町の地にできていた真如堂で千部経が行われ、人々が群集した（『言継卿記』永禄十年五月十七・十九日条）。この年十月にも「武家御跡之真如堂」で風流が行われた（同、十月七日条）。しかしここは信長が接収して足利義昭の御所とすることになり（同、永禄十二年〈一五六九〉正月二十七日条）、上京の一条通北、現在の元真如堂町に移り、さらに天正十五年（一五八七）には秀吉の命で京極今出川に移転、元禄六年（一六九三）ようやく現在の寺地に復興移転した。(42) しかし永禄から元禄に至る京内移転期間も中山の地は「真如堂山」と呼ばれており、ここで吉田神社関係者の火葬が行われている（『兼見卿記』天正十二年〈一五八四〉三月八日条、『舜旧記』天正十三年〈一五八

五〉十二月六日条、慶長元年〈一五九六〉十二月二十一日条)。

中御門家の墓地　中御門宣胤が毎年墓参していた中御門家の墓は、真如堂の近くにあったことが察せられるが、その場所は中山家の墓にも近いあたりだったらしい。

〔史料16〕

十日　晴、詣二吉田墳墓一。真如堂僧一人相伴。林辺見廻之処、知行之地ノ南ニ、自二吉田神主方一立レ寺。其堺、知行之内ヘ相懸之間、為レ尋二子細一遣レ人之処、侍従二位(吉田兼倶)父子以下被官等、悉為二紫野鎮守勧請一出行云々。仍遣レ状云、

　他事端書略レ之。

兼又今朝詣二墳墓一之間、申二音信一之処、為二平野社一御出京云々。不レ得二面展一、無念候。仍旧跡之南隣被レ立レ寺之条珍重候。堺分限令二一見一候処、又此方《北辻分》之地内へ一丈ばかり入候条如何。北之堺《斎場所ノ南》辻、并堀分、此方地内之由、先日申候処、南にて相当分可レ給之由、承候しが、結句如レ此候。南北之堺ハ、古辻之跡候間、此方知行にて、木なども候き。其高《南イ》之西ニ残候にて可レ有二校量一候。堀など被レ掘候はゝ、殊余分をこそ被レ置候べき事にて候。定而御存知候はぬ事候歟。最前申候ごとく、旧跡事、誰にても一人ニ奉行事被二仰付一候はゞ可レ然候。さ様候はゝ、木草をもはやし、心にかけて可二見廻一候。今は近辺輩なにと沙汰候とも、とがめ候者も候まじく候。西堺も此分にては、いかゞと存候。若堺を被レ立候者、可レ遣レ人候。旁可レ然候様憑申候。事々期二後信一候。恐々謹言。

(『宣胤卿記』文明十三年〈一四八一〉七月十日条)

宣胤が「吉田墳墓」に参ったついでに自分の知行地を見てまわったところ、知行地の南隣に吉田社の神主が寺を建てており、その敷地が自分の土地を一丈ばかり侵蝕しているのを発見した。宣胤は知行地の北の境の辻や堀は「斎場所ノ南」にあたるが、これも先日、吉田社領に入れられており、そのときは南の方で埋め合わせはするからと言われ

ていたのに、これはどういうわけかと吉田兼倶に抗議したという。このときはまだ大元宮が建立される以前だが、斎場所は同じ場所であろう。その南が宣胤の土地だということから、宣胤の土地は現在の大元宮の南側にあったことがわかる。いまの吉田神葬墓地のやや北のあたりだろうか。

宣胤はこの土地を「旧跡」と言っている。『実隆公記』永正元年（一五〇四）閏三月十一日条によると、三条西実隆は中御門宣秀の中納言昇進を賀したついでに、彼の家の「旧跡」を訪れて躑躅をながめたが、それは「吉田経継卿旧跡」だったという。吉田経継（一二五七～？）は勧修寺経俊の子で、中御門家の祖である。この経継が住んだことがある地だったのだろう。ただこれが墳墓と同じ場所なのかどうかは史料16の記述では不明確だが、『宣胤卿記』永正元年（一五〇四）八月二十四日条には、宣胤はこのころ「于レ時居所吉田神楽岡麓、神霊院、此門前旧跡也」と述べている。神霊院は神龍院と考えられる。この寺はのちに吉田神主家の梵舜が住持となったことで知られるが、『山城名勝志』第十三には「神龍院在二吉田卜部亭南近衛坂北一」とあり、吉田家の南、近衛坂の北にあったという。吉田家は今はないが、大元宮への参道の上り口付近南側の山の半腹にあった。『京都坊目誌』上京第廿七学区（吉田町）の部に「吉田家ノ址　字中小路にあり、位置山腹、西に門あり。兼親以来卜部氏の居所也」とする。この南に神龍院があり、その門前が相論のあった中御門家の「旧跡」であるらしい。一方中御門家の墓地については、『宣胤卿記』永正十四年（一五一七）七月十二日条に「墓所銀龍院内也」と記されており、銀龍院が神龍院であるとすれば、宣胤が一時居住していた神龍院の境内に墓地があったことになる（銀龍院という寺は近世の地誌類に見いだせない）。すると中御門家の墓所と経嗣の旧跡は区別されているが近接しており、いずれも大元宮の南から南西にかけての地にあったといえるだろう。

なお中世末には神龍院の山に吉田家の墓も造られていたことが『舜旧記』によって知られる。(43)

浄蓮華院　万里小路家・勧修寺家など藤原氏吉田一門のその他の家の墓は浄蓮華院にあった。これは吉田一門の菩提寺で、吉田経房（一一四三〜一二〇〇）が建立した。経房の子孫は甘露寺家・勧修寺家・万里小路家・清閑寺家・中御門家などに分かれ、子孫の書き記した『建内記』『親長卿記』『宣胤卿記』などにしばしば浄蓮華院が見えるが、これも応仁の乱で荒廃した。その所在地について『山城名勝志』巻十三は「浄蓮華院今吉田村北口三町許西也今田字（アザナヲ）号二浄蓮花院一」、『京都坊目誌』は「字腰前。字窪の南に当る」とし、『山城名勝志』のいう浄蓮花院の字は明治九年の地目変換で失われたと記す。明治九年から大正七年までの吉田町の小字の地図が鈴鹿隆男氏の『吉田探訪誌』(44)に出ているが、それによると腰前と窪の二字の南部は現在の東大路通より西で、京大医学部のあたりになる（付図の範囲外）。

この浄蓮華院に墳墓が造られたのも古く、吉田経房の墓があったことが後掲の『宣胤卿記』に見えるほか、経房の曾孫為経も浄蓮華院に葬送された（『経俊卿記』建長八年〈一二五六〉六月十日条）。万里小路時房は浄蓮華院の自家の墓のことを詳しく書いている（『建内記』永享元年〈一四二九〉七月十三日条・文安四年〈一四四七〉七月十四日条）。また『親長卿記』文明十二年（一四八〇）七月十二日条によると、甘露寺親長はお盆で浄蓮華院の墓所に参ったが、応仁・文明の乱中に石塔は散乱していた。亡母や外祖母の墓石はもとのように据えたものの、他の人の墓は石がばらばらになっていたため、はたして元来のその人の墓石かはわからない。きっと違うと思うが、これは自分一人の秘密にしておけば子孫は知らないだろうと述べている。その後、『宣胤卿記』永正十四年（一五一七）七月十二日条によると、中御門宣胤はこの日まず中山の自家の墳墓に参ったあと真如堂に参詣し、帰りに吉田一門の浄蓮華院墓地に行ったが、寺跡はいよいよ荒廃し、「一家中」の墓はことごとく散乱していた中、ただ本願（吉田経房）の墓だけが残っていたという。近辺の住民が田を作っているため墓地まで行けず、離れたところから拝んだらしいが、三十七年前に親長が拾い集めた墓石もまた崩れ去ったのだろうか。

火屋と無縁墓地　中山の近世の状況は以下の史料を参照。

〔史料17〕

是ヲ出テ、旧《モト》真如堂ノ森ヨリ、中山ヲ過ク。此ノ処ニ人ヲ火葬スル役人六家アリ。俗ニ御坊《ン》ト云フ。此ノ六家行基ノ時ヨリ延寿堂ノ事ヲ知リ、行基ノ記サレシ条目ヲ持伝フ。然《ルトキハ》則中山ノ葬場ハ、行基ノ時ニ始ルトミユ。黒谷ノ火屋ハ別ニ役人二人アリテ、守《ル》レ之《ヲ》。

（黒川道祐『近畿歴覧記』東西歴覧記。延宝九年〈一六八一〉八月）

〔史料18〕

中山《ナカヤマ》　云《フ》二黒谷光明寺北《ノ》門外《ヲ》一　今《ノ》真如堂ノ地及黒谷山《ヒ》ノ惣名也。謂《イフ》ハ東ニ如意山。西ニ神楽丘《カグラヲカ》アツテ其《ノ》中間ニ在《ル》故《ヘ》ナリ

○中山葬所《ノサウショ》　中比ヨリ以《テ》二此《ノ》所《ヲ》一為《シテ》二火葬場《サウバ》一延宝年中ニ至ル其《ノ》所件《ノ》北門《ノ》外《ト》。南北ニ通《トヲ》ル西面ニアリ。今黒谷ノ東面ニ移《ウツ》ス是《レ》也《ナリ》。此《ノ》所京辺《ヘン》五三昧ノ内ナル由。載《ス》二奇異雑談集《ニ》一。

（『山州名跡志』巻之四）

〔史料19〕

頂命寺今日千日有。聖護院森、同御寺、神海社、吉田、東北院、和泉式部塔、新如（真）堂、此三件皆新地也。吉田の後より黒谷紫雲庵へ参道、先年は草むらにて飢餓人の死骸と見へ骸骨多く道もさりあへずけからはしかりき。ことし来りて見れは真如堂此所に移され、雲にそひへたる高堂、伽藍あり。紫雲庵より北へひとまち又折て、よし田の山後へ一町寺立つゝけ、片かわは逍と茶屋つらなれり。まことに劉郎が桃花のためしもおもひ出られたり。

（谷重遠『東遊草』宝永元年〈一七〇四〉五月八日条）(45)

〔史料20〕

茶毘をするおんぼといふもののすめる所とて、東山におんぼ坂といふ坂あり、古名は近衛坂なり、茶毘所中山と

いふ。もとは今の真如堂とよし田とのあはひを中山といふ、茶毘所もありしを、神祇官吉田山にうつされしより、いまの黒谷の東に茶毘所をうつしたり、ゆゑに中山の名もうつれ、◎以下欠文　（橋本経亮『橘窓自語』巻二）[46]

史料18によれば近世の火葬場ははじめ黒谷北門の外、南北に通ずる道の西側にあったが、延宝年中（一六七三〜八一）に煙の臭気のため黒谷山東面に移転したという。付図ではこの元来の位置に「中山」を記入している。また史料20によると現在の神楽坂通（近衛坂）に住んでいた隠坊が中山葬場の火葬を担当していたという。『橘窓自語』が書かれた十八世紀後半にはすでに中山の火葬場は移転しているが、隠坊が当時まだ近衛坂に住んでいたかどうかははっきりしない。史料17からは、黒谷金戒光明寺自体も別の火葬場を持っていたらしい。付図で金戒光明寺の東南に「火屋」を記入したのは、京都市歴史資料館蔵『京都明細大絵図』[47]によったものだが、前掲の『京都坊目誌』が中山火葬場の移転先を「火屋は其後黒谷の東南麓に移せしも中山の旧名を唱ふ」と書いているので、その位置からこの火屋は移転後の中山の葬場かと思われる。

史料17は中山に六軒の隠坊がいて、行基が定めた延寿堂の「条目」を持ち伝えていると記している。史料2でも中山について「斯所有下行基所二定置一之葬場上也」と記していた。一方、史料5では中山を含む「北京五箇所」の三昧は弘法大師が定めたと書いている。五三昧の設定を古人に仮託するのであれば、京都なら平安遷都以後の弘法大師の方がふさわしいだろうが、中山については、そこの隠坊が行基とする由緒を伝えていたのでそう書いたものであろう。

史料19から真如堂移転前は、いま真如堂のある付近は餓死者の死骸が散乱する状況だったことが知られるが、これらの死体は近辺から運ばれたものであろう。『京都御役所向大概覚書』も「真如堂山壱ヶ所　字中山」を洛外五か所の無縁墓地の一つに指定している。ただこの指定は元禄十二年（一六九九）のことだが、史料19は真如堂が現在地に移転する元禄六年（一六九三）以前の状況であろうから、指定以前から無縁墓地として慣例的に用いられてきたと見られる。『舜旧記』寛永八年（一六三一）四月十二日条には、在所内で捕らえられた盗人二人を「中山」で成敗したという記事があるのも注意される。

現在は、真如堂・黒谷など各寺院に大きな墓地があるほか、神楽岡墓地や吉田神葬墓地などの共同墓地が周辺に存在する。吉田神葬墓地については前に触れたが、神楽岡墓地について『京都坊目誌』（上京第廿七学区〈吉田町〉の部）には、字大塔の「吉田草《ソウ》墓」と記している。鈴鹿隆男氏の『吉田探訪誌』によれば「吉田の草墓《そうばか》」または「芝の墓地」と呼んだが、現在は神楽岡東墓地の名で統一しているという（墓地の入口には「神楽岡墓地」とある）[48]。草墓は惣墓を意味するのだろうが、中世にさかのぼるかどうかは明らかでない。墓地の入口の六地蔵の傍には正徳元年（一七一一）の名号碑があり、仙人ともいわれる白幽子の書と伝えられる。

4　千本（蓮台野）

千本火葬場　今日の千本通はほぼ平安京の朱雀大路と重なるが、朱雀大路の存在しなかった大内裏内部もそのまま北へ突っ切り、船岡山の西を通り、長坂越丹波道につながる。貞享二年（一六八五）の『京羽二重』巻一によると、近世初期の千本通は北は丹波へ越える道、南は下立売通までで、その南は七条朱雀権現堂への「野道」があったという。野道は朱雀大路の名残で、『京雀』巻四は西朱雀通と称し、下立売より南は田畠で人家はないと記している。もっとも、黒川道祐は羅城門が「千本通ノ東」にあったと記している（『近畿歴覧記』神泉苑略記）から、十七世紀にはずっと南まで千本通の名で呼ぶようになっていたらしいが、上京の千本通は大内裏の消滅とその「内野」化、上京の発展という京都の大きな変貌の中で、上京の西辺の道路として出現したものといえる。千本の名は、日蔵（道賢）が冥

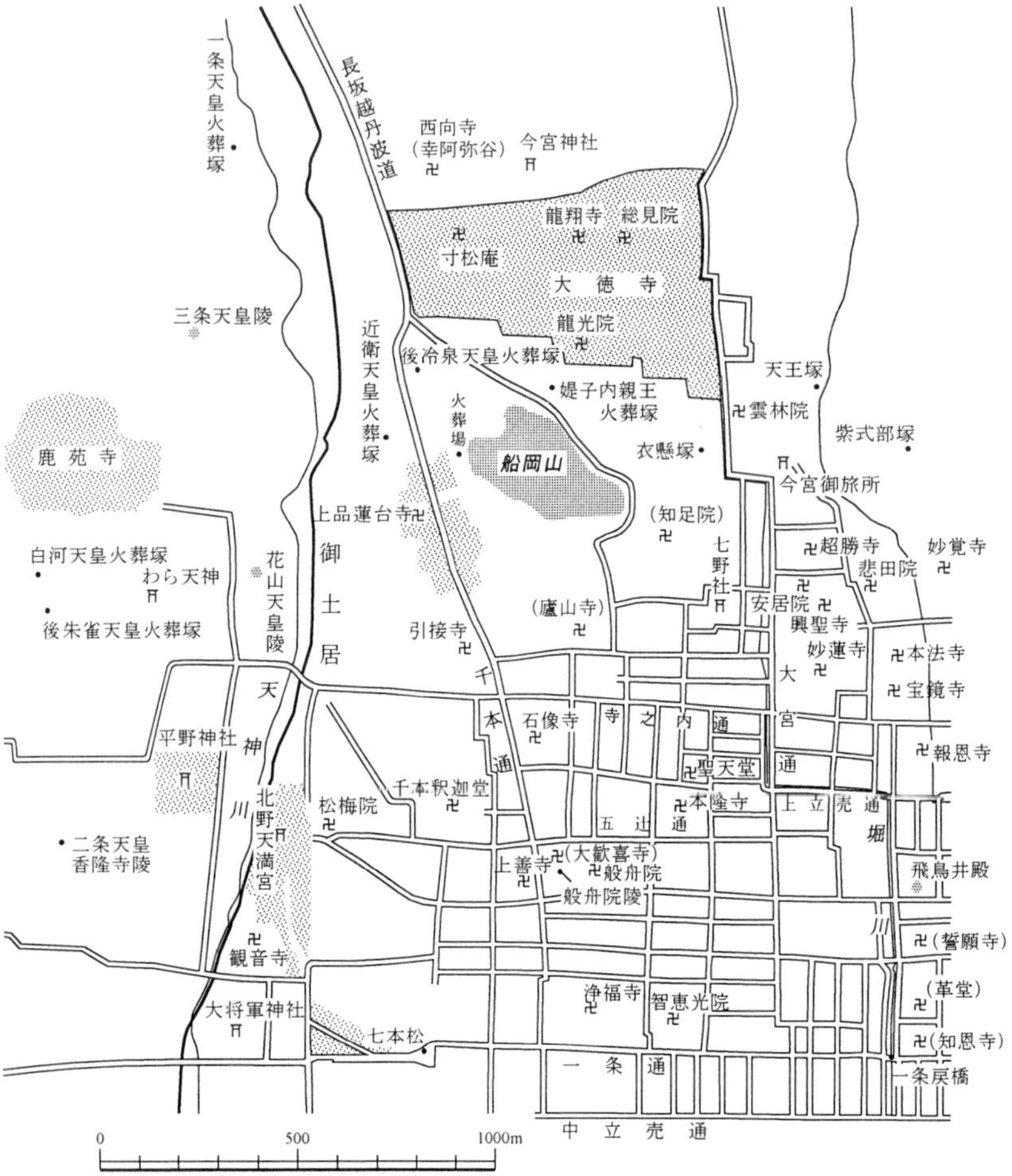

図 15　千本付近図

室町期以前に存在したが近世に消滅または移転した寺院は（　）に入れて示した．

府に赴いたとき、苦しみを受ける醍醐天皇が卒塔婆千本を立てるよう頼んだので、船岡山に千本の卒塔婆を立て、千本閻魔堂（引接寺）を建立したことによると近世の名所記は伝える（『都名所図会』巻六）。

「千本」の名が出る史料としては『徒然草』第二百二十八段の「千本の釈迦念仏は、文永の比、如輪上人、これを始められけり」が早いが、これは千本釈迦堂をさしている。同寺が千本の名の発祥の地であったのかもしれない。南北朝期には『師守記』貞治六年（一三六七）七月五日条に「今夜戌剋、千本辺焼亡」とあるなど、地名として千本が現れ、かなり人が住んでいるようである。

葬地としての千本は、近世には上品蓮台寺の北東、十二坊の一つ南之坊の後ろ（船岡山の西麓）に火葬場があり、一般にここをもっぱら千本と呼んでいた。また上品蓮台寺十二坊のうち六坊が境内に土葬墓地を持っており、中世の名残で正月と七月に感神院の犬神人に米銭を支払っていたという（『雍州府志』巻八、古蹟門上、愛宕郡）。明治以後、十二坊のほとんどが廃絶したが、上品蓮台寺の北の真言院の墓地には弘法大師の母阿刀氏の墓という伝承をもつ大きな五輪塔や石仏型墓標多数があって往時を偲ばせている。田中緑紅によると[49]、火葬場は明治三年に廃されて龍安寺に移転し、のち金閣寺の裏手の蓮華谷に移ったという。

図16　上品蓮台寺真言院　伝阿刀氏塔

中世後期には貴族の日記[50]にも千本の葬場がしばしば現れる。高田陽介氏によると、歓喜寺、寂静院、蓮台寺花之坊、積蔵寺（石像寺）、上善寺など付近に蝟集する諸寺院が葬場または墓地として現れ、これらの寺を含む広い範囲が千本と呼ばれる室町京都の一大葬送センターであった。寂静院は正確な所在地はわからないが、延徳二年（一四九〇）に境内で安禅寺宮の火葬が行われている（『親長卿記』延徳二年十二月十三日条）。文亀二年（一五〇二）には甘露寺元長の母の火葬が千本の「三昧所」で行われたが（『元長卿記』文亀二年四月二日・六日条）、これは近世の千本につながる一般用火葬場の可能性がある。中世末の『鹿苑日録』には千本での火葬の記事が非常に多い。

蓮台野　上品蓮台寺の所在する船岡山西側の野が蓮台野で、鳥辺野とならぶ中世京都の葬地として有名である。「ふな岡の南の方。西につらなる野也。此中に蓮台寺あり。弘法大師の開基也」（『出来斎京土産』巻之二、延宝五年〈一六七七〉刊）。蓮台野は山の西側だが、院政期には船岡山のおそらく東側に「蓮台」と呼ばれる葬儀施設があって、雲林院の二十五三昧会と関係があり、これが「蓮台野」の起源となったらしい。「蓮台野」の名は『兵範記』の保元二年（一一五七）三月二十日条に、東宮の母藤原懿子に贈位するために「蓮台野」の中にある墓に行った記事が初見だが、これは「自二達智門大路一北行」して行ったとするので、このころの蓮台野は船岡山の東側も含んでいた可能性がある。[51]

鎌倉末期の永仁三年（一二九五）成立の『野守鏡』によれば、恵心僧都が二十五三昧を結成して、そのメンバーが次々に往生するのを見た蓮台野の定覚上人がこれを羨んで三昧を行ったところ、蓮華が化生したので、結界をつくり、ここに墓を占める者は必ず引摂しようと発願した。それより一切の人の墓所となったという。承久四年（一二二二）成立の慶政『閑居友』には、叡山の僧に仕える中間僧が毎晩西坂本を下って蓮台野に行き、腐乱死体を見て不浄観を行じていた話があり、日蓮も佐渡に流されたとき、佐渡の塚原を「洛陽の蓮台野の様に死人を送る三昧原ののへ」だと記しているように[52]、鎌倉期には京都を代表する大共同墓地になっていた。

近世には上品蓮台寺が蓮台野を管理していたが、この寺の起源には不明確なところが多い。山本尚友氏[53]は院政期に堀河天皇の遺骨が安置されたこともある香隆寺を蓮台寺の前身とする。近世には蓮台寺自身もそう伝えているのだが、中世史料では蓮台野を管理する寺院として香隆寺の名は見えず、また蓮台寺も大永五年（一五二五）の「大徳寺涅槃堂式目」に「千本蓮台寺聖方江参百文仁相定也、但布施者与大衆同聖江可出之事」として現れるのが初見である。山本氏は『野守鏡』の「蓮台野の定覚上人」がこの墓地を結界したとする記述について、もし当時蓮台寺があれば「蓮台寺」というはずだとして、まだ蓮台寺と名乗っていない香隆寺がそのころ蓮台野に移転していたと推定している。

中世後期の蓮台野には、墓地を管理する「野法師」がいた。高田陽介氏が紹介した史料で(54)、応永九年（一四〇二）に吉田神社の神官吉田兼煕の臨終のさい、息子の兼敦が墓は蓮台野でいいかと尋ねると、兼煕は「彼辺已為二人々宿所一、墓所等多棄二捐之一、彼跡構二住所一之間、始終之儀叵レ測」つまり宅地開発が進んで墓が取り壊されているので、蓮台野に墓を作ってもらってもいつまであるかわからないとして、知恩院を望んだ。兼煕の葬儀がすんだあと、兼敦は父の墓を知恩院に頼むのとあわせて、蓮台野に造られていた祖父兼豊の墓も知恩院に改葬しようとして人をやった。すると「当所の墓は他所に移してはならない」と言われたという。誰の命令なのかと思ったら、「野法師物惜」だというので、兼豊は「比興也」（いやしい根性だ、というニュアンスがあるものか）と感想を述べている（『吉田家日次記』応永九年五月二十四日〜二十七日条）。野法師は墓参りの貴顕が減るのを嫌ったのだろうが、墓地の管理人的な立場だったようにみえる。

『大乗院寺社雑事記』の延徳四年（一四九二）六月二十二日条には、そのころ流行していた「風」に関連して「今度京都他界輩一万六千人分ハ、千本之野法師存知之由、注二進之一云々、其外ハ不レ知レ之」と記している。この「千本の野法師」は吉田兼豊が墓を移転するのを拒もうとした野法師の後継者だろうが、蓮台野で火葬されたり、その墓地に葬られる人間の数を把握しているらしい。一度の風邪の流行で一万六〇〇〇人も死んだことに疑問も抱かれるが、数字はともかく野法師はこういう数を知っていてもおかしくない立場だったのだろう。

これらの「野法師」は「蓮台野法師」の省略形かもしれない。他の地域で中世に野法師とよばれる人がいたという史料は目にしていない。「野僧」という語はあるが、これは飢饉の死者を弔うために勧進をする法師をさしたり（『看聞日記』応永二十九年〈一四二二〉九月七日条）、貴族の法事に招かれる僧を意味する（『実隆公記』永正二年〈一五〇五〉六月十四日・二十四日・永正三年七月十一日条など）こともあるが、特定の墓地の管理人ではなさそうである。千本の野法師は上品蓮台寺またはその前身寺院の僧で、蓮台野の墓地を管理していたものと思われる。山本氏の論文が引く寺伝では、上品蓮台寺は応仁の乱で灰燼に帰し、その後荒廃していたが「天正慶長年間」に紀州根来寺の性盛法印が復興し、武将の帰依が多く秀吉から黒印高一〇〇石を給わったという。『豊山伝通記』の性盛伝ではこれを文禄四年（一五九五）のこととしている。しかし前述のように延徳四年に「千本野法師」が見え、大永五年にも「千本蓮台寺」があった。応仁の乱後も墓地を管理する部門は存続していたらしい。ただ応仁の乱で被災したことが事実なら「蓮台寺」という名は応仁の乱後の再生の段階で、はじめて付けられた可能性も否定できない。

慶長三年（一五九八）八月に方広寺の大仏供養が行われたとき、「千本ノ蓮台寺聖僧」が参加しようとしたのを東寺が抑え、醍醐寺にも申し入れたので座主の義演がこれに同意した。蓮台寺の聖は供養には出なかったが、その後京都奉行の前田玄以に訴えたので、詳細はわからないが醍醐寺と玄以との交渉があった（『義演准后日記』慶長三年九月六日・二十日条）。「聖僧」と書かれているが、自分で火葬に従事する三昧聖ではなく上品蓮台寺の住持かと思われる。上品蓮台寺は新義真言宗（智山派）だが同じ真言宗ということで東寺や醍醐寺が対処したのだろうが、醍醐寺座主のような貴族的僧にとっては、上品蓮台寺のような葬式寺は一寺の住持でも「聖僧」とみなされ、大仏供養などの晴れがましい場に出るのを止められることがこの頃まであったようである。この「聖僧」や室町期の「野法師」は墓寺の管理人であり、そのような見方をする史料しか残っていないからかもしれないが、これらからは蓮台寺が香隆寺のような正統的寺院の直接的後身とは考えがたい面がある。現在、真言院墓地にある阿刀氏の墓と伝える五輪塔は律宗が建造した各地の五輪塔と類似しているが、鎌倉～室町時代の蓮台野とその管理寺院の宗教的背景には複雑な事情が伏在しているように思われる。

船岡山　中世では船岡山も蓮台野と連続する大葬地の一部だったらしい。保元の乱で敗れた源為義らは船岡山で斬られた（『兵範記』保元元年〈一一五六〉七月三十日条）。平信範の妻が死んだとき、まず知足院に運んでから「次弁二下棺一、直移二山中一」して穴に納めたとあるのも船岡山であろう（『兵範記』嘉応二年〈一一七〇〉五月十二日条）。『古今著聞集』五八七話では、藤原清長が蔵人頭のとき、船岡山で虫を捕って遊んでいると、風が吹いて冠が吹き飛ばされ、「死人のかうべのありけるに、人のわざときせたるやうに」かかったという。死人が放置されているところで虫捕りに興ずるのは、囲まれていない土地では穢が伝わらないとされていたとはいえ大胆だが、この話からも船岡山が葬地とされていたことがうかがわれる。

船岡山の東方の崎を唐鋤鼻というが、この東側に十四世紀以後、梶井門跡（円融院）があった。[55]『山州名跡志』巻七は、現在紫野下築山町にある衣懸塚《きぬかけ》と、[56]船岡北面に当時あった屏風塚の二つはもと門跡の境内で、門跡の旧所在地の地名を「御所田」というと記す。梶井門跡は応仁の乱後は各地を転々として、大原の三千院に本拠を移すが、門跡があったころの船岡山東部は古い塚は残っているものの、すでに葬地として使われることはなくなっていたのだろう。

戦国期にはすでに船岡山に墓が造られることも少なくなったか、永正八年（一五一一）八月には細川政賢らがこの山に陣を構え、細川高国・大内義興らの軍勢に攻め落とされる船岡山合戦があったことはよく知られている。山科言経は天正十年（一五八二）四月三日条、千本引接寺の念仏と花見のために「時衆ノ形ニナリテ」行き、ついで船岡に登った（『言経卿記』）。しかし慶長二年（一五九七）三月十七日には、相国寺の西笑承兌らが船岡山で酒や茶を飲んだが「葬レ人臭香、満二衣袖一」という状態で、遊宴も早々に切り上げて帰ったという（『鹿苑日録』）。この煙は西麓にある千本の火葬場から立ち上ってきたのだろう。このようなこともあったが、近世の京都人は幕を張って酒を飲んだりして船岡山の躑躅の花見を楽しんでいた（『出来斎京土産』巻之二）。

〔史料21〕

○今の船岡山に古へ船岡山のはかじるしと云て石塔あり。それを利休とりて、一の上を自分の石塔にして、今大徳寺の内聚光院にあり。中は芳春院の水鉢になる、下は高桐院にあり。これは二条院のはかと云伝ふ。然るを利休これをとる、その罰にて利休終よくせずと云ふ。

○船岡山の南ばらの畠の中に、とりのこしたる小塚あり。これ為義の子共の保元乱に殺されたる衆の墓なり。為義の墓は西朱雀の権現堂の北にあり。船岡山の墓じるしは、一説二条院の御墓なりと云、如何あらん。不審しき事なり。

（黒川道祐『遠碧軒記』下之三）(57)

この「船岡山のはかじるし」は『山州名跡志』巻之七にも二条院の墓について「愚案此辺《ノ》土人《ドジンノ》説《ニ》件《ノミ》御塔《タフ》。五輪石塔《ゴリンノ》ニシテ。舟丘内《フナヲカノウチ》北面ニアリ。千利休《センノリキウ》取《テ》レ之己《ヲヲノ》ガ為《ナシ》レ塔《ト》。大徳寺聚光院《シュクワウ》立《ニタツル》。又以《テ》二台石《タイセキヲ》一茶亭《テイノ》為《ナス》二水鉢《ニ》一云云。其跡山ニアリトイフ。蓋《シ》是《レ》彼《ノ》御塔ナルコト不審《イフカシ》。」と同様の話を載せるが、これによれば五輪塔だったという。利休が自分の墓にしたというこの石塔は筆者は未見だがいまも聚光院にあり、『国史大辞典』八巻（千利休の項）に写真を載せる。山田邦和氏は「現在の聚光院に残る利休墓は高さ五ｍの鎌倉時代の多宝塔であり、その基礎は鎌倉時代の十三重塔の石材を転用している」と述べているが(58)、基礎だけ残ったこの塔は畿内の惣墓によくみられる墓地の総供養塔だったのかもしれない。船岡山も鳥辺山同様、中世墓地によくみられる丘陵墳墓群として発達していたのだろうが、現在の船岡山は公園化され、古い石塔などはほとんどみられない。また為義の墓が西朱雀権現堂にあるというのは『保元物語』の記述によったもので、『兵範記』は前述のように船岡山で斬られたと記している。為義の子供たち（義朝の弟）は『保元物語』でも船岡山で斬られたとするので、山の南の畠にあったという小塚はその記述にもとづいて生まれた伝承であろう。

豊臣秀吉は天正十二年（一五八四）十月四日に新紫野天正寺敷地と船岡山の寄進状を信長の菩提所、大徳寺総見院の住持古渓宗陳に与えた（大日本古文書『大徳寺文書』三二四三号）。黒川道祐によれば、昔は船岡山全体が蓮台寺領だったが、秀吉が大政所のために天瑞寺を建立したときこの地を大徳寺に下付したので、大徳寺の火屋（火葬場）が千本の火葬場とは別に山中にあるという（『近畿歴覧記』東西歴覧記）。秀吉の寄進状には天正寺とあるが、これは信長の菩提を弔う寺とされながら結局建立が中止されたので[59]、道祐は天正寺を天瑞寺と誤っており、また大徳寺では船岡山の寄進は総見院の建立のときとも伝えていた（『大徳寺文書』二〇二五号）。これは総見院の古渓和尚が寄進状の宛先であることによるが、寛永十六年（一六三九）以前に船岡山の北西の谷を大徳寺が総見院からもらって涅槃堂を移転させ、かわりに前の涅槃堂の地を総見院が替地として得たことがあった（『大徳寺文書』二〇一七号・二〇二四号）。このときの板倉重宗書状（二〇二四号）には「船岡ハ捴見院之山ニ候間」とあるので、山の少なくとも一部は総見院の所有となっていたようである。

大徳寺の涅槃堂　大徳寺の火葬場については、大永五年（一五二五）閏十一月晦日の大徳寺涅槃堂式目（『大徳寺文書』二四七四号）が田良島哲氏・伊藤克己氏・高田陽介氏らにより早くから注目されている[60]。火葬があるごとに「千本蓮台寺聖方」に三〇〇文を出すと定めているので、火葬の作業は上品蓮台寺の三昧聖が請け負っていたらしい。この涅槃堂は延寿堂とも呼ばれている（『大徳寺文書』二〇一七号）。大永五年当時の所在地は明らかでないが、その後何度か場

所を移っている。千本の火葬場と大徳寺の火屋の変遷については、山本尚友氏の詳細な研究がある。(61)

慶長十二年(一六〇七)五月十六日には「河原中」(河原者)が大徳寺に「涅槃堂御屋敷」を売却・寄進しているが(『大徳寺文書』二〇一四〜二〇一六号)、この地はこれ以前に屋敷の替地として河原中に与えられていたのを大徳寺が買い戻したものだった。『山州名跡志』巻之七は古老の話として、昔の「蓮台野ノ火葬場」は今の大徳寺塔頭龍光院のあたりで、今も老松が残っていると記しているが、龍光院は慶長十一年(一六〇六)の開創である。売券(二〇一四号)には涅槃堂屋敷とあわせて「此外龍光院分東西十六間、南北廿間」と記載しているが(二〇一五号の寄進状では「此内龍光院分」とする)、高田氏が指摘するようにこれが龍光院の建設用地で、涅槃堂屋敷に近接しているとすると、大徳寺は龍光院を建てるにあたって土地が必要になり、かつ近接して火葬場があるのも具合が悪いので、河原者から買い戻したのだろうか。高田氏も山本氏もこの買い戻しは涅槃堂をこの土地に移転させるためとしているが、この土地つまり涅槃堂屋敷が「龍光院分」と近接しているようにみえることの説明がつきにくい。この史料の解釈は、河原中がこの涅槃堂屋敷を所持していた期間にも、ここで涅槃堂が操業していたのかどうかによって変わってくるが、もし河原中の所有期間にも大徳寺の火葬場として使われており、かつ所在地が龍光院の建設予定地近くだったとすると、龍光院の建設に伴ってこの土地が大徳寺に買い戻され、涅槃堂はどこか他所に立ちのいたと考えるのが自然な解釈かと思う。この解釈は高田氏とも山本氏とも異なるが、一案として提示しておきたい。この解釈では中世の涅槃堂も龍光院の敷地近くにあったことになる。

ただ『山州名跡志』が龍光院辺にあったとする「蓮台野ノ火葬場」を大徳寺の涅槃堂付属の火葬場とみるか、それとも近世に船岡山西麓にあった千本の火葬場の前身とみるかも問題である。高田氏は蓮台野火葬場は千本の前身と考え、古くは大徳寺の涅槃堂と蓮台野火葬場が近接して存在したとする。一方、山本氏はこの付近は後述する白毫寺の土地だったので、そこまで上品蓮台寺が進出していたとは考えにくいと論じている。私の説では蓮台野は形成期には船岡山の東部をも含む広い範囲だったと考えるので、いずれにしても蓮台野の名を冠した火葬場が龍光院付近にあったことは、中世前期の広い蓮台野の名残りのように思えて興味深い。

寛永六年（一六二九）に大徳寺境内五ヶ村が「御領草山」をめぐって上品蓮台寺と争ったときの陳状写（『大徳寺文書』二〇二〇号）によると、御領草山は大覚寺門跡の領知だったことからこの名がある。蓮台寺領との境目は、東は「小阿弥が谷」、西は「大つかの茶屋」を結ぶ線で、その南が蓮台野、北が御領草山だという。茶屋は昔の丹波街道に面していて関もあった場所だが、その後ここに御土居が建設され、街道も付け替えられたという。一方、小阿弥が谷は秀吉時代以来、大徳寺の林になったという。山本氏は小阿弥が谷は船岡山の北西部に開く谷のことだと論証している。とすると「大つか」は現在、近衛天皇火葬塚に治定されている塚かもしれない。その西側の御土居が造られたあたりに茶屋があったものだろうか。現在の近衛天皇火葬塚は五メートルほどの大きさである。

この陳状の当時、大宮郷は大徳寺境内なので、村人が葬式を出すさい、大きな葬式は「草山ノ内」で大徳寺に葬式を執行してもらい、「そさうなる葬礼ハ延寿堂と申て」別の場所で行ったという。山本氏の説くようにこのころには延寿堂は常設の火屋になっており、それは立派な葬儀をするのにふさわしくないため、「そさうなる」葬礼を行うところになっていたのだろう。草山での葬式は伝統的に行われたように、一回ごとに火葬施設を作る方法だったと思われる。この延寿堂（涅槃堂）は、龍光院の建設で立ちのかされた火葬場の移転先の姿だったのではないか。

この延寿堂（涅槃堂）の所在地であるが、大徳寺と総見院が土地を交換した史料（『大徳寺文書』二〇二四号）で板倉重宗は「大徳寺より今迄之涅槃堂、左右田畠ニて、葬礼之時諸人踏荒申候付、作人年来致迷惑由、就ㇾ其船岡山乾角ニ谷在ㇾ之由、前方之葬礼場ニ御座候間、涅拌堂引換」と述べている。この「今までの涅槃堂」を山本氏は『寛永十四年洛中絵図』に描かれる船岡山北麓の畠にあったと推定している。ここから「船岡山乾角」に移ったのだが、その場所も「前方の葬礼場」だったという。この「前方の葬礼場」は二〇二〇号のいう御領草山と位置が合うように思われるが、すると延寿堂の位置は次のように変遷したと思われる。大永五年（一五二五）の所在地は不明としておくが、慶長十二年（一六〇七）以前のある時期から龍光院辺にあり、同寺の建立で立ちのいて船岡の北麓の畠の中に移り、そこからさらに草山に移った。延寿堂がくる前に草山にあった葬礼場は寛永六年当時は立派な葬式を行う場所だったが、その後廃絶したようで、所司代板倉重宗時代のいつか（寛永十六年以前）にここに延寿堂が移ってきた。

紫　野　ここまで船岡山との関連で大徳寺の火葬場について論じてきたので話が前後するが、大徳寺が建立される前の紫野も、船岡山・蓮台野に連続する葬地の一部だったらしい。元亨四年（一三二四）に「雲林院辺菩提講東塔中北寄弐拾丈」の地が大徳寺の敷地として寄進されたとき、開山の宗峰妙超はこの地の乾（北西）隅に寄進者の「御先祖墳墓」があるので、この墓を移動したりせず今後も菩提を弔うと約束している（宗峰妙超置文、『大徳寺文書』三二〇八号）。『大燈国師年譜』は、この墓は雲林院の東方にあって円融天皇陵ともいわれた「天王塚」だと解しているが、[62]天王塚では位置が合わないし、またこの史料では寄進者の「御先祖」とか「御一族」という語を用いているので、寄進者は天皇ではない。おそらく現在の大徳寺境内のうち南東の部分が当初の寺地で、その北西隅に塚があったのだろう。この塚に関しては応安六年（一三七三）十一月十六日の沙弥蘊頤墓地去状（大日本古文書『大徳寺文書別集　真珠庵文書』七三〇号）に「紫野大徳寺乾角墳墓地事」とあるのが同じ墓をさすと考えられるが、料足四〇〇疋と引き替えに開山（宗峰妙超）の契状をお返しし、子孫においても異議を唱えないと書いている。この蘊頤という人が被葬者および寄進者の子孫で、このとき返したという開山の契状が『大徳寺文書』三二〇八号にあたるのだろう。[63]この権利放棄によって墓はその後、壊されたか移動されたと思われる。

大徳寺周辺に墓が多かったことについては、応永二十五年（一四一八）に大宮郷の田一反が売却されたとき「在所大宮郷内畠田、塚巡田之内ニつかあり」として、「塚巡り田」という字の中に塚があったと記される（『大徳寺文書』二七一九号）。永享九年（一四三七）には神照庵という寺の僧が「とくせん寺のおくに、せんしよ《先祖》のせきたうあまた候」と書いている（『大徳寺文書』一八〇二号）。徳禅寺は中世には船岡山麓にあったという。[64] 明応四年（一四九五）の畠売券には「さいしよはうちい《雲林院》のつかのそはなり」とあり（『真珠庵文書』二二二号）、雲林院村にも塚があった。永正五年（一五〇八）の文書では「在所者舟岡山之北之方也、字ハ四段田之内ふけ也、つかあり」とあって（『大徳寺文書』五二九号）、船岡山の北方のフケ田に塚があったことがわかる。これらの塚の中で後年まで残ったのが前記の衣懸塚や天王塚なのだろう。

『雍州府志』（巻九補遺、古蹟門、愛宕郡）によると大徳寺西北、塔頭寸松庵の後ろ山の「古阿弥谷」の松の下に大鼓石という大きな石があり、昔はここが林葬場（風葬地）であった。死者をこの石によせかけ、衣で覆って立ち去ると、夜に狐や狸が来て食ったという。今はこの習慣はなく、石もなくなって松だけが残っているとしている。寸松庵の旧所在地の北[65]（東蓮台野町）には浄土宗の西向寺があるが、同寺は山号を幸阿弥谷と号する。この付近が黒川道祐のいう林葬場の古阿弥谷と考えられる。京都市が門前に立てている案内板には「幸阿弥谷と号し、浄土宗知恩院派に属する。寛永年間（一六二四〜一六四四）清誉浄賢《せいよじょうけん》上人が西向庵と称する小草庵をこの地に創建し、念仏弘通《ぐつう》の道場としたのが当寺の起こりである」とある。『雍州府志』が書かれたころにはすでに西向庵があったことになるが、道祐はそれには触れていない。庵の創建のときに大鼓石も片付けられたものであろうか。境内墓地の石塔は新しいものが多いが、門内などに石仏型の墓標や一石五輪塔残欠があり、また明徳二年（一三九一）三月二十八日に一結衆三五人が建立した旨を刻した地蔵菩薩板石塔婆があって、京都三板碑の一つとされる。この板碑が当時からこの地にあったとすれば、この一結衆はおそらく近くに住む人たちが結んだ葬送互助組織であろう。これだけの板碑を建てることができる人々がこの時代に風葬していたとは考えがたい。いろいろな葬法が重層して行われていたのであろう。鎌倉時代までは風葬は一般的に行われていたので、そのころにはここに限られなかっただろうし、またこの地も風葬だけが行われる地ではなかったと思われるが、近世にも記憶が残るほど後世まで風葬が残ったところなのであろう。なお、前記の寛永六年（一六二九）の大徳寺境内五箇村陳状写（『大徳寺文書』二〇二〇号）などにみえる「小阿弥が谷」は船岡山にあり、この古阿弥谷（幸阿弥谷）とは別の場所であるが、似た人名を冠していることから考えると、この地域に葬送活動で知られた「こあみ」という人物の伝承でもあったのだろうか。

現在引接寺の境内にある至徳三年（一三八六）銘の石塔（重要文化財）も寺伝では白毫寺とともに紫野から移建されたという（『京都坊目誌』上京第三学区）。この石塔は紫式部の墓とも供養塔ともいわれるが、引接寺境内の小堂白毫院（白毫寺）が紫式部の墓所で、紫野から移ってきたという近世の伝承とあわせて「紫」のつく紫野の地名に引かれて生まれた伝えであろう。「此所に白毫院とて紫式部が墓所《むしょ》あり」（『京雀』巻四）。

引接寺と白毫院

白毫院（白毫寺）はもともと雲林院の末院で、十四世紀から梶井門跡の円融院の末院となり、『太平記』（巻九、主上上皇御沈落事）には天台座主尊胤法親王が元弘三年（一三三三）から三、四年の間、「白毫院ト云処ニ御遁世ノ体ニテゾ御坐有ケル」とある。その位置は『河海抄』に「紫式部墓所、白毫院南、小野篁墓西」とあるので、現在の北区紫野西御所田町の島津製作所そばに紫式部と小野篁の墓と伝える塚が並んでいるところの北に白毫院があったことになる。[66] ただ戦国期には現在の大徳寺の境内西部に移っていたもののようで、天文八年（一五三九）には「白毫寺」敷地が大徳寺に売却され、ここが龍翔寺の建設地となった（『大徳寺文書』二一九四号）。その後、総見院の建立によって白毫寺は寺地を失い、[67] 引接寺の境内に移った。現在の引接寺の石塔が白毫院（白毫寺）から移されたことを証明することはできないが、この石塔（現在十重だが、『山州名跡志』は十三重とする）は鳥辺野の馬町十三重石塔と対をなすともいえる大石塔で、蓮台野にふさわしい。

引接寺（千本閻魔堂）は鳥辺野の六道珍皇寺に対応する、共同墓地蓮台野入口の寺院である。康暦元年（一三七九）銘の梵鐘には「定覚上人草創之砌、明善律師再興之処也」(68)とあり、蓮台野を開いたとされる定覚上人が開基したとする伝えをもっていた。文献への登場は『薩戒記』応永三十一年（一四二四）八月二十二日条に「或人云、去夜亥剋千本引接寺門焼失云々。門前在家少々焼亡」とあるのが早い。宝徳三年（一四五一）三月七日には「千本炎魔堂」で越前幸若大夫の曲舞が舞われた（『康富記』）。

三月には引接寺の念仏会に人々が参詣した。『塵塚物語』（改訂史籍集覧、十）巻一によると、応永年中に足利義満が北山第に後小松院の御幸を仰いだとき、千本の念仏会（同書は大報恩寺の釈迦念仏のこととする）の群集が邪魔になるので延期させた。そのとき住僧が桜の枝を献上し、義満は下行米を与えた。それ以来、桜が咲くとまず公方に一枝を献上し、下行米を与えられて翌日から念仏会を始めることになったという。近世でも引接寺の方丈の前庭にある普賢象の桜の枝を住僧が所司代に献上して米三石を与えられる慣例があった（『雍州府志』巻四、寺院門上、愛宕郡）。この桜は延宝五年（一六七七）刊の『出来斎京土産』巻之二に「白毫院《びやくがうゐん》は堂《だう》（閻魔堂）

図17　引接寺の層塔

の左にあり。紫式部が墓所《むしょ》なり。此前に、普賢像《ふけんざう》の桜あり。此花ひらく時を念仏の初とし、十日のうち、男女貴賤《きせん》まいりつどふて見物す」とあるように近世には「普賢像桜」とよばれた名木だったが、中世には「千本十王堂有二念仏一、令二見物一、関白・得業令二同道一、次見二普賢堂花一」(『後法興院記』明応五年〈一四九六〉三月二日条)とか「焔魔堂念仏曲共沙汰也。花最中見事也。同普賢堂見物、是ハ花過候了」(『言継卿記』永禄二年〈一五五九〉三月八日条)などの記述から判断して十王堂(閻魔堂)とは別に普賢堂という堂があったらしい。普賢堂が普賢像に訛ったものだろうが、普賢堂も引接寺の境内にあったのかもしれない。なお現在の普賢像の桜は引接寺境内を入って右手(石造層塔の手前)にあるが、若木である。

念仏会の起源については右の説のほかに『雍州府志』(巻五、補遺)は「旧記云」として、後小松院の応永年中に天下に餓死者が多く、諸寺に命じて踊躍念仏を修させたが、慈真房良快が鎮花法会を行ったとき、一条経嗣が花を捧げたのに由来するという別伝を載せる。しかしこれも後小松院御幸伝説と同様に応永年中のこととしているのは、その時代にあった何らかの事実に基づいているのかもしれない。管見の範囲では貴族の日記に引接寺が登場するのが応永期以後であるのも、そのころに念仏会が盛んになりだしたことを示すようである。

本尊の閻魔王像は、近世の地誌類の定説では定朝の作だが(実は室町時代の作)、『京童』『京雀』『出来斎京土産』など近世初期の地誌がこぞって、寺は小野篁の建立、閻魔王も篁の作と伝えているのは、珍皇寺の伝承の影響であろう。珍皇寺には小野篁が冥府に通ったという「地府の通路」が寺の後ろの藪の中にある(『山州名跡志』巻之三)。また、千本に葬送する者は、引接寺の門前を過ぎるとき、必ず鐘一声を鳴らしたという。『山州名跡志』巻之七は「案《スルニ》鐘一声スルハ無常ノ義也。続古今集哀傷部《アイシヤウノブ》、天台座主源覚ノ和歌ニ、一声《ヒトコエ》ノ鐘ノ音《ヲト》コソ哀《アハレ》ナレイカナル人ノ終成覧《ヲハリナルラン》」と考証しているのは、鐘を一つだけ鳴らすことが死者との別れの合図だったことを思わせて興味深い。またこれは、鳥辺野の南無地蔵を通る人が「南無地蔵」と唱えたという伝えと対比できる墓地の習俗ともいえよう。

そのほか、『奇異雑談集』巻四の五（『漢和希夷』四話）には、東山の霊山正法寺の開山国阿上人の発心譚として、橋崎殿と名乗る武士だった在俗の時、妻が妊娠したまま死んで蓮台野に土葬され、陣中でそれを聞いた橋崎は銭を非人に施行したが、妻の幽霊がその銭で餅を買って、埋葬後に生まれた赤子を養っていたという「子育て幽霊」型の話をのせている。この話型は各地に多いが、鳥辺野でも六道珍皇寺近くで「幽霊子育飴」（みなとや幽霊子育飴本舗）を売っており、その能書では慶長四年（一五九九）に京都の江村氏の妻が葬られた後に子を産んで飴で養ったという話になっている。この子は成長して高名な僧になり、寛文六年（一六六六）三月十五日に六十八歳で遷化したという。両墓地で同様の話があるが、蓮台野の話は主人公が国阿上人という鳥辺野近くの時宗寺院の開山であるという点、鳥辺野系の伝承の影響ではないかと思わせるものがある。いずれにしても、蓮台野は鳥辺野とペアをなす多くの伝承や遺物をもつ京都の二大共同墓地の一つであった。

おわりに

京の無縁墓地　以上、『奇異雑談集』の西阿弥陀仏にならい、順番は異なるが五三昧を巡回してきた。これらの五三昧は火葬場であるが、近世でも火葬にされた人と、費用の面でできない人があっただろう。その比率は不明だが、後者も相当あったと考えられる。葬法のランクとしては、火葬―土葬―風葬（遺棄）というのが、近世初期までなりたつと思われる。これらは同一の共同墓地に重層していただろう。

十七世紀の五三昧に含まれている火葬場のうち、狐塚と西院（最勝河原）は火葬料が安いと黒川道祐は記していたが（第2節所引『遠碧軒記』上之二）、歴史的にはこの二つに近接する墓地は平安京時代にはまだなかった中世以後の共同墓地と思われ、中山や蓮台野のように陵墓や貴族の墓をもたない。とくに西院は平安京衰退過程で右京が京域外化し、処刑や遺棄の場となったところから上昇してきたものであろう。一方、鳥辺野・蓮台野・中山は、天皇や貴族の火葬地・陵墓地としては確かに古くから史料にみえるが、都市京都の一般住民が広く利用する墓地という意味では、平安中期までの史料はあまり知られていない。十二世紀後半から全国各地で聖の活動により、特定の地（とくに丘陵地）に経塚などが造営され、そこが聖地とみなされて周辺住民の共同墓地が成立するが、それまでは無主の地に任意に墓をつくるのが一般的だったと考えている。(69)鳥辺野など京都の大墓地も、地方農村部よりは早く成立しただろうが、基本的には平安後期になって葬送エリアが限定されてきたと思われ、中世墓地の一般的傾向からそう外れるものではないとみておきたい。

中世後期から次第に遺棄が減少し、土葬や火葬にされるようになると、五体不具穢のおそれが少なくなり、墓地は京内にも進出してくるが、(70)特定寺院の境内墓地になっていないこれらの共同墓地の利用もかなり残存していただろう。しかし近世には鳥辺野など昔からの共同墓地が、場所はそのままで寺院に囲い込まれ、境内墓地化する傾向も見られる。(71)

『京都御役所向大概覚書』巻二によれば、元禄十二年（一六九九）四月に公儀は「洛外五ヶ所無縁墓地」として、

①七条高瀬川之側ニ壱ヶ所　字白蓮寺。
②清水境内成就院支配所壱ヶ所　字南無地蔵。
③真如堂山壱ヶ所　字中山。
④西之藪土居外三条ヲ上ル所山之内村・西院村、両村之無縁墓地壱ヶ所。

⑤同西之京下立売通紙屋川之側壱ヶ所　字宿字。

の五か所を指定し、無縁の者や非人などの行き倒れが従来高野川や鴨川の河原に埋められていたのを禁止し、これらの無縁墓地に取り片付けるよう命じた。②は「鳥辺野考」で扱った宝福寺、③は本章で論じた中山で、これらは五三昧と共通しているし、④⑤も最勝河原（西三条）の近くにある。[72]

このうち南無地蔵がこの指定以前から「無縁塚」だったことは村上紀夫氏が指摘しているが、[73]ほかの墓地も、③中山は元禄六年（一六九三）に真如堂が移転してくる前から餓死者の死体が捨てられる地であり（史料19）、⑤宿字（宿紙）も、元禄四年（一六九一）に没した黒川道祐が随筆『遠碧軒記』に「今は死せる乞人をすて処なり」と書いていた（史料12）。また④の書き方から考えると、ここもこの指定以前から山之内村と西院村の無縁墓地として用いられてきたと思われる。つまりこれら五か所はこのとき新規に造られた墓地ではなく、それ以前から周辺住民が慣例として無縁死者の「すて処」として用いてきた地を選んで指定し、この五か所以外への無縁死者の放置や埋葬を禁じたということであろう。またこれらの地は近世でも無縁死者だけが葬られるわけではなかったかもしれない。たとえば宿紙について道祐は「今ハ葬人御坊ノ住所トナリ、土民ノ墳墓多シ」とも言っていた（史料10）。寺院境内墓地が卓越するようになる以前、今日でも農村部にあるような村の共同墓地のような住民各層が使用する墓地が京都でも各所に成立したが、それが近世には利用者の縮小とあいまって無縁墓地化していったものとみられる。寺請制度が普及して多くの人々が寺院の檀家になっても、農村部では境内墓地でなく昔からの共同墓地に葬ることが現在でも多いので、寺請制度によって境内墓地への埋葬が強制されるわけではないが、各寺院が境内墓地を経営するようになれば、都市では開発の進行にともなって他に埋める場所が少なくなるため、次第に寺院墓地に墓が集中されていくだろう。引き続きこれらの公葬地を使うとしても、十七世紀ではいまだ一般民衆の間には石塔は普及していないので、多くの場合は土葬して上に土盛りをし、木製の卒塔婆を建てる程度であったろう。墓が忘れられることも早く、両墓制の埋め墓のような景観だったのではないかと思われる。

十八世紀後半の山岡浚明『類聚名物考』凶事部四は、「葬所　総墓　愛宕」という項目を立て「古へ京都にてハ今の如くに寺々のうちに葬る事ハなくて、葬所といふ有りてそこにすべて葬せしなり。そこを鳥部山・鳥へ野なとハいへり。今ハ田舎にてハかゝる所あれとも、すへて江戸も都会の所にハこの風やみたるそよからぬ事にハあるそかし」として、寺院境内でない共同墓地である「葬所」に葬る風が都会ではなくなったことを「よからぬ事」だと批判している。この記事を紹介した土居浩氏は、近世初期における五三昧について「同時代の文献における近世京都の『五三昧』とは、眼前に進行する境内墓地化以前の葬所であり、また劣位に位置づけられた死体（心中者・行倒れなど）の処理を担わされた空間を提示する語である」と的確に指摘している。(74)

江戸と京都　十七世紀には無縁墓地にはまだ遺棄死体も多かったらしいことは史料12や19からも察せられ、近世初期に数多く刊行された怪談類からも、乞食などは放置されていたことが読みとれる。しかし近世社会の進展の中で、このような人々も次第に土葬にされるようになっただろう。西木浩一氏の『江戸の葬送墓制』(75)によると、江戸の寺院境内の無縁墓地には発掘された例があるが、たとえば四谷鮫河橋にあった曹洞宗発昌寺跡の発掘ではきわめて高密度の埋葬が行われ、埋葬が浅く棺の上面は地表とほぼ同じレベルであり、飽和すると墓地全体に盛り土をして土地を作ることが四回にわたって行われた。近世後期にはこの墓域には墓石を建てることはもちろん、埋葬施設に歩いて近づくのも困難だったと想像されるという。これらは江戸にやってきた単身労働者の墓と考えられている。

小浜藩酒井家文書の『諸事留』は江戸の寺院墓地が狭隘で墓の掘り返しが繰り返される弊について、これは京都や大坂のように共同墓地がなく寺院境内墓地だけであるためだとして、「京都七墓之例ニ因り候て」江戸の郊外に二、三万坪あるいは五、六万坪の墓地を一〇か所も定めるべきだと建言している（西木前掲書）。この史料は天保十三年（一八四二）から翌年の記載を含むが、この献策には当時の京都の「七墓」の内訳は書かれていない。別の箇所では「京都にては往古より鳥辺・黒谷二ヶ所ニ葬地御座候て、貴賤共に是え葬埋仕候事に成り居申候」ともあって、鳥辺野と黒谷（中山）があげられている。近世の京都では鳥辺山は事実上寺院境内墓地のようになっているので、誰でも葬られるわけではなかったろうし、また南無地蔵は無縁墓地だから「貴賤」ともに葬られる場所とはいえないが、鳥辺野や蓮台野のような郊外の共同墓地が江戸にはなく、市中の民家に囲まれた個々の寺院墓地に葬るしかなかったために、いっそう墓地問題が深刻化したことはいえよう。また野尻かおる氏によれば(76)、江戸にも火葬場はあったが、それは真宗門徒と、地方出身者が国元に遺骨を持ち帰るための利用が中心だったのではないかという。寺院境内墓地でも江戸では土葬が一般的だったようだが、京坂では火葬の比率が比較的高かったと考えられるので、墓地不足の問題は軽減されたと思われる。もっとも京都でも前記五か所の無縁墓地では火葬はなされなかっただろうし、埋葬のしかたも丁寧だったとは考えにくいので、埋葬の状態は江戸と同じようなものだったかもしれない。

幕末期京都の火葬場　最後に幕末期京都の火葬場を瞥見して本章の結びとしたい。京都の治安を担当した雑色の小島氏の記録によると、孝明天皇の大嘗会を来月に控えた嘉永元年（一八四八）十月二十四日、京都の四か所の火葬場に対して、十月二十九日から十二月一日までの間、火葬を禁ずる命令が出された(77)。この直前に火の用心の注意が書かれているが、「来ル廿九日　御禊《ヲンカヽリ》之日より至十二月朔日朝　御神事之間、寺々鐘鉦之音可レ為二停止一事」ともあり、また不浄の輩の往反を停止するともあるので、火葬の禁止は火の用心よりも、煙をきらったものと見られる。

この火葬禁止の対象となったのは次の四か所であった。

粟田口
阿弥陀ヶ峯　　千本通之上
蓮台寺

黒谷之側
中　山
妙心寺之側
相　坂

このうち阿弥陀ヶ峯は近年は火葬をしていないが、念のために申し聞かせるとある。ここには南郊にある七条道場金光寺の火葬場や狐塚があげられていないが、この二か所は当時も操業していただろう。同じ記録の文政十三年（一八三〇）四月二十一日条には、松村氏の母を本圀寺での葬儀ののち、「狐塚ニ而火葬」と見え、七条については『若山要助日記』安政六年（一八五九）十一月五日条に、東塩小路村の白蓮寺の和尚を「七条焼場へ送り候事」とあって、幕末まで操業していたことが知られる。なお白蓮寺自身も火葬場を持っていた。(78)おそらくこれらは御所からかなり下の方へ離れているので、そこまで禁止する必要はないとの判断があったものと思われる。寺の鐘・鉦を鳴らすのを禁ずる範囲は、

其限東方　東山辺迄　　南方　四条辺迄
　西方　千本通迄　　北方　町はつれ迄

となっており、火葬の禁止も妙心寺の側の相坂は千本よりもかなり西にあるが、ほぼこの範囲に準じたものかと思われる。

この四か所のうち、妙心寺近くの相坂については未詳であるが、阿弥陀峰は花頂山ともいい、粟田口にあった火葬場である（本書第二部第三章「鳥辺野考」参照）。蓮台寺と中山はこの章で扱った五三昧のうちに入るが、幕末まで操業を続けていたことがわかる。西三条にあった最勝河原と鶴林は当時すでに廃絶していた。ここにみえる四か所から近年火葬が行われていない阿弥陀峰をのぞき、南郊の七条・白蓮寺・狐塚を加えた少なくとも六か所の火葬場が、幕末の京都周辺部に存在していた。

中世後期京都の火葬場　しかし中世には鳥辺野周辺だけでも六か所の火葬場が史料にみえ（本書第二部第三章「鳥辺野

考」参照）、また禅宗の大寺は延寿堂という名の火葬場を持っていた。大徳寺の延寿堂（涅槃堂）は本章の「千本」の項で触れているが、十五世紀には東山の如意寺境内の秋野という地が、至徳四年（一三八七）にそれまでの「南禅寺根本延寿堂」が移転して数年間置かれていた場所だとして、南禅寺が再びそこに延寿堂を作りたいと申請している（『満済准后日記』応永三十一年〈一四二四〉八月十三日条）。貴族の山科保宗（言国の実父）は相国寺の延寿堂で荼毘されたが（『山科家礼記』寛正四年〈一四六三〉八月二十六日条）、この延寿堂の土地は応仁の乱以後、布施下野守の屋敷にされた（『蔭凉軒日録』文明十七年〈一四八五〉五月十六日条）。舟橋業忠は建仁寺の延寿堂で火葬された（『宗賢卿記』応仁元年〈一四六七〉四月二十九日条）。時宗も本章でふれた市屋道場金光寺や七条道場金光寺以外の寺院にも火葬場を持っているところがあり、嘉吉三年（一四四三）に斎藤美作入道常継を「上辺道場」で火葬にするつもりが、延寿堂が込んでいたため朝になってやっと順番がきた（『建内記』嘉吉三年六月十八日条）。これは一条道場迎称寺であろうか。しかしこれら寺院付属の火葬場はこの幕末の禁令には見えない。寺の鐘を鳴らすのを禁ずる範囲はこの記録に出ているから、寺院は禁令の伝達ルートが異なるために登場しないというわけではなさそうである。すでに寺院付属の火葬場はなくなっていたのかもしれない。中世のこれらの火葬場もすべて同一時期に並存していたわけではないだろうが、中世後期から近世初頭に比べると、幕末期の火葬場は減っているようである。

享和元年（一八〇一）に成立した大田南畝・田宮廬橘庵の『所以者何《しょいしゃが》』（『史料京都見聞記』五）には「京師は一向宗の外は皆土葬也。一向宗計皆火葬にいたし申候」とあるが、前記の松村氏母は日蓮宗の本圀寺で葬儀を行っているから、十九世紀でも真宗門徒のみが火葬になったわけではないだろう。ただ周知のように後光明天皇以降、天皇はそれまでの火葬から土葬になっているが、儒教の影響による土葬選好が京都でもみられたとすれば、中世に比して上層の火葬は少なくなった可能性がある。幕末期の現役の火葬場は七条など、本願寺に近い地に多く残っているようでもある。

しかし近世京都の葬法の比率についての具体的な解明は現在の筆者の力の及ぶところではなく、今後にゆだねなければならない。

〔付記〕本章は日本史研究会主催の「平安京・京都研究集会」第四回（一九九五年十月七日）で発表した報告が原形である。この報告では当日までに調べが間に合わなかった蓮台野をのぞく四か所をとりあげていた。報告は論文化して『日本史研究』四〇九号（一九九六年）に掲載したが、そのさい蓮台野の記述を補い、また研究集会で私といっしょに発表した山田邦和・高田陽介両氏の報告に学んだところを取り入れた。この章の文中で「旧稿では」と書いているのは『日本史研究』に掲載されたものを指す。

またこれを雑誌に掲載したときは「鳥辺野考」を別に論文化するつもりでいたので、鳥辺野関連は簡単にした。一〇年をへてこの本に収録するにあたり、「鳥辺野考」全体を本章に組み込むとその部分が長すぎてバランスを崩すので、別に章立てし、本章からは鳥辺野関連の記述を削除したことをお断りしておきたい。なお他の四地域については全面的に改稿し、初出時点以後に現れた多くの研究やその後見出した史料を取り入れて、分量も約三倍になっている。

地誌の出典については、ことわりのないものは『新修京都叢書』（臨川書店）によるが、句読点を補ったり、返り点を付した場合がある。

注

（1）高田衛編・校注『江戸怪談集』上（岩波文庫、一九八九年）による。『奇異雑談集』の成立については諸説があるが、近江六角氏の家臣中村豊前守の子息が書いたものが基盤になったとされてきた。しかし最近ではこれに疑義が出されており、ことに東寺宝菩提院所蔵『漢和希夷《かんなきい》』が紹介されるに及び、東寺の僧の手になるとみられるこの説話集が『奇異雑談集』の種本の一つであったことが明らかになった（冨士昭雄「『奇異雑談集』の成立」・「〈資料紹介〉『漢和希夷』」。冨士昭雄編『江戸文学出版とメディア―近世前期小説を中心に―』笠間書院、二〇〇一年、所収）。『漢和希夷』の成立年代は不明だが「新渡ニ剪灯ノ新話ト云書アリ」との記述があるので、剪灯新話渡来後まもなくの成立とされる。本章との関連では、『漢和希夷』にも史料1の西阿弥陀仏の説話があるが（第五話）、そこでは五三昧のおのおのを挙げていないのが注意される。冒頭部分は「京ノ四条ノ坊門烏丸ニ西阿弥陀仏ト云時宗《ジ》一人アリ、従二幽霊一新キ布ヲ布施ニ得ル事アリ、（略）応仁ノ乱中ニ京中死人多シ○無縁ノ霊魂ヲ弔《トフラ》ハントテ其比三年ノ間五三昧ヲ廻《タ》テ、各罷物《ハフツ》処ニテ念仏一二百遍ツ、唱ヘテ暁帰庵ス、雨雪シキリナル時ハ留マリ其外ハ○毎夜不ㇾ懈也、漸ク三年ニ満ツ時分、有ル夜西院ノ地蔵堂ノ北堤ノ上三町程行テ、松ノ茂ヨリ闇夜更テ少女ノ声ニテ是レ進《マイラ》セント云」とある。この段階では「五三昧」は五か所の三昧という意味ではなく、「三昧」と同義で用いられていたのかもしれない。近世に『奇異雑談集』の形に再編された段階で、そのころに説が行われていた五か所の三昧の地名が付加された可能性もある。ただし『漢和希夷』でも「各罷物処」と複数になっているので、いくつかの場所が念頭にあるはずである。また西院の地蔵堂から北上したというのは、地理的には最勝河原の三昧を目指していたとの解釈が可能な部分である。本章の第1節「最勝河原（三条河原）」を参照。

（2）黒川道祐の随筆は諸本があるが、『日本随筆大成』新装版第一期第十巻所収の『遠碧軒記』による。

（3）史料3の五墓所の説は『京羽二重織留』（元禄二年〈一六八九〉成立）に継承されている。旧稿では『京羽二重織留』のみ引用していたが、竹居明男「京都『四塚』小考」（同志社大学文化学会『文化学年報』四八輯、一九九九年）により訂正。

（4）土居浩「『京師五三昧』再考」（『桃山歴史・地理』三四号、一九九九年）。

（5）柴田実『安祥院と木食養阿上人』（日限安祥院、一九五五年）。

（6）伊藤唯真「三昧聖の墓地開創伝承―『行基菩薩草創記』をめぐって―」（竹田聴洲先生還暦記念会編『日本宗教の歴史と民俗』隆文館、一九七六年）、細川涼一『中世の律宗寺院と民衆』（吉川弘文館、一九八七年）、吉井敏幸「大和地方における惣墓の実態と変遷」（石井進・萩原三雄編『中世社会と墳墓』名著出版、一九九三年）、同「中世〜近世の三昧聖の歴史と村落」（兵庫部落問題研究所『部落問題』一四四号、細川涼一編『三昧聖の研究』碩文社、二〇〇一年に再録）、高田陽介「三昧聖―畿内惣墓地帯の集団―」（高埜利彦編『シリーズ近世の身分的周縁1　民間に生きる宗教者』吉川弘文館、二〇〇〇年）など。

（7）高田陽介氏のご教示による。

（8）大塚隆編『慶長　昭和　京都地図集成』（柏書房、一九九四年）による。

（9）『平安京提要』（角川書店、一九九四年）の右京四条二坊の項（三三五頁）は「十一町の西北部から十四町の東北部にかけて、大正七年ごろまで「飯ノ山」と呼ばれる丘が残っており、淳和院の築山の遺構という伝承を持っていた。十一町跡における立会調査および試掘調査では、平安時代前期の土器・陶器類が出土している」とする。同書付録の「平安京条坊復元図」で右京四条二坊の十一町と十四町を見ても、仮製二万で竹林のあるところが本文の「飯ノ山」の位置に相当することがわかる。

（10）西沢耕三校訂『仏教説話集成（一）』（叢書江戸文庫16、国書刊行会、一九九〇年、所収）。

（11）他に『資益王記』文明十四年（一四八二）七月二十四日条など。

(12)『続日本随筆大成　別巻　近世風俗見聞集』三（吉川弘文館、一九八二年）一五四〜一五五頁。この史料については高田陽介氏のご教示を得た。
(13)『特別陳列　旧七条道場金光寺開創七〇〇年記念　長楽寺の名宝』（京都国立博物館、二〇〇〇年）四三・六四頁。
(14) 下坂守「長楽寺に伝えられる『金光寺』の信仰」（同右書所収）。
(15)『京都雑色記録』二（思文閣出版、二〇〇三年）四〇八〜四〇九頁。
(16) 岡見正雄「面白の花の都や」（『室町文学の世界』岩波書店、一九九六年）七節には、西洞院の宿紙下座に対して「宿紙上座は上京区の紙屋川に沿い、西の京と言われる所に近く、宿紙村（上京区堀川町、『京町鑑』横町・下立売通り）があり、そこの紙漉はまた陰陽師などをも勤めたというが、私は宿紙下座もおそらく中世は五条天神社に関係した陰陽師とか、力者とか言われる人々であったと思うのである」とする。宿紙村が実際に宿紙上座の所在地で、かつその紙漉きが陰陽師であったとすれば興味深いが、この根拠となる史料は探し当てていない。櫛笥節男「室町時代における図書寮紙漉座上下座について」（『書陵部紀要』三一号、一九八〇年）は図書寮関係文書を紹介しながら中世後期の紙漉座を論じているが、座の所在地は論ずるところが少ない。
(17) 上杉和彦「京中獄所の構造と特質」（石井進編『都と鄙の中世史』吉川弘文館、一九九二年、所収）。
(18) 丹生谷哲一「中世都市と四塚」（『ヒストリア』一三五号、一九九二年）。
(19) 竹居明男「京都『四塚』小考」（同志社大学文化学会『文化学年報』四八輯、一九九九年）。
(20) 生嶋輝美「中世後期における『斬られた首』の取り扱い―首実検と梟首を素材として―」（『文化史学』五〇号、一九九四年）。
(21) 梅谷繁樹「京都の初期時衆（上）―市屋派のことなど―」（『藤沢市史研究』一〇号、一九七七年）。
(22) 橋本初子「中世東寺の光明真言講について」（『中世東寺と弘法大師信仰』思文閣出版、一九九〇年）。
(23) 高田陽介「中世の火葬場から」（五味文彦編『中世の空間を読む』吉川弘文館、一九九五年、所収）。
(24) 馬田綾子「中世京都における寺院と民衆」（『日本史研究』二三五号、一九八二年）。
(25)『部落史史料選集　古代・中世編』（部落問題研究所、一九八八年）二九一頁（馬田綾子氏執筆）。
(26) 原宏一「東寺地蔵堂三昧について」（細川涼一編『三昧聖の研究』碩文社、二〇〇一年）。
(27) 池田好信「山城国」（『講座日本荘園史7　近畿地方の荘園II』吉川弘文館、一九九五年）。
(28)（市屋）金光寺文書、文明十八年（一四八六）十月日、七条大宮木下正泉等連署請文。東京大学史料編纂所の影写本の写真（京

都府立総合資料館蔵）による。『部落史史料選集　1　古代・中世編』二八七頁にも翻刻がある。
(29)『史料京都の歴史　13　南区』二二四頁。
(30)高田陽介「中世の火葬場から」（前掲）。
(31)原宏一「東寺地蔵堂三昧について」（前掲）。
(32)竹居明男「京都『四塚』小考」（前掲）。
(33)明治十八年（一八八五）三月三十日、寺院復旧之儀ニ付上願（『史料京都の歴史13　南区』二三一頁）。
(34)竹居明男「京都『四塚』小考」（前掲）所引の『京都覚書』『京都役所方覚書』に四塚橋が見える。付図では明治二十五年の仮製二万分一地形図「伏見」で九条通が川を渡るところを「四塚橋」とした。
(35)深沢徹「羅城門の鬼、朱雀門の鬼」（『中世神話の煉丹術　大江匡房とその時代』人文書院、一九九四年、所収）。
(36)丹生谷哲一「中世都市と四塚」（前掲）。
(37)この『薩戒記』の記事は『山城名勝志』巻十三にも部分引用されているが、名勝志は年月日を記していない。ここでは京都府立総合資料館所蔵本によって引用した。
(38)平安時代の源顕基はいつもこの詩を口ずさんでいたという（『続本朝往生伝』第四話、『発心集』巻五第八話、『古事談』巻一第四十七話、『十訓抄』巻六第十一話など）。『白氏文集』巻二、続古詩十首（支那哲学研究会訳注『白氏文集』上巻、菊地屋書店、一九一一年による）では「古墓何代人　不知姓与名　化作路傍土　年年春草生」となっていて小異があるが、本文では日本の中世で著名だった顕基説話から『発心集』『十訓抄』の形を引いた。『続本朝往生伝』と『古事談』は「路傍」を「道傍」に作る。また『撰集抄』巻四第五話は和文で記すが、初句を「古塚をいづれの世の人ぞや」とする。
(39)杉山信三「吉田寺について」（『史迹と美術』二四二号、一九五四年）。
(40)高田陽介「寺庵の葬送活動と大徳寺涅槃堂式目」（『東京大学日本史学研究室紀要』創刊号、一九九七年）。
(41)高田陽介「境内墓地の経営と触穢思想」（『日本歴史』四五六号、一九八六年）。
(42)真如堂の寺地の変遷については『続々日本絵巻大成　伝記・縁起篇5　清水寺縁起　真如堂縁起』（中央公論社、一九九四年）解説（榊原悟氏）、『京都市の地名』（平凡社、一九七九年）を参考にし、著者の収集史料で補った。
(43)『舜旧記』天正十三年（一五八五）十二月十二日条、文禄五年（一五九六）七月十三日条、慶長二年（一五九七）二月十日条。

(44) 鈴鹿隆男『平安京を彩る神と仏の里　吉田探訪誌』(ナカニシヤ出版、二〇〇〇年)三二〜三三頁。
(45)『史料京都見聞記』一所収。
(46)『鼠璞十種』所収。
(47)『別冊太陽　京都古絵図散歩』(平凡社、一九九四年)に写真掲載。同書の伊東宗裕氏の解説によれば、江戸幕府京都大工頭中井家で作成された絵図の写で、正徳四年(一七一四)から享保六年(一七二一)の間の状況を表す。
(48) 鈴鹿隆男『平安京を彩る神と仏の里　吉田探訪誌』(前掲)一九九頁。
(49) 田中緑紅『船岡山のほとり』(緑紅叢書二の一二、京を語る会、一九五九年)。
(50) 高田陽介「境内墓地の経営と触穢思想」(前掲)。
(51) 蓮台野の形成過程についての詳細は、拙著『死者たちの中世』(吉川弘文館、二〇〇三年)第六章3「蓮台野の形成」参照。
(52) 弘安五年(一二八二)十月七日、日蓮書状(『鎌倉遺文』一四七一五号)。
(53) 山本尚友「上品蓮台寺と墓所聖について」(細川涼一編『三昧聖の研究』碩文社、二〇〇一年)。
(54) 高田陽介「戦国期京都に見る葬送墓制の変容」(『日本史研究』四〇九号、一九九六年)。
(55) 竹貫元勝「大徳寺『寺域』形成過程の研究—竜宝山大徳禅寺史の研究(一)—」(『禅文化研究所紀要』八号、一九七六年)。
(56) 常盤御前が使った水だという「常盤井」の横の小道を入っていったところにある塚。『山州名跡志』巻七は一名鏡塚というが由来未詳と記す。山田邦和氏所蔵の『文化山陵図』写本の書き入れにより、この塚は当時、後朱雀・二条・堀河いずれかの陵の候補とされていた塚であることがわかる(山田邦和・外池昇「『文化山陵図』の一写本—家蔵考古学史史料の紹介と検討—」『京都文化博物館紀要　朱雀』一〇集、一九九八年)。
(57)『日本随筆大成』新装版第一期第十巻。
(58) 山田邦和・外池昇「『文化山陵図』の一写本—家蔵考古学史史料の紹介と検討—」(前掲)。
(59) 京都市『京都の歴史　4　桃山の開花』(学芸書林、一九六九年)一八五〜一八六頁。
(60) 田良島哲「大徳寺の葬儀と蓮台野」(『京都部落史研究所報』五五号、一九八二年)。伊藤克己「大徳寺涅槃堂—大徳寺の歴史的性格へのアプローチ—」(駒澤大学曹洞宗学研究所『宗学研究』三〇号、一九八八年)。高田陽介「寺庵の葬送活動と大徳寺涅槃堂式目」(『東京大学日本史学研究室紀要』創刊号、一九九七年)。

(61) 山本尚友「上品蓮台寺と墓所聖について」(前掲)。

(62) 竹貫元勝「大徳寺『寺域』形成過程の研究」(前掲)。なお天王塚は現存しないが、山田邦和氏所蔵『文化山陵図』の追記に「今宮旅所ノ北東ニ中ル、凡二丁余ニ二保川ノ西岸ノ畠」とあること(山田邦和・外池昇「『文化山陵図』の一写本—家蔵考古学史史料の紹介と検討—」(前掲))および京都市歴史資料館蔵『京都明細大絵図』の描写に基づいて付図では推定位置を記入した。

(63) 宗峰妙超の置文については、保立道久「都市の葬送と生業」(五味文彦・齋木秀雄編『中世都市鎌倉と死の世界』高志書院、二〇〇二年)参照。

(64) 赤田光男「林下塔頭の葬祭儀礼について—特に大徳寺の諸相—」(『近畿民俗』五〇号、一九七〇年。『葬送墓制研究集成』五、名著出版、一九七九年、所収)。

(65) 付図の寸松庵の位置は、元禄十五年(一七〇二)に作られた大徳寺山内絵図(大徳寺蔵、『日本古寺美術全集 二十三 大徳寺』集英社、一九七九年、九七頁に写真掲載)によった。

(66) 近世には畠の中に塚が並び、上に榎の木が生えていたようすが『山州名跡志』巻七に「●小野《ノ、》篁塚《タカムラノツカ》在《リ》㆓雲林院卯辰方《ノ》二町許畠間㆒／●紫式部塚《ムラサキシキブ》 在《リ》㆓篁塚《ノ》西《ニ》㆒ 在《リ》㆓上榎《カミエノキ》㆒ 二塚《ツノ》双《テ》㆓東西《ニ》㆒」と見え、また『甲子夜話続編』巻十五の五に「隣宅の荻野長は小野姓にて、篁の後とぞ。曰ふ。篁朝臣の塚は大徳寺の後《(ママ)》の畠中に在り。其傍に土人ほうづき塚と呼来る古塚あるは、紫式部が古墳と云。これは雲林院の末院白毫院と云小院の持分《ン》なり。地方は紫野雲林院の卯辰の方二町ばかり畠の中なれど、いと細き田疇にて、往き求めがたし。篁の塚は紫女に並びてあれども、管する者もなく、たゞ土人の口碑に存するのみ。子孫の身にては忍び難きことと云」とあるなどの記事によって知られる。篁の子孫で加賀藩執政の横山政和が明治二年に整備し、石碑を建てた。現在二つの塚の上にある五輪塔はそのときの建立であろう。

(67) 白毫寺地が大徳寺に吸収される過程については竹貫元勝「大徳寺『寺域』形成過程の研究」(前掲)参照。

(68) 『京都市の地名』(平凡社、一九七九年)六三八頁。

(69) 勝田至「文献から見た中世の共同墓地」(本書第一部第三章)および『死者たちの中世』(前掲)。

(70) 高田陽介「境内墓地の経営と触穢思想」(前掲)。

(71) 勝田至「鳥辺野考」(本書第二部第三章)参照。

(72) ①の白蓮寺は本章で扱った五三昧と離れているが、この墓地については村上紀夫「近世京都における無縁寺院—白蓮寺をめぐっ

て―」（細川涼一編『三昧聖の研究』碩文社、二〇〇一年）参照。

(73) 村上紀夫「近世墓地『南無地蔵』考」（『世界人権問題研究センター　研究紀要』五号、二〇〇〇年）。

(74) 土居浩「『京師五三昧』再考」（前掲）。

(75) 東京都（西木浩一氏執筆）『都史紀要三十七　江戸の葬送墓制』（東京都公文書館、一九九九年）。

(76) 江戸にも「江戸五三昧」と総称される火葬場があった。『再校江戸砂子』に、小塚原・千駄谷・桐谷・炮録新田・渋谷を五三昧としてあげるという。野尻かおる「近世都市江戸における火葬場の成立と変容―小塚原「火葬寺」を中心として―」（地方史研究協議会編『江戸・東京近郊の史的空間』雄山閣、二〇〇三年）。

(77)『京都雑色記録』二（思文閣出版、二〇〇三年）四一四頁。

(78) 村上紀夫「近世京都における無縁寺院―白蓮寺をめぐって―」（前掲）。

第三章　鳥辺野考

1　鳥辺野の範囲

鳥辺野と愛宕郡　鳥辺野（鳥部野、鳥戸野とも書くが、本章では鳥辺野の表記を用いる）は古くから京都の代表的共同墓地として知られる。その範囲については諸説があり、後世の鳥辺野は平安初期のそれとは移動しているともいう。現在「鳥辺山」とか「鳥辺野」といわれているのは、東山区の大谷本廟（西大谷）背後の丘陵をさし、おびただしい石塔墓が群集するが、丘陵を縦貫する小径をはさんで南が浄土真宗の墓地、北が日蓮宗の墓地となっている。

鳥辺野移動説の一つの根拠として、鳥辺野は元来は阿弥陀峰の麓をさしたとする史料がある。これは建久元年（一一九〇）成立の顕昭『拾遺抄注』に「トリベヤマハ阿弥陀峯ナリ。ソノスソヲバ鳥部野トイフ。無常所ナリ」(1)とあるのが出典で、近世の地誌類にも引かれて知られていた。「顕昭法師の拾遺抄には、鳥部山はあみだか峯也、其すそを鳥辺野と云といへり」（北村季吟『菟芸泥赴《つぎねふ》』第三、貞享元年〈一六八四〉成立）、「顕昭拾遺抄《ケンシヤウシウイ》ニ。鳥部山ハ阿弥陀嶺《カ》也。其スソヲ鳥部野ト云フ云云」（白慧『山州名跡志』巻之三、元禄十五年〈一七〇二〉序）などとある。阿弥陀峰は現在の鳥辺山とは国道一号、昔の渋谷（澁谷《しるたこ》）越をはさんで南に位置するから、現在の鳥辺山が阿弥陀峰の「裾」であるというのは、谷をはさむことと、名称からもわかるように丘陵であって「野」とはいいがたいことから、少々無理のように思える。ここから鳥辺野移動説も出てくるわけだが、これは平安時代の鳥辺野をどのくらいの広さと想定するかという問題とも関係する。

鳥辺野付近は古代の郡郷では愛宕《おたぎ》郡に属したが、愛宕郡の条里の比定と、郡内の愛宕郷・鳥部郷・八坂郷の位置については角田文衞氏(2)・髙橋昌明氏(3)などの説がある。愛宕郡の条里は平安京の条坊とは反対に最南端を一条とし、北へ向かって数え進むこと、最南端は紀伊郡の最北端と接続し、平安京の九条大路より若干北にあること、条里方向は約五度東偏すること、里内の坪並が西南端に始まって北に数え進む千鳥式であることは定説となっている。長保四年（一〇〇二）二月十九日の珍皇寺領坪付案（東寺百合文書ト函一号、『平安遺文』四二一号）によると、珍皇寺の寺地は八坂郷の四条高橋里の三十五坪・三十六坪、および同里東外の一坪・二坪にあるが、珍皇寺の位置は昔から動いていないと考えられるので、坪並が千鳥式であるなどの条里の性格が明らかになり、また現在の寺地の南辺をなす清水坂より南が三条と推定される。郷の位置については、角田氏は愛宕郡の三条と四条の境界を清水坂、現在の松原通とし、愛宕郷は愛宕郡一条一里から三条一里まで、鴨川東岸にも南北に細長く位置していたとする。またこの史料には、珍皇寺の寺領のうち南半部は「鳥部郷」にあり、その四至は東と南が写本で欠字となっているものの、西は（愛宕郷の）「愛宕里」、北は公田を限ると記されている。寺領はこの鳥部郷の「三条野里」「同里東外」、そして八坂郷の「四条高橋里」「同里東外」にあるというのだが、角田氏は「三条野里」の「三条」は「二条」の誤写とし、鳥部郷の北限は愛宕郡の二条であると考えた。

角田氏がこのような校訂を行ったのは、愛宕郷を鳥部郷の西（鴨川東岸）に置いて、かつ鳥部郷が三条までとした場合、清水寺が鳥部郷に属することになるが、清水寺は八坂郷であった明証があるためであろう。鳥部郷の北限が愛宕郡の二条だとすると、二条と三条の境界はほぼ渋谷越と一致するので、この説では現在の鳥辺山は鳥部郷には含まれないことになる。この説の問題点は、テキストの誤写を想定していることのほか、珍皇寺領のうち鳥部郷内の部分

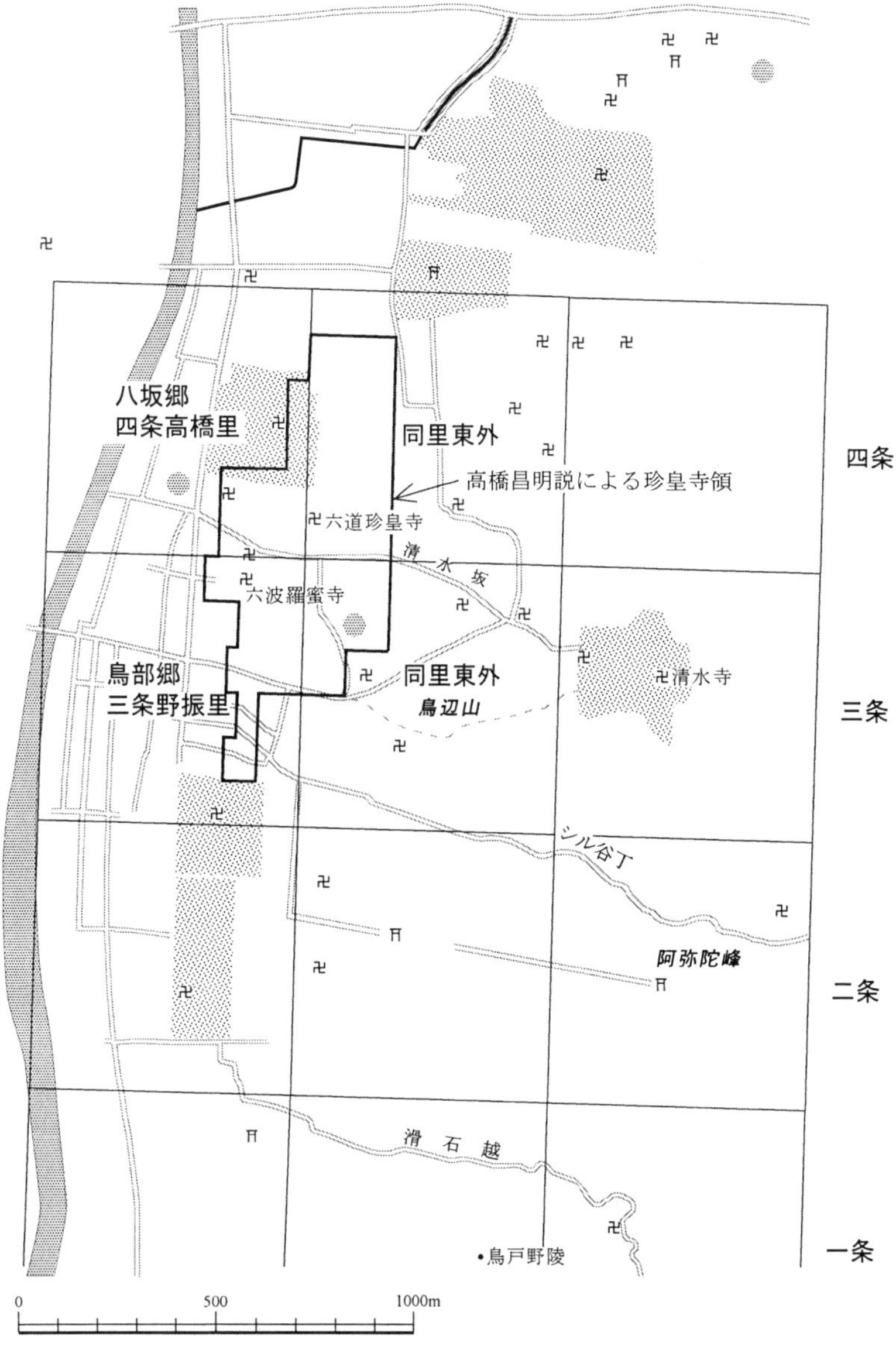

図18　愛宕郡条里と珍皇寺領

は阿弥陀峰の北西麓にきてしまうので、珍皇寺領がまとまりをなさず、現在の珍皇寺寺地を含む八坂郷と阿弥陀峰北西麓との二か所の大きなブロックに分離することである。

一方、髙橋昌明氏も珍皇寺領を考証し、宮内庁書陵部蔵旧九条家本「六波羅蜜寺縁起」所引の長和二年（一〇一三）頃の太政官符に、六波羅蜜寺領が「在愛宕郡鳥部野振里」にあることを紹介し、珍皇寺領坪付案で『平安遺文』では「三条野里」となっている部分に影写本（および、のちに利用可能になった写真版）では「野　里」と一字空白があることから、この案文（写本）のもとになった原本では「野振里」であったと推定した。また六波羅蜜寺縁起所引太政官符では、鳥部郷野振里にあった六波羅蜜寺領の四至が「東限二大道外堺一　南限二滋野内親王并安倍氏子地一　西限二公田堺一　北限二四条高橋里東行丈道二」とあるため、鳥部郷野振里は愛宕郡の三条までで、その北に接して、珍皇寺領坪付案の（八坂郷）四条高橋里がくることを明らかにした。髙橋説では、鳥部郷の北限は三条、西限は鴨川となり、角田説にくらべると鳥部郷が条里一ブロック（六町四方）分北西に移動するため、珍皇寺領は角田説のように分離せず一つのまとまりをなす。髙橋説にも、珍皇寺領と六波羅蜜寺領が大きく重複すること、愛宕郷が鴨川の東に存在する余地がない（珍皇寺領坪付案では、寺領の鳥部郷の西は「愛宕里」を限るとあり、「鴨川」とはなっていない）などの問題があるが、史料上からは現在のところ、もっとも説得力のある説と考えられる。図18では髙橋説に従って条里と珍皇寺領を記入した。

鳥辺野との関係でいえば、角田説は鳥部郷を二条以南に比定するから、現在の鳥辺山は元来の位置ではなく、古代では阿弥陀峰西麓から西南にあって、後世に移動したとするが、髙橋説では鳥辺山も古来の鳥部郷に含まれるので、この説に従えば強いて墓地の移動まで考える必要はなく、ただ古代にかなり広い範囲をさした鳥辺野の領域が時代とともに限定されていった可能性のみ考慮すればよいことになる。

鳥辺野と阿弥陀峰　平安前～中期の鳥辺野がどの程度の範囲をさしたかについては、史料的には判然としない。光孝天皇生母藤原沢子の中尾《なかつら》陵や一条天皇中宮藤原定子の鳥戸野陵に治定されている陵墓はいずれも今の鳥辺山からはずっと南、滑石越の南にあるが、この治定が正しいかどうかは別問題である。史料上ではほとんどの場合、ただ「鳥部野」などと記されているのみで、現地比定が難しい。中尾陵の四至は『日本三代実録』元慶八年（八八四）十二月十六日条には「定二贈皇太后（藤原沢子）山城国愛宕郡中尾山陵四至之堺一。東限レ谷。南田。西隍。北谷。有二山四町五段一」とあるだけだが、仁和三年（八八七）五月十六日条によると、愛宕郡鳥部郷栙原村の地五町を施薬院に与えたが、この付近は藤原氏の葬地であったのが、中尾陵ができたためにその中に編入され葬地を失ったため、この地を代わりに与えたという。しかしこの村の所在地も今では不明である。また定子は地上建造物の霊屋に遺体が安置されたが、『権記』長保二年（一〇〇〇）十二月二十三日・二十七日条や『栄花物語』巻七（とりべ野）の記述でも位置は不明確である。二十三日に遺体が搬入された六波羅蜜寺よりも南にあったらしいが、現在鳥戸野陵とされているような山の上であったかどうかは、『栄花物語』で遺体を車で運び、その床を舁き下ろして霊屋に納めたという記述からみて疑問なしとしない。

阿弥陀峰については、『百練抄』長徳元年（九九五）九月十六日条に上人が阿弥陀峰で焼身したのを上下が雲集して見たといい、十二世紀前半の『拾遺往生伝』中巻第五話でも康平年中（一〇五八～六五）に聖人が阿弥陀峰の下で焼身した話がある。また中巻第三十二話では、尼が自宅で死んでは子供たちに煩いがあるといって阿弥陀峰に赴き、そこの僧に看取られて入滅したといい、『後拾遺往生伝』上巻第十五話にも比叡山の隆暹上人が「無常処」を求めて阿弥陀峰に登ったことがみえるので、平安後期に阿弥陀峰一帯が葬地とされていたことがうかがわれる。また大江匡房の『狐媚記』には、人が「七条京極」の家を買い取り、この家を壊して「鳥部野」に持っていって「葬斂の具」にした

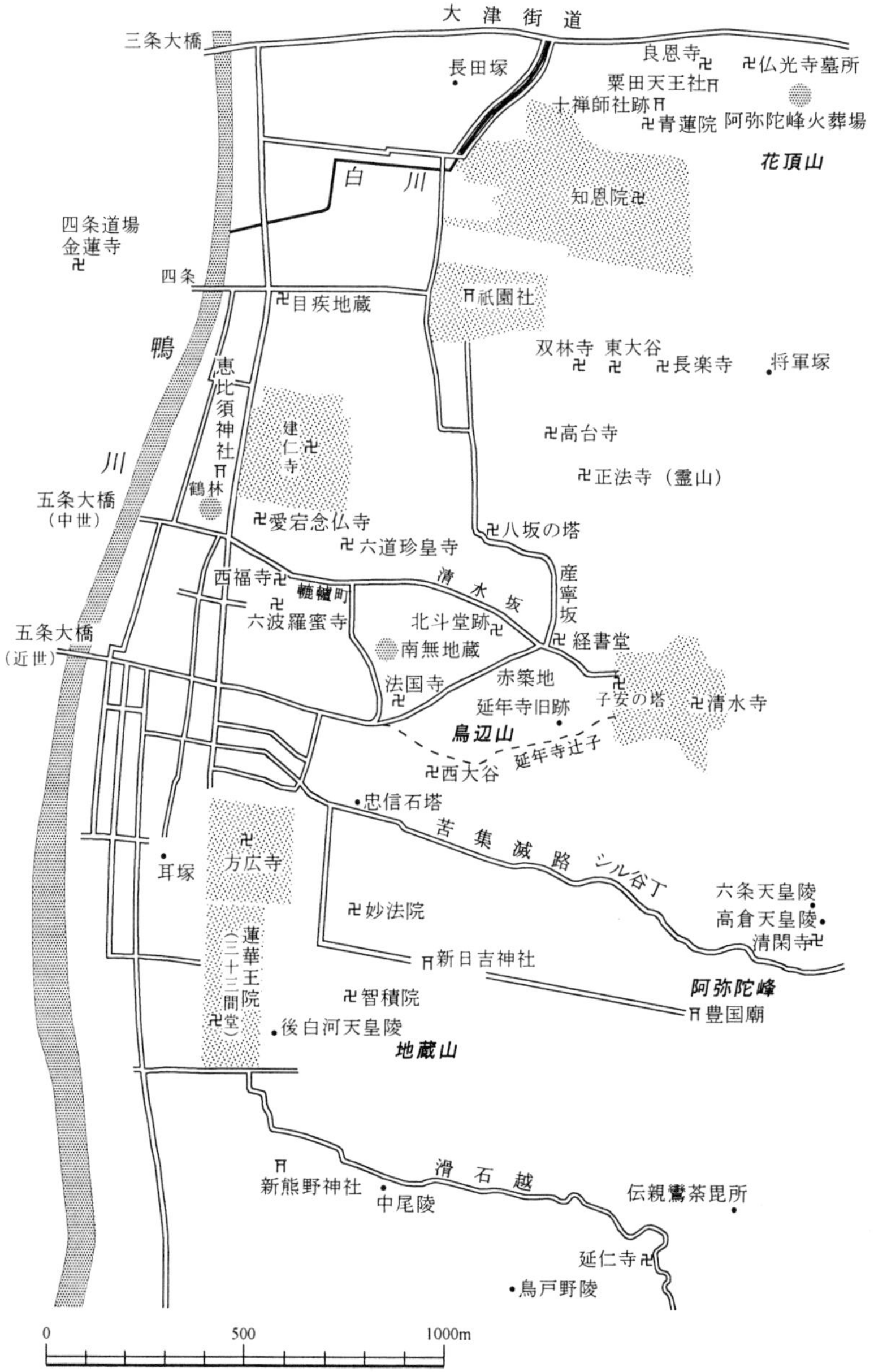

図19　鳥辺野・鴨河原付近図

という話がある。これは狐のしわざで、買った時に与えられた金銀などは、あとで見ると破れ草鞋などだったという。この話で家が七条京極にあったとされているのは当時の鳥辺野にもっとも近かったからだと考えると、七条大路を東に延長したところに阿弥陀峰があるので、この山のまわりを鳥辺野と言ったという顕昭の説に合うようである。十二世紀前半までは阿弥陀峰に葬送する人が多く、その周辺を鳥辺野と称するのが通例だったのかもしれない。

延仁寺と大谷　弘長二年（一二六二）十一月二十八日に入滅した親鸞の葬送と墳墓造営について、永仁三年（一二九五）覚如が制作した『親鸞伝絵』は次のように述べる。

〔史料1〕

はるかに河東《カトウ》の路《ミチ》を歴《ヘ》て、洛陽《ラクヤウ》東山《ヒムカシヤマ》の西《ニシノ》麓《フモト》鳥部野《トリヘノ》の南辺《ミナミノホトリ》延仁寺《エンニンジ》に葬《サウ》したてまつる。遺骨《ユイコチ》を拾《ヒロイ》て、同《オナシキ》山《ヤマノ》麓《フモト》鳥《トリ》部野《ヘノ》の北辺大谷にこれをおさめをはりぬ。

（『善信上人親鸞伝絵』巻五）(4)

ここで「葬し」とあるのは絵によれば火葬に付したことをいうが、火葬地は「鳥部野の南辺延仁寺」であり、墳墓を建立したのが「鳥部野の北辺大谷」であったという。『親鸞伝絵』は当初制作の原本は南北朝動乱の兵火で焼失したが、覚如が詞書を書いた古本三種が現存し、そのうち高田専修寺本と西本願寺本のどちらが古態を伝えるかについて古来議論されている。筆者にはその議論に踏み込むことはできないが、ここでは原本の二か月後に作成されたという高田専修寺本によった。同本には絵にも覚如の説明がつけられているが、火葬の光景には「延仁寺《エンニンシ》の五三昧処《ゴサムマイショ》也」と注記されている。絵では火葬場の近くに五輪塔や笠塔婆などの石塔、石仏、卒塔婆、そして遺棄死体の白骨が描かれており、火葬場付近が同時に墓地でもあったことを示しているが、「延仁寺」とはいうものの寺の建物はみえない。なお『慕帰絵詞』巻十(5)によれば、観応二年（一三五一）に没した覚如自身も延仁寺で火葬にされている。火葬の絵はないが、詞書には「第五ヶ日の暁知恩院の沙汰として、彼寺の長老僧衆をたなひき迎とりて、延仁寺にてむなしき煙となしけるは」とあり、中世の延仁寺火葬場は知恩院と関わりがあったのかもしれない。

　この延仁寺は現在の鳥辺山からはずっと南の滑石越（東山区今熊野南日吉町）にあったという。同寺はその後中絶し、現在の延仁寺は慶応元年（一八六五）に尾張国木全《きまた》村の西照寺住職恵隆によって復興され、泉涌寺塔頭戒光寺にあった延仁寺の旧本尊を安置したものだが、この地の東側前面の谷を以前から「火屋ヶ谷」と称し、地蔵堂一宇があったという。現在の寺地は滑石越の新道開鑿に伴って昭和初年に移転したもので、もとは今の寺地の西南の谷間に北面して建立された（今熊野小学校所蔵文書）(6)。『京都坊目誌』下京第三十一学区によると、延仁寺の跡は久しく不明であったが、十八世紀初頭の『山州名跡志』巻之三に「其所濘石越《スベリイシコエ》、蓮華王院南門東ノ二十町余。今有ル二小堂一是也。或ル書ニ云ク、鳥部ノ山南ノ谷間、三十三間堂ノ南門ノ東、半里許ニ有リ二葬所一。是延仁寺歟カ。覚如上人ノ真筆、両巻画詞ノ所ニ図スル体不レ異ナラ二此ノ所地ニ一云々。後人可レ有レ考」とあるのを手がかりに探索が進められ、文政年間（一八一八〜三〇）に仏光寺派の僧大行寺信暁がこの地だと断定したという。ついで泉涌寺塔頭戒光寺の僧湛然が「鳥部野延仁寺旧地考」を著し、この説を確認した。明治十六年（一八八三）に真宗大谷派の門主厳如がこの山林を買い取って延仁寺に付属させ、宗祖荼毘所の標石を設けたという。『山州名跡志』の時代にはかすかに伝承が残っていたようであり、この地が延仁寺の跡であることは疑うに及ばないであろう。なお西本願寺ではこれとは別に、いまの鳥辺山の実報寺墓所の奥に親鸞荼毘所の旧跡を設けているが、鳥辺山にあった火葬場の延年寺を延仁寺とみなしたものであろうか。

　史料1では鳥辺野の北辺が大谷とされているが、大谷は『栄花物語』に「祇園の東、大谷と申して広き野侍り」とあり、『大谷本願寺通紀』巻一(7)に大谷を「城州愛宕郡洛東東山西麓鳥部野北辺に在り。今の知恩院の地是なり」とするように、知恩院寺地を含む地域をさした（現在の西大谷は慶長八年〈一六〇三〉に移転したもの）。『親鸞伝絵』が書かれた鎌倉末期には、今の知恩院付近から滑石越に至る広大な範囲が鳥辺野と呼ばれていたことになる。清水坂の北には祇園社もあり、一帯が葬地であったとは考えがたいが、逆に祇園の犬神人がキヨメとして活動する背景には、平安～鎌倉期にこの付近に広がる野にも死体を捨てる人々がいたという事情があったのかもしれない。ただ、清水坂の北は古代の鳥部郷に属さないことは確かなので、この史料は広域地名として元来の鳥辺野より範囲を広げて使用している可能性もある。一方、南辺とされた延仁寺は鳥戸野陵に治定されている陵墓にも近く、古い時代にはこの付近まで鳥辺野が広がり、火葬場や葬地として利用されていたと思われる。

2　珍皇寺と六道の辻

珍皇寺と愛宕寺　現在の鳥辺山や西大谷をとりまく付近もかなり古くから葬地鳥辺野の一つの中心だったらしい。松原通（平安京五条大路）を清水寺の方に向かうと六道の辻があり、その近くの珍皇寺《ちんこうじ》（いまでは「ちんのうじ」と読む）は八月七日から十日まで（近世では七月九日・十日）「六道参り」の人々で賑わう。珍皇寺を建立したと伝える小野篁が冥官だったという伝説は『今昔物語集』巻二十第四十五話など古くから知られていたが、篁はこの寺の境内にある井戸から冥府に通ったといい、珍皇寺はいわばあの世との境界に位置する寺院であった。「あの世」は古代～中世には、珍皇寺が面する清水坂の南に広がるネクロポリス鳥辺野として現実の光景であったろう。珍皇寺とはす向かいにある六波羅蜜寺は空也が応和三年（九六三）に開いた西光寺が前身であると伝えるが（『扶桑略記』応和三年八月二十三日条、『伊呂波字類抄』巻一）、建立のとき行われた金字大般若経供養会の願文（『本朝文粋』巻十三）には「荒原古今之骨、東岱先後之魂、併関₂薫修₁、咸証₂妙覚₁」とあり、山田邦和氏(8)はこの「荒原」や「東岱」は六波羅蜜寺の位置から考えて単なる修辞ではなく鳥辺野葬地をさすとみているが、首肯できよう。院政期では、天永三年（一一一二）八月六日の

「珍皇寺諸堂注文」（東寺百合文書ト函五号、『平安遺文』一七七〇号）によれば、珍皇寺四至内に「左衛門大夫堂」「伴入道ゝ（堂）」など人名をつけた多くの堂が存在し、墓堂と考えられている。[9]築垣内に二〇、外をあわせると四八もの寺（堂）があった。これらの堂の性格ははっきりしないが、堂内に火葬骨を埋納した墓堂かもしれず、また両墓制の詣り墓に相当する祭祀施設と見るべきかもしれない。

清水坂の南は近世以後轆轤町といわれるあたりだが、『京都坊目誌』（下京第二十一学区）[10]に「古老云ふ此地昔日鳥部野。涅槃堂の茶毘《ダビ》所及興善野に続きし墳叢地たり。開拓の日人骨多く露出す。故に人呼で髑髏《ドクロ》町と云ふ。寛永年中所司代板倉宗重（重宗）命じて轆轤町と改めしむと」とする。この語源説は少々疑わしく、六道の辻や六道珍皇寺などの「六道」から六道町と称したものが轆轤町に転訛したとみる方がよさそうに思うが、近世の開発で骨が出たこと自体は事実であろう。ただ、いつの時代の骨かは不明なので、このあたりが葬地となったのが平安時代にさかのぼるかどうかの判断材料にはならない。

珍皇寺は愛宕寺とも呼ばれた。『伊呂波字類抄』（日本古典全集）巻六「オの部」に「珍皇寺オタキテラ　愛宕寺オタキテラ一之書様」とみえ、小野篁が建立したこと、篁が閻魔庁の役人となったためその縁で盂蘭盆には誦経が行われること、篁の冠や袍があったが永久年中（一一一三〜一八）の火災で焼失したことなどを記す。『今昔物語集』巻二十四第四十九話に、貧しい女が七月十五日の盂蘭盆の日に、祖《おや》に供える食物がなかったので、自分の着ている薄色の綾の衣の表を解いて瓫《ほとき》にのせ、蓮の葉で覆って愛宕寺に参詣し、瓫を置いて去ったという話をのせるが、六道参りにつながる珍皇寺参詣習俗の古態と考えられる。この時代の盆行事はまだ鎌倉時代以後のような墓参りは行われず、『盂蘭盆経』に説かれるように夏安居を終えた僧たちに百味の飲食《おんじき》を捧げることによって他界の父母の苦を救おうとすることが主体で、貴族の日記でも寺に盆供を送ることが書かれる程度である。この話で愛宕寺に参詣した女も寺に供物を置きに来たのだろうが、珍皇寺は当時から他界に近い場所だと考えられていたために、ことに盆供を捧げる人たちが集まったものであろうか。

珍皇寺の盂蘭盆と餓鬼　さらに興味深いのは、清水寺別当定深の作で、康和〜嘉承年間（一〇九九〜一一〇八）成立(11)とされる『東山《とうざん》往来』（『続群書類従』巻三五九）の記述である。

〔史料2〕

瓫供三箇前事

献上員三口（飯代米一口雑菜一口　菓子一口）

二前先考先妣御料　　一前乳母料

右件瓫供、須レ准二公家之作法一、弁二百種之蔬食一也。而任レ不レ堪二之力一、聊捧二微少之供一耳。乞三也垂二領納一。唱二咒願一御者、彼霊等離レ苦得脱之事、可レ足者乎。抑今朝自為二報恩一、即歩行竊参二愛宕寺一、於二塔本一擬レ撃二金鼓一之処、水満二基上一、泥作二田形一。其壇角已破。殆似二不便事一。爰自進、問二此由於住寺僧一。答曰、下女等競集、為レ施二餓鬼霊界一各汲レ水、以湲二流壇上一也。雖レ加二制止一、不二敢承引一。仍寺僧等、更不レ得二其意一也。若霊界餓鬼等、実可下臨二塔基一受上レ水者、自欲レ作二此事一。如何。不宜謹言。

請御瓫供三前事

右謹所レ請如レ件。嗟呼弟子雖レ居二山寺一、未レ勤二安居一。仍不レ堪レ受レ瓫。而則献二上三宝一。其三所尊霊御証果之由、奉二祈上一畢。抑所レ被レ仰塔壇湲レ水事、不レ可レ作事也。何者。塔有二護塔善神及護舎利神一、遣二除餓鬼一。不二敢令一レ近者也。弟子謹披二経論一、餓鬼等求レ水之者、多在二河辺一。希二望水一故。而若鬼臨レ水時、河伯水神、駈レ之不レ令レ近。或水為レ彼成レ火。或有レ人渡レ水已。其足下余水、湿レ石染レ土。餓鬼希レ得二其潤一、吸レ之舐レ之活生。是故常

在㆓河辺㆒。若人作㆓法会㆒施㆑僧時、鬼集㆓堂階下㆒。或鬼到㆓人家㆒、聞㆓食器音㆒万生。皆是慳貪報耳。未㆑聞㆑登㆓塔壇㆒矣。縦由㆑施㆓心力㆒、雖㆑可㆑灑㆓鬼界㆒、尚不㆑可㆑汚㆓破塔壇㆒者也。但今日、万人為㆑訪㆓霊界㆒、皆集㆓彼寺㆒。是則観音善巧力也。人皆於㆓余寺㆒広祈㆓現世㆒。唯於㆓彼寺㆒偏可㆑祈㆓過去㆒者。是故霊鬼等、其日臨㆓彼寺辺㆒歟。若爾者、夕方臨㆓彼寺大門前渠辺㆒作㆓咒願㆒、可㆑被㆑投㆑水者也。但餓鬼雖㆑得㆓施水㆒、無㆓飲入㆑腹。所㆔以腹大如㆑甕、咽狭如㆓針穴㆒。若非㆑称㆓広博身如来名号㆒者、無㆑由㆑得㆑飲。是故施㆓水食㆒時、必応㆑称㆓念彼仏名号㆒。子細雖㆑尽。謹言。

（『東山往来』正編第十三双）

ここで「瓮供」とあるのは盆供である。はじめの手紙の筆者は盂蘭盆に朝廷がしているように百種の食物を捧げる力もないので少しの供物を捧げ、かつ呪願をして霊魂の苦を救おうと思って、この日（七月十五日）の朝、歩いて愛宕寺に行った。塔のもとで金鼓を打とうとしたが、塔の基壇の上が水浸しで田のようであった。住僧に聞くと、下女たちが集まって霊界の餓鬼に施すと称して水をかけ、制止してもきかないのだという。本当に塔で餓鬼に水をやって効果があるなら自分もやりたいが、どうでしょうか。この手紙に対する答は、塔には護塔善神や護舎利神がいて追い払うから、塔には餓鬼はいないはずだ。餓鬼は多く水辺に来て水を飲もうとするが、河伯や水神に追い払われたり、水が火になったりするため飲むことができない。人が水を渡るとき、その足についた水が石や土を湿らせるのをなめてわずかに命をつないでいるのだ。法会が行われるときに床下などに集まって食器の音を聞いて飢えをみたすというが、これは慳貪の報いである。餓鬼が塔の基壇に昇るということは聞かない。しかし今日には万人があの寺に集まる。人々はほかの寺には現世のことを祈るために参詣するが、あの寺には過去の人たちの菩提を祈るために来る。これは（清水の）観音のはからいであろう。このため餓鬼もやって来るのかもしれない。夕方あの寺の大門の前の溝のあたりで呪願をなして水を投げればよいかもしれないが、そうしても餓鬼はその体型から水が飲めないだろうから、同時に広博身如来の名号を唱えてやるべきだという。

この史料からも盂蘭盆に愛宕寺（珍皇寺）に大勢の人が集まったことが知られるが、これに注目した民俗学者の高谷重夫氏(12)は、京都国立博物館所蔵『餓鬼草紙』の一場面、寺の門前と思われる路頭に仏画や摺仏を売る露店が並び、人々が道ばたに立つ木の卒塔婆に桶の水をかけ、その水を餓鬼がなめている絵とこの記事を結びつけ、『餓鬼草紙』は盂蘭盆の珍皇寺門前を描いたものではないかと考えた。この解釈は非常に魅力的だが、高谷氏も「描かれている塔婆が、この塔に当たるかどうかは疑わしいが」と述べているように、『東山往来』に記された愛宕寺の塔は基壇の記述からみて三重塔などの本格的な建造物とみられ、『餓鬼草紙』の絵とは合わない。しかしこの絵が盂蘭盆の情景を描いたものであることは、その次に目連尊者の説話が来ることからも、ほぼまちがいないだろう。『百練抄』によれば保安四年（一一二三）四月二十四日に愛宕寺が炎上したとあり、承安三年（一一七三）三月十七日条には珍皇寺内三重塔を供養したと記されているから、その間は塔がなかっただろう。これは『東山往来』の成立年代とは矛盾しないし、『餓鬼草紙』の推定成立年代（一一七〇～八〇年代）が塔のない期間にあてはまるなら話は合う（それとも、塔に水をかけられるのに業を煮やした寺側が、代わりに小さな塔婆を用意したのだろうか）。

もちろん、このような解釈でつじつまを合わせたところで積極的な証拠となるわけではないが、高谷氏の解釈が成り立つ可能性はあると考える。仮に『餓鬼草紙』との関連が証明できなくても、『今昔物語集』や『東山往来』の記述から、珍皇寺の盂蘭盆の賑わいが院政期にさかのぼることはまちがいなく、同時代の珍皇寺境内の墓堂の群集や、さらに古い六波羅蜜寺（西光寺）の大般若経供養会願文なども考え合わせれば、珍皇寺が面する野原（鳥辺野）が平安後期から住民各層の葬地として確立していたことを傍証するものといえるだろう。この時代の鳥辺野はもっと広い範囲をさす名称だったとしても、珍皇寺付近は五条の橋を通るアクセスの便からいっても、古くから葬地として利用されていたと考えられる。

なお『餓鬼草紙』にはこれもよく知られた墓地の光景が描かれている場面がある。これは河本家本の絵なので、上述の曹源寺本の塔婆に水をかける絵とは直接結びつけられないが、鳥辺野あたりの光景を描いたものとして大過ないだろう。四段（疾行餓鬼）には五つ、五段（食糞餓鬼）には三つの塚が描かれ、土饅頭も集石墓も見える。また塚の間には風葬死体が横たわっているが、これも平安〜鎌倉期では普通の光景であった。

六道参り　盂蘭盆の珍皇寺に院政期から人々が群集したのは、当時の盆行事が僧に飲食を施すことによって間接的に死者の苦を救おうとする『盂蘭盆経』の教えに従っていたものだとしても、その寺を選ぶにあたっては「他界への入口」的な寺院が好まれたことを示しているのだろう。現在まで六道珍皇寺と蓮台野入口の引接寺（千本閻魔堂）が盂蘭盆には墓参りとは別に多くの参詣者を集めているのは、このような古い盆行事が固定されたものといえるかもしれない。

中世後期には貨幣経済の発達にともない、七月の六道参りには莫大な賽銭が珍皇寺に入るようになった。阿諏訪青美氏の研究(13)によると、たとえば応永十九年（一四一二）七月には珍皇寺の諸堂あわせて八三貫文もの賽銭が集まり、うち六〇貫文を別当が、二三貫文を執行が取得することになっていた。珍皇寺の寺務は東寺一長者が兼帯しており、東寺が別当や執行を任命するが、別当は一長者と同じ院家の僧が任命され、珍皇寺に常住する執行は珍皇寺または周辺寺院の僧が任命されたという。執行は賽銭を集めて東寺に上納するが、うまみのあるポストで争奪の的になった。

このころの珍皇寺の「七月会」は七月八日から十三日までだったと阿諏訪氏は述べているが、十五世紀前半の貴族の日記には十四日に参詣した記事が多い。群集でごった返す日を避けたのかもしれない。たとえば『康富記』応永二十五年（一四一八）七月十四日条には「早朝詣六堂（六道ヵ）」、『建内記』永享元年（一四二九）七月十四日条には「次詣二珍皇寺号六道、一了」、『師郷記』永享十年（一四三八）七月十四日条にも「参二霊山墳墓一了。其次参二六道一了」とある。もっとも応仁の乱後は貴族も衆庶に交わらざるをえなくなったということか、日が早くなっているようだ。『宣胤卿記』文明十三年（一四八一）七月九日条に「一亜相同道参二詣六道一」とあり、『親長卿記』長享三年（一四八九）七月十二日条には「早旦参二六道一。飯尾加賀守清房招引也」と見える。『実隆公記』大永六年（一五二六）七月八日条では実隆夫妻は篠坂（左京区市原）にある実隆の母の墓参りをし、そのあと実隆の妻が六道に参詣した。

珍皇寺のある清水坂と鳥辺野との関係では、山田邦和氏が指摘したように、[14]『八坂法観寺塔曼荼羅』には、五条橋を渡って清水寺に行くまでの道の南北両側に「鳥部野」の記載があり、北側に二基、南側には六基の五輪塔が描かれている。この図は十六世紀前半の成立とされるが、[15]珍皇寺が描かれていないことと、清水坂が図の右端近くになることもあって、鳥辺野としてどのあたりを想定していたのか正確に比定できない。しかし清水坂の南を中心に、この道と接して鳥辺野が広がっていたさまを描いており、中世鳥辺野の一端を知ることができる。

3　南無地蔵

無縁墓地・南無地蔵　中世では上層の人々は火葬にされることが多かっただろうが、親鸞の延仁寺を含めて、中世史料だけからは火葬場の正確な位置は知りがたく、近世史料から遡行する必要がある。まず、珍皇寺門前から南へ西大谷方面へ通じる小道の途中に、近世「南無地蔵」とよばれた空き地があった。ここは昔宝福寺という時宗寺院があった土地とされ、また古い墓地・火葬場でもあったという。

〔史料3〕

鳥部野《トリベノ》　六道《ロクダウ》ノ南ノ野ヲ云フ。鳥部野ノ葬所《サウシヨ》ハ、同所通《ルノ》二南北《ニ》一道《ノ》傍《カタハラ》藪《ヤブ》ノ内是也。今京《ノ》遷都《セント》ノ始《メ》所レ開《ヒラク》ニシテ、或《ハ》云《フ》二愛宕墓所《ヲタギノムシヨト》一是也。今尚此所《ノ》ヲ云《フ》二南無地蔵《ト》一。昔此所ニ地蔵堂アリ。葬送《サウソウ》ノ供人《トモビト》是ヲ拝シテ、唱《フ》二南無地蔵《ト》一。無常《ムジヤウ》遷流《センル》シテ不《ル》レ送《ヲクラ》日ナキヲ以テ、其声《ノ》絶《タユル》コトナキ故《ヘ》也。地蔵菩薩今四条金蓮寺《ノコンレンジ》ニ安ス。今此地《ノ》ニ有《リ》二石卵塔《セキランタウ》三基《キ》一。一遍《イツヘン》上人・他阿《タア》上人・浄阿《ジヤウア》上人ノ塔、近世所レ立《ル》也。中比他阿上人寺ヲ立テ、号《ス》二宝福寺《ト》一。其後退転《タイテン》ストイヘドモ、地ハ猶《ナヲ》四条金蓮寺ノ有《ウ》也。此所《ノ》以《テ》二葬所古縁《サウシヨノコエンヲ》一、今尚宝福寺ノ外艮《ソトウシトラ》ノ方ニ無縁ノ葬所アリ。件ノ火葬場《クハサウバ》変改《ヘンカイ》スルコトハ、南ノ方鳥部山ノ煙、豊国《トヨクニ》明神ノ廟《ビヤウ》ニ至ルヲ以テ、相共《アヒトモ》ニ鴨川ノ東、五条ノ北ニ移《ウツ》セリ。近世又三条ノ西野《ノノ》ニ移ス。

（『山州名跡志』巻之三）(16)

〔史料4〕

鳥戸野《トリヘノ》　在《リ》二鳥戸《ヘ》山《ノ》麓、六波羅密寺《ノ》東南《ニ》一、古葬《ヘノ》レ人《ヲ》之場也《ナリ》。豊臣秀頼公《ノ》為《ニ》二秀吉公《ノ》一被《ル》レ建《テ》二豊国《ノ》神廟《ヲ》於鳥部山《ニ》一。于《ニ》レ時火葬《ノ》之臭気通《ス》二社頭《ニ》一。依《テ》レ之厭《ニヒ》二不浄《ヲ》一、移《ス》二葬場《ヲ》於建仁禅寺《ノ》前《ヘ》鶴林《ニ》一。今六体《ノ》石地蔵残《レリ》焉。土人斯《ノ》処《ヲ》称《ス》二南無地蔵《ト》一。中世時衆一遍上人第三世他阿上人設《ク》二保福寺《ヲ》於斯《ノ》地《ニ》一。今寺絶《ハユ》。一遍上人并《ニ》他阿上人之《ノ》塔存《イマニス》。寺物旧記等今《ハ》在《リ》二四条《ノ》道場金蓮寺《ニ》一。一説《ニ》、行基所《ノ》二定置《メク》一之京師五三昧場之《ノ》延年寺《ハノ》斯地也《ナリ》。今自《リ》二鳥部山《ノ》一所レ出《ル》二清水寺西門《ノ》前《ニ》一之径路《ヲ》号《ス》二延年寺《ノ》辻子《ト》一。

（『雍州府志』巻八、古蹟門上、愛宕郡）(17)

〔史料5〕

鳥部野左の方乞食小屋有レ之。右小屋の後に南無地蔵と云穴有レ之由。是は当所にて心中にて果、或は行倒者など打込候穴也由、見不レ申候。

（『京師順見記』明和四年〈一七六七〉閏九月十四日）(18)

史料3によると、鳥部野とは六道の南の野をいい、そこを南北に通る道の傍の藪に葬所（火葬場）があった。今は南無地蔵と称するが、昔ここに地蔵堂があり、葬送の供をする人がこれを拝して「南無地蔵」と唱える声が絶えなかった。この地蔵菩薩はいま四条金蓮寺に安置し、この地には一遍上人・他阿上人・浄阿上人の石卵塔があるが、近年建てられたものである。中頃この地に他阿上人の建てた宝福寺という寺院があったが退転した。しかし土地は今でも金蓮寺の所有地で、その縁から今でも宝福寺（南無地蔵をさすか）の外の艮の方に無縁墓地がある。火葬場の変遷は、南無地蔵の南の方の鳥部山（の火葬場）の煙が豊国明神の廟にかかるので、鳥部山葬場と南無地蔵の葬場がともに鴨川の東、五条の北に移った。近年また三条の西の野に移ったという。この火葬場の変遷の解釈は高田陽介氏[19]に従った。南無地蔵にあった葬場は、史料4によれば建仁寺の門前に移って鶴林と称したという。

葬場が移転した跡の空き地は、元禄十二年（一六九九）の『京都御役所向大概覚書』二に洛外の五か所の無縁墓地の一つとして「一、清水境内成就院支配所壱ヶ所　字南無地蔵」と見え、近世にも無縁墓地として使用されていた。この無縁墓地南無地蔵については村上紀夫氏の研究「近世墓地『南無地蔵』考」がある[20]が、南無地蔵には元禄十二年より前から「無縁塚」があった。鴨川べりに無縁の者を「埋捨」にするため死骨が流出して見苦しいので川筋普請方役人が代替地を探していたところ、成就院の支配地で「六波羅野之内、遊行之北」に無縁塚があるのでこれを利用することにしたという（成就院日記）。その背景としては、寛文十年（一六七〇）に鴨川に新堤が建設され、河川敷が遊興・芸能の場として利用可能になったため納涼床なども作られ始めたが、そうなると昔のように死体を棄てるなどもってのほか、という当時の状況があった。

史料5は幕府巡見使の書いた記録だが、南無地蔵は心中者や行路死人を葬る穴だという。いわゆる投げ込みである。また乞食小屋にも触れているが、これも公儀が無縁墓地として設定する以前の南無地蔵の絵図にすでに描かれていた（清水寺文書。村上紀夫「近世墓地『南無地蔵』考」〈前掲〉参照）。

具体例としては、天明八年（一七八八）の大火の焼死者を南無地蔵に埋めたという噂があった（神沢杜口『翁草』巻百三十七）[21]。『京都坊目誌』（下京第二十一学区）[22]も天明の大火および元治元年（一八六四）七月の兵火つまり禁門の変の死者をここに葬ったと記す。京都の治安を担当した雑色の『小島氏留書』には、牢死者の死骸を南無地蔵に埋めた記事が散見される[23]。慶応四年（一八六八）四月に江戸北西の板橋宿で斬られた新選組局長近藤勇の首は京都に運ばれて三条河原に晒されたが、そのあと南無地蔵に埋められたともいわれた。新選組の屯所を引き受けていた壬生の八木家で探したが見つけることはできなかったという[24]。明治二年（一八六九）二月には南無地蔵への無縁死者の埋葬が厳禁されたと『京都坊目誌』はいうから、事実とすれば近藤の首はこうした死体が埋められた最後に近い例だったのかもしれない。

南無地蔵の火葬場　南無地蔵は京都市歴史資料館蔵『京都明細大絵図』[25]にも記されており、図19ではそれによって位置を記した。さきに『京都坊目誌』の轆轤町の記述を引いたが、そこに記される「涅槃堂」は、同書の梅林町の項によれば昔の鶴林、近世の南無地蔵の地にあった諷経の場で、この堂の外で茶毘に付していた。その遺址は東山区梅林町の東山通（東大路通）以東の地と坊目誌は推定している。もとここは小島町と連続する墳叢地で、明治四年に下京区に編入されたが、当時もなお南無地蔵の「埋屍場」には土饅頭が累々としていた。その間にわずかに耕地があり、梅の木が植えられていたのが町名の由来となった。明治三十三年（一九〇〇）に新道が開通し、大正元年（一九一二）に路面電車が通るに至って市街地と化したという。

この南無地蔵の葬場は、近世から伝承的にさかのぼれる最古の葬場の一つといえる。ここには時宗の四条道場金蓮寺の末寺宝福寺があったとされている。上記の史料でみる限り、十七世紀には寺は中絶し、金蓮寺と合寺になっていた模様である。しかし、古くは宝福寺がこの地の火葬場を経営する三昧寺であったとされている。林譲氏・高田陽介氏によると、[26]建武元年（一三三四）に橘氏女が九条の田一町を「鳥辺野御道場」に寄進しており（金蓮寺文書）、貞治四年（一三六五）には中原家に仕える久世元国の遺体を四条朱雀（四条京極であろう）の浄阿弥陀仏が「鳥辺」に送った（『師守記』貞治四年六月九日条）。四条金蓮寺の僧は代々浄阿弥陀仏を名乗っていた。永徳元年（一三八一）には金蓮寺の「末寺東山宝福寺」とあって、近世の伝承を裏付けている（金蓮寺文書）。また『明徳記』巻下によると、京都に潜伏した山名満幸が討たれ、その遺骸が四条の道場に送られたのを「四条の聖かひぐ〵しく鳥部野の道場にて、取納たてまつり」[27]とある。これらの史料から、金蓮寺の聖が火葬場として使用した「鳥部野の道場」が宝福寺の前身であることは確実で、この火葬場が南北朝期にさかのぼるものであることも明らかになる。

なお『京都坊目誌』によれば、宝福寺はその後復興し、同書が編纂された当時の本堂は明治三十七年（一九〇四）の再建だという。しかしこれも今はなく、小島町の駐車場の管理者が「宝福寺」の名義になっているほかは現地には旧跡が残らず、東山の長楽寺に合併されている。近所の人の話によると、二〇〇四年現在から五十四、五年前までは大きな寺があったという。

近世の伝承では、昔葬送のためにこの地を通る人々は、地蔵を拝んで「南無地蔵」と言ったという（史料3）。同じような話は蓮台野にもあり、千本に葬送に向かう列が引接寺（千本閻魔堂）の門前を過ぎるとき、人は必ず鐘（引接寺の梵鐘であろう）を一つだけ鳴らしたという話が『山州名跡志』巻之七にみえる。[28]京都の人が鳥辺野に葬送するときには、平安時代からその大部分が五条の橋を渡っただろうから、珍皇寺門前で清水坂から分かれて南に向かうこの道は葬送の道として固定的に利用されたはずで、そこに位置した南無地蔵火葬場の立地条件は中世にはきわめて好適なものだったにちがいない。またその付近は、『親鸞伝絵』の延仁寺火葬場のごとく墓地としても利用されていただろう。このあたりが「鳥辺野」の中心部だったのかもしれない。近世に南無地蔵が公儀指定の無縁墓地として使用されたのはそのなごりであろう。

南無地蔵から移転して鶴林と称した火葬場は、建仁寺の西の門前、恵比須神社の南にあったという。「また当寺（建仁寺）の門前西の方に、送葬の場《には》あり。火葬のけぶり絶えず立のぼりはべるに」（中川喜雲『京童跡追』巻二、寛文七年〈一六六七〉刊）。「けんにんじ二町目　此町西行に夷の社あり。その南に墓所《むしょ》あり。多少の人死して此墓所にをくりすてられ、夜半の煙と立のぼる事昼夜をわかず」（浅井了意『京雀』巻七、寛文五年〈一六六五〉刊）。慶安五年（一六五二）刊の「平安城東西南北町並之図」[29]や、寛文五年（一六六五）の「新版平安城東西南北町并洛外之図」[30]にはここに火屋が記されている。しかしその後、ここからさらに西三条へ移転した。延宝六年（一六七八）の『京雀跡追』人部は建仁寺町二丁目の項で「此丁西かわニえひすのやしろあり（略）此南にむしよありしが、今は三条の西のさいゐんのむしよの北にならひあり」と移転を記しており、横田則子氏[31]は、鶴林が建仁寺門前にあったのは慶長三年（一五九八）から寛文年間（一六六一〜七三）ごろとしている。鶴林とか鶴の林というのは、釈迦が入滅したとき、娑羅樹（沙羅双樹）の木の葉が悲しみのあまり鶴の羽のように白く変わって枯死したという『大般涅槃経』序品や『大般涅槃経後分』にみえる描写に基づく名称で、おそらく南無地蔵にあったころからの名であろう。古く『栄花物語』巻三十は巻名を「つるのはやし」と題して藤原道長の死と葬送を叙述し、万寿四年（一〇二七）十二月八日に鳥辺野での拾骨のとき忠命供奉が詠んだ「煙絶え雪降りしける鳥辺野は鶴の林の心地こそすれ」という歌を載せる。この故事によって火葬場の名称としたのかもしれない。

なお恵比須神社の南には中世から近世にかけて長棟堂（物吉村）など非人居住地があったが[32]、この葬場との関係は不明である。位置としては長棟堂は清水坂に面していたことが『清水寺参詣曼荼羅』などから明らかなので、葬場はその背後にあったのだろう。

4　鳥辺野の火葬場

鳥辺山　近世に鳥辺野・鳥辺山といわれたのは西大谷背後の墓地で、浄土真宗・日蓮宗・時宗の諸寺院が共同墓地として利用していた。

〔史料6〕

○鳥部山　今鳥部野トイフ山是レ也。又説《ノ》如《ク》二顕昭説《カノ》一阿弥陀峯《カ》也云云。按ズルニ、阿弥陀峯《カ》ハ此《コレ》ヨリ遥《ハルカ》ノ東ニテ、中間《ケン》ニ瀋谷大路《シルタニオホチ》ヲ隔《ヘタテ》タリ。今云フ鳥部野、即《チ》山ナリ。和歌ニ鳥部山ノ詠《エイ》数《ス》多《タ》アリ。今鳥部山ハ、本願《ホングハン》寺・要法《ヨウバウ》寺・妙伝《オウデン》寺・本法《ホンハフ》寺・御《ミ》影堂《エイダウ》等ノ墓所《ムショ》トス。当山古老ノ説ニ、慶長ノ始ニ至テ此《ノ》所ニテ火葬《クハサウ》シ、所々ニ焼竈《ゼウガマ》アリ。今要法寺ノ墓所寺、并ニ妙伝寺末寺《ノマツジ》通妙寺ノ地、其《ノ》所ト云フ。葬所《サウショ》ノ事元来《ヨリ》遠房《エンバウ》ノ領《リヤウ》ズル故、雖二其《ノ》跡《ト》一此《ノ》所ヲ支《シ》配《ハイ》セシヲ、件ノ寺々彼《カレ》ガ元《モト》ヨリ買取テ墓所トナス。然レトモ今猶遠坊ノ領スル地、纔《ワツカ》アツテ諸宗ヲ葬《ハウム》ル也。其所ハ御影堂墓所ノ東ニアリ。

（『山州名跡志』巻之三）(33)

『山州名跡志』の記すところでは、いまの鳥辺山は本願寺（真宗本願寺派、西本願寺）・要法寺（日蓮本宗、京都市左京区）・妙伝寺（日蓮宗、左京区）・本法寺（日蓮宗、上京区）・御影堂（時宗、新善光寺。五条橋西詰南側にあった。現在は滋賀県長浜市に移転）などの墓所になっている。古老の説では、慶長初年までは鳥部山で火葬したので、いま要法寺の墓所寺（現在の実報寺）とその東隣の妙伝寺末寺通妙寺の寺地になっているところに昔は焼き竈があった。火葬場は昔は隠坊（三昧聖）が管理していたが、これらの寺院が隠坊から土地を買って墓所になした。しかし今も隠坊の管理する地が御影堂墓所の東にわずかに残っており、各宗派の者を葬っているという。高田陽介氏(34)は豊国廟建立に際して、この火葬場は南無地蔵の鶴林と同時に建仁寺町に合併移転させられたと推定している。

『京都明細大絵図』には、鳥辺山の北半部は西から「要法寺墓所」「妙伝寺墓所」「本法寺墓所」となっており、史料6と一致するが、これらの寺院は市街地にある本山で、現地にはその末寺があって墓地を管理していた。西から実報寺・通妙寺・本寿寺である。このうち通妙寺については、これも高田陽介氏が指摘しているように[35]、明和四年（一七六七）の『京師順見記』（『史料京都見聞記』二）が「開基より二百四十九年。開山妙伝寺日意上人、中興日竟上人」と記しており、これによれば通妙寺の建立は永正十六年（一五一九）だったことになる。西大谷が建設されたのは慶長八年（一六〇三）のことだが、日蓮宗寺院の進出はそれより早かったらしい。

『雍州府志』（史料4）などにあるように、清水寺西門から鳥辺山へ通ずる小径を「延年寺辻子」と称する。延年寺は近世初期の説話集『奇異雑談集』で京の五三昧の一つとされているが[36]、火葬場の正確な位置はよくわからない。黒川道祐は史料4では「一説」として、南無地蔵が延年寺だと書いているが、延年寺辻子とは位置が異なる。また『山州名跡志』のいう鳥辺山の火葬場と同じものかもしれないが、西大谷の北側の小径を上っていくと左手に妙見堂があり、それより上手（小径の北側）の墓地を現在「延年寺旧跡墓地」と称するので、このあたりに延年寺があったのかもしれない。そうだとすれば別個のものであろうか。延年寺については『吾妻鏡』建仁三年（一二〇三）七月二十五日条には「去十六日、催二遣在京御家人等一、於二東山延年寺一、窺二播磨公頼全一、全成法橋息。令レ誅二戮之一云々」とあって、阿野法橋全成（義朝の子）が謀叛の疑いをかけられたとき、その子息播磨公頼全もここで討たれたことを記すが、この時代には延年寺はまだ寺として存在したらしい。延年寺葬場の起源は不明だが、京師五三昧つまり弘法大師（一説に行基）の定めた五か所の火葬場の一つにあげられることがある（『雍州府志』等）ので、少なくとも鶴林と同じ程度に古いのではないかと思う。なお、親鸞が火葬にされた延仁寺とは発音が近いため、地誌類でも混同されていることがある。

赤築地の火葬場　時宗の七条道場金光寺が近世に寺の東側に持っていた火葬場は、近世京都では代表的な火葬場の一つであるが、これも昔は鳥辺山近くにあったことが、近年紹介された七条道場金光寺文書によって明らかになった。七条道場金光寺は明治四十年（一九〇七）に長楽寺に合併されたので、旧七条道場文書は長楽寺の所蔵となっている。

〔史料7〕

東山赤辻ニ候墓所、此方之筋目有レ之付而、七条河原口江引度之由、松房江相理、坂方談合候而、住持代之時、
則七条河原口ニ墓所ひかせ申候処也、其時被二定置一分之事

一、ふりさけ年中ニ壱石五斗但、内墓共へ
一、ないこし　五升也　一、板こし　壱斗也
一、新こし　壱斗五升也　一、はりこし　壱斗五升也
一、がん　五斗也　一、引馬ニ付而　五斗也
一、そうせん六月朔日壱斗也　一、正月四日　弐十疋礼銭
一、火屋・あら垣・まく・つな、以上

右之拾ケ条、いつれもつゝめて毎年ニ三石五斗ニ永代相定事、七条金光寺廿代住持之時也。向後互ニ違乱有間敷為に一筆証文如レ此。末々代々霜月中ニ急度坂方へ相渡可レ申者也。仍如レ件。

一、注阿ミ力者ニ壱斗　一、すみ木ニ壱斗　一、たな六合ニ付而壱升五合、其上さん用可レ有候。注あミうけ取候ハヽ、寺地いらんあるましく候。以上

元和七辛酉年五月朔日　七条道場金光寺
金玉庵　（花押）

正覚庵　（花押）
納所□臨（花押）

坂惣中
参

（七条道場金光寺置文　長楽寺所蔵七条道場金光寺文書）[37]

これによると東山赤辻にあった墓所（火葬場をさす）を、七条河原口つまり金光寺の所在地に引きたいとの金光寺の要求により、清水坂とも協議の上、葬式ごとに坂へ支払う代金を決めて墓所を移転したという。赤辻は赤築地ともい い、現在の五条坂の南、清水新道の北のあたりをさした（『京都市の地名』）ので、七条道場金光寺の火葬場はもともと鳥辺山の北にあったことが知られる。移転の時期については「住持代之時」としているが、下坂守氏はこれは元和七年（一六二一）当時の住持である二十世他阿法爾が住持代をしていた時期、すなわち先代の十九世持阿が入滅した慶長十八年（一六一三）正月十八日以前であると指摘している。[38]

この赤築地の火葬場は中世史料や近世の地誌類にはいまだ見出していないが、やはり七条道場金光寺文書の正長元年（一四二八）十月日の清水坂公文所引馬銭請文案で、[39]遊行十五代尊恵（金光寺九代）の申し入れによって、清水坂はこれまで金光寺の引導する葬式があっても役銭を受け取っていなかったが、今後は引馬（葬式の時に引いて導師に与える馬）のあるような立派な葬式の場合に限り、一回に一貫文を受け取ると定めている。これは金光寺に対する優遇措置といえる。また大永三年（一五二三）八月日の清水坂惣中奉行請文によれば、[40]清水坂に「大儀之子細」があったとき、七条道場から「合力」をいただいたので、蓮台の使用料を、それまでの一〇〇疋（一貫文）から、「木杭・仏事銭」まで合わせて三〇疋に値下げすると言っている。七条道場がどんなことで清水坂を援助したのかは不明だが、このような七条道場と清水坂との特別な協力関係は、七条道場が赤築地に火葬場を持っていたことが一つの理由で生まれたとみれば、この火葬場も十五世紀にさかのぼるものかもしれない。なお移転後の七条の火葬場は幕末まで営業していたことが確実で、[41]『京都坊目誌』（下京第三十学区）は材木町の金光寺址の記述で、この火葬場は明治六年（一八七三）に廃止されたと記す。鳥辺野起源の火葬場としてはもっとも後まで続いたものであろう。

花頂山の火葬場　このほか、近世に粟田口の花頂山の山腹にあった火葬場は阿弥陀峰と称していたが、ここも元来は阿弥陀峰にあったのが豊国廟建造に伴って移転したと伝えていた（『山州名跡志』巻之四）。またここは移転当初は後代より東寄りの地にあったが、南禅寺に東照宮を勧請したため再び煙が問題になり、花頂山の山腹に移されたという（黒川道祐『雍州府志』巻八）。享保十八年（一七三三）十月、青蓮院から煙の苦情が出たので火葬を停止し、以後廃絶したと良恩寺の記録にあるという（『京都市の地名』）。宝暦十二年（一七六二）刊の『京町鑑』（横町、三条通）にも「天王辻子　此道筋の東に当りて昔火葬場有。是世に云阿弥陀峰の焼場也。中頃より廃す」とあるので、宝暦当時には存在しなかったことは事実だろう。しかし嘉永元年（一八四八）十月二十四日に、孝明天皇の大嘗会が行われるにあたって火の用心のために御所に近い火葬場での火葬を約一か月間停止するお触れが出たが、対象となる四か所の火葬場に「阿弥陀ヶ峯《粟田口》」が含まれていた。[42]「右之内阿弥陀峯者、近年火葬不レ致候得共、為レ念右之趣可二申聞一候」とあるので、近年は操業していなかったようだが、一〇〇年以上前に廃絶した火葬場ならこのようには書かないであろう。宝暦以後に復活した時期があったのかもしれない。なおこの火葬場の位置について『京町鑑』は天王辻子（三条通から南へ入って現在の粟田神社に行く小径）の東側としているが、『京都明細大絵図』は仏光寺墓所（仏光寺本廟）の東方に「阿弥陀峯火葬場」を描いている。この地図に従えば現在の都ホテル付近であろう。

　南無地蔵も阿弥陀峰も鳥辺山（史料6のいう実報寺から通妙寺の付近にあったもの）も、豊国廟の建設にあたって移転させられたとの伝承を持っていた。南無地蔵にあった火葬場については前節で紹介した『山州名跡志』『雍州府志』のほか、北村季吟の『菟芸泥赴』第三に「豊国の神廟出来て後、火葬の臭気の到るを忌て、葬所を建仁寺の門前にうつさる、今又三条西の土手、最勝河原の北にうつせり」とあり、寺島良安『和漢三才図会』巻七十二の宝福寺の条にも「在二三条西郊外石地蔵一。（略）慶長之初、営二豊国社一。為レ避二火葬臭気不浄一、移二于建仁寺門前一。後又移二于当処（三条西）一」と述べるなど多くの書物が記していることから考えて事実とみたいが、阿弥陀峰の上に豊国社が造られ、そこに秀吉が埋葬されたのは、慶長四年（一五九九）四月十三日のことであった（『義演准后日記』[43]）。しかし前記の七条道場金光寺置文（史料7）は、火葬場の赤築地から七条への移転について、これを金光寺側の要求のように記し、豊国廟にはまったく触れていない。阿弥陀峰との距離からいえば、もし南無地蔵が移転させられるのであれば赤築地もその対象になりそうに思えるのだが、何か特別の事情があったのか、それとも豊国廟建設以前の移転だったのか、この点については今後の検討課題としたい。

いずれにしても、これらを総合すると、中世には鶴林（南無地蔵）・鳥辺山（二か所）・赤築地・阿弥陀峰・延仁寺の少なくとも六か所の火葬場が「鳥辺野広域圏」に存在したことになる。すべてが同時期に存在したわけではないとしても、葬地鳥辺野の巨大さが知られる。

5　馬町十三重塔

忠信・継信の塔　西大谷の入口の近くに、かつて佐藤忠信（義経の従者）・次信（継信。忠信の兄）の塔とされる石塔があった。これは現在京都国立博物館前庭にある馬町十三重石塔で、京都市歴史資料館蔵『京都明細大絵図』は「アンジユ忠信石塔」として層塔二基が並んでいるのを描いている。この石塔があったのは常盤町の花屋の角を入ったところで、今もその角に「佐藤継信忠信之塚　正六位政養之碑」と刻んだ石柱が立っている[44]。秋里籬島『都名所図会』巻三[45]は「継信忠信塔」とし、やはり層塔二基の図をのせる。同書の図では石塔は一つが五重、もう一つが三重しかないが、「此石塔婆昔ハ十三重と見たり、星霜かさなりて次第に崩れ落、今ハ土台の廻りに囲あり」とする。塔が立つ土台のまわりに方形の石板が描かれているが、それがかつての上層だった。京都国立博物館の解説板でも、土止めに使われていた石を使って昭和十五年（一九四〇）に解体修理を行ったと書かれている。石塔の一基（南塔）には「永仁三年二月廿日立レ之　願主法西」とあって、永仁三年（一二九五）の建立であることがわかる。他の一基（北塔）は無銘だが、南塔より古いとされる。これは畿内の惣墓によくみられる律僧などが建立した石塔と同じ性格の塔と思われ、鳥辺野墓地を供養しようとした宗教者がいたことを示すものであろう。

図20　馬町十三重塔

〔史料8〕

今の次信が墓は、次信にてはあるまじ。この辺に古へ岩淵勤操を葬てから、鳥部山と云墓所になりてけり。今に地をほれば石塔并に仏具をほり出す、すれば墓地なり。次信が墓は即ち勤操が墓か、又は歴々のはかの古くなりたるか、又経塚の類なるべし。

（黒川道祐『遠碧軒記』下之三）(46)

この十三重塔のあたりも古い石塔が掘り出される場所だったらしく、塔の建立後、それをとりまいて多くの石塔墓が建てられていったことを想像させるが、塔や経塚によって「聖地」化された地域に墳墓が集結するのは平安末期より各地に出現する共同墓地と軌を一にする現象である。馬町十三重塔の場合、古来の鳥辺野の広大な範囲全体をこの塔で供養しようとしたかどうかは不明だが、その建立によって塔の周辺が墓地として特に好適とされ、逆に墓地の集中をもたらすことになったと思われる。

この塔を佐藤忠信・継信の墓とする説については、忠信は四条室町の馴染みの女の家に潜伏していたところに討手がかかり、その場は逃れたが六条堀川の義経の宿所跡で壮絶な最期を遂げたことが『義経記』巻六にみえ、近世には碁盤で応戦したという「碁盤忠信」の話がよく知られていたので、これらの物語がもとになって、層塔が二基あるので屋島で討死した継信も一緒にしたのだろう。もっとも『京都明細大絵図』は塔の一つを「アンジュ」としているが、これについては著者不詳の『千種日記』(47)も天和三年（一六八三）三月二十七日の条で「（歌の中山から苦集滅路を）なをにし（西）に行て、左（ママ）の家のうしろに佐藤忠信のつか（塚）、あんしゆのまへのつか有て、もろともにかさね上たるせきたう有、忠信よくをのれをつくして義経につかうまつり、終によしの山をものかれ出しが、こゝにてうせにしとなん。にしにゆき南に出て、大仏にいたる」と書いている。この「アンジュ」「あんしゆのまへ」は説経『さんせう太夫』の安寿かと思われるが、つし王（厨子王丸）が都に戻って地位を回復してから、姉の菩提を祈って塔を建立したというような「外伝」があったのだろうか。この背後には、説経者などの姿が見え隠れしているような気がする。

一方、史料8の『遠碧軒記』はこの石塔は勤操《ごんぞう》の墓ではないかとしているが、勤操は空海の師ともいわれる人物で、天長四年（八二七）五月七日に西寺で遷化したが「以二十日一荼二毘東山鳥部南麓一。是日有レ勅贈二僧正一」と空海は『性霊集』巻第十「故贈僧正勤操大徳影讃并序」(48)に記している。この「鳥部」を後世の鳥辺山とみれば、馬町十三重塔のある付近が南麓になるというので、近世の知識人が考え出した話であろうか。『出来斎京土産』巻三も「空海和尚の師勤操《こんさう》僧正遷化《けんけ》せられしを、鳥部山の南のふもとに荼毘《だび》せしより、人ををくる墓所《むしよ》となれり」と、勤操の葬送が墓地鳥辺山の濫觴であるという伝えを記している。ただ勤操は大安寺にいたとき、同学の僧栄好が死んだのをその母に知らせず葬り、ふとしたことで真実を知った栄好の母が衝撃のあまり死んだのも手厚く葬ったという説話が『三宝絵』巻中第十八話、『発心集』巻五第十四話など平安期以来の多くの説話集にみえるので、葬式と無関係な人物ではない。いまのところ、これをもって勤操を祖とする三昧聖がいたと推定するなどはあまりに根拠が薄弱だが、説話の中では彼が栄好とその母を葬送したことが慈悲深い行いとして強調されているので注意をひかれる。

義朝の塔　鳥辺山には別の石塔もあった。

〔史料9〕

○源《ノ》義朝塔《ヨシトモタフ》　要法寺ノ墓所ニ到ル道ノ傍《カタハラ》茶店《サテン》ノ後《ロ》、東ノ岸ノ上ニアリ。昔ハ九重《クヂウ》ノ石塔ナルヲ、所々ニ分散シテ、今一重アリ。一説播磨《ノ》公頼全《カ》塚也。建仁三年七月十六日於二延年寺《ニ》一誅戮《ス》。東鑑十七　（『山州名跡志』巻之三）(49)

この「源義朝塔」は馬町十三重塔とはまた別で、現在の鳥辺山の寺院の一つである実報寺（要法寺末寺。史料6参照）の墓所に至る路傍の茶店の後ろの崖上にあったという。この塔がかつて九重だったとすれば、馬町十三重塔と同様な供養塔が鳥辺山の上にもあったことになるだろう。これが播磨公頼全の塚だというのは、さきに延年寺火葬場の記述で引用した『吾妻鏡』の記事によった解釈だから、茶店のある道は延年寺辻子と思われるが、塔の正確な所在地はわからない。『京都坊目誌』は「源義朝ノ墓　元同所（鳥部山）域内中に在り。今墓標を撤去して認め難し」としている。

ところで、永仁三年（一二九五）の『親鸞伝絵』は、前述のように親鸞が「鳥部野の南辺延仁寺」で火葬にされ、同じく北辺大谷に墓所が作られたと記していたが、高田専修寺本の絵をみると、火葬の絵と墓所の絵の中間の遠方に山を描き、その後ろから塔の先端が顔を出している。専修寺本はこれに「十三重《シフサムチウ》の塔婆《タウハ》是《コレ》也」と覚如自筆の説明を付している。絵の上での位置関係からは、この山は今の鳥辺山とみても不自然ではない。奥書によれば絵巻原本の成立は永仁三年十月十二日、専修寺本は同年の十二月十三日に制作されている。馬町十三重塔の南塔はこの年二月の建立、北塔はそれより古いという。

ここに描かれたのは馬町十三重塔なのだろうか。そう考えたいところだが、問題は絵自体で、石造の十三重塔ではなく、木造建築の塔の相輪だけが山の向こうに出ているところを描いたように見えるのである。この塔は西本願寺本にも描かれているが、そこでは明瞭に木造の塔として描かれている。そうすると、絵師は木造の塔を描いたのだが、相輪しか見えないので覚如が間違った説明をつけてしまった可能性もある。しかし、ともかく書き入れは「十三重塔」なのだから、馬町十三重塔のつもりでそう書いたのだろう。この場合、南塔は絵巻成立と同年の新しいものだから、絵巻自体の年代とは矛盾しないが、親鸞の葬式を描いたものとしては時代考証が合わない。北塔はそれより古いとすれば、親鸞のときからあったとしてこう書いたのかもしれない。いずれにせよ、鳥辺野周辺で他に十三重塔は知られていないので、専修寺本はそれを「描いた」最古の史料ということになろう。

おわりに

馬町十三重塔は今の鳥辺山の西南麓、義朝の墓という九重塔は鳥辺山の山上にあった。これまでとりあげてきた史料からは、十二世紀前半までは阿弥陀峰もかなり葬地として史料に現れるが、それ以後の葬地・墓地の伝承は、延仁寺を除くと珍皇寺・南無地蔵・鳥辺山周辺など、今日の鳥辺山をとりまく一帯に集結しており、中世前期からこの付近がもっとも濃密な葬地としての集中をはじめていたと考えてよいと思われる。慈円は「石卒塔婆重なり立てる鳥辺野をなどはかなしと人のいふらむ」という歌を詠んでいる(『拾玉集』四八九六)。これによれば当時の鳥辺野には「石卒塔婆」がかなり多く建っていたようだが、このように墓が集結するのは中世的共同墓地を思わせるので、鳥辺山一帯が念頭に置かれているのではないかと思う。

一般的にいえば、十二世紀後半から十三世紀にかけて全国的に丘陵地の共同墓地が出現するが、この核になったのは経塚や供養塔など宗教者が建立した施設で、それによってそこが「勝地」とされ、周辺住民の墓地となってゆく。(50)この傾向は鳥辺野にもあてはまるように思われる。このような中世的共同墓地は利用が一つの村落に限られない入会的墓地だったと思われる。景観的には、成立当初は大五輪塔や十三重塔などの惣供養塔のほかは石塔墓は少なく、『餓鬼草紙』の絵や静岡県磐田市の一の谷中世墳墓群の発掘(51)で知られるように塚が点在し、その間に風葬死体が横たわっているのが当時の墓地のありさまだったろうが、慈円の歌から考えると、鳥辺野では石塔を建てることができる階層の利用もかなり行われていた模様である。

中世後期には石塔建立が上層から普及し、また葬式互助が成立して村落内部で葬式が平準化するため、風葬も次第に減少するが、これに伴い墓地もムラ単位になってゆく。中世末期から近世初期にかけて中世的共同墓地は解体し、農村部で今日普通にみられる村落単位の共同墓地が成立したと考えられる。(52)今日の農村部では寺院境内墓地もあるが、寺院の所有地にないムラの共同墓地が多い。戦国期以後、鳥辺山には日蓮宗寺院が進出し、古来の葬地が場所はそのままで境内墓地化していったことは史料6などから知られるが、京都などの都市では、流動性が高く宗派もさまざまであること、市街地にたくさんの町が密集するなど都市特有の事情で、近世には町共同体単位ではない寺院境内墓地が卓越するのであろう。

注

（1）引用は宮内庁書陵部蔵本による。『日本歌学大系』別巻四（風間書房、一九八〇年）四一一頁。
（2）角田文衞「愛宕郷と山代国造家」（『古代文化』二七巻一〇号、一九七五年）、「鳥部山と鳥部野」（『京都市文化観光資源調査会調査報告シリーズ』三号、一九七六年）。
（3）高橋昌明「平正盛と六波羅堂」（秋山國三先生追悼会編『京都地域史の研究』国書刊行会、一九七九年。同『清盛以前』平凡社、一九八四年。増補改訂版、文理閣、二〇〇四年、所収）。
（4）『続々日本絵巻大成』伝記・縁起篇1（中央公論社、一九九四年）による。
（5）『続日本絵巻大成』4（中央公論社、一九八五年）による。
（6）『史料京都の歴史　10　東山区』（平凡社、一九八七年）五七二〜五七三頁所引。
（7）『史料京都の歴史　10　東山区』一五〇〜一五一頁所引。
（8）山田邦和「京都の都市空間と墓地」（『日本史研究』四〇九号、一九九六年）。
（9）高橋昌明「平正盛と六波羅堂」（前掲）。
（10）『新修京都叢書』第二十一巻（臨川書店、一九七〇年）三九頁。
（11）『東山往来』の成立年代は『日本古典文学大辞典』（岩波書店）によった（石川松太郎氏執筆）。
（12）高谷重夫「『明月記』の盆」（『日本民俗学』一九八号、一九九四年。同『盆行事の民俗学的研究』岩田書院、一九九五年所収）。
（13）阿諏訪青美「中世後期にみる六道珍皇寺のさい銭」（『遙かなる中世』二〇号、二〇〇三年。同『中世庶民信仰経済の研究』校倉書房、二〇〇四年、所収）。
（14）山田邦和「京都の都市空間と墓地」（前掲）。
（15）下坂守「中世非人の存在形態―清水坂「長棟堂」考―」（『藝能史研究』一一〇号、一九九〇年）。なお曼荼羅の写真は大阪市立博物館編『社寺参詣曼荼羅』（平凡社、一九八七年）に掲載。
（16）『新修京都叢書』第十五巻（臨川書店、一九六九年）六〇頁。
（17）『新修京都叢書』第十巻（臨川書店、一九六八年）五九四頁。
（18）『史料　京都見聞記』第二巻（法蔵館、一九九一年）一二八頁。

(19) 高田陽介「戦国期京都に見る葬送墓制の変容」(『日本史研究』四〇九号、一九九六年)。
(20) 村上紀夫「近世墓地『南無地蔵』考」(『世界人権問題研究センター 研究紀要』五号、二〇〇〇年)。
(21) 『史料 京都見聞記』第四巻(法蔵館、一九九二年)二六七頁。『日本随筆大成』新版、第三期第二十三巻(吉川弘文館、一九七八年)九五頁。
(22) 『新修京都叢書』第二十一巻(前掲)六一頁。
(23) 『京都雑色記録』一(思文閣出版、二〇〇三年)所収「小島氏留書」の嘉永元年(一八四八)八月二十八日・九月七日・十月十日・十一月三十日条。
(24) 子母澤寛『新選組遺聞』(中公文庫、一九九七年)二九五〜二九六頁所引の八木為三郎談に「当時の話では、首は焼酎漬けにして壺へ入れて、更に厳封した箱に入れて、二条離宮にあった太政官へ渡したということでした。三条河原に晒して、それから粟田口へ埋めたと云いますが、その場所は只、南無地蔵の附近だというだけで、何一つ印がある訳ではなし、それから大分後ちに、ほとぼりの冷めた頃、いろいろその首を探してみたが、やはり解りませんでした」とある。粟田口の刑場は現在の蹴上浄水場よりも南、山科区の九条山付近の東海道路傍にあった(東海道分間延絵図)ので、南無地蔵とは離れているが、聞き手の子母澤寛が混同したのかもしれない。子母澤寛は『新選組始末記』では「首はそのまま塩漬として京都へ送り、三条磧に晒した上、更に大阪千日前にも晒したが、後ち粟田口の刑場に埋めた」と断定的に書いている(中公文庫、一九九六年、三四八頁)。しかし八木為三郎が「南無地蔵の附近」と聞いて探しに行ったとすれば、為三郎が思っていた地は粟田口ではなく南無地蔵であろう。なお近藤勇の首のゆくえに関しては諸説がある。
(25) 『別冊太陽 京都古絵図散歩』(平凡社、一九九四年)に写真掲載。同書解説(伊東宗裕)によれば、江戸幕府京都大工頭中井家作成の絵図の写で、正徳四年(一七一四)〜享保六年(一七二一)の間の状況を表す。
(26) 林譲「南北朝期における京都の時衆の一動向」(『日本歴史』四〇三号、一九八一年)および高田陽介「戦国期京都に見る葬送墓制の変容」(前掲)。
(27) 引用は文安五年(一四四八)書写の近衛家蔵本を底本とした岩波文庫本による。
(28) 『新修京都叢書』第十五巻(前掲)二〇九頁。
(29) 足利健亮編『京都歴史アトラス』(中央公論社、一九九四年)八〇頁に写真掲載。

(30) 横田則子「『物吉』考―近世京都の癩者について―」(『日本史研究』三五二号、一九九一年）に写真掲載。
(31) 同右。
(32) 下坂守「中世非人の存在形態―清水坂「長棟堂」考―」(前掲)。
(33) 『新修京都叢書』第十五巻（前掲）六一頁。
(34) 高田陽介「戦国期京都に見る葬送墓制の変容」(前掲)。
(35) 同右。
(36) 勝田至「『京師五三昧』考」(本書第二部第二章)。
(37) 京都国立博物館『特別陳列　旧七条道場金光寺開創七〇〇年記念　長楽寺の名宝』(二〇〇〇年）四三・六四頁。
(38) 同右書の史料解説（六四頁)。
(39) 同右書、四二・六一〜六二頁。
(40) 同右書、四二・六三頁。
(41) 『若山要助日記』安政六年（一八五九）十一月五日条には東塩小路村の白蓮寺の和尚を「七条焼場へ送り候事」とあって、七条道場金光寺の火葬場が操業していたことが知られる（村上紀夫「近世京都における無縁寺院―白蓮寺をめぐって―」『三昧聖の研究』碩文社、二〇〇一年)。
(42) 『小島氏留書』嘉永元年（一八四八）十月二十四日条（『京都雑色記録』二、思文閣出版、二〇〇三年）四一四頁。
(43) 『義演准后日記』慶長四年（一五九九）四月十三日条に「今夕大閤御所、伏見御城ヨリ大仏阿弥陀カ峰ニ奉レ移レ之。隠密也」とあり、十八日には豊国社の正遷宮が行われた。
(44) 馬町十三重塔の旧所在地については山田邦和氏のご教示を得た。
(45) 『新修京都叢書』第六巻（臨川書店、一九六七年）二二一頁。
(46) 『日本随筆大成』新装版第一期10（吉川弘文館、一九九三年）一六九頁。
(47) 『史料京都見聞記』一（法蔵館、一九九一年）一一九頁。
(48) 『弘法大師空海全集』第六巻（筑摩書房、一九八四年)。
(49) 『新修京都叢書』第十五巻（前掲）六一頁。

（50）藤澤典彦「墓地景観の変遷とその背景―石組墓を中心として―」（『日本史研究』三三〇号、一九九〇年）。
（51）磐田市教育委員会『一の谷中世墳墓群遺跡』（一九九三年）。
（52）勝田至「文献から見た中世の共同墓地」（本書第一部第三章）。

第四章　さまざまな死

はじめに

この題名から、中世の有名人の死にざまの列伝を期待する読者には申し訳ないが、ここで扱うのは死に方の類型と、それに対する人々の対応である。特に、「異常」とされた死に方をとりあげる。「異常な」死に方とは殺害、戦死、事故死（水死、転落死）、妊娠中の死および産死、自殺などの死者をいう。これらの死者は死後の霊の行方が「正常な」死者と違ったり、葬法も通常と異なる例が多くの文化でみられる。「正常な」死に方とは何かというのは難しいが、一般的には自分の家で病気や老齢で死ぬことであろう。ここでは日本中世の異常死に関連する事象を現行民俗や諸民族の例も参考にしながらみていきたい。なお民俗例による概説としては波平恵美子「異常死者の葬法と習俗」[1]がある。

1　異常死の現場

死の場所にとどまる霊　信州下伊那郡には「キュウセン山の神」がある。松山義雄氏[2]によれば、山で落石で死んだ人などがあると、現場に「急仙山神」「旧先山神」などと刻んだ碑を建てて祀ったり、現場を「キュウセン」と称して気をつけるという。この「キュウセン」はさまざまな字を宛てているが、天龍村坂部《さかんべ》の熊谷家の家譜『熊谷家伝記』には、応永三十一年（一四二四）当地の貴種流離譚の主人公である尹良《ゆきよし》親王の随身の落ち武者を熊谷家主従が川端で殺害したところ、慶長二十年（一六一五）になって本家筋の平谷村の熊谷家で災いが起こり、落ち武者が「弓箭川死霊」となって祟っているということになったため、淵で水施餓鬼をし血脈を沈めた話（巻五）や、大永元年（一五二一）熊谷家の主人が妻と不義の噂のあった山伏を殺したが、のち享保年中になって「弓箭死霊」の祟りがあるというので、山伏の首を埋めた塚の上に若宮の祠を建てて祀った話（巻三）がみえる。これらはいずれも近世に起こった災厄の説明として過去の事件を当てた伝承だから、中世に実際このような事件が起こったとはいえないが、ここで「弓箭死霊」とされているものが現行民俗の「キュウセン」につながることは間違いない。現在事故死一般をいう「キュウセン」が元来「弓箭」であるとすれば、もともと戦死者を意味したのが拡大されたと考えられる。

この「キュウセン」は、変死者の霊が死の現場にとどまるという一般的な観念の一例である。隠岐島の中村では、野外死者を運び帰る時「エナーゾ」と言わないと、魂が永く現場にとどまって怪異を生ずるという。[3]「エナーゾ」の語意は明らかでないが、「去《い》のうぞ」（行こう）であろうか。新潟県では野良や山で死んだ場合、遺体を運ぶとき「家へ帰ろうで」などといっておぶい、東蒲原郡阿賀町鹿瀬では道々、橋や建物を説明しながら帰った。また遺体はそのまま家へ入れず、葬儀のときまで縁側に簀で囲っておいた。新発田市藤塚浜などでは、遺体は家に運んでも魂はそこに残るものといい、三日から一週間は身内の者が帯を持ってその場所へ行き、「おぶさって家へあべ（行こう）」といって、帯で背負う所作をして家へ戻った。魂がおぶさった時は重く感ずるという。[4]

中国地方では変死者の霊をミサキと称し、刃傷で死んだ人をツルギミサキ、首吊り人をツナミサキなどとして多くは現場に小祠を建てて祀る。[5]祭神名はミサキのほか、荒神や若宮の場合も多く、岡山県新見市上市の太田家では八大荒神の祠を、昔年貢を取りにきた人が殺されたので祀ったものと伝えており、上島有氏は寛正四年（一四六三）この付近で殺された新見荘領家方代官祐清の祠と推定した。

石を積む　変死者の出た場所のしるしは祠のほか、柴や石を積むことがあり、このほうがいっそう古い型を示すと思われる。徳島県三好郡西祖谷山《にしいややま》村日比原では死人のあった場所で地蔵を祀っているところをシバオリサンといい、通りがかりに柴を手向ける。柴折地蔵さんともいう。(7)宮崎県東臼杵郡椎葉村では人が変死した場所をその人の名をつけて某シバトコといい、柴神ともいう。路を行く者は柴を折って捧げ亡霊を慰撫する。(8)鹿児島県川辺郡知覧町永里の桑代と山仁田の間の峠道には柴折り神があり、通る人は一メートル《メートル》ほどの柴を折って置いて通る。昔、喜入《きいれ》から来る塩売りが行き倒れて死んだのを埋めた所だという。(9)奄美諸島や沖縄諸島にも類似の伝承が多く、遊女、産婦、乞食などが行き倒れたり自殺したりしたという場所に柴や石を捧げる。奄美大島の名瀬市根瀬部の奥の深迫では、昔旅の遊女が死産して自らも首を吊って死んだ。それから通行人が遺骸の上に新しい柴を投げる習慣ができ、それをシバウスキ（柴供え）といった。ここにはシバウスキとイシウスキ（石供え）の二つがあるという。(10)南島の伝承では死体の見苦しい様子を隠すために柴で覆ったのが始まりだとするものが多い。本土の現行民俗では変死者の死に場所に霊が残存すると考える場合でも、死体自体はその場所ではなく墓地などに運んで葬ることが多いが、南島の例からは、死んだ場所に葬る風習がもとあったかもしれないと考えられてくる。

変死者を死んだ場所に葬り、そこに霊が残存すると考えたり、その場所に石などを積む民俗は世界的に分布している。中国貴州省凱里県舟渓の苗《ミャオ》族は異常死者を不吉祥とし、山から落ちて死んだ人はその場所に、溺死者も川の岸に埋める。(11)P・G・ボガトゥイリョーフ(12)によれば、ロシア・カルパチア地方（現ウクライナ）では昔は自殺者は墓地には埋葬せず自殺の現場に埋め、通りかかる人は墓に石を投げた。阿部謹也氏(13)は中近世ドイツでも事故で死んだ人の墓の前を通るとき、人は石や柴の束を投げ、霊をその場に留まらせようとした民俗を紹介している。Ph・アリエス(14)によれば、中世フランスでは家族から遺体の請求がない死者や破門された死者は埋葬されず、近くの人に不快感を与えないため、石で掩われたまま腐敗していった。皇帝フリードリヒ二世の庶子マンフレーディは一二六六年のベネヴェントの戦いで破門された身のまま戦死したが、橋のたもとの石塚の下に埋められたという。兵士が一つずつ石を遺体に投げたのが塚をなしたのだった。これらの例から、石や柴を積む民俗は、もとその場所に放置された死体を隠すために発生したのかもしれない。

もっとも、石を積む民俗だけがある場合の解釈は必ずしも簡単ではない。古代ギリシアではクセノポンの『アナバシス』(15)に、黒海の見える山頂にたどり着いた兵士たちが、大きな石塚を作ってその上に牛の生皮、杖、鹵獲《ろかく》品の楯を積んだとあるが、何のためにそうしたのかは説明がなく、変死者とも関係ないようである。シベリアのモンゴル系諸民族のオボーという石堆は山の尾根や峠など旅人に危険が及びそうな場所に作られ、通る人が一つ石を積んで行くが、こうしないと災難があるという。これは土地の霊に捧げると考えられていることがあり、U・ハルヴァ(16)は霊をその場につなぎ止める方法として発生したとみている。この方は変死者の霊との起源的つながりを考えてもよいかもしれない。

柴や石を変死者の死に場所に積むというこれらの民俗は、日本でも中世にさかのぼるだろう。十二世紀後半から十三世紀にかけて全国的に共同墓地が出現するが、それらは集石墓・組石墓などと呼ばれる、石を積んだり四角形の石囲いを作った墓が多い。この起源は解明されていないが、仁治三年(一二四二)に『東関紀行』の作者が、駿河国で木陰に石を高く積み上げて目立つ塚を見た。人に尋ねると梶原(景時)の墓だといわれたので、彼は駿河国の「き川」(吉川)という所で討たれたと聞いたが、さてはここかと思ったとある。梶原氏の滅亡は正治二年(一二〇〇)正月のことで、四二年の隔たりがあるが、事実であれば、戦死という異常死であること、この塚はその死に場に作られたらしいことから、集石墓の作られる一つの契機を示すものとして注目される。

愛知県知多郡美浜町野間の大御堂寺には源義朝の墓があるが、義朝は平治の乱に敗れた後、郎等鎌田兵衛正清の舅である野間荘の長田荘司忠宗を頼って来たものの、長田に裏切られ風呂場で討たれた（『愚管抄』『平治物語』）。その墓所は没後を訪う人もなく荆棘に掩われていたが、平康頼が水田三〇町を寄進して小堂を建て、六人の僧を置いて不断念仏を修させた（『吾妻鏡』文治二年〈一一八六〉閏七月二十二日条・建久元年〈一一九〇〉十月二十五日条）。現在、大御堂寺の義朝の墓には、刀のない風呂場で討たれた義朝の無念を思って多くの木刀が奉納され、うず高く積まれている。木刀という形は新しいとしても、その背景には上記のように変死者の出た場所に柴を積む民俗との連続性が考えられる。

御伽草子『高野物語』では、妊娠中の女が墓原で殺されて埋められたが、その場所に行ってみると「げにも新しく土を掘り、石を積みたり」と、埋葬地に石を積んでいたことがみえる。この解釈は難しいが、本章で後述するように、墓をあばいたあとで死んだ妊婦の腹を割いて子を出している。産婦の死者は特に浮かばれないと考えられていたが、そのうえ殺人の被害者でもある。このような異常死者の場合に石を積むことが行われていた例となるかもしれない。ただし、中世の大共同墓地として知られる一の谷中世墳墓群などではおびただしい集石墓が発掘されているが、それらがすべて異常な死に方をした死者のものだとは考えられないので、中世には習慣化して普通の死者の葬り方としても行われていたのかもしれない。

戦　死　戦死者の霊がその斃《たお》れた戦場に留まるという観念は、仏教的な「修羅道」の装いをとって中世に広く見られる。古活字本『曾我物語』巻十一には、曾我兄弟の仇討ちがあった富士の巻狩の後、現場に兄弟の瞋恚《しんい》執心が残り、「十郎祐成《すけなり》」「五郎時致《ときむね》」と名乗って昼夜闘う音が絶えず、通行人がこれを聞くと死んだり発狂したりしたため、「ようぎやう上人」（遊行上人か）を請じて、兄弟を勝名荒人宮と祀ったとある。『太平記』（巻十八、金崎城落事）にも越前の金崎城の落城時、飢えた城兵一五一人が自害したので、今もそこに怨霊が留まり、雨夜には叫喚求食の声が啾々《しゅうしゅう》としたと記す。明徳の乱の後でも、内野・大宮の戦場では毎晩「修羅闘諍ノ声」が聞こえたため、義満は五山の僧一〇〇〇人に大施餓鬼を行わせた（『明徳記』下）。

こうした霊を鎮めることは政治的に戦勝者の急務とされ、国家や大名が主催する法会が行われたり、万灯会《まんとうえ》などの民俗行事として戦後長く続けられることもあった。建久元年（一一九〇）七月十五日には鎌倉の勝長寿院で「平氏滅亡衆等」の冥福を祈って頼朝が万灯会を行っており（『吾妻鏡』）、戦死者の鎮魂が盆の火祭りと古くから結びついていたことを示す。戦国時代では『妙善寺合戦記』によると、備前明禅寺（妙善寺）城付近で三村元親に大勝した宇喜多直家は、湯迫《ゆば》村などの村民に命じて三村方の亡卒供養のために七月十四日・十五日に万灯会を行わせたという。また愛知県新城市竹広の信玄塚で毎年八月十五日に行われる「火おんどり」は、天正三年（一五七五）五月の設楽原《したらがはら》合戦の戦死者を埋めた塚から蜂が大発生したため、亡魂を慰めるために始まったと伝える。戦ったのは勝頼なのに信玄塚という名前であるが、「信長家には、此長篠合戦を信玄公に勝たるとて、塚をつきて信玄墳《づか》と名付る事、是西国へのおぼえの為也」という『甲陽軍鑑』品十四の記述がこの塚を指すとすれば、火おんどりも勝者側の配慮で始まったのかもしれない。久野修義氏[17]によれば、古くは十世紀の承平・天慶の乱の後、朱雀院が亡卒供養の法会を営み（『本朝文粋』巻十三）、源平内乱の終息後は後白河院・幕府によって大規模な鎮魂が行われた。久野氏は「正当な政治権力としては戦後処理としての鎮魂が必要とされていた」と指摘する。

もちろん官製の鎮魂だけではなく、地方をめぐる聖も鎮魂に活躍した。十五世紀はじめに加賀の篠原に斎藤実盛の霊が現れ、遊行上人に十念を受けたという話は都にも伝わった（『満済准后日記』応永二十一年〈一四一四〉五月十一日条）。

ちなみに、戦場に残る死者の霊が戦争の情景を再現するのはこれも日本に限ったことではなく、一二世紀後半のパウサニアス『ギリシア案内記』[18]第一巻三十二章には、マラトンの古戦場で夜な夜な軍馬のいななきと勇士たちの合戦の響きを聞くことができるとある。

戦死者の場合、多くは首を取られるが、残された死体（むくろ）は中世前期には葬られず、戦場に放置されたようである。これは、非血縁の死者の葬送に関与しないという強い禁忌が中世前期まで存在したことと関係がある[19]が、血縁者が死体を収容して葬ることはあり、南北朝期以後は武将の出陣に時衆が従軍して、自害に先立って十念を授け、戦死したら葬送や国元への通報を行った（『太平記』巻六、人見本間抜懸事・巻二十、義貞自害事・『明徳記』下など）。時宗十一代自空は応永六年（一三九九）、このような従軍僧（陣僧）の心得を箇条書にしたが（長楽寺所蔵七条金光寺文書）、時衆の戦場への同道は「十念一大事」のためであり、戦争に関する使者などをつとめてはならないこと、武具は甲冑など防護のためのものはよいが、攻撃兵器は所持してはならないことなどを定めている。戦死した一般の兵卒も、室町～戦国期には三昧聖によって火葬されるようになった。

中世には近世に稀な「戦死」という型の大量異常死が多いが、これは勝った側に怨霊への恐怖をもたらす政治的側面と、仏教の修羅道の現世における実例という表現をとる特徴があるものの、基本的には事故死など他の異常死とともに考察すべきものだろう。

死体の分割　霊が死んだ場所に留まると考えられた異常死者に対しては、その霊の跳梁を防ぐために石や柴を積んだが、死体を切断して、死体の形態での復活を阻止することも行われた。民俗例でこの意図が最も明瞭に現れているのは人間の場合ではないが、狩猟伝承における熊の扱いである。千葉徳爾氏[20]によれば、熊は霊力の強い動物とされ、熊を捕った時にその霊を封じる儀礼が多いが、高知県土佐郡土佐町地蔵寺では、熊の頭を切り取り、上下に割って川の両側に片方ずつ埋め、大豆をまっ黒に煎って添え「この熊はたたりをなせ。この頭が寄合い、煎豆に花が咲いたらたたりをなせ」と唱える。

文献的にも、特に反乱者の場合、死体を分割する説話が多い。古くは『日本書紀』崇峻天皇即位前紀に、物部守屋《もののべのもりや》に仕えた捕《と》鳥部万《とりべのよろず》は守屋の滅亡後、茅渟県《ちぬのあがた》の山に籠もって衛士三十余人を殺し、刀で頸を刺して自害した。河内国司が彼の死にざまを朝廷に報告すると、朝廷は「八段《やきだ》に斬りて、八つの国に散し梟《くしき》せ」と命じた。国司が命に従って死体を斬って串刺しにすると、雷鳴がし大雨が降ったという。後段、万の飼っていた忠犬の話がみえ、捕鳥部という部の名もあわせて狩猟民の伝承の色彩が濃い。捕った獲物の肉を串に刺して山の神に捧げる狩猟儀礼は現行民俗で一般的だが、柳田国男[21]によると、大隅では三三本の串に獣の肉を刺して地上に立て、これを大人《おおひと》弥五郎の屍と称して神を祀る習俗がある（『三国名勝図会』）。民間伝承の巨人「大人弥五郎」の名から考えれば、死体の分割説話は起源的には世界巨人の殺害の神話にもさかのぼるのかもしれないが、歴史的時代に舞台をとる説話中のそれは霊力の強い死者の復活を阻止する意味がこめられていたと考えられる。酒呑童子は斬られた首が宙を飛んで源頼光の兜に食いついたが、髙橋昌明氏[22]はこの部分に中国の蚩尤《しゆう》伝説の影響をみている。平将門の首は、京に運ばれ獄門にかけられても色が変わらず、歯がみをして五体を呼び、再び首と接続して一戦しようと毎晩叫んだが、通行人が「将門ハ米カミヨリゾ斬ラレケル俵藤太ガ謀《はかりごと》ニテ」という歌を詠んだところ、からからと笑って目を閉じたという（『太平記』巻十六、日本朝敵事。他、御伽草子『俵藤太物語』・『東海道名所記』巻一等に同型話あり）。首が目を塞がない話は武田勝頼にもある（『武田三代軍記』巻二十二）。

近世〜現在の伝説では、『北越奇談』巻二に奥州安倍の族徒黒鳥兵衛《くろとりひょうえ》が八幡太郎義家に討たれ、黒鳥村（現新潟市）に頭と胴を別々に埋めて黒鳥八幡の社を建てたが、胴が頭と合体することを欲して時々その下の地面が鳴動すると伝える。京都市右京区京北でも、源頼義が安倍貞任の死骸を京へ持ち帰り大堰川上に埋めたが、生き返って祟りをなしたので二分したがまた復活した。七度目に七分したらようやく何事もなくなった。霊を鎮めるため勧請したのが八幡神社だという[23]。長野県上田市では、奈良時代に謀叛で信濃に流された塩焼王（氷上塩焼）が四年後に再び叛いたので坂上田村麻呂がこれを討ち、死体を四つに断って両手を埋めたのが上田市手塚にある皇子塚だという[24]。和歌山県海南市では神武天皇が名《な》草《ぐさ》戸《と》畔《べ》を討って死体を三分し、頭は高倉山麓の宇賀部神社（おこべさん）、腹は杉尾神社（お腹さん）、足は千種神社（足神さん）に祀ったという[25]。

　これらはいずれも伝説だから、実際に反乱者に対してこのような死体分割を行ったとはいえないが、将門の説話にあるように、敵の首を斬ること自体が復活を阻止するための死体分割の一種と考えられる[26]。生嶋輝美氏によると、室町時代に足利将軍が首実検をするときには「頭をばまむきには御目にはかけぬ事なり」つまり首は正面をむかせるのではなく、斜めから見ることになっていた。首と正対するのを恐れたのだろう。また実検の前に「すなかぢ（砂加持）」と称して、砂または土を少し頭にかける「まじなひ」をしたという（『中原高忠軍陣聞書』）。生嶋氏のいうように、これも往生できない敵の怨念を避けるためだったろう。また毛利元就が厳島合戦後に陶晴賢の首実検をしたときは、周囲に矢をつがえた弓や太刀を持つ家臣が控えたが（『万代記』）、これも首を警戒したものらしく、斬られた首にもまだ超自然的な害意が宿っている可能性があった。

　強敵の首を取るのが復活を阻止するためだということと関係して、首を斬られると往生できないという説が中世にはあった。『古事談』巻四によると、関東で畠山重忠・稲毛重成らが討たれた時、稲毛の舎弟由井七郎が天野遠景入道のところに来て、自害しようと思うが、自害は臨終正念が意に任せないし、また「刎頸の者、往生せず」と聞いているからといって、西に向いて念仏をしているところを遠景入道に刀で刺殺させた。また『吾妻鏡』承久三年（一二二一）七月十八日条には、承久の乱で処刑された藤原範茂が、「五体不具」つまり首を斬られて死体の五体が揃わないことは「最も後生の障碍」だからといって、川底に沈められて死んだとある。範茂は『承久記』慈光寺本では、剣刀にかかって死ぬと「修羅道ニ落ル」と言ったとし、同じく『承久記』古活字本では「五体不具ノ者ハ往生ニサハリアンナリ」と言ったとする。もっとも『平家物語』で平家の一族が首を斬られる場面等では、僧のすすめで念仏を唱えるように描かれており、『承久記』古活字本も右の範茂の話の直前に、一条宰相中将が斬られる時紫雲がたなびき異香が薫じたという話を載せるから（ただし慈光寺本にはない）、どの程度一般化できるかわからないが、首を斬られると往生できないという観念が一部にあったとすれば、死体の分割によって反乱者などの肉体のみならず、霊の活動力が消滅するため、来世での生活も不可能になるという懸念と考えられる。

2 異常死者のゆくえと扱い

殺人と「墓所の法理」 笠松宏至氏[27]は日本中世に見られる「墓所の法理」を研究し、殺人事件の被害者が居住していた地の領主が、他領に居住する犯人の跡職を墓所として要求する「跡型墓所」と、殺害現場を墓所として要求する「現場型墓所」とを区別して、このうち「跡型墓所」は、犯人の所領はその犯罪を検断した者の手中に帰するという原則に対抗して鎌倉中期までに形成されたより原初的なもので、「現場型墓所」はその法理を主張する場合の障害を回避するために後次的に形成されたものとした。笠松氏のいう「墓所」は必ずしも現実の墓所ではないようだが、異常死者の霊が死んだ場所に留まるという上記の観念は非常に古い起源をもつだろうから、この文脈からいえば「現場型墓所」が古いと考えると整合する。

殺されるという死に方に独特の葬法や習俗があったかどうかについては史料が少ないが、寛元三年（一二四五）十二月、山城国の禅定寺の寄人七人が上京したとき、法性寺辺で木幡の住人といさかいになり、その場はおさまったものの、帰りに木幡で待ち伏せをうけて一人が殺される事件があった。寄人たちは怒って、死人を舁いて木幡に運び、下手人のもとへ置こうとしたが、禅定寺が止めたという（『鎌倉遺文』六五八四〜六五八七号）。運んでから置く場所がわからないが、加害者の家の前に置くのだろうか。先に述べたように斬られた首にも怨念が宿っているとすれば、死体に宿る死者の怨念を加害者に恐れさせる意図があったのかもしれないし、葬送を負担させようという嫌がらせとも取れる。

次の「自殺」の項でもふれるが、変死者の霊は人に憑くことが多い。近衛天皇の死後、人が巫女に天皇の口寄せを頼んだところ、巫女は「先年、人が朕を呪詛して愛宕山の天公（天狗）の像の目に釘を打ったため、自分は目が見えなくなりついに死んだ」と言ったので、鳥羽法皇は藤原忠実と頼長を疑ったという噂が「天下道俗」の間に広まっていた（『台記』久寿二年〈一一五五〉八月二十七日条）。もっとも頼長は、忠実も自分も愛宕山に天公の像があることさえ知らなかったと、疑惑を晴らすのに懸命だった。このような噂があったことは事実だろうが、誰が死んでも口寄せをするわけではないと思われるので、近衛天皇の早世は誰かに命を縮められた疑いがあるという見方が広がっていて、それが巫女に頼んで口寄せをしたという話を生んだのかもしれない。

明応三年（一四九四）七月三十日、十九歳の貴族山科定言《さだとき》は夜盗に襲われた傷がもとで死んだが、八月二日には死者の「口寄」が行われ、三日葬送、六日に初七日があり、以下七七日まではみな「取り越し」（忌日を繰り上げて法事を行うこと）で二日目ごとに行われた。瀬田勝哉氏[28]は殺害で死んだ者の霊を早く冥界に送り届けようとしたものと推定している。十六日には「流れ灌頂」が行われた。流れ灌頂は民俗では産死者のために行うことが多いが（後述）、福井県大飯郡大飯町大島では難船があったときにも溺死者のために流れ灌頂を行ったといい[29]、奈良県吉野郡野迫川村では交通事故で死んだ人のためにも高野山の一の橋で塔婆を流してもらうなどの例もあり、古くは変死者一般に行われたようである。[30]

定言に対しては葬儀前に口寄せが行われているが、足利義教が赤松満祐に殺されたさいも、死後一か月に満たないころに奥方が巫女を「あやしのふしきなる小家」に呼んで口寄せをした（『建内記』嘉吉元年〈一四四一〉七月二十六日条）。義教の霊は「いまは修羅道に墜ちて火炎のなかにあり、剣戟《けんげき》が四方上下から責める。その苦はたとえようもなく、どんなこと（仏事など）をしてもこれを免れるとは思われない。おまえにもう一度会って子供のことを話しておきたかった。一〇〇日のうちに敵《かたき》を滅ぼしたい。いままで人々がしてくれたもてなし（供養）によって重宝が満ちているように思えるが、きょうのひととき呼んでもらえて、日頃に増してありがたい」などと語ったという。この巫女のことばは、近代の茨城県高萩市（旧高岡村）でワカとよばれる巫女に死者の口寄せを頼むと、現れた霊は「百度千度の供養より、ワカに一度呼ばれてこの座へ来たのが嬉しい……」と必ず言ったという報告を思い出させる。[31] この時代から巫女の定型的な語り口だったのだろうか。

義教の死は戦死ともいえ、巫女に憑いた霊も修羅道に墜ちたと言いつつ敵を滅ぼすことに執念をみせているが、この一〇日ほど後には奥方は夢を見た。義教が船に乗って血の海に浮かび、船にも血が満ちて彼は首まで血につかっていた。奥方がお具合はどうかと尋ねると、これは血ではなく火だ、慳貪放逸の報いで、念仏以外にはこの苦を逃れることができないと言った。奥方はこれを聞いて泣くと思って目を覚ましたという（『建内記』嘉吉元年八月七日条）。この夢はあたかも後に述べる産婦の血の池地獄のようである。

自殺　自殺者の霊が現場に留まるとか、祟りやすいという観念は日本の現行民俗にも世界的にも普遍的にみられるが、中世の文献には意外に少ない。これは釈迦の前世での捨身飼虎の話や、『法華経』巻七、薬王菩薩本事品で一切衆生喜見菩薩（薬王菩薩）が焼身して仏を供養した話が流布しており、経に基づく僧の焼身や入水往生が行われたからだろう。長久年間（一〇四〇～四四）成立の『法華験記』は焼身の話三例（上巻第九話・第十五話・中巻第四十七話）、指燈（指を切って火をともす）一例（中巻第四十一話）を収め、那智山の住僧応照が日本最初の焼身だと記す。その他、十二世紀初頭の『拾遺往生伝』や十二世紀前半の『三外往生記』にも焼身や入水往生の説話が多い。

しかし、焼身や入水による僧の自殺を当時の日本社会が広く受け入れていたかどうかについては疑問がある。たとえば、十二世紀の『今昔物語集』は先行する『法華験記』一二九話のうち一〇五話を採録しているが、焼身の説話は一つも採用していない。今昔には自殺の話が少なく、本朝部では『日本霊異記』下巻第一話を出典とする熊野の永興禅師の従僧の投身（巻十二第三十一話）、同じく『日本霊異記』中巻第一話による長屋王の自殺（巻二十第二十七話）、『法華験記』下巻第八十七話による信誓阿闍梨の自殺未遂（服毒。巻十二第三十七話）の三例しかない。また今昔は武士の合戦の描写にすぐれた説話が多いが、後世の軍記物と対照的に、武士の自殺の描写はない。当時まだ切腹が一般的でなかったことも考えられるが、僧の焼身説話の不採録は編者が焼身に批判的だったことによるのではないか。

鎌倉初期の鴨長明『発心集』には焼身・入水の話が多く、異香匂い紫雲たなびく瑞相が多いと記すが、一方これを信じず、他人の信心を乱す人を非難しているので（巻三第七話）、自殺往生に批判的な人も多かったのだろう。『発心集』もよくない焼身、失敗した入水の話を収めている。仁和寺の奥に住む東尾の聖・西尾の聖の二人は徳行の上のライバルだったが、西尾の聖は焼身を決行、猛火の中で「今ぞ東尾の聖に勝ちはてぬる」と叫んで死んだ。結縁に集まった中でこれを聞かなかった人は尊んで感涙にむせんだが、聞いてしまった人はあきれ、定めて天狗などになったろうと思った（巻八第三話）。蓮花城という聖は桂川で入水したが、のち最後につきそった登蓮という僧に霊が憑いて、入水の際《きわ》に命が惜しくなったが、群集の面前で中止できず、あなたに止めてもらいたくて目を見つめたのに、それに気づかず急《せ》いて入水させた、そのため往生できず、変な道（すずろなる道）に入ったと語った（巻三第八話）。鎌倉後期の『沙石集』巻四第七話にも大原の上人が首吊りすると披露したが、当日躊躇し、弟子の一人に非難されて心ならずも首を吊ったが、その後大原の僧正（顕真）に上人の霊が憑いて、制止してくれなかったことを恨んだ話がある。

自殺の場に居合わせた人にとっても、あれが本意だったかについて疑念が残り、それが中世的な憑霊現象を生む心理的原因になったのだろうが、一般に中世では死者の霊が人に憑く場合、多くは血縁者または死の現場に居合わせた人に憑き、またそれは事故死（『日本霊異記』中巻十六話）、自然死だが往生に失敗した人（『今昔物語集』巻十三第四十二話、巻十三第四十四話、『発心集』巻二第八話、『沙石集』巻一第六話、巻十本第十話など）、敗死し梟首された武士（『博多日記』）など、現世に未練を残した死者であるという共通点がある。一方、往生人など善処に生まれた人は夢でそれを告げるのが説話では普通である。前述の足利義教や山科定言の場合も口寄せが行われており、中世では異常死者の霊が巫女や一般の人に憑くのは珍しくない。逆に憑霊するような死者は、死に方はさまざまでも、中世で共通に「異常死」とみなされた死であるといえるだろう（ただし、往生できなかった人をこのカテゴリーに含めるのは不適切かもしれない）。焼身や入水往生の説話でも、結局それに失敗してあとで霊が人に憑く話が多いのは、自殺を「異常死」とみなす民俗的心意の影響かもしれない。

寛文元年（一六六一）刊行の『片仮名本因果物語』上巻第十七話によると、加賀藩士今井某の草履取り吉三郎は戸田某に所望されて小姓になり、知行百石を与えられた。吉三郎はこの恩に酬いるため「後世ノ御供」をしたいといつも言っていたが、三年後に戸田が死ぬと今井に殉死の決意を語った。今井は吉三郎を寺に伴って行って切腹させ、みずから介錯した。ところが今井が家に帰ると吉三郎が来て、今日は介錯かたじけないと言った。もう来なくてよいと言い渡したがその後も五、六度やって来たので、哀れに思って流れ灌頂をしてよく弔ったところ来なくなったという。

殉死者が迷って出る話は珍しいが、草履取りに対する身分的意識が反映しているのだろうか。ただこのような場合も流れ灌頂が行われることがあったことがわかる。

水　死　水死者の霊が妖怪化して、次の犠牲者を求めるという観念も広く分布している。中国では縊死者と溺死者は特に、別人を同様な死に引き込むことによって亡霊の身分から抜けようとすると考えられ、これを「鬼求代」といった。[32] 溺死者の霊は水鬼とよばれて恐れられた。E・A・クレイノヴィチ[33]によれば、サハリンのニヴフ人は水死者を恐れて素手で死体に触れず、銛の鉤で引っぱる。水死者はキンル（悪霊）と化して一年間村をうろつくが、その後「海の人」に変身して海中に住むと考え、両段階とも供物を捧げる。日本の民俗例では、志摩の海女は手拭いに晴明九字（☆形）と四縦五横（卌形）の紋を縫いつけるが、これは海中で「友に引かれない」ためだという。海底で鮑を拾っていて息が続かなくなった時、近くで友がなお拾っているのを見て無理をして死んだ者が少なくないが、こうした時誘う「友」は幻影で、呪符を付けることでこの災厄を避けるという。[34] この「友」は以前水死した海女の霊なのかもしれない。

しかし日本の民俗例で、中国の水鬼に相当する中心的な存在は河童であろう。もちろん河童には駒引伝承から起源をさぐる柳田国男[35]・石田英一郎[36]らの研究があるが、それはそれとして、近世〜近代の河童がなぜ妖怪として恐れられたかといえば、それが人の「尻子玉」（肛門）を抜く（溺死させる）からであり、河童のこの側面は水鬼的な溺死者の霊に由来すると考えられる。中世では、髙橋昌明氏[37]によれば『黒本本節用集』に「獺老いて河童《かわらう》と成る」とあり、猿に似ているという記述も『日葡辞書』の「Cauarŏ」（カワラウ）の項にみえるが、辞書類以外には中世で河童についての記述は少なく、『今昔物語集』のように多くの妖怪譚を収録した説話集にも現れていない。しかし、近世の著名な「江戸のエクソシスト」[38]下総飯沼弘経寺《ぐぎょうじ》の祐天上人の霊験譚『死霊解脱物語聞書』によれば、寛文十二年（一六七二）

下総岡田郡羽生村の菊という娘に取り憑いた「助」という子供の霊は、六一年前に親によって川に突き落とされたと語ったので、村人たちは、さてはこの子は霊山寺淵に年来住む「河伯《くわつは》」だろう、雨がそぼ降る時は松原の土手で身を投げる様子をして泣き叫ぶのを折々見たと語り合ったという。この例では水死者の霊と河童とのつながりが明瞭である。中世以前には後世の河童を構成する要素がまだばらばらに存在しており、たとえば駒引は『一遍上人絵伝』などにみえるように、武士の厩に猿を飼う習俗として生きていたが、水中に住んで人を溺死させる妖怪も、まだ「河童」という姿をとってはいないが、水鬼的なものとして存在していた可能性が高い。それが近世に駒引伝承や、切られた手を返してもらった礼に傷の薬を与えたという伝承などを吸着させて、今日のような河童のイメージが形成されただろう。河童薬の話は、同型話が延宝五年（一六七七）刊行の怪談集『宿直草』巻三「狸薬の事」に狸の話として見え、本来独立したモチーフが河童に結合する以前の形態の一つを示している。中世では前述のように自ら入水して往生しようとする人々もあったが、民俗的心意としては水死と水死者を恐れたと思われる。

産死者の扱い　女性に限られているが、産死、特に懐妊して子を腹に入れたまま死んだ女性は浮かばれないとされ、現行民俗では死体の腹から子を取り出して埋めなければならないとされた土地が多く、戦後福島県で、妊娠一〇か月で死んだ女性の腹から医師に頼んで胎児を取り出してもらった人が死体損壊罪に問われたことがあったが、違法性はないと判断された(39)。この習俗は中国の南北朝宋代の『異苑』巻八第三十四話にも見える(40)。日本では前掲の御伽草子『高野物語』がこれを扱っている。先妻の妬みで殺され墓原に埋められた女は妊娠していたが、幽霊の物語を聞いた僧が「はらみて空しくなりたる物はいとゞ罪深く候へば、急ぎ掘り起し、腹の内なる人を取り出し、よく〳〵弔ひてたび候へ」という遺言を夫に伝え、夫が死体を掘り出し、刀で腹をかき破ると「玉をのべたるごとくなる男子」だったという。

古くは『日本霊異記』下巻第九話にも、妊娠して死んだ女が六年の苦を受けるという話があるが、胎児を出さずに葬られた女は産女という妖怪になるといわれた。『今昔物語集』巻二十七第四十三話には、源頼光の郎等平季武が産女に逢った話があるが、産女は狐が人を化かしたものという説や、子を産もうとして死んだ女が霊になるという説があったとする。近世初期の怪談にも産女の話は多いが、『奇異雑談集』巻四第四話によると、世俗に「懐妊不産して、死せる者、其のまま野捨てにすれば、胎内の子死せずして、野に生まるれば、母の魂魄、形に化して、子を抱き養ふて夜歩くぞ、其の赤子の泣くを、産女泣くといふなり」とし、腰から下は血に染まって、赤子を人に抱かせようとするが、抱いてやった人は裕福になるという。現行民俗でもこの型の産女の伝承が多く、福島県南会津郡檜枝岐村では、難産で死んだり子を産まずに死んだ女の霊があの世でお産をしてオボという妖怪になり、自分の子がいると成仏できないので、通行人にこれを抱かせて、その間に念仏して成仏するという(41)。

妊娠したまま死んだ女が墓の中で子を産み、六道銭で飴などを買って子に与えるという「子育て幽霊」の話も現在の民間伝承に多いが、『奇異雑談集』巻四第五話にもある。播磨国橋崎荘の領主橋崎殿が足利義満の命で伊勢に出陣している間に、妊娠した妻が京の旅宿で死に、蓮台野に土葬された。これを聞いた橋崎は、陣中で仏事もできず、毎日三銭を非人に施した。京に帰って蓮台野に参ると、近くの茶屋の亭主が、幽霊のような女人がこのごろ毎日三銭をもって餅を買いにきたという。塚の中から赤子の声がするので掘ると赤子は生きていたが、妻の死体は腐乱していた。橋崎は子を茶屋の亭主に預けて養育させ、自分は藤沢で出家した。霊山《りようぜん》正法寺の開山国阿上人はこれだという。一般に子育て幽霊の話では、赤子が成長して高僧になったとするものが多いが(42)、僧侶が伝承に関与していたのだろう。ただ、ここで気になるのは、死んだ妊婦の腹から子を出すという話でも、しばしば僧が出てくることである。『高野物語』でも僧が狂言まわしをしていたが、現行民俗では、滋賀県高島市マキノ町で、懐妊して死んだ場合に子を出すには禅宗の方丈に頼む。僧は襖を閉め切って長い経をあげるが、終わって棺の蓋を取ると死人は子を抱いているという。どんな高僧でもこれを三度行うと寺を出ねばならない[43]。山口県長門市油谷でも、妊婦が分娩せず死んだ時は、棺の中で身二つになるよう僧侶が読経するという[44]。この作業を禅僧などが行ったことがあったとまでは断定できないが、法力でこのような死者が救われると考えられていたのかもしれない。なお妊婦が死んだ場合、腐敗過程でガスの圧力で胎児が排出されることは実際にあることという[45]。

十五世紀の『長宝寺よみかへりの草紙』には、「うみながしの地獄」が出てくる。血の池がぐらぐらと煮え返る中に、多くの人が産子を抱いており、物音もしない。経の頓写で助かるという。「うみながし」が何を意味するかは記述されていない。辞書には流産の意が出ているが、ここは嬰児殺しの意かもしれない。ただし、フロイスは日本では嬰児殺し、子捨て、薬による堕胎が頻繁で、誰も不思議に思わず、仏僧から非難や禁止も受けないとしている（『日本史』五畿内篇2の二八章・西九州篇3の五七章）。ここはむしろ、難産で母子ともに死んだ場合とも考えられる。難産の死者に対しては、現行民俗では「流れ灌頂」と言って、川中に四本の竹を立て、その竹につけた晒に通行人に水をかけてもらう。こうしないと産婦が血の池地獄に堕ちるという土地が多いのは、「うみながしの地獄」とも適合している。今日水子供養が盛行しているのは、堕胎に対する罪の意識を示すが、一方、難産で死ぬのは地獄に堕ちるような罪とは感じられないだろう。しかし中世の感覚は現在とは異なるものだったかもしれない。

流れ灌頂は十五世紀末の『七十一番職人歌合』にも見え、イタカという僧が戒名を書いた笹塔婆を持ち「なかれかんちやうなかさせ給へ」云々と呼びかけており、「いかにせむ五条の橋の下むせび　はては涙の流くわん頂」の歌をつける。この塔婆を川に流すものと思われ、今日でも行われる一般の死者の戒名を書いた経木の塔婆に水をかける供養に近いものであろう。中御門宣胤は卒塔婆二〇〇本を鴨川に流す供養を何度か行っている（『宣胤卿記』永正十四年

〈一五一七〉二月十四日・四月十二日・十二月二十八日、永正十六年二月二十日条など）が、これは変死とは関係ないようである。水によって死者がこの世に残した執着を流そうとすることは水塔婆のほかにも、洗濯して吊した死者の着物に四十九日まで毎日水をかけることが各地で行われている。変死者は霊がこの世にとどまりやすいと考えられたため、流れ灌頂がとくに発達したのだろう。中世では流れ灌頂を変死者一般に行ったことは「殺人」の項でふれた山科定言の事例でもわかるが、産死に関する習俗も異常死者一般の中に位置づけて理解することができよう。

おわりに

これまでみてきた異常死者の扱いには共通点が多い。異常死者の霊は死の現場にとどまりやすいため、民俗例ではそこに石碑や祠を建てたり、死体を運ぶとき行こうと言ったりする。戦死者の霊は戦後も長く現場で合戦を再現して人々を恐れさせた。死の現場に柴や石を積む民俗も広くみられるが、これは元来は死体を隠すためだったとしても、死体がそこにない場合は、なお現場に残留する死霊を封じこめる意味で行われたのであろう。

異常死者の霊がこの世に残りやすいとする観念は、これらの死者に対して口寄せが行われたり、死者の思いを洗い流すための流れ灌頂が中世では産死ばかりではなく異常死者一般に行われたりしたことにも現れている。

しかし死者の霊を恐れる態度は、異常死者だけではなく一般の死者の葬儀における儀礼の一部にもみられる。死者が戻ってこないように棺に仮門をくぐらせたり、同じ家で一年に二度死者が出たとき、三度目を予防するために棺に人形を入れたり、葬儀の帰りには振り向かないなど各種の儀礼があるが、時代や状況によって死霊を恐れる観念が強く発現するような場合、異常死者の葬法の一部が一般の葬法に取り入れられることもあるだろう。たとえば中世に多い集石墓は、石を積んで死霊を封じる呪法が一般の墓制にも適用されたものかもしれない。また口寄せは中世では異常死者の例が目立つが、民俗では東北地方のイタコはじめ、一般の死者供養として定着しているものもある。本章で扱った「さまざまな死」を異常死という概念でとらえることは有効だとしても、異常死者の葬法を一般の葬墓制や死者に対する観念の中に位置づけることも必要であろうし、また反対にこれらの死に方を個別に考察して、それぞれの独自性を見出していくことも必要であろう。

注

（1）波平恵美子「異常死者の葬法と習俗」（『仏教民俗学大系4　祖先祭祀と葬墓』名著出版、一九八八年）。
（2）松山義雄『山国の神と人』（未来社、一九六一年）一三八〜一四二頁。
（3）浅田芳朗「隠岐国中村の葬礼習俗」（『旅と伝説』八巻九号、一九三五年。『日本民俗誌大系　第十巻　未刊資料Ⅰ』角川書店、一九七六年）。
（4）『新潟県史　資料編22　民俗・文化財一　民俗編Ⅰ』（新潟県、一九八二年）二四八頁。
（5）三浦秀宥『荒神とミサキ—岡山県の民間信仰—』（名著出版、一九八九年）。
（6）上島有「新発見の祐清塚について」（『日本歴史』三三九号、一九七五年）、「一命を賭した荘務ひとすじ」（『日本史の舞台5　室町　絢爛の日々』集英社、一九八二年）。
（7）高谷重夫「祖谷山村の民俗—東祖谷山村深淵を中心として—」（『ひだびと』八巻十一・十二号、九巻一号、一九四〇年。『日本民俗誌大系　第十巻　未刊資料Ⅰ』角川書店、一九七六年）。
（8）柳田国男『後狩詞記』（一九〇九年。『柳田国男全集』第一巻、筑摩書房、一九九九年、四四四頁）。
（9）小野重朗「柴祭り再考」（『鹿児島民俗』八二号、一九八五年）。
（10）酒井卯作『琉球列島における死霊祭祀の構造』（第一書房、一九八七年）三三一頁。
（11）鈴木正崇・金丸良子『西南中国の少数民族　貴州省苗族民俗誌』（古今書院、一九八五年）一八三頁。
（12）P・G・ボガトゥイリョーフ、千野栄一・松田州二訳『呪術・儀礼・俗信—ロシア・カルパチア地方のフォークロア—』（岩波書店、一九八八年）一七四頁。
(13) 阿部謹也「中世における死」（『中世の星の下で』影書房、一九八三年）。
(14) Ph・アリエス、成瀬駒男訳『死を前にした人間』（みすず書房、一九九〇年）三五頁。
(15) クセノポン、松平千秋訳『アナバシス』（岩波文庫、一九九三年）一九三頁。
(16) U・ハルヴァ、田中克彦訳『シャマニズム―アルタイ系諸民族の世界像―』（三省堂、一九七一年）三五九～三六一頁。
(17) 久野修義「中世寺院と社会・国家」（『日本史研究』三六七号、一九九三年）。
(18) パウサニアス、馬場恵二訳『ギリシア案内記』上（岩波文庫、一九九一年）一五一頁。
(19) 勝田至「中世民衆の葬制と死穢―特に死体遺棄について―」（本書第一部第一章）。
(20) 千葉徳爾『狩猟伝承研究』（風間書房、一九六九年）二三七頁。
(21) 柳田国男「十三塚の分布及其伝説」（『考古学雑誌』三巻五号、一九一三年。『柳田国男全集』第二十四巻、筑摩書房、一九九九年、一四八頁）。
(22) 高橋昌明『酒呑童子の誕生　もうひとつの日本文化』（中公新書、一九九二年）八六～九五頁。
(23) 垣田五百次・坪井忠彦『口丹波口碑集』（郷土研究社、一九二五年。『日本民俗誌大系　第四巻　近畿』角川書店、一九七五年）三〇五～三〇六頁。
(24) 一志茂樹・向山雅重監修、浅川欽一編集『信州の伝説』（第一法規、一九七〇年）一七〇頁。
(25) 中村浩・神坂次郎・松原右樹『日本の伝説39　紀州の伝説』（角川書店、一九七九年）五八頁。
(26) 生嶋輝美「中世後期における『斬られた首』の取り扱い―首実検と梟首を素材として―」（『文化史学』五〇号、一九九四年）。
(27) 笠松宏至「『墓所』の法理」（『日本中世法史論』東京大学出版会、一九七九年）。
(28) 瀬田勝哉「一青年貴族の死―父・山科言国の日記から―」（『週刊朝日百科日本の歴史別冊　歴史の読み方9　年中行事と民俗』一九八九年、同『洛中洛外の群像　失われた中世京都へ』平凡社、一九九四年、所収）。
(29) 鈴木棠三「若狭大島民俗記」（『日本民俗誌大系　第十一巻　未刊資料II』角川書店、一九七六年）四〇九頁。
(30) 『奈良県史　第十二巻　民俗（上）』（奈良県、一九八六年）三四七頁。
(31) 大間知篤三『常陸高岡村民俗誌』（刀江書院、一九五一年。『日本民俗誌大系　第八巻　関東』角川書店、一九七五年）三三一頁。

(32) 澤田瑞穂「鬼求代」『修訂　鬼趣談義』（平河出版社、一九九〇年）。
(33) E・A・クレイノヴィチ、枡本哲訳『サハリン・アムール民族誌　ニヴフ族の生活と世界観』（法政大学出版局、一九九三年）三一二〜三三七頁。
(34) 山口貞夫「志州の島々」（『島』昭和九年版、一九三四年。『日本民俗誌大系　第十一巻　未刊資料II』角川書店、一九七六年）一七九頁。なお普通は☆を五芒星、▦を九字（早九字）というが、ここでは原報告のままとした。
(35) 柳田国男『山島民譚集』（甲寅叢書刊行所、一九一四年。『柳田国男全集』第二巻、筑摩書房、一九九七年）。
(36) 石田英一郎『河童駒引考』（筑摩書房、一九四八年。『石田英一郎全集５』筑摩書房、一九七〇年）。
(37) 髙橋昌明『酒呑童子の誕生　もうひとつの日本文化』（前掲）。
(38) 高田衛『江戸の悪霊祓い師《エクソシスト》』（筑摩書房、一九九一年）。なお『死霊解説物語聞書』は高田衛他校訂『近世奇談集成［一］』（叢書江戸文庫26、国書刊行会、一九九二年）に収められている。
(39) 山口弥一郎「死胎分離埋葬事件」（『葬送墓制研究集成』一、名著出版、一九七九年）。
(40) 南方熊楠「孕婦の屍より胎児を引離す事」（『葬送墓制研究集成』一〈前掲〉）、および澤田瑞穂『修訂　鬼趣談義』（前掲）。
(41) 今野円輔『檜枝岐民俗誌』（刀江書院、一九五一年。『日本民俗誌大系　第九巻　東北』角川書店、一九七四年）五四〜五五頁。
(42) 柳田国男「赤子塚の話」（玄文社、炉辺叢書、一九二〇年。『柳田国男全集』第三巻、筑摩書房、一九九七年）。
(43) 井花伊左衛門「滋賀県高島郡西庄村」（『旅と伝説』六巻七号、一九三三年）。
(44) 桜田勝徳「向津具の初春」（『桜田勝徳著作集』六、名著出版、一九八一年）一八頁。
(45) P・バーバー、野村美紀子訳『ヴァンパイアと屍体―死と埋葬のフォークロア―』（第十四章、工作舎、一九九一年）二八八〜二八九頁。

あとがき

以前は論文集というものについて、昔の論文をホチキスで綴じたのと内容が変わらないものを刊行してもあまり意味がなかろうなどと思っていた。ただそうはいっても、ほかの人の論文集については、あれば重宝するのである。また論文集を出版するように、という話が今まであったわけでもないので、こういう感想は酸っぱい葡萄のようなものであった。

二〇〇三年に出版した私の最初の著書『死者たちの中世』（吉川弘文館）は書き下ろしだったが、これをきっかけに、次は論文集を、とお誘いがあった。そう言われるとその気になったが、編集部が作った編成案を見ると、葬式と墓の論文だけをリストアップしていた。しかし普通の論文集のページ数で一冊になるほど、私はこの関係の論文をたくさん書いていないので、それだけでは分量が足りない。それは新稿を書けという。

新稿がかなり入るのであれば、「昔の論文をホチキスで綴じた」ものよりは付加価値があるだろう。また初出一覧は序の最後に記したのでそれを見ていただくとわかるが、実際にかなり昔の論文が多いので、新稿なしでは何故いまごろこのような本を出すのかと読者も首をかしげるに違いない。そう思って承知したが、いざ書くとなると難渋した。旧稿にはいずれも加筆修正をほどこしたが、純然たる新稿は第二部第一章「中世後期の葬送儀礼」一つだけである。あとは第二部第二章「『京師五三昧』考」を発表時の約三倍に膨らませたのが新稿に近いものだが、その作業に時間がかかり、それが終わったところで分量を見てもらうと、すでに予定枚数を超過していた。

この二つは論文というより、歴史叙述と民俗誌のまじったような書き方である。これと書きぶりの似ている第二部第三章「鳥辺野考」については、これを最初に発表した翌年の『史学雑誌　回顧と展望』に「葬地鳥辺野のモノグラフ」と紹介された。しかしもともと民俗学に関心があり、それを歴史の中に位置づける試みを模索してきた私にとっては、モノグラフという評価がいただけるのはありがたいことだった。『死者たちの中世』もそうだったが、自分だけの本であれば好きなように書けると思うと、こういう風になるのであろう。

民俗学と歴史学との結合といっても容易なことではない。昔、「中世史研究と民俗学」（『新しい歴史学のために』一八七号、一九八七年。『日本歴史民俗論集1　歴史学と民俗学』吉川弘文館、一九九二年、所収）という論文で歴史研究における諸先達の民俗資料の使い方を批判したこともあるので、うかつにするのは天に唾するというものである。本書の各章の論証過程にも、自分で言ったことに反しているという批判を受けるところがあるかもしれない。

葬墓制を研究対象に選んだのは、もとからの興味と、比較的史料が豊富だからでもあるが、他の民俗事象の歴史的追跡には興味がないわけではない。しかし葬墓制というテーマは奥が深いし、実にいろいろなことを調べなければいけない。もっとも今になって知識の不足を嘆くのは、学部から大学院のころに民俗資料のカード作りばかりしていて歴史の勉強をあまりしなかったためでもあるが、それからでもいろいろな事情で長い年月がたった。今後別のテーマに移ることはできないかもしれない。

『死者たちの中世』を上梓してから、高田陽介氏と頻繁にメールのやりとりをするようになった。新稿部分には高田氏の教示で知った史料がたくさん含まれている。励ましとあわせて感謝申し上げたい。また吉川弘文館編集部には『死者たちの中世』に続いて大変お世話になった。

私事になるが、昨年十二月に母が死んだ。怠けずにもう少し早く書いていればこの本を見せることができたろうと思うと残念である。

二〇〇六年三月

勝田　至

勝田 至編

日本葬制史

三五〇〇円(税別)

誰もが避けて通れない「死」。古代から現代まで、人々は死者をどのように弔ってきたのか。死体が放置されていた平安京、棺桶が山積みされた江戸の寺院墓地など、各時代の様相は現代の常識と異なっていた。宗教や社会状況などと関わりながら変化してきた葬墓制を通史としてみることで、日本人の他界観と、「死」と向き合ってきた精神生活の歴史を探る。

四六判・上製・カバー装・三五二頁・原色口絵四頁

吉川弘文館

著者略歴
一九五七年　新潟県に生まれる
一九八八年　京都大学大学院文学研究科博士後期課程単位取得満期退学
現在　芦屋大学非常勤講師
〔主要著書・論文〕
死者たちの中世（単著）　隅田荘中世地名考（『国立歴史民俗博物館研究報告』六九集）
日本葬制史

日本中世の墓と葬送

二〇〇六年（平成十八）四月二十日　第一刷発行
二〇一五年（平成二十七）五月十日　第二刷発行

著者　勝《かつ》田《だ》至《いたる》

発行者　吉川道郎

発行所　株式会社 吉川弘文館
郵便番号一一三—〇〇三三
東京都文京区本郷七丁目二番八号
電話〇三—三八一三—九一五一（代）
振替口座〇〇一〇〇—五—二四四番
http://www.yoshikawa-k.co.jp/

印刷＝株式会社 三秀舎
製本＝株式会社 ブックアート
装幀＝山崎　登

ISBN978-4-642-02851-6

索　　引

1 人　　名

あ　行

か　行

さ　行

た　行

な　行

は　行

ま　行

や　行

ら・わ行

2　地名・寺社名

あ　行

さ　行

た　行

な　行

は　行

ま　行

や　行

ら　行

わ　行